LETTRES D'UN SOLDAT

Les éditeurs déclarent réserver leurs droits de traduction et de reproduction à l'étranger.

Ce volume a été déposé au ministère de l'intérieur (section de la librairie) en août 1885.

DE MONTAGNAC

LETTRES D'UN SOLDAT

NEUF ANNÉES DE CAMPAGNES

EN AFRIQUE

CORRESPONDANCE INÉDITE DU COLONEL DE MONTAGNAC

PUBLIÉE PAR SON NEVEU

PARIS
LIBRAIRIE PLON
E. PLON, NOURRIT ET Cⁱᵉ, IMPRIMEURS-ÉDITEURS
10, RUE GARANCIÈRE
1885

Tous droits réservés

LE COLONEL DE MONTAGNAC

d'après un portrait peint par lui-même à Oran (1839)

LUCIEN-FRANÇOIS
DE MONTAGNAC
1803-1845

Ces lettres, lues et relues autour de la table qui réunissait, le soir, le cercle de famille vers lequel se reporte sans cesse la pensée du colonel de Montagnac, avaient puissamment frappé mon imagination d'enfant.

J'en avais conservé un souvenir plein d'émotion, et, plus tard, il m'arriva, bien souvent, d'y rechercher les récits qui m'avaient tant impressionné.

Chaque fois que je les feuilletais, j'y trouvais un tel intérêt, un tel charme, que je m'étais promis de les faire connaître un jour.

Depuis longtemps, j'avais pris soin de les réunir, de les classer, mais je voulais attendre, pour les publier, que le temps en eût adouci certaines critiques, de forme un peu vive, en leur enlevant tout caractère de personnalité.

Quarante années se sont bientôt écoulées depuis la mort du colonel de Montagnac. — Les contemporains, qu'il jugeait avec la passion du moment et la franchise du soldat, ont disparu pour la plupart. — Ils appartiennent à l'histoire de notre conquête. — D'ailleurs, toutes les fois que j'ai pu le faire sans inconvénient pour la clarté du récit, toutes les fois, surtout, que les critiques m'ont paru toucher, le moindrement, à la vie privée, j'ai remplacé les noms propres par des initiales choisies au hasard, — ne devant pas perdre de vue que ces sortes de conversations écrites n'étaient point, — dans l'esprit de leur auteur, — destinées à sortir du petit groupe de parents et d'amis auxquels elles s'adressaient.

Qu'il s'agisse de ses supérieurs, aussi bien que de ses camarades, ou de ses inférieurs, le colonel de Montagnac apportait autant d'enthousiasme dans l'éloge que d'ardeur dans la critique, et s'il lui arrivait de se tromper, il n'hésitait jamais à le reconnaître et à revenir sur sa première impression, bonne ou mauvaise.

Lorsque certaines appréciations m'ont paru par trop acerbes, je me suis permis d'en atténuer légèrement les termes. Mais je ne pouvais faire plus : supprimer le blâme, c'était amoindrir la louange.

Il ne faut pas l'oublier, c'est d'après des croquis de ce genre pris sur le vif, au cours des événements, que l'historien, tout en faisant la part de jugements portés du premier coup, peut se former une opinion exacte sur les hommes comme sur les choses. Ce sont là les véritables documents de l'histoire; qu'ils touchent à ses petits ou à ses grands côtés, personne n'a le droit de les tronquer.

Il m'appartient moins qu'à qui que ce soit de parler de l'ancienneté de la famille de Montagnac et de son plus ou moins d'illustration. — Si je fais suivre cette notice d'une sorte de tableau généalogique, ce n'est pas tant pour mettre en évidence les services qu'elle a rendus sur les champs de bataille, pendant de longs siècles, que pour en tirer une conclusion : Fils — petit-fils — arrière-petit-fils de plusieurs générations de soldats, Lucien de Montagnac était né *soldat*.

Il ne m'appartient pas davantage de faire l'éloge du colonel de Montagnac, qui me touche de trop près et dans l'admiration duquel j'ai été élevé. Du reste, sa correspondance et son portrait placé en tête du volume le peignent aussi exactement, aussi complétement que possible, tant au physique qu'au moral.

Il m'a cependant semblé utile, pour faciliter l'intelligence de ses lettres, de les faire précéder d'une biographie sommaire, me bornant, en fait d'appréciations, à citer celles de ses compagnons d'armes.

Lucien-François de Montagnac naquit au château de Pourru-aux-Bois, dans les Ardennes, le 17 mai 1803. Après quelques premières études au collége de Sedan, il entra, en 1815, à l'École militaire de Saint-Cyr. Compris dans la promotion du 1ᵉʳ avril 1821, il passa, en qualité de sous-lieutenant, au 1ᵉʳ régiment d'infanterie de ligne. Deux ans plus tard, il fit la campagne d'Espagne, qui lui valut la croix de Charles III.

En 1832, le 1ᵉʳ de ligne tenait garnison à Paris. Pendant les sanglantes journées des 5 et 6 juin, Lucien de Montagnac, alors lieutenant de grenadiers, enleva trois barricades, à la tête de sa compagnie, dont presque tous les officiers avaient été tués ou blessés, et, d'après les rapports officiels, « *il décida le succès de la journée* ».

C'est à la suite de ces événements qu'il fut fait chevalier de la Légion d'honneur et qu'il refusa cette distinction, prétendant ne l'avoir pas méritée [1].

Le 28 janvier 1836, il fut nommé capitaine, et vers la fin de la même année, il partit pour l'Afrique, d'où il ne devait plus revenir qu'une seule fois, avec un congé de convalescence dont il ne profita pas en entier.

Mis à l'ordre du jour de l'armée le 4 juillet 1840, pour sa belle conduite à l'affaire de Blidah, il reçut de nouveau la croix de la Légion d'honneur, qu'il crut alors pouvoir accepter.

Un an plus tard, le 14 juillet 1841, il était nommé chef de bataillon au 61e. Le général de Lamoricière, qui désirait le garder avec lui, dans la province d'Oran, lui fit donner le commandement d'un bataillon d'élite composé de grenadiers et de voltigeurs.

« Pendant plus d'une année le brave Lucien tint campagne à la tête de cette troupe d'élite; il rencontra quinze fois l'ennemi, lui fit éprouver de grandes pertes, et mérita d'être signalé quatre fois dans les ordres du jour de l'armée [2]. »

Rappelé à son régiment, en octobre 1842, il vint le rejoindre à Philippeville et passa sous les ordres du gé-

---

[1] Le *Courrier français*, dans un article intitulé : « Réflexions d'un journaliste », ayant donné au refus du lieutenant de Montagnac une couleur politique, M. A. de Tourgon, officier au 1er de ligne, fit insérer dans ce journal une lettre rectificative, pleine de sentiments élevés, et qui se terminait ainsi :

« En vous adressant, *au nom de mes camarades*, Monsieur le rédacteur, ces réflexions qui partent d'un cœur impartial et étranger à tous les partis, je crois fournir à votre journal l'occasion de faire éclater la justice publique en faveur *d'un des plus beaux caractères de l'armée française.* »

[2] *Biographie du colonel de Montagnac,* par J. Rémy, officier au 61e. Paris, Dumaine, 1847.

néral Baraguey d'Hilliers, qui ne tarda pas à l'apprécier.

Sous ce nouveau chef, Lucien de Montagnac prit part à une suite d'expéditions qui durèrent du mois d'octobre 1842 au mois de mars 1843, et, dans la province de Constantine, comme dans la province d'Oran, son nom fut l'objet de plusieurs citations à l'ordre du jour.

Au commencement de 1843, lors de l'expédition qui coûta la vie à Sidi-Zerdout, Montagnac, à la tête d'un bataillon du 61ᵉ de ligne, sauva la vie à l'escadron de spahis de Philippeville.

« Ce jour-là, cet escadron, entouré de toutes parts, allait succomber, lorsque, arrivant au pas de course, le brave Montagnac lança son infanterie et nous délivra [1]. »

« Le 7 avril, une colonne dont il faisait partie, avec son ami le commandant d'Exéa, rencontra les Kabyles au fond d'un ravin, et eut avec eux une lutte des plus vigoureuses à l'arme blanche. L'ennemi, repoussé, écrasé, n'osa plus reparaître de longtemps. A la suite de ce fait d'armes, Lucien de Montagnac, qui avait été cité à l'ordre du jour, protesta contre cette citation, dont il reporta tout l'honneur sur son camarade M. d'Exéa.

« Le 15 mai, continue M. J. Rémy, le général vint dans notre camp, fit former le cercle aux officiers, et, après avoir fait au régiment des éloges qui nous étaient d'autant plus sensibles qu'ils étaient rares dans sa bouche, il se tourna vers le commandant de Montagnac, lui dit qu'il avait beaucoup entendu parler de

---

[1] Général AMBERT, *Moniteur de l'armée* du 25 octobre 1845.

lui, et lui promit de le faire participer à l'expédition prochaine des Anencha, à la tête d'un bataillon d'élite, comme celui qu'il avait commandé dans la province d'Oran.

« Cinq jours après, le commandant quittait Philippeville avec les six compagnies d'élite du 61ᵉ, et se dirigeait sur Guelma. A deux petites journées de marche au delà du camp, son bataillon se trouvait en présence de l'ennemi. Après l'avoir culbuté, Montagnac, placé, selon son habitude, en avant de sa troupe, lutta corps à corps avec un chef arabe. — D'un vigoureux coup de sabre, il le fit rouler par terre; mais le brave Lucien avait fait un si puissant effort, que, perdant les étriers, il alla tomber auprès de son ennemi renversé. Lorsque les spahis et les voltigeurs du 2ᵉ bataillon arrivèrent, ils trouvèrent le commandant déjà relevé, tenant dans la main gauche son bras droit deux fois brisé près du poignet.

« Pendant soixante et onze jours que dura l'expédition, de Montagnac garda le commandement de son bataillon. — Le matin, au moment du départ, les soldats le plaçaient sur son cheval et l'en descendaient à l'arrivée au bivouac. Lorsque, après cinquante jours, on leva l'appareil, le chef du bataillon d'élite était estropié et ne pouvait plus se servir de la main droite[1]. »

Avec la volonté et l'énergie qu'il montrait en toutes choses, Montagnac se mit vite à écrire de la main gauche.

---

[1] J. Rémy.

Le 10 mars 1845, il fut nommé lieutenant-colonel au 15ᵉ léger, et obtint un congé de convalescence.

Après quelques jours passés dans sa famille, il se rendit aux eaux de Bourbonne, pour soigner son poignet brisé, qui lui causait d'incessantes douleurs.

Il y était depuis trois jours, lorsque les journaux lui apportèrent la nouvelle d'une guerre prochaine avec le Maroc. Il n'hésite pas une minute, et, renonçant à sa cure, il reprend en toute hâte le chemin de l'Afrique. Il arriva trente-six heures après la bataille d'Isly.

On lui donna alors le commandement supérieur du cercle de Djemmaa-Ghazaouet, où il y avait un établissement nouveau à créer, avec de très-faibles ressources.

« Par ses talents d'administrateur, par sa probité scrupuleuse et sa juste sévérité, le colonel sut faire honorer le nom français et le sien, qui n'était prononcé par les tribus arabes qu'avec crainte et respect. — La sécurité régna bientôt aux alentours du camp [1]. »

Au mois de septembre 1845, après le Ramadan, Abd-el-Kader s'apprêta de nouveau à envahir notre frontière, à la tête d'une armée que la complicité des Marocains lui avait permis de réunir.

« Le caïd des Souhalia, Mohammed-Trari, qui avait acquis des droits à la confiance du commandant supérieur de Djemmaa-Ghazaouet, par ses anciens services, fut le principal agent du complot ourdi contre les Français.

« Après avoir gagné ce chef indigène à sa cause, l'émir

---

[1] J. Rémy.

quitta le camp qu'il occupait sur la rive gauche de la Moulouïa et concentra ses forces à Aïn-Aghbal, en face et à quelques kilomètres seulement de Menaceb-Kiss, sur les derniers contre-forts du pâté montagneux des Beni-Sznassen. Dès que ces dispositions furent prises, Mohammed-Trari informa perfidement le colonel de Montagnac qu'Abd-el-Kader venait razzier les Souhalia et les Djebala, et lui demander un secours immédiat [1]. »

Tous les rapports du commandant supérieur s'accordaient depuis quelque temps à faire pressentir une prochaine levée de boucliers [2]. L'émir, selon lui, n'attendait que la fin des récoltes pour nous attaquer. — Il se rapprochait de plus en plus ; déjà il se trouvait dans les montagnes voisines, réunissant ses contingents, concentrant ses forces [3].

Le 10 septembre, le colonel de Montagnac, emmenant avec lui le commandant de Cognord et le lieutenant de Saint-Alphonse, fit une reconnaissance du côté de Sidi-Brahim, à la tête de soixante hussards.

Le pays paraissait calme.

---

[1] *Notice manuscrite sur le combat de Sidi-Brahim*, par M. GUÉNARD, capitaine au 2ᵉ zouaves, adjoint au bureau arabe. Nemours, 2 novembre 1876.

[2] Les rapports très-détaillés, très-précis, que le colonel de Montagnac adressait régulièrement à ses chefs, doivent se trouver dans les archives de la subdivision de Tlemcen, et dans celles du commandement supérieur du cercle de Lalla-Maghrnia. J'avais demandé l'autorisation d'en faire prendre copie. Jusqu'ici, cette autorisation ne m'a pas été accordée.

[3] Dans une communication adressée le 16 novembre 1844 au général de Bourjolly, commandant la division d'Oran, le colonel de Montagnac annonçait qu'on avait vu des bâtiments anglais,

Cependant les chefs des tribus alliées faisaient savoir au commandant supérieur qu'elles étaient de plus en plus menacées par l'émir, et imploraient notre secours avec instance.

Le colonel de Montagnac, après avoir exposé la situation au général Cavaignac et lui avoir demandé des troupes que celui-ci ne put pas lui envoyer ou ne jugea pas nécessaire de lui envoyer, reçut l'ordre de faire son devoir [1].

Pour le commandant supérieur du cercle de Djemmaa-Ghazaouet, faire son devoir, c'était prévenir un soulèvement. *Combinant donc une expédition avec la colonne de Baral* [2], partie de Mascara, il sortait lui-même de Djemmaa, le 22 septembre, à une heure du

---

probablement chargés d'armes et de munitions de guerre, toucher dans les ports de Kelaïa et en repartir immédiatement.

[1] Ceci résulte de communications faites à M. E. de Montagnac, peu de temps après la mort de son frère, par plusieurs officiers, dont quelques-uns appartenaient à l'état-major du général Cavaignac.

En 1848, M. E. de Montagnac fut présenté au général Cavaignac, à la présidence, par le général Reibell. — Mon père me raconta bien souvent les détails de cette entrevue, dont il avait gardé une profonde impression. En l'entendant nommer, le général Cavaignac était devenu très-pâle, l'expression de sa figure s'était subitement contractée, sous l'empire d'une violente émotion qu'il ne pouvait vaincre. S'avançant vers mon père, il lui serra nerveusement la main, et ne trouva à lui dire que ces paroles entrecoupées : Votre frère !... Pauvre Montagnac !... Quelle horrible affaire! C'est le remords de ma vie !... Puis-je vous être utile ?... Comptez sur moi...

Le général Reibell, seul témoin de cette scène, en avait été lui-même très-frappé, et, dans un coin du salon, ces trois hommes énergiques se regardaient en silence, les yeux pleins de larmes.

[2] Commandant de Villeneuve.

matin. Sa petite troupe était composée de quatre cent vingt hommes : quatre compagnies du 8ᵉ bataillon de chasseurs d'Orléans, formant trois cent cinquante-cinq soldats et neuf officiers, sous les ordres du chef de bataillon Froment-Coste; soixante-six cavaliers du 2ᵉ régiment de hussards et trois officiers, commandés par le chef d'escadrons Courby de Cognord; un médecin, un interprète et deux soldats du train [1].

Il emportait trois jours de vivres et laissait le commandement du camp au capitaine du génie Coffyn, qui avait l'ordre de se maintenir en communication avec lui. Chaque homme avait reçu soixante cartouches.

« A la pointe du jour, il faisait le café à quinze kilo-

---

[1] « Ce n'était pas, écrit le général Ambert dans le *Moniteur de l'armée* du 25 octobre 1845, ce n'était pas l'ambition de la conquête qui faisait ainsi marcher, la nuit, nos soldats; c'étaient l'humanité, le dévouement au devoir; dans cette circonstance ils étaient la loi qui protége.

« Le chef de cette petite troupe était un homme de quarante-deux ans environ. Sa tête eût pu servir de modèle au statuaire pour une tête de guerrier : le front haut et large, les pommettes saillantes, le nez aquilin et la physionomie un peu rudement accentuée. De fortes moustaches couvraient le bas de la figure, et des yeux vifs, brillants, rapides, illuminaient le haut de la tête.

« La voix était faite pour le commandement : brève, nette dans le service et avec tous; hors de là, bienveillante pour le soldat.

« Montagnac était l'une des natures les plus complétement militaires que l'on pût rencontrer. — Chez lui, l'harmonie la plus belle existait entre le corps, le cœur, l'intelligence et les habitudes. — Il y avait en lui du Spartiate, du gentilhomme, de l'artiste et du grenadier de la garde impériale. Dans l'antiquité, on l'eût surnommé *Vir bonus;* au moyen âge, il eût été *Benvenuto Cellini,* car il avait poussé loin l'étude des arts; plus tard, le cardinal de Retz l'eût distingué pour son courage de ville; enfin, si Napoléon l'eût eu sous la main, Montagnac fût devenu maréchal de France. »

mètres de Nemours, au lieu dit Si-el-Hadj-Abdallah, un peu en avant de Zaouïet-el-Mira, où il fut rejoint par Mohammed-Trari. Ce traître eut alors avec le chef de la colonne française un entretien particulier qui eut pour résultat de lui faire opérer une marche rétrograde [1] jusqu'à Sidi-Bou-Rahhal, sur le méridien de Zaouïet-el-Mira [2]. »

La colonne établit son camp à proximité de l'Oued-Tiouly ; mais ayant aperçu des éclaireurs qui l'observaient des hauteurs voisines, elle plia bagage à l'approche de la nuit, pour aller dresser ses tentes à Es-Slalou, à deux kilomètres au sud du marabout de Sidi-Brahim.

Ces déplacements successifs s'expliquent évidemment par « l'incertitude des mouvements de l'ennemi, auquel deux voies étaient ouvertes pour envahir le plateau des Souhalia : le bassin de l'Oued-Kouerda d'un côté, et, de l'autre, la partie de sa ceinture qui aboutit au Guerbous [3] ».

Le 22, le colonel avait informé le capitaine Coffyn de l'endroit où il était campé, par une lettre reproduite dans l'*Histoire d'Abd-el-Kader* de Léon Plée [4] :

« Mon cher capitaine, envoyez tout ce que le colonel de Baral vous demande.

« Je ne puis donner les hommes du bataillon de M. Froment-Coste. — Nous sommes entourés de

---

[1] D'après la très-intéressante carte dressée par M. Guénard lui-même, c'était plutôt une marche vers l'est, dans la direction probable où devait déboucher l'ennemi. — [2] M. Guénard. — [3] *Ibid.* — [4] L'auteur n'indique pas où il a trouvé cette lettre et ne dit pas s'il a eu l'original entre les mains.

goums considérables, composés de gens du Maroc. Nous avons eu quelques coups de fusil avec eux.

« Abd-el-Kader arrive ce soir à Sidi-Bou-Djenara.

« Je ne puis rejoindre Djemmaa-Ghazaouet sans m'exposer à une déroute complète.

« Je vais me tenir sur la ligne où je suis établi.

« Envoyez-moi demain des vivres pour deux jours, et de toute nature, par les Souhalia, au bivouac sur l'Oued-Tiouly.

« Faites toujours de même; tenez-moi au courant de tout. Il faut huit mulets pour les vivres.

« Tout à vous,

« DE MONTAGNAC. »

« En même temps, L. de Montagnac écrivait au colonel de Baral, qui se trouvait à quatre ou cinq lieues dans la direction du sud, avec deux bataillons, un escadron de cavalerie et une section d'artillerie, en tout sept cents hommes, pour le prévenir que l'émir, qui avait passé la frontière, était en sa présence, et que le lendemain matin, à sept heures, il commençait l'attaque [1]. »

« Ainsi, ajoute M. Rémy, Montagnac, que quelques-uns ont accusé de témérité, avait été prudent dans la conception de son projet, comme il fut, suivant son habitude, audacieux et résolu dans l'exécution. »

Des émissaires, envoyés par les chefs alliés, venaient, à tout instant, prévenir le colonel qu'Abd-el-Kader

---

[1] J. RÉMY, *Notice biographique*.

était dans le voisinage avec des troupes nombreuses, menaçant d'écraser les tribus qui refusaient de le suivre.

« C'étaient, dit l'auteur des *Souvenirs d'un prisonnier d'Abd-el-Kader* [1], des amis trop faibles pour se défendre, qui demandaient notre protection. »

Hélas ! ces prétendus amis devaient bientôt se tourner contre nous et grossir les rangs de l'ennemi.

« La nuit du 22 au 23 se passa sans combat. Le jour paraît, il est six heures; le colonel pense que son collègue (le colonel de Baral) ne peut être loin, puisque lui, à sa place, serait déjà arrivé. Au bruit de la fusillade, le commandant de Djemmaa (capitaine Coffyn) viendra opérer sa jonction. Une colonne de mille à douze cents Français renfermant la combinaison des trois armes (infanterie, cavalerie, artillerie) doit vaincre les Arabes, si nombreux qu'ils soient. Peut-être l'émir, battu, repassera-t-il la frontière; peut-être sera-t-il tué ou fait prisonnier [2]... »

Il n'est pas étonnant que Montagnac crût au succès. Mais, « trahi cette fois, il devait périr. — Sans la trahison, jamais un tel officier ne pouvait être surpris [3]. »

« Le 23, dès l'aube, le colonel de Montagnac voit, de son camp de Slalou, reparaître les vedettes ennemies qui l'observent du haut du plateau de Karn-Amsel, dont il n'est séparé que par un ravin. Leur nombre n'ayant rien d'inquiétant, il se décide à les attaquer, laissant les bagages au camp, sous la garde du capi-

---

[1] Hippolyte LANGLOIS, d'après les récits du maréchal des logis Testard. Dans l'*Ami du soldat* de 1857. — [2] J. RÉMY. — [3] Le général AMBERT.

taine Froment-Coste et de deux compagnies [1]. »

Ici, je laisse la parole au commandant Courby de Cognord, l'un des héros de la sanglante action qui va s'engager :

« A la pointe du jour, dit-il, quelques cavaliers s'étant montrés sur les hauteurs, le colonel donne l'ordre aux hussards de monter en selle nue. Il pouvait être six heures et demie du matin quand j'ai quitté le camp, avec le colonel de Montagnac, à la tête de mon détachement. Nous longeâmes le ravin sur les bords duquel nous étions bivouaqués, environ dix minutes à pied, conduisant nos chevaux par la bride; dans ce moment, le colonel s'apercevant que les cavaliers qui nous observaient se retiraient en longeant notre colonne, il nous fit monter à cheval précipitamment pour les poursuivre. Ces mouvements s'exécutaient rapidement; alors l'infanterie qui nous suivait resta loin derrière nous, et les cavaliers que nous poursuivions nous tirèrent quelques coups de fusil et furent se joindre à des groupes qui étaient masqués et qui se disposaient à venir à leur secours. Leur nombre était d'environ deux cents. Le colonel m'ordonna de continuer mon mouvement en avant, en échelonnant mes deux pelotons à une très-petite distance. Alors le feu des tirailleurs commença. Nous continuâmes néanmoins notre mouvement, et, peu d'instants après, le nombre des cavaliers s'augmentant toujours, nous fîmes deux charges successives qui repoussèrent un peu l'ennemi

---

[1] M. Guénard.

et lui firent éprouver des pertes. Les nôtres furent grandes. Le capitaine de Saint-Alphonse fut tué d'un coup de feu. M. Klein, lieutenant, fut blessé et vint mourir à quelques pas sur nos derrières. Dans ce même moment, mon cheval fut tué de deux coups de feu [1]. »

Le colonel de Montagnac s'élance alors au galop, à la tête des deux pelotons de réserve, pour soutenir son avant-garde.

« Atteint d'un coup de feu dans le bas-ventre, il se soutient héroïquement à cheval pour commander ses hussards jusqu'au dernier soupir. — Une main sur sa blessure, d'où le sang jaillit, de l'autre main il manœuvre son cheval et frappe du sabre. Je n'ai jamais vu plus noble et plus mâle figure en face de l'ennemi [2]. »

Il donne au capitaine de Chargère l'ordre d'attaquer à la baïonnette; mais celui-ci n'a pas fait trente pas qu'il est tué, sa compagnie enveloppée et entièrement décimée. De l'éminence où l'on se trouve, on peut voir une multitude d'Arabes à cheval, formée des goums du Maroc et de Kabyles composant une masse d'au moins six mille hommes dirigés par l'émir lui-même.

« Les intrépides hussards, comprenant la nécessité de faire bonne contenance, et bien que menacés d'être coupés de l'infanterie, bravent la mort et se maintiennent. — Blessé mortellement d'une balle dans le ventre et d'une autre à la tête, le colonel de Montagnac se fait

---

[1] Rapport du commandant Courby de Cognord. *Moniteur de l'armée* du 30 octobre 1845.
[2] Récits du maréchal des logis Testard.

jour à travers les cavaliers pour rejoindre les chasseurs d'Orléans qu'il fait former en carré, et envoie le maréchal des logis Barbut transmettre au commandant Froment-Coste l'ordre d'appuyer les troupes engagées [1]. »

« J'aperçus à terre, — rapporte le maréchal des logis Testard, — un képi qu'à ses cinq galons je reconnus pour être celui du colonel de Montagnac, commandant la colonne. Puis je vis passer, à peu de distance de moi, le pauvre colonel, dont la voix cherchait à rallier les débris de son détachement.

« Je lui présentai son képi, qu'il eut beaucoup de peine à replacer sur sa tête, et qui retomba quelques pas plus loin.

« Il était évident que la volonté seule soutenait encore cet officier supérieur.

« Il était pâle à faire peur.

« Ses habits, son cheval tout entier étaient couverts de son sang.

« La large blessure qu'il avait au ventre, malgré la main qui la comprimait, ruisselait toujours.

« Et cependant, il parcourait le champ de bataille dans un galop formidable [2]. »

Le carré est formé : il est immédiatement enfermé dans un cercle de feu, et, suivant l'expression d'un des rares survivants de ce drame terrible, « les Arabes resserrant, de minute en minute, le cercle autour du groupe héroïque, le font tomber comme un vieux mur ».

---

[1] J. Rémy. — [2] *Récits d'un prisonnier d'Abd-el-Kader.*

— Les Arabes leur crient en français de se rendre. — « Aucun d'eux n'y songe, tous tombent en s'encourageant[1]. »

« Cependant Montagnac a encore quelques minutes à vivre. Il les donne à la France[2]. » — Assis sur un tertre, au milieu du carré, il encourage ses soldats et les conjure de finir comme lui, plutôt que de se livrer à la discrétion des barbares. « Courage! leur crie-t-il, courage, mes enfants! » — Puis, se sentant mourir, il remet le commandement au chef d'escadrons Courby de Cognord : « Ne vous inquiétez pas de moi, lui dit-il, mon compte est réglé. Tâchez de gagner le marabout de Sidi-Brahim[3]. »

« Il se fait soutenir par le chasseur Perrin et ferme les yeux en s'écriant encore : Courage, mes enfants, courage[4] ! »

Certes, à ce moment encore, il devait compter sur le secours du colonel de Baral.

Ce secours ne vint pas!

En recevant la lettre du colonel de Montagnac, le 22, M. de Baral avait tout d'abord fixé l'ordre du départ au lendemain, à deux heures du matin; mais il donna contre-ordre, dans la soirée, et ne se mit en marche qu'à six heures. — Durant toute la matinée, la colonne entendit le bruit répété de la fusillade, et ne se hâta pas[5].

Elle n'était plus qu'à une petite distance de l'endroit

---

[1] M. Guénard. — [2] Général Ambert. — [3] L'*Akhbar*, cité par M. F. Thierry, ancien officier. (*Notice nécrol.* Paris, 1846.) — [4] *Récits d'un prisonnier*. — [5] J. Rémy.

où se passait un des drames les plus sanglants de notre histoire militaire, lorsqu'elle fut rejointe par deux fuyards, deux soldats affolés du 8ᵉ bataillon de chasseurs, qui annonçaient l'entière destruction de la colonne. Malgré les vives instances de ses officiers, — surtout du commandant du 10ᵉ bataillon de chasseurs d'Orléans, — le colonel de Baral crut prudent de ne pas s'avancer davantage et ordonna de battre en retraite [1].

Je ne veux point me permettre d'apprécier sa conduite, qui fut jugée très-sévèrement dans l'armée. Il est certain qu'en agissant ainsi, il a assumé, ce jour-là, une lourde responsabilité [2].

Un général qui a passé plusieurs années dans la province d'Oran, et qui a cherché à se rendre compte, sur le terrain même, de la situation des deux colonnes et de la distance qui les séparait, me disait récemment: « Si les rôles avaient pu être intervertis, si le colonel
« de Montagnac se fût trouvé à la place du colonel
« de Baral, le désastre de Sidi-Brahim se fût proba-
« blement changé en une victoire décisive pour nos
« armes. — Votre oncle n'était pas homme à reculer

---

[1] J. Rémy. — [2] Si la jonction s'était faite, le lieutenant-colonel de Baral aurait eu le commandement des troupes, à l'ancienneté. Concurrent de son collègue pour le grade de colonel, on peut supposer qu'il craignit d'engager sa responsabilité dans une affaire dont le succès lui paraissait douteux. Peut-être même, — et son inexplicable conduite justifie toutes les suppositions, — peut-être même la pensée de laisser son concurrent se compromettre dans une affaire dont il n'entrevoyait probablement pas alors toute la gravité, traversa-t-elle son esprit et influa-t-elle sur ses décisions.

« devant un appel de la fusillade[1]. — Il serait bien
« arrivé à temps, lui ! »

Après de prodigieux efforts, le capitaine de Géreaux
(resté à la garde des bagages avec une compagnie du
8ᵉ bataillon) arrive à gagner le marabout de Sidi-
Brahim. Il s'y enferme avec quatre-vingts hommes que
soutient encore l'espoir d'une prochaine délivrance.
« La *Koubba* est entourée d'une cour carrée de quinze
mètres de côté, dont les murs, élevés d'un mètre et
demi, sont crénelés... L'émir en ordonne l'assaut :
trois attaques sont successivement repoussées!

« Dans l'espoir et l'éventualité possible d'être aperçu
par la colonne de Baral, de Géreaux prend son mouchoir blanc, le mouchoir bleu du caporal Lavaissière
et la ceinture rouge du lieutenant Chapdelaine; il les
fait nouer ensemble. Lavaissière attache ce chiffon
tricolore à un bâton... et le plante au sommet du marabout[2]. »

Enfin, le 26 septembre au matin, après trois jours
de souffrances épouvantables, n'ayant rien à manger,
rien à boire, voyant les munitions s'épuiser et le
nombre des assaillants augmenter sans cesse, la troupe

---

[1] Toute la matinée, la colonne entendit distinctement le bruit
d'une fusillade des plus nourries. Le commandant d'Exéa, l'ami
du colonel de Montagnac, qui en faisait partie, l'a raconté lui-
même à M. E. de Montagnac. — Le commandant d'Exéa montait
ce jour-là un cheval du colonel de Montagnac, *Franconi*, qui
fut tué sous lui. — La colonne, attaquée dans son mouvement
de retraite, eut quelques hommes hors de combat.

[2] Commandant DE VILLENEUVE. — Ce drapeau, rapporté à
Djemmaa, fut offert à la duchesse d'Orléans, qui, en échange, fit
don au caporal Lavaissière d'une magnifique carabine d'honneur. (*Ibid.*)

héroïque prend le parti de tenter une trouée dans la direction de Djemmaa¹.

« Son élan est tel qu'on n'ose l'attaquer qu'à distance et qu'elle peut faire une marche de trois kilomètres, en ligne droite, sans perdre plus d'un homme². » Mais l'hostilité des villages qu'elle traverse augmente les difficultés à chaque pas; le capitaine de Géreaux est blessé.

On approche cependant, on n'est plus qu'à deux kilomètres de Djemmaa-Ghazaouet; — il faudrait encore un léger effort. — Hélas! les malheureux sont à bout de forces; — ce dernier effort, ils ne peuvent le fournir. — Ils espèrent que leur clairon aura été entendu de la place, qu'on va venir à leur secours, et, après avoir brûlé leurs dernières cartouches, ils s'arrêtent au fond d'un ravin étroit où coule un peu d'eau³.

De la place, on les a bien entendus. Le capitaine Coffyn, réunissant environ cent cinquante hommes valides, marche à leur rencontre. — Il est trop tard, et la petite colonne est trop faible pour empêcher un épouvantable massacre. Perdant elle-même trois hommes, elle ne peut arracher à la mort qu'un caporal et douze soldats du 8ᵉ bataillon de chasseurs, qui viennent tomber épuisés sur la ligne des tirailleurs⁴.

« Cinq mois plus tard, une colonne française composée de quatre mille fantassins et de quatre cents

---

¹ Il restait soixante-douze hommes épuisés par la fatigue et les privations; ils emportaient leurs blessés.
² M. Guénard. — ³ *Idem.* — Le commandant de Villeneuve. — ⁴ *Idem.*

cavaliers, sous les ordres du général Cavaignac, suivait la même route que le colonel de Montagnac et passait pour la première fois sur le théâtre de ce drame sanglant. — Aussi tous les cœurs étaient émus... Au pied d'un mamelon, nous avons trouvé les cadavres des soldats qui avaient tous péri victimes de la trahison. Nous pouvions lire sur le sol l'histoire de tous les détails du combat : un carré régulier d'ossements nous montrait le carré qui s'était fait tuer, un contre quinze, et au milieu duquel était mort l'intrépide de Montagnac, criant à sa troupe, pour dernier adieu, de mourir comme lui plutôt que de se rendre[1]. »

Par les ordres du général Cavaignac, tous les ossements furent recueillis avec un soin religieux, et placés dans une fosse, au pied d'un monticule sur lequel on a élevé depuis, en septembre 1853, un monument qui porte le nom de *Colonne de Sidi-Brahim*.

Qu'il me soit permis, pour terminer cette notice, de citer encore un portrait du colonel de Montagnac, dû à la plume d'un de ses anciens compagnons d'armes de la province de Constantine :

« La génération actuelle, dit M. J. Rémy, doit être fière d'avoir eu parmi elle *le brave des braves,* celui qui fut regretté par ceux qui ont eu l'honneur de faire campagne sous ses ordres, autant que l'Empereur de ses vieux soldats... Si les grades eussent été conférés à l'élection, il y a longtemps que Montagnac eût été

---

[1] Récit publié par le journal *la Presse,* n° du 4 mars 1846.

nommé général... Dans les moments de crise, c'était toujours sur lui que se fixaient les regards; qu'il fût simple capitaine au 1er régiment de ligne, chef de bataillon au 61e ou lieutenant-colonel au 15e léger, il était l'âme des expéditions. Par son coup d'œil militaire, son intelligence, son courage vraiment extraordinaire, il avait su prendre un ascendant irrésistible sur ses soldats et sur ceux qui l'entouraient. Le colonel avait une voix de Stentor, les traits du visage fortement accentués, la moustache épaisse, le front large, le regard intelligent et sévère; d'une taille imposante, sa belle tête s'élevait, de même que celle de Kléber, au-dessus des rangs comme un drapeau. D'une instruction profonde et variée, sobre, de mœurs simples et antiques, s'occupant beaucoup du bien-être matériel des autres, sans aucun souci du sien, il n'avait, étant officier supérieur en expédition, qu'une simple tente-abri, ainsi que le dernier des soldats, et comme l'a dit un prince, le duc de Nemours : « Nul officier n'était « plus brave ni plus intelligent [1]. »

E. DE M.

23 juillet 1885.

---

[1] « Je pleure cet officier, avait dit Son Altesse Royale, à une soirée des Tuileries, le 6 octobre 1845; il n'en était pas de plus brave et de plus intelligent. Le colonel de Montagnac était un de ces hommes de la plus haute espérance dont la France doit porter le deuil, parce que de telles pertes sont irréparables. » F. THIERRY, *Notice nécrologique*. Paris, 1846. H. FLEURY, *Nécrologie*, 1845.

Jean-Antoine de Montagnac, capitaine au régiment de La Ferté-Senneterre, aide de camp du maréchal de ce nom, qui lui fit accorder, en récompense de ses services, la majorité de la ville de Crest et la lieutenance pour le Roi du fort de Saint-André-Villeneuve-lez-Avignon, vint se fixer en Lorraine.

Joseph-Antoine de Montagnac, lieutenant au régiment Dauphin, 1674, capitaine en 1680, capitaine de grenadiers, 1695, commandant de bataillon 1703 et lieutenant-colonel en 1707. Gouverneur du fort Saint-André-Villeneuve-lez-Avignon. Reçut la croix de Saint-Louis, des mains du Roi, pour sa brillante conduite au siège de Namur, « où il fit tomber plus d'ennemis qu'on n'ait fait par aucune sortie ». (Rapport de M. de Boufflers.)	N. de Montagnac, capitaine au régiment Dauphin, tué à la guerre.

Pierre-Joseph de Montagnac, ...cier au régiment Dauphin, ...04, lieutenant dans le régiment de Rouergue, 1714, enseigne de la colonelle au régiment de l'Isle-de-France, 1714, ...utenant de la mestre de camp, ...22, capitaine, 1724, major et ...tenant-colonel, 1745, gouverneur de Longwy, 1748, et ...onel général des milices de souveraineté de Sedan, chevalier de Saint-Louis.	Thomas-Hyacinthe-Henri, successivement capitaine, major et lieutenant-colonel au régiment de l'Isle-de-France, chevalier de Saint-Louis.	Charles-Hyacinthe, lieutenant en pied au régiment des grenadiers de France.	Le chevalier de Montagnac, lieutenant-colonel au régiment de l'Isle-de-France.	N., dit le comte de Montagnac, lieutenant-colonel de dragons, mort de blessures reçues à la guerre.

François-Joseph de Montagnac, capitaine en pied au régiment de Limousin, gouverneur de Longwy, colonel général des milices du gouvernement de Sedan, chevalier de Saint-Louis.	Le chevalier Louis de Montagnac, capitaine au régiment de Limousin.

François-Joseph-Marie de Montagnac, officier au régiment de Bourbon, chevalier de Saint-Louis, colonel d'état-major des gardes nationales du département des Ardennes.	Bernard-Henri-Joseph de Montagnac, chevalier de Saint-Louis, retraité par suite de ses blessures.	Louis-Joseph de Montagnac, capitaine aux grenadiers de la garde royale, chevalier de Saint-Louis et de la Légion d'honneur.	Eugène-Louis-Joseph-Marie de Montagnac, capitaine de cavalerie, 19 campagnes, chevalier de Saint-Louis, de la Légion d'honneur et de Saint-Ferdinand d'Espagne (2e classe).

LUCIEN-FRANÇOIS DE MONTAGNAC.

LETTRES D'UN SOLDAT

A madame Bernard de Montagnac (Sedan).

Paris, 6 juillet 1832.

Ma chère tante, M. N... a eu la complaisance de me remettre la bonne petite lettre dont vous l'aviez chargé. Je n'étais pas chez moi lorsqu'il prit la peine de me l'apporter, mais il eut la bonté de revenir me voir ce matin, et j'eus tout le temps de m'entretenir avec lui de ce qui m'intéresse le plus au monde, c'est-à-dire de vous et de toute ma famille.

Notre conversation a roulé aussi sur une circonstance de ma vie qui a paru vous inquiéter beaucoup. Les choses, ici-bas, peuvent être envisagées à des points de vue si différents que je ne suis point surpris que ma conduite, présentée sous un faux jour, vous ait causé une impression défavorable; mais changez un peu de point de vue, chère tante, examinez-la à travers votre cœur, et vous la jugerez différemment.

Rappelez-vous un instant l'homme que vous avez élevé, suivez-le dans le cours de son existence, et vous verrez si cette dernière action est en contradiction avec les principes qu'il a puisés dans l'âme même de ses parents, et qui sont devenus la règle de toute sa vie, et comme la base fondamentale de sa religion : « *Fais ce que dois, advienne que pourra.* » Fidèle à cette devise, je poursuis, sans sourciller, la carrière que j'ai choisie.

Accoutumé, depuis longtemps, à mépriser l'opinion publique, je n'ai pas cru devoir l'opposer, dans la balance, à ce raisonnement bien simple et qui, cependant, étonne tant de monde aujourd'hui : Ma conscience me disait : « Tu n'as pas encore assez fait pour porter le signe dont on veut t'honorer », j'ai suivi l'impulsion de ma conscience; je suis satisfait. — Peu m'importe si quelques-uns de ces esprits étroits, qui ne jugent les actions des hommes qu'à travers le prisme de leurs pitoyables ambitions, donnent à ma conduite quelque interprétation mesquine ! Peu m'importe l'approbation du vulgaire : les trois quarts de la sotte race humaine ne comprennent rien aux sentiments élevés ! La seule appréciation à laquelle je tienne est celle de mes parents, de mes amis. Je n'en veux pas d'autre.

Voici, en quelques mots, ma bonne tante, cette scène que chacun se plaît à assaisonner, comme un ragoût, à des sauces si différentes.

Transportez-vous un instant dans la cour des Tuileries, et écoutez l'interlocution qui a tant étonné S. M. le roi Louis-Philippe, — surtout le tas d'imbéciles qui l'entouraient.

Devant un cercle de plus de deux cents officiers, en présence de tous les régiments de la garnison, le maréchal Soult m'appelle pour recevoir, de la main du Roi, ce signe qui servait jadis à récompenser les plus beaux traits de courage, les plus belles actions d'éclat dont l'univers ait jamais retenti.

Arrivé à une petite distance du Roi — Sa Majesté tendait déjà la main pour me remettre ce que beaucoup d'autres acceptent si facilement, sans se demander s'ils en sont dignes — :

« Sire, lui dis-je, permettez-moi de vous adresser la
« parole. Je ne puis pas accepter cette décoration. Je
« n'ai pas encore assez fait pour la mériter. J'espère la
« gagner plus tard sur un champ de bataille, en com-
« battant pour ma patrie et pour vous. Dans ces der-
« nières affaires, je n'ai fait que mon devoir ; je ne veux
« pas de récompense. Il y a, dans ma compagnie, de
« vieux sous-officiers qui ont blanchi dans les camps ;
« ils sont plus dignes que moi de porter cette déco-
« ration. Depuis longtemps, ils n'ont rien obtenu ;
« je serais heureux que Votre Majesté les récom-
« pensât. »

Chose étrange, le Roi n'eut pas la force de me répondre, il me fit quelques signes de tête et sourit douloureusement. — Je ne m'attendais pas à produire sur lui une aussi forte émotion. Il appela le colonel du régiment, et je compris qu'il lui disait d'insister pour me faire accepter la croix.

Le colonel vint à moi.

« — Voyez donc, monsieur, me dit-il, dans quelle position vous mettez le Roi ; pourquoi n'acceptez-vous pas ? »

« — Ma détermination, lui répondis-je, n'est pas celle d'un enfant. Il est fort inutile d'insister davantage. Le

Roi a dû me comprendre, et je pense que vous serez assez juste pour me comprendre aussi. »

Le père Soult, placé à la droite du Roi, me regardait par-dessus ses lunettes; tous les autres vieux généraux qui composent l'état-major fixaient sur moi leurs yeux ébahis, et si j'avais pu lire au fond de leur âme, je suis sûr que j'y aurais vu, écrites en grosses lettres, ces sottes épithètes appliquées à mon individu : *Carliste, Henriquinquiste, Républicain, Saint-simonien, Arlequin, Fou,* etc.

Je leur ai fourni l'occasion de penser; ils m'en veulent peut-être à cause de cela. Leur imagination engourdie a tant de peine à se réveiller!

A l'issue de la revue, le maréchal Soult me fit appeler chez lui... En arrivant, la première personne que je rencontrai, et qui m'accueillit de la manière la plus affectueuse, fut le lieutenant-colonel Guyot, frère de la baronne Hulot. Il avait été témoin de ce qui venait de se passer, et me complimenta en des termes qui sont trop élogieux pour que j'ose vous les répéter, mais qui me rassurèrent tout à fait sur la façon dont le maréchal Soult avait pris les choses.

Je fus introduit par lui auprès du ministre, dont la contenance me prouva immédiatement qu'il était loin de me blâmer, et qui me demanda de lui *avouer franchement les motifs de mon refus.*

Je lui exprimai que ces motifs étaient ceux que j'avais déjà fait connaître à Sa Majesté, et je lui répétai, à peu près, ce que j'avais dit au Roi.

Après quelques échanges de paroles, il me dit en

souriant : « Il y a bien longtemps que je sers, c'est la première fois de ma vie que je vois un officier refuser la croix des mains d'un souverain. »

Mon colonel est parfaitement entré dans ma manière de voir, et tous les renseignements qu'il a été appelé à fournir sur mon compte sont pleins des choses les plus flatteuses pour moi. Afin de vous en donner une idée, je vous envoie la copie d'une lettre qu'il m'écrit, et dans laquelle il me communique un passage de son rapport au ministre de la guerre :

« Mon cher Monsieur de Montagnac,

« Le ministre vient de me réclamer votre lettre de
« nomination, et je la lui adresse. Comme je suis tou-
« jours prêt à rendre officiel ce que j'écris, je crois de-
« voir vous faire part des termes dans lesquels j'ai sol-
« licité, sur votre demande, une décoration en faveur
« du voltigeur *Bertrand* :

« Monsieur le maréchal,

« D'après votre dépêche de ce jour, j'ai l'honneur de
« vous adresser l'état des militaires de tous grades qui
« ont été décorés à l'occasion des journées des 5 et 6 juin.
« Je n'y ai pas compris le lieutenant de Montagnac,
« qui, bien que nommé par ordre du 16 courant, a, par
« un mouvement de modestie sans exemple, refusé la dé-
« coration, prétendant qu'il ne l'avait pas encore méritée.

« Cette action étonnante, que rien ne devait faire
« pressentir, m'impose le devoir de profiter de la cir-
« constance pour vous faire connaître, Monsieur le

« maréchal, ainsi que vous avez pu en juger vous-
« même, en recevant cet officier, que son refus n'a abso-
« lument aucun rapport avec la politique. C'est le
« résultat d'une exaltation chevaleresque, fruit des
« souvenirs que laissent, chez certains jeunes gens, les
« traits sublimes de désintéressement et de patriotisme
« qui marquent les beaux jours de Sparte et d'Athènes.

« Du reste, M. de Montagnac est un officier plein
« d'honneur, et sur le dévouement duquel on ne sau-
« rait avoir aucun doute; c'est, en outre, un des offi-
« ciers les plus instruits et les plus distingués du corps,
« mais qu'il ne faut pas juger sur le ton et les formes
« qui le caractérisent comme militaire, etc. »

« Telle est ma lettre, *en ce qui vous concerne*, mon
« cher Monsieur de Montagnac, et je dois croire que
« vous y trouverez un langage conforme à la considé-
« ration et à la distinction que je n'ai cessé de vous
« montrer depuis que je suis appelé au commandement
« du régiment. Je désire avoir l'occasion de vous en
« convaincre, comme de mon affectueux dévouement.

« *Le colonel du 1ᵉʳ de ligne,*
« *Signé :* Dénizet. »

Rassurez-vous donc sur ma position passée, présente et à venir, et sachez bien que je suis au-dessus
de toutes les misérables illusions dont se bercent les
différents partis qui divisent notre pauvre France. Je
n'ai d'autres sentiments que ceux de mon devoir.
Aucune considération humaine ne me fera dévier
de la route que je me suis tracée, et j'espère bien

que mes enfants n'en connaîtront pas d'autre. D'ailleurs, je ne m'appelle pas Montagnac pour rien, et je veux que mes parents puissent dire que je suis digne d'eux.

Adieu, ma chère tante; je vous embrasse de tout mon cœur, et je vous prie de croire au bien tendre attachement de

Votre neveu,
L. DE MONTAGNAC.

A M. Élizé de Montagnac[1] *(Sedan).*

Paris, 17 février 1836.

Mon cher ami, vive le carnaval! je suis capitaine; mon colonel m'a appris aujourd'hui, par une missive très-aimable, que je tenais les deux épaulettes.

Je suis heureux.

Je ne puis t'en dire davantage, il faut que je me sauve; un de mes camarades m'attend pour dîner. J'ai trouvé la lettre du colonel en rentrant de *mon atelier*[2] à quatre heures.

Fais part de cette bonne nouvelle à tous ceux qui veulent bien s'intéresser à moi.

Ton ami.

---

[1] Frère cadet de L. de M., né en 1808, mort en 1882, officier de la Légion d'honneur. Fut pendant de longues années conseiller général et député des Ardennes.

[2] L. de M. était élève de Delaroche, qui lui trouvait assez de talent, comme peintre, pour l'engager vivement à renoncer à la carrière militaire.

A M. Bernard de Montagnac[1] *(Sedan).*

Toulon, 8 janvier 1837.

Mon cher oncle, les journaux qui vous ont annoncé notre départ pour l'Afrique se sont trompés, ce qui leur arrive souvent. J'aurais bien désiré qu'ils dissent vrai, mais il n'en est malheureusement pas question. Nous espérons, — du moins j'espère, — et voilà tout. Il est probable que cette fois on ne sautera pas notre tour; ce serait vraiment à perdre courage.

Je vous remercie, mon cher oncle, des bons conseils que vous me donnez. Je saurai les mettre à profit en temps et lieu, et j'espère, si les circonstances s'y prêtent, vous prouver que je les ai compris. Vous m'avez bercé avec des principes d'honneur trop solides pour que je puisse déchoir.

Que mes chères tantes et mes bonnes petites sœurs ne se tourmentent donc pas de mon voyage en Afrique! Qu'elles ne se fassent pas des monstres des fatigues, des privations, des peines qu'on endure dans ce pays. — Il est bien clair qu'on n'est pas là comme chez soi, qu'on ne trouve pas tous les jours un bon dîner bien chaud, bien à point pour se restaurer, ni un bon lit pour se reposer des fatigues de la journée; mais, mon Dieu! tous ces luxurieux bien-être de la vie sont-ils donc si indispensables que l'on ne puisse s'en passer?

---

[1] Bernard de Montagnac, chevalier de Saint-Louis. Oncle de L. de M.

La nature fournit parfois des abris suffisants, et quand elle ne se charge pas d'en fournir, on s'en crée. — Si la broche n'offre pas chaque soir les suaves contours d'un bon gigot ou d'un aimable chapon, on caresse, à belles dents, le savoureux pain de munition qu'un appétit solide fait toujours trouver excellent.

En résumé, on vit en Afrique comme partout ailleurs, moins bêtement peut-être. Que mes tantes et mes sœurs ne se figurent pas que j'y veuille laisser mes os, et qu'elles se persuadent bien que tout mon avenir militaire dépend de quelques années de campagnes, après lesquelles je serai heureux de vous embrasser tous.

Je viens d'être accroché à l'instruction des recrues, ce qui ne contribuera pas peu à me faire faire quelques pintes de mauvais sang. — Peut-être la peine que je vais me donner sera-t-elle compensée par certains avantages auxquels j'ose rêver : *une compagnie d'élite!* qui sait ?... Enfin vive la galère ! Si j'entrais en Afrique à la tête d'une compagnie de voltigeurs, la terre ne serait plus digne de me porter. — Ces compagnies sont toujours en avant, et, avec elles, on peut faire de la bonne besogne. — Un château, deux châteaux, trois châteaux en Espagne, ça ne coûte pas grand'chose, mais on s'endort content avec cela, et l'on se prépare de doux rêves.

Adieu, mon cher oncle ; chargez-vous de mes amitiés pour notre bonne famille, et croyez à l'attachement franc et solide de votre neveu.

PREMIÈRE PARTIE

PROVINCE D'ORAN

1837-1840

A. M. Bernard de Montagnac.

Oran, le 11 mars 1837.

Mon cher oncle, un bateau à vapeur, venant de France, est ici. Il doit quitter notre rivage incessamment. Je ne veux pas le laisser partir sans quelques lignes pour vous : les occasions de correspondre avec la France sont si rares qu'il en faut profiter.

Déjà le vaisseau *le Suffren,* qui nous a amenés, est retourné avec deux lettres de moi, l'une pour Célestine[1], que j'ai écrite à bord, dans le port de Mers-el-Kébir; l'autre pour Élizé, que j'ai expédiée d'Oran.

Je ne recommencerai pas les longs détails que j'ai donnés à Célestine et à Élizé sur notre traversée, sur notre arrivée ici, etc. Vous devez en être ressassés.

Les suites de mon installation n'ont rien de bien intéressant : logement qui n'en est pas un, dans une

[1] Célestine de Montagnac (madame G. Durand de Villers).

mauvaise caserne; murs blanchis à la chaux, percés de cinq ou six trous, pour donner accès à la lumière, avec une ouverture plus large dans le milieu, fermée au moyen d'un volet tout à jour et ne joignant pas; de la paille contre toutes ces ouvertures, car, par la saison qui court, l'air est trop froid et la pluie trop abondante, pour qu'on ne cherche pas à s'abriter le mieux possible.

Dans un petit coin de ce pauvre réduit, se trouve un petit fourneau, qui me sert à faire la cuisine pour moi et quatre individus de mon espèce. La fumée devrait passer par un trou ménagé dans le plafond, mais le plus souvent elle se répand dans tout le galetas, ce qui me procure le plaisir d'être enfumé comme une andouille. Trois bottes de paille, jetées dans un autre coin de la baraque, me servent de couchette; j'y dors, et pas trop mal.

Beaucoup d'officiers sont établis comme moi. Quelques-uns ont trouvé, chez des Juifs, quatre murs où ils s'abritent.

Quand un régiment arrive, les officiers reçoivent des billets de logement, et l'habitant est tenu de les loger tant qu'ils restent dans la ville; malheureusement, les habitants chez qui l'on pourrait être assez bien trouvent moyen d'obtenir des dispenses, à force d'argent, et nous sommes fourrés dans des chenils où il est souvent impossible de rester. Au milieu de toutes ces ruines, et à côté de ces grandes baraques blanches hautes de vingt pieds, sans croisées sur la rue, avec une petite porte cintrée de quatre pieds de haut, il y a pourtant quelques jolies petites maisons, mais tout est occupé par messieurs de l'état-major, de l'intendance et autres envahisseurs semblables.

On n'a pas la moindre idée du désordre, du gaspillage, de la *gabgie* qui règnent ici dans toutes les administrations. Chacun tire à soi, spécule sur tout, exploite, avec l'impudeur la plus manifeste, le pays, l'armée, etc. Les fonds du gouvernement, qui sont immenses, sont enfouis, détournés, dilapidés... En France, on voit la colonie florissante, des établissements s'élevant de toutes parts... Des bulletins mensongers, rédigés par des intrigants, reproduits avec amplification, dans des journaux emphatiques, vous font un tableau admirable de cette colonie en friche :

« Les colons y abondent; des terrains immenses sont en plein rapport; les vastes conceptions, les superbes projets des autorités civiles et militaires, leur probité, font présager, pour l'avenir, les plus brillants résultats, etc., etc. » En attendant, rien de tout cela. Rien; pas un seul colon; mais une foule de banqueroutiers de tous pays, des libérés et des échappés de bagne : épiciers, marchands de liqueurs, cafetiers, quincailliers, cumulant en outre tous les genres de spéculations possibles; contrebandiers exploitant toutes les branches de commerce imaginables, race infernale, qui nous grugent et nous saignent à blanc. Voilà les colons qui fourmillent dans cette pauvre Afrique !

Chaque général qui a commandé ici y est arrivé avec un projet qu'il a voulu mettre à exécution; de là des ouvrages commencés, interrompus, repris, abandonnés, de sorte que toutes ces ébauches font aussi l'effet de ruines et donnent une pénible idée de la solidité de nos entreprises, et de l'ordre qui règne dans la direction des affaires d'Afrique. — Cela fait vraiment pitié!

Chacun ne pense qu'à soi et ne s'occupe que de ses intérêts.

Il y a beaucoup de troupes, beaucoup plus qu'il n'en faut pour les expéditions et pour les garnisons; il en résulte qu'on est obligé de former des camps, de tous les côtés, pour loger les militaires, et, dans cette saison, les camps sont intolérables.

Voilà un grand mois qu'il pleut sans cesse, et quelle pluie! Ce sont des averses à vous tremper jusqu'aux os, en cinq minutes, et, sous une simple tente, on est bientôt mouillé. Enfin c'est la guerre, c'est la vie des camps qui vaut bien la vie de garnison; il faut s'y faire; nous n'en apprécierons que mieux un bon lit lorsque nous le retrouverons.

Cette existence me plaît; pourvu que ma santé me permette de supporter les fatigues et les privations auxquelles on est exposé, je ne m'en plaindrai pas.

Il y a à Oran et dans les environs le 47⁰, le 24⁰, le 23⁰, le 62⁰ et un ou deux bataillons d'infanterie légère d'Afrique, forts de 12 à 1,500 hommes chacun; ces bataillons sont composés de tous les gueux qui sortent des compagnies de discipline ou pionniers, et de ceux qui ont subi une condamnation quelconque, telle que la prison ou le boulet. Vous pouvez juger de ce que peuvent être des hommes semblables : pillards, scélérats à tout faire. On s'en méfie plus que des Bédouins.

Il leur est défendu d'entrer dans nos casernes, parce que les coquins s'y introduisaient autrefois, sous prétexte de voir un camarade, et enlevaient tout ce qu'ils trouvaient à leur portée, jusque des fusils et des cartouches qu'ils vendaient ensuite aux Arabes.

Le jour de l'arrivée de notre 1er bataillon, il y a eu trois fusils volés par ces chenapans-là. Tous les jours on en condamne aux fers pour vente de munitions de guerre.

On dit pourtant qu'au feu ils vont bien. On les connaît ici sous le nom de *Zéphyrs*, sobriquet qu'ils se sont donné eux-mêmes, parce qu'ils sont toujours d'avant-garde ou en fricoteurs.

Il y a, en outre, un escadron de spahis, commandé par M. Montauban, et composé de Français et d'indigènes. — Ce corps est très-remarquable, et rend de grands services.

Les spahis font le service de cavalerie légère et se battent parfaitement. Ils ont le costume turc, le turban, la veste rouge, le pantalon à la mamelouk, le burnous rouge, etc. C'est à peu près le costume des mamelouks de l'Empire.

Sous certains points de vue, leur organisation a quelques rapports avec celle des gendarmes. Leurs chevaux leur appartiennent. Ils sont généralement très-bien montés en chevaux du pays; la cavalerie n'en a pas d'autres ici.

J'allais oublier le 3e chasseurs d'Afrique, où M. de Beaufort est lieutenant-colonel. — Ce régiment est assez beau et assez bien tenu.

M. de Maussion, que vous avez tous connu à Sedan, dans je ne sais quel régiment, comme officier d'état-major, est ici chef d'état-major.

J'ai retrouvé Auguste Husson, qui est préposé aux vivres. — Il paraît qu'il y a encore d'autres personnes de connaissance; car à chaque instant on vient me dire : « J'ai rencontré quelqu'un qui vous connaît et qui m'a demandé de vos nouvelles. » — Comme tous les renseignements se bornent à cela, je ne sais pas encore quelles sont ces âmes errantes.

En voilà assez sur moi, sur Oran, sur ses agréments. Je m'aperçois que je ne vous ai pas encore demandé de vos nouvelles. La réponse sera probablement longue à venir. Mais j'espère que mes pressentiments ne me trompent pas : ils me disent que vous vous portez tous bien, vous, mon cher oncle, et toute notre bonne famille. Embrassez bien pour moi ces braves et excellents parents, et croyez, mon cher oncle, à mon sincère attachement.

Bivouac de Brédiah, le 10 mai 1837.

Mon cher oncle, il est bien peu de choses dans la vie qui fassent plaisir, mais votre bonne lettre est du nombre de celles qui laissent au cœur un douce satisfaction. Au bivouac, une lettre d'un ami, d'un parent, est dévorée avec bonheur; on oublie, quelques instants, cet isolement complet de toutes choses agréables, on se retrouve avec les personnes que l'on aime, et l'on sourit à tout ce qui vous entoure. Que je vous remercie, mon cher oncle, de m'avoir sacrifié un moment !

Quand vous serez embarrassé de l'emploi de votre temps, noircissez un petit bout de papier et laissez-le partir pour l'Afrique; il sera bien reçu.

Depuis le 24 mai nous campons à Brédiah, à six lieues d'Oran. Nous nous trouvons aux avant-postes. La plaine où nous sommes établis a environ deux lieues de large sur cinq à six de long; elle est bordée, au nord, par une chaîne de montagnes; au sud, par un lac qui a quatre ou cinq lieues d'étendue, et par une autre chaîne de montagnes ardue et escarpée. Elle prend son nom d'une fontaine assez belle qui forme un petit bassin où l'on pêche de bons poissons. L'eau, se perdant dans les terres, forme un marais où croissent des roseaux très-épais qui servent de repaire aux sangliers, aux gazelles, aux hyènes, etc. Cette plaine est entièrement couverte de broussailles et d'un arbrisseau dont la feuille ressemble un peu à celle du palmier, ce qui lui fait donner le nom de palmier nain; en effet, il ne s'élève guère qu'à un ou deux pieds de terre. Cet arbuste est très-commun dans le pays. Nous avons été obligés de piocher pour enlever toutes ces broussailles qui gênaient beaucoup notre établissement, et, au moyen de quelques petits arbres qui croissent avec peine dans les rochers voisins, nous nous sommes baraqués assez convenablement. En peu de jours, notre bivouac a pris l'aspect d'un camp fort bien organisé. Malgré les factionnaires qui nous entourent de tous les côtés, les bêtes féroces viennent, de temps en temps, nous dévorer nos bestiaux. Il y a huit jours, une bourrique appartenant à l'ami de Veyle a été déchirée, à deux pas de sa baraque; l'animal avait été saisi au cou, au-dessous de la ganache, et n'a pas eu le temps d'implorer le secours des voisins. A l'empreinte des dents, on a jugé que ce pouvait être un lion. Hier, une nouvelle alerte a eu lieu pour un malheureux baudet qui a été aussi saisi à la gorge par une bête féroce dont on n'a pas pu spécifier l'espèce. Cette pauvre créature, toujours l'objet de toutes les mystifications possibles, était attachée avec un autre âne, près de la baraque d'un officier de la compagnie à qui ils appartenaient; il paraît que l'animal féroce s'attaqua d'abord au plus fort des deux, et, trouvant de la résistance, il quitta sa première proie pour tomber sur le plus faible. Le bruit que faisait le premier, pour se défendre, réveilla un des officiers de la compagnie, qui vit une espèce de bête attachée à son pauvre bourriquet. Il courut dessus, et l'animal, en s'enfuyant, passa à côté d'un factionnaire, qui, épouvanté, poussa un cri de détresse répété par le factionnaire voisin. Les plus éloignés crurent que l'on criait aux armes, le cri fut répété dans les quatre coins du camp, et bientôt la générale battait de tous les côtés. Il était minuit. Chacun se demandait, en se rajustant tant bien que mal, quel était le motif de ce mouvement. D'après les renseignements pris auprès des factionnaires et la peinture qu'ils ont faite de l'animal, c'est tout bonnement une hyène qui a déjà été aperçue plusieurs fois aux avant-postes. Je vous réponds qu'il faut bien garder sa malheureuse cavalerie, si l'on ne veut pas qu'elle soit croquée.

Quelques jours avant notre départ d'Oran, les chasseurs d'Afrique, casernés à un demi-quart de lieue de la ville, avaient abattu un cheval; comme, chaque fois que cela a lieu, des animaux de toutes les espèces viennent, la nuit, dépecer les cadavres, ils traînèrent le cheval à quelque distance de la cuisine, et plusieurs soldats s'embusquèrent dans une hutte. Bientôt trois ou quatre énormes bêtes arrivèrent et se mirent en devoir de déchirer le cheval; une décharge partit aussitôt, — un énorme lion resta sur le coup. Il fut acheté par le commandant de place et distribué à ses amis et connaissances, qui le trouvèrent fort bon. La chair du lion a une grande réputation dans le pays; quelques jours après, un autre lion fut retrouvé aux environs du camp. Nous sommes ici au centre de tous ces animaux-là; ce sont les seuls ennemis que nous ayons eu à combattre jusqu'ici.

Il y a aussi beaucoup de sangliers.

Quoique sous de mauvaises baraques, nous ne sommes pas mal à ce camp de Brédiah; nous y vivons très-bien. Les vivres de campagne et du gibier donnent à nos ordinaires un ton de somptuosité que l'on ne croirait pas devoir rencontrer dans un bivouac. Notre cuisine, quoique en plein champ, exposée à toutes les bourrasques de la nature, nous permet de manger quelquefois d'assez bons morceaux. Bientôt nous quitterons ces abris pour pousser en avant. Le 11, toute l'armée expéditionnaire se réunit à Brédiah pour en partir le 15; les précautions paraissent assez bien prises, les moyens de transport sont considérables:

beaucoup de mulets, de chameaux, pas un seul chariot. Les blessés et les malades seront transportés en *cacolets*; manière de voyager horriblement incommode d'après le dire de ceux qui ont été transportés ainsi, et horriblement douloureuse, surtout lorsqu'on souffre. Les *cacolets* sont deux espèces de petites sellettes attachées à un bât; il est facile de concevoir que le mouvement continuel que leur imprime l'animal doit vous abîmer. Il y a aussi des brancards, portés par deux mulets, sur lesquels seront mis les plus malades, les amputés, mais je crois que c'est impraticable; il faudrait, pour que l'on pût s'en servir convenablement, que les deux mulets fussent toujours à la même hauteur. Pour peu que l'un soit plus élevé que l'autre, il faut que le pauvre malade fasse la culbute; un homme bien portant pourrait à peine s'y tenir; que fera un malade? Ce sont des essais.

J'ai parfaitement pris toutes mes mesures pour ne pas mourir de faim pendant l'expédition. Entre les trois officiers de la compagnie, nous avons trois ânes, qui nous coûtent 382 francs les trois. (Vous voyez que ces animaux sont assez chers dans ce pays, et que l'on fait ici la guerre à ses dépens.) Sur les trois baudets, deux seront chargés des biscuits, des légumes secs, de la graisse, du vin, de l'eau-de-vie, du sucre, du café, etc., pour notre subsistance de quarante jours; je vous assure que les provisions ont été largement faites, et que rien ne manque; nous avons de quoi vivre. Je vous ai envoyé dans le temps la composition de l'armée d'expédition, elle est toujours la même.

On prétend qu'il y a eu un traité conclu entre le général Bugeaud et Abd-el-Kader ; ce ne sont que des bruits qui n'ont rien d'officiel. Ce qu'il y a de sûr, c'est que le 9, le frère d'Abd-el-Kader et un de ses aghas étaient reçus par le général Bugeaud, et assistaient à un grand dîner qu'il donnait pour eux. De longues conférences ont eu lieu, mais on n'en connaît pas les conclusions ; c'est pourtant d'après cela que les bruits de paix se sont répandus. On allait même jusqu'à dire aujourd'hui, dans le camp, que le général arabe demandait à faire partie de l'expédition de Constantine. Ce dernier bruit me paraît un peu trop roide. Vous savez la foule de conjectures qu'engendre la réunion d'individus marquants appelés à décider une question un peu importante. La suite nous prouvera jusqu'à quel point ces cancans sont fondés.

Je ne serais pas surpris du tout qu'Abd-el-Kader consentît à quelques accommodements ; il doit se fatiguer de ces poursuites continuelles, et doit trouver dans la traque acharnée qu'on lui fait une existence assez pénible. Ses ressources s'épuisent, son pouvoir diminue d'autant, car les Arabes, tout sauvages qu'ils sont, comprennent peut-être mieux que personne le prix de l'or. Ils ne marchent pas sans cela. Ensuite il craint les défaites ; s'il était battu, l'empire immense qu'il a sur ses sujets tomberait tout à fait. Ces diables d'Arabes ne jugent de l'homme que par les actions, et le prestige dont l'émir est entouré ne survivrait pas à une défaite.

Nous nous mettrons en marche par des chaleurs

bien fortes; je crains que nous ne perdions du monde. Nos soldats seront très-chargés; on leur a donné un sac qui pèse à peu près trois livres, rempli de riz et de biscuits pour cinq jours. (Ces vivres ne doivent être employés qu'à la dernière extrémité, dans le cas où nous serions tout à fait privés de distributions.) Le sac contient en outre une paire de souliers, une chemise, une paire de guêtres en toile, des brosses, etc. Il y a aussi à transporter des effets de campement, marmites, bidons, gamelles, pioches, haches, couperets, serpes... Il est impossible qu'ainsi affublés, les soldats ne tombent pas comme des mouches; pourtant ils sont moitié moins chargés qu'ils ne l'étaient dans les autres expéditions; ils ont la giberne de moins; on leur a fait faire à Oran des petites gibernes-ceintures serrées au-dessus des hanches par une courroie, et soutenues par une bretelle qui passe derrière le cou.

Je ne sais quels seront les résultats de cette expédition, qui a l'air de se présenter sous des auspices assez favorables. Les uns disent : Beaucoup de fatigues, de privations, et pas d'avantages réels qui les compensent. Ceux qui ont fait les précédentes expéditions prétendent que ce sera une promenade comme toutes celles qui ont été déjà faites : on ne rencontrera jamais l'ennemi, qui fuira toujours devant nous, et qui seulement, de temps en temps, nous expédiera quelques balles, à un quart de lieue. Les seuls un peu à craindre et qui nous résisteront sont les Kabyles qui se tiennent dans les montagnes, aux environs de la Tafna et de Tlemcen. Ce sont les tribus les plus guerrières que nous ayons à combattre. Enfin, nous les verrons; je suis bien aise de faire connaissance avec leurs figures. Aussitôt rentrés de l'expédition je vous écrirai une longue lettre bien remplie de détails.

J'espère me tirer de tout cela sans la moindre indisposition. Jusqu'à présent, je n'ai pas eu le plus petit temps d'arrêt dans mon service; le climat du pays me convient beaucoup; du reste, il est très-sain. Nous avons très-peu de malades.

Je suis heureux de voir que toute la famille se porte bien; ce chapitre-là est celui qui m'intéresse le plus; exprimez, je vous en prie, à tous nos excellents parents, mes sentiments d'affection, embrassez pour moi notre bonne tante et Eugénie [1].

Je me suis acquitté de votre commission auprès du colonel et des officiers que vous connaissez encore au régiment; ils ont été sensibles à votre bon souvenir, et me chargent pour vous de leurs meilleurs compliments.

Adieu, mon cher oncle; ne vous inquiétez pas sur mon compte. Je vous tiendrai au courant de tout ce qui se passera; croyez à l'attachement durable que je vous ai toujours voué.

---

[1] Mademoiselle Eugénie de Montagnac, quatrième sœur de L. de M.

Camp de Brédiah, le 18 juillet 1837.

Mon cher oncle, j'attendais pour vous répondre que j'aie quelque chose de nouveau à vous apprendre sur notre position. Je crains d'attendre trop longtemps encore, et ne veux pas me priver davantage du plaisir de vous exprimer toute la joie que m'a causée votre bonne lettre.

Elle est venue me trouver au camp de Brédiah, où nous sommes retournés le 25 juin.

On a besoin de ces petites étoiles de papier qui viennent, de temps à autre, éclairer l'existence, pour supporter l'isolement continuel dans lequel nous sommes.

La vie de camp ne manque certes pas d'attraits. Pourtant, elle devient monotone quand elle se prolonge trop. Aussi, je ne saurais vous dire tout le plaisir que me font vos lettres. Elles sont toujours trop rares, malheureusement!

Je vous remercie, mon cher oncle, des bons détails que vous me donnez sur la famille. Vous savez combien ils m'intéressent, surtout maintenant, que je ne puis avoir que de loin en loin de vos nouvelles. Dans l'éloignement où je suis de tout ce qui m'est cher, la satisfaction de vous savoir tous bien portants est le seul bonheur que je demande à Dieu.

Vous avez vu dans les journaux les différents rapports faits sur l'expédition qui nous a conduits à une paix dont quelques individus vantent outre mesure les brillants résultats, et que quelques autres, un peu plus au courant du caractère des habitants de ce pays, et moins confiants dans la bonne foi de nos *chers amis les Arabes*, envisagent sous un point de vue bien différent et bien moins avantageux.

Le temps nous prouvera quels sont ceux qui ont raison. Je n'ai pas lu les journaux depuis quatre mois; je ne sais ce qu'ils ont dit de tout cela. Il se sera bien glissé, parmi cette foule de détails dont ils ont dû remplir leurs colonnes, quelques grossières erreurs, nourriture essentielle des journalistes.

Ce que je vous ai dit dans les différentes lettres que je vous ai écrites, entre autres dans mes deux dernières lettres à Célestine, est à peu près le résumé de tout ce qui s'est passé. Les journaux ont dû, ensuite, vous apporter quelques révélations qui leur auront été faites par le gouvernement ou par le général Bugeaud, et que nous autres subalternes devions complétement ignorer, jusqu'à la solution du problème alors en jeu.

Je ne me permettrai pas de m'établir le juge ni le critique de nos chefs, dans ces dernières circonstances, quoiqu'il y ait pourtant beaucoup de choses à dire sur tout ce qui s'est fait.

Je laisse ce soin à d'autres plus habiles que moi. Malgré cela, je suis forcé de constater que la France est descendue un peu trop bas, en venant traiter avec un misérable petit marabout, et que l'entrevue du général Bugeaud avec Abd-el-Kader n'a rien de grand ni d'honorable pour nos armes. On pourrait même appeler cela une mystification pour le représentant de la nation française. — Comment, le général Bugeaud, après avoir fait trois lieues pour se rendre à l'endroit fixé pour l'entrevue, est obligé d'attendre le chef arabe qui ne vient pas au rendez-vous, et, après une attente de trois heures, il prend le parti d'aller lui-même à la rencontre de ce *polisson,* qui était encore à une lieue et demie de là, et a la bonhomie d'entrer en arrangement avec un animal dont le but, en ne se rendant pas au lieu déterminé pour la réunion des deux généraux, était de prouver, à son armée et à tous ses Arabes, que c'était lui qui forçait les Français à capituler, et que, par conséquent, ils n'étaient que ses très-humbles serviteurs!

Dès ce moment, il devait y avoir rupture, le général Bugeaud avait assez de troupes pour le tailler en pièces. Il fallait l'attaquer sur-le-champ, et l'autre aurait été frotté d'importance.

Le général avait avec lui une partie de son armée : 6 bataillons d'infanterie, 3 ou 4 escadrons de cavalerie, de l'artillerie, — plus de monde qu'il n'en fallait pour le rosser, à la condition d'agir rapidement.

Au lieu de cela, le général Bugeaud a été *cornichonné.*

Tous les Arabes d'Abd-el-Kader disent positivement que si nous avons traité avec eux, c'est que nous ne pouvions pas faire autrement, et que la crainte d'être vaincus par eux nous y a seule amenés. Du reste, le général Bugeaud a été bien content que tout se terminât là. Arrivé à la Tafna, il lui était impossible d'aller plus loin; tous les moyens de transport lui manquaient. En sept jours de temps qu'a duré notre route, 275 mulets ont été mis hors de service, et le brave Bugeaud pensait faire une expédition de quarante jours! Dans quelle erreur il était tombé! Il fallait qu'il fût bien peu au courant du pays et des fatigues qu'on y éprouve.

Abd-el-Kader est maintenant maître de Tlemcen. Ses troupes sont venues remplacer le bataillon du 47e, qu'on y avait laissé. Ce bataillon est passé hier ici, emmenant avec lui un convoi immense de chameaux chargés de toutes sortes d'approvisionnements qu'on avait laissés dans cette ville. Ces moyens de transport étaient fournis par Abd-el-Kader. Le bey de Tlemcen est passé aussi avec toute sa famille; il va à Oran. Tous les jours, nous voyons des troupeaux de moutons, de bestiaux de toutes les espèces, envoyés par Abd-el-Kader, et se rendant à Oran.

Les tribus ennemies qui nous environnent, telles que les Garabas, les Beni-Amen, etc., commencent à apporter leurs denrées aux marchés; ils y conduisent beaucoup de bestiaux et de la volaille. — Déjà il s'établit quelques relations commerciales entre ces gens-là et les habitants d'Oran, ce qui fera diminuer la cherté des vivres.

Encore un désappointement pour le 1er de ligne! — Une dépêche venant du ministère arrive, il y a deux jours, à Oran; c'est l'ordre de diriger deux régiments sur Bône pour faire partie de l'expédition de Constantine. Le 1er de ligne n'est pas du nombre. C'est le 23e et le 47e.

Nous manquons la plus belle partie que la chance pût nous offrir. Nous sommes *rasés*, condamnés à tenir garnison à Oran, où nous rentrerons le 20 de ce mois, et où nous monterons bêtement la garde comme dans toutes les garnisons de France!

Je suis fâché de quitter le camp pour trente-six raisons.

Nous allons être encaissés dans de misérables baraques, mangés par la vermine; nous recommencerons à être turlupinés par des imbéciles qui se croient toujours en France, à parader sur des places publiques, et qui, pour n'en pas perdre l'habitude, s'amusent à nous faire passer des revues et à nous faire défiler au milieu de nos broussailles, où ils pourraient bien inventer d'autres distractions, s'ils avaient l'intelligence de leur métier et quelque peu de sens commun.

Depuis que nous sommes rentrés de l'expédition, nous avons confectionné à peu près sept lieues de route; le régiment qui se trouvait campé entre nous et Oran en a fait autant, de sorte que pour aller de Tlemcen à Oran, il y a, aujourd'hui, environ quatorze ou quinze lieues de belle route. — Voilà des travaux utiles dans ce pays, où il n'y avait pas un sentier!

Cette lettre a été interrompue pendant longtemps. Le départ du camp en a été la cause. Depuis le 21, nous sommes à Oran. J'y suis installé tant bien que mal, mais je vais toujours bien. Je suis pressé de vous quitter, mon cher oncle, voilà le bateau qui va partir, et je me dépêche pour ne pas le manquer.

Adieu, mon bon oncle; mes amitiés les plus tendres

à toute notre bonne famille; je vous embrasse de tout
cœur. Croyez toujours au vieil attachement que rien
ne pourra altérer.

A M. Élizé de Montagnac.

Oran, le 7 septembre 1837.

Mon cher ami, ma dernière lettre était bien courte,
n'est-ce pas? J'attribuai ce laconisme au départ pré-
cipité du bateau à vapeur. Ce n'était pas là la raison
qui m'empêchait de causer plus longtemps avec toi.
Comme le véritable motif n'a plus rien d'inquiétant
aujourd'hui, je puis te le dire.

Lorsque j'ai reçu ta bonne lettre, j'étais à l'hôpital
depuis quatre ou cinq jours, pour des douleurs de tête
si terribles qu'on ne peut s'en faire une idée sans les
avoir éprouvées. — J'étais alors dans mes plus vives
souffrances, et tu conçois qu'il m'était impossible de
prolonger beaucoup l'entretien que j'avais avec toi.

Je ne comprends pas quelles peuvent être les causes
de ces douleurs aiguës, qui m'ont tant tourmenté. —
J'étais rentré du camp depuis quatre ou cinq jours,
j'allais parfaitement bien, me livrant à toute mon
activité ordinaire, lorsqu'un matin, je m'aperçus que
j'avais la partie supérieure de la tête en quelque sorte
paralysée, puisqu'elle était tout à fait insensible au
toucher.

J'y fis d'abord peu d'attention et continuai mon service comme si de rien n'était; mais les douleurs de

tête allant toujours en augmentant, je me mis à la diète, et, au bout de quelques jours, comme ce régime ne me faisait rien et que les douleurs ne cessaient d'augmenter, je fis venir le chirurgien-major du régiment.

Celui-ci, après m'avoir soigné quelque temps encore chez moi, trouva que les choses prenaient une tournure assez sérieuse pour me décider à entrer à l'hôpital.

Dès le premier jour, on me tira 60 onces de sang, et tous les jours c'étaient de nouvelles saignées, de nouvelles applications de sangsues. On m'appliqua, à plusieurs reprises, de la glace sur la tête; cela me soulageait un moment; puis les douleurs reprenaient avec plus de violence.

. . . .Pendant plus de quinze jours, je ne pus avoir un moment de repos, ni nuit, ni jour; on me saignait continuellement, j'étais d'une faiblesse extrême, au point que je ne pouvais prendre un bain de pieds sans me trouver mal. Si je me levais une minute pour que l'on fît mon lit, je tournais de l'œil tout de suite.

. . . .

. . . . .Je suis à l'hôpital depuis le 31 juillet, nous voilà au 7 septembre, et depuis cinq ou six jours seulement je commence à aller mieux. Les douleurs ont disparu, l'appétit revient, et les forces augmentent.....

Je ne sais si les docteurs ont jamais bien compris cette diable de maladie. Celui qui me soigne et qui a eu pour moi les attentions les plus assidues, a d'abord attribué ces fortes douleurs au sang, puis aux nerfs;

en résumé, je crois qu'il n'a jamais su ce que j'avais. Enfin, à force d'essais de tous genres et de soins, il a fini par me débarrasser d'un mal dont je conserverai longtemps le souvenir.

Tu ne peux te faire une idée des attentions délicates que ce brave Auguste Husson a eues pour moi durant toute ma maladie, et qu'il continue encore. Je me demande vraiment comment je pourrai jamais lui prouver toute ma reconnaissance.

Sachant que les aliments de l'hôpital étaient détestables et qu'il m'était impossible d'en manger, il m'apportait tous les jours quelque chose : c'était du poisson parfaitement arrangé, des confitures, des œufs frais... mille choses enfin qui m'ont été et me sont encore d'un grand secours. Ce brave garçon a vraiment un cœur excellent, jamais je n'oublierai sa conduite à mon égard, et je m'estimerais bien heureux de pouvoir lui rendre quelque service.

Écoute! si je ne puis rien, tu pourrais faire quelque chose pour lui, toi. Ce pauvre diable qui est ici la cheville ouvrière de toute l'administration des vivres, et qui s'acquitte parfaitement, très-*honorablement* de ses fonctions, a été, depuis plusieurs années, proposé pour l'avancement; mais, comme il n'a personne pour l'appuyer à Paris, toutes les propositions dont il a été l'objet sont restées dans les cartons du ministère.

Est-ce que tu ne pourrais pas demander à quelque personnage que tu peux connaître à Paris, de s'intéresser à lui?

Oh! mon cher, je t'en prie, pense à cela et occupe-toi de cette affaire avec chaleur. C'est une grande satisfaction de faire du bien à ceux qui nous en font, surtout aux honnêtes gens.— Je n'en connais pas de plus grande.

M. de Maussion est aussi pour moi plein de bienveillance et d'attentions. Il vient très-souvent me voir à l'hôpital et paraît prendre intérêt à ma situation. Il me recommande toujours de ne pas l'oublier auprès de toute la famille dont il aime à s'entretenir avec moi. C'est encore un bien digne homme. Il a de la droiture dans les sentiments, cet homme-là!

J'ai vu aussi de Leuglay, qui me charge de ne pas l'oublier auprès de toi.

En voilà assez sur mon indisposition et sur toutes ces saloperies-là. Parlons un peu de toi et de toute ta sainte famille. Tout le monde va bien, n'est-ce pas? Embrasse bien pour moi Clémence[1] et le moutard.

Je savais, par Célestine, le charmant voyage que tu as fait. Il était impossible de le faire dans une meilleure saison. Je conçois les sensations que tu as dû éprouver à la vue de la mer. — Je me rappelle ce que j'ai ressenti en la voyant pour la première fois. Il y a de ces impressions qui partent de l'âme et qu'on ne peut rendre. J'étais saisi d'une telle admiration que je sentais mon cœur se gonfler, comme si j'avais envie de pleurer.

Je suis en quelque sorte seul à Oran dans ce moment; à l'exception du colonel et des officiers comptables qui restent toujours ici à poste fixe, il n'y a plus personne

---

[1] Clémence de Montagnac, née du Rotois, belle-sœur de L. de M.

du régiment. Le second bataillon, auquel j'appartiens, est parti, depuis le 8 août, pour Mostaganem et Arzew. Cinq compagnies sont à Mostaganem; les trois dernières à Arzew, le plus épouvantable de tous nos cantonnements. Il y a là une espèce de baie où les bâtiments peuvent aborder. Il paraît qu'il existe, sur le bord de la mer et un peu plus avant dans l'intérieur des terres, quelques blockhaus que l'on occupe. Le reste des troupes bivouaque.

Voilà plusieurs années que l'on a le projet de construire des baraques en planches pour nous loger; c'est encore à faire. Les matériaux sont là qui pourrissent, et on ne les utilise pas. En attendant, nous sommes logés sous de misérables cahutes en feuillage qui ont été construites, défaites et refaites par tous les régiments qui se sont succédé là. On est assez bon pour appeler cela des abris. Ils ne nous garantissent ni du soleil, ni de la pluie, ni de la poussière.

Un accident assez grave qui vient d'arriver, le 1er de ce mois, à une de nos malheureuses compagnies campées là-bas, décidera peut-être MM. les généraux à accélérer la construction des baraquements. Peut-être ouvriront-ils les yeux et feront-ils enfin confectionner des abris à peu près convenables pour des hommes qui peuvent rester un an ou deux dans le même poste.

Il était dix heures du matin, le vent soufflait avec force, les armes avaient été rentrées dans les baraques, à cause de la poussière, lorsque, tout à coup, le feu prend, on ne sait comment, à la baraque occupée par la 4ᵉ compagnie du 2ᵉ bataillon. En moins *de deux minutes,* les baraques de cette compagnie sont en flammes. A peine les hommes ont-ils le temps d'en sortir : les plus habiles emportant ce qu'ils pouvaient de leurs effets, les autres se sauvant en chemise, enfin comme ils étaient vêtus. Tout ce qui restait de ces abris fut brûlé, consumé : fusils, effets d'habillement, gibernes, couvertures, havre-sacs, effets de linge et chaussures, tout !...

Ce qui augmentait encore l'intensité du feu, c'étaient les cartouches qui partaient de tous les côtés. Heureusement les armes, qui sont ordinairement chargées, avaient été déchargées le matin pour passer la revue d'un capitaine d'artillerie, sans quoi il y aurait eu de nombreux accidents.

Cette compagnie est rentrée ici dans un état de dénûment complet. Je ne sais trop si les ressources du magasin suffiront pour la ravitailler tout à fait.

Ma pauvre compagnie l'a échappé belle; c'était la plus voisine de celle qui fut brûlée. Grâce au ciel, le vent soufflait du côté opposé à la position qu'elle occupait, sans quoi elle eût grillée comme l'autre, ainsi que le reste du camp.

Je remercie Dieu, de tout mon cœur, que pareille chose ne me soit pas arrivée.

Voilà une compagnie qui n'est pas capable de s'en relever, de plusieurs années. En supposant que le gouvernement prenne à son compte les effets d'armement, d'habillement et de grand équipement, les effets de petit équipement seront toujours à la charge du soldat. Voilà des hommes à qui il faudra prendre pour trente ou quarante francs d'effets, voilà des *masses* complétement détruites, et qui ne peuvent se rétablir avant deux ou trois ans au moins.

Le malheureux capitaine de la compagnie, qui, dans cette affaire, n'est pas plus coupable que moi, loin de trouver un soutien dans son colonel, se voit tympanisé par lui, dans un ordre du jour des plus inconvenants. Il est mis huit jours aux arrêts, accablé des reproches les plus durs et les plus injustes. Enfin cet officier est tellement désolé, tellement abattu de ce qui lui arrive, qu'il est tombé sérieusement malade et entre à l'hôpital aujourd'hui.

Le général Bugeaud est toujours ici, chargé d'inspecter les différents régiments de la garnison et des environs. Plus tard, quand je le connaîtrai mieux, je te dirai ce que j'en pense. Il partira aussitôt qu'il aura terminé son inspection générale.

Abd-el-Kader tient ses promesses. Il paraît même qu'il y met une certaine loyauté. Un de ses envoyés est arrivé, et, tous les jours, il entre en ville des convois de grains et de bestiaux.

La province d'Oran est parfaitement tranquille. On peut aller partout sans rien craindre. Le voyage de Mascara, de Tlemcen, peut être fait par une personne seule, sans courir le moindre danger. Je ne sais si cela durera.

Notre 1er bataillon est retourné au camp, depuis le 25 août; il n'a pas séjourné longtemps ici.

Il a fait de très-fortes chaleurs pendant le mois d'août. Nous avons eu jusqu'à 44 et 46° au soleil.

Depuis quelques jours, le temps se refroidit beaucoup. Les matinées et les soirées deviennent fraîches, et la chaleur de la journée plus supportable.

Je ne sortirai de l'hôpital que parfaitement guéri et tout à fait à l'abri d'une rechute. Puis je resterai quelque temps à Oran, pour achever de me consolider, et me mettre à même de supporter les privations auxquelles je serai astreint, dans mon séjour d'Arzew, où il n'y a que de l'*eau salée* à boire.

Ne dis pas à nos bons parents que je suis à l'hôpital, quoique, maintenant, j'aille bien. N'en parle qu'à mon oncle. Je vais écrire à ma tante, je lui dirai seulement que j'ai un peu souffert de maux de tête causés par la grande chaleur.

Tu dois t'apercevoir à mon écriture que ma main n'est pas encore bien sûre, et puis elle commence à se fatiguer. Voilà longtemps qu'elle travaille, car, Dieu merci ! je t'en ai taillé de quoi te faire bâiller pendant quarante-huit heures.

Va voir nos bons parents et exprime-leur, de ma part, tout ce que ton cœur te dictera. Adieu, mon cher ami; sois toujours persuadé de mon tendre attachement.

A M. Bernard de Montagnac.

Arzew, le 27 novembre 1837.

Mon cher oncle, voilà bien longtemps, il me semble, que je ne vous ai rien dit. Cependant quelques paroles de tendresse, de temps en temps, font du bien, surtout lorsque le sort veut qu'on soit séparé les uns des autres par une pareille distance! C'est une manne, c'est un baume qui calme les ennuis de l'absence et aide à supporter le cruel isolement dans lequel on se trouve, loin des êtres qui vous sont les plus chers.

Il est si triste de voir la vie s'écouler loin de la famille, dans ce siècle où chacun, enveloppé dans son égoïsme, tend à s'éloigner de son voisin par un mouvement de répulsion indéfinissable! On est heureux de pouvoir, d'un monde à l'autre, s'adresser quelques mots de souvenir, et cet échange de pensées consolantes est une satisfaction bien douce, après les longs mois de solitude et d'anxiété.

Il paraît, mon cher oncle, que vous êtes allé faire un petit tour dans notre bruyante capitale; j'ai appris ce voyage avec plaisir, persuadé que vous en avez dû retirer quelque agréable distraction. — Eh bien! comment l'avez-vous trouvée? Il y avait bien longtemps que vous ne l'aviez vue, et vous avez dû être frappé des changements que le temps et les révolutions de tous genres y ont apportés. — Que la province va vous paraître pâle, froide et mesquine à côté de cette immense fourmilière bruyante, remuante, à côté de ce monde sans cesse allant et venant, tourbillonnant comme un ouragan!

L'Afrique est toujours dans le même état de choses. On n'y avance ni ne recule. On y enfouit beaucoup d'argent, et voilà tout. Trésors que jamais nous ne reverrons, car si les Arabes ne demandent pas mieux de nous vendre leurs denrées, ils ne se soucient pas du tout d'acheter les nôtres, attendu que leurs besoins sont tellement limités par la religion et les habitudes, qu'elles leur deviennent complétement inutiles. Il leur faut de l'argent; ils vous en accrochent le plus qu'ils peuvent; ils l'enterrent et dorment paisiblement sur leurs trésors. — Ils ont de la laine pour se vêtir, des bestiaux, des légumes, du grain pour se nourrir, et même plus qu'il ne leur en faut pour leur consommation ordinaire; aussi ne songent-ils nullement à faire avec la France des échanges commerciaux. La France est pour eux une bonne vache à lait toujours disposée à se laisser traire par tout le monde. L'Afrique vous coûtera très-cher et ne vous rapportera jamais deux liards, quoi qu'en disent nos fameux économistes si féconds en in-folio de théories et de projets. Ce n'est pas avec votre gouvernement d'avocats et de financiers que vous tirerez quelque parti de ce pays-ci. — On ne sait pas faire un sacrifice à propos. Sans cesse dans un système d'indécision qui ébranle les plus belles entreprises, on n'alloue que la centième partie de ce qui serait nécessaire pour achever une chose et lui donner un caractère de solidité durable, de sorte que les établissements restent ébauchés. — Avant que de nouvelles allocations soient acceptées, l'ébauche a le temps de tomber en ruine. Les hommes et les projets changent, et, lorsqu'au bout de quelques années, les yeux se reportent sur l'entreprise primitive, tout est anéanti, il faut réédifier à nouveau, il faut encore de l'argent. On discute, on braille, pour arriver à donner quelques sous.

On recommence alors; mais comme on n'a pas assez de fonds, il faut encore s'arrêter en chemin.

Et malgré tout, en calculant le budget des dépenses d'Afrique, on le trouve exorbitant.

« Naturellement, disent nos grands calculateurs, d'après cette fuite de tant de millions, l'Afrique doit être bien brillante, bien prospère! » Et tous nos badauds de braire : « L'Afrique se couvre de bosquets verdoyants où se marient agréablement la rose et le chèvrefeuille; partout, au milieu de ses vallons fertiles, s'élèvent de fraîches habitations, des villages où règne l'industrie; de toutes parts arrivent les Arabes qui viennent déposer au pied de nos autels leurs erreurs et leur fanatisme! » — Va-t'en voir s'ils viennent, Jean!

La poésie ne coûte pas cher aujourd'hui. On en fait des poëmes, et des poëmes boiteux! Allons, mes beaux messieurs qui avez de grands nez armés de lunettes derrière lesquelles se remuent deux yeux vitreux, qui portez cheveux longs, barbe au menton, bottes pointues aux pieds, venez donc un peu traîner vos carcasses amaigries jusque sur ce sol aride et désert. Si vous y trouvez une lentille et un pois chiche, vous serez bien malins!

Enfin, en résumant toutes les dépenses partielles qui ont été faites ici, on trouve des millions qui n'ont rien produit et qui, probablement, ne feront pas de petits dans ces contrées, tandis que si tout cet argent avait été alloué à la fois, on aurait pu achever quelque chose de durable, on aurait pu offrir quelques garanties à ceux qui ont envie de s'y établir, et l'on serait arrivé à un résultat. — Au lieu de cela, rien!

Voilà encore une expédition terminée, et nous n'en

étions pas. Nous avons vraiment du guignon. Notre rôle pacifique est insipide. Nous finirons par quitter l'Afrique sans pouvoir attacher une parcelle de gloire à notre drapeau !

Il paraît que la prise de Constantine a été dure à digérer : — des généraux, des colonels tués, des officiers supérieurs de toutes les classes, et Dieu sait le nombre de soldats ! C'est une belle page à ajouter à nos annales militaires. Depuis l'Empire, c'est le fait d'armes le plus remarquable. Heureux ceux qui ont pu prendre part à cette belle scène !

Je ne sais jusqu'à quelle époque je resterai à Arzew; je ne demande pas à en sortir tant qu'on ne fera pas la guerre. — Aller à Oran ou ailleurs pour y parader, je préfère cent fois rester ici où nous sommes parfaitement libres. Beaucoup ne pensent pas comme moi; avides de distractions et de plaisirs, ils gémissent dans ce désert où l'on n'entend que le glapissement du chacal, le mugissement de la hyène et le grognement du sanglier (dont nous commençons à nous dégoûter). — Nous avons encore deux grands tonneaux pleins de cuissots de ces messieurs; nous les avons fait saler. On ne peut pas se faire une idée de la quantité de sangliers qu'il y a dans ce pays. Il y a aussi beaucoup de perdreaux et de lièvres.

Ces ressources ne sont pas de trop. Elles changent un peu de la viande de bœuf, du lard salé et des denrées gouvernementales, riz et haricots qui ne veulent pas se donner la peine de cuire dans l'eau salée que nous avons pour tout potage.

On a essayé de creuser des puits dans les montagnes voisines pour tâcher d'avoir de l'eau moins saumâtre. L'eau qu'on a tirée de ces puits était encore plus mauvaise et plus salée que celle de la plaine.

Il paraît que ces eaux traversent des couches de terre contenant beaucoup de sel, et s'en imprègnent. Toutes les eaux que l'on trouve à deux ou trois lieues d'Arzew sont de la même qualité.

On voit, à trois lieues d'ici, les ruines d'une ville construite par les Romains. Cette ville devait être très-considérable, à en juger par ses restes qui couvrent près d'une lieue. On y découvre encore les traces de quelques édifices : des voûtes de pierres superbes parfaitement taillées, etc. Elle se prolonge sur la pente d'une montagne qui se trouve maintenant à un quart de lieue du bord de la mer. Le sommet de cette montagne est un plateau magnifique couvert de décombres et de cactus énormes. Plus loin, sont des terres que les Bédouins cultivent en blé et en orge. Sur l'emplacement de cette ancienne ville, existent plusieurs puits et des sources assez abondantes dont l'eau est aussi très-saumâtre.

Il est à observer que, dans ces contrées lointaines où plusieurs peuples sont venus étendre leur conquête et ont essayé des moyens de colonisation, ils n'ont laissé que des ruines. — Triste augure pour ceux qui veulent s'y établir !

L'Afrique n'est vraiment avantageuse que pour nous autres militaires, à cause des campagnes que nous y gagnons, les années comptant double.

J'ai appris avec plaisir que votre santé continuait à être bonne; puissent les vœux que je fais chaque jour pour votre conservation être exaucés!

Mes amitiés à l'oncle Eugène [1], à ma tante Thérèse [2]. Embrassez bien pour moi notre bonne tante *Tata*; elle m'a écrit une excellente lettre qui m'a fait oublier un instant la distance qui nous sépare.

Adieu, mon cher oncle; croyez toujours à mon attachement bien franc, bien sincère, et qui jamais ne se démentira.

Oran, 27 avril 1838.

Mon cher oncle, je ne veux pas rester plus longtemps sans vous remercier de votre bonne lettre. Elle est venue combler un instant le vide dans lequel je suis et ranimer la vie bien monotone et bien sèche que je mène loin de tous ceux que j'aime. J'y retrouve cette affection si vraie que vous nous gardez, cette tendre sollicitude dont tous les jours vous nous donnez des preuves.

Je vois avec plaisir que vous continuez à vous bien porter, et toutes les lettres qui me confirment dans cette pensée diminuent, pour moi, les soucis de l'absence. — Puisse le ciel continuer à veiller sur vous et à vous protéger! Je serai un peu dédommagé de ne pouvoir moi-même vous donner les soins que j'aurais

---

[1] Eugène de Montagnac, chevalier de Saint-Louis, de la Légion d'honneur, etc., oncle de L. de M.
[2] Mademoiselle Thérèse de Montagnac.

tant de bonheur à vous prodiguer. Mais le sort en a décidé autrement. — Un jour viendra peut-être où, délivré des chaînes qui me retiennent loin de vous, je pourrai m'acquitter, du moins en partie, de ce tribut de reconnaissance que je vois s'augmenter tous les jours.

Depuis le 4 avril que j'ai quitté Arzew, je me suis rapproché d'Oran, où je n'ai passé que onze jours. Aussitôt arrivés, on nous a trouvé un petit camp où nous sommes installés depuis le 15 de ce mois. Il est situé à une lieue d'Oran, entre la ville et le fort de Mers-el-Kébir; nous sommes employés là aux travaux d'une route qui doit joindre ces deux points, où l'on a déjà dépensé beaucoup d'argent, et où disparaîtront encore quelques centaines de mille francs.

Nous sommes au versant d'une montagne, sur un terrain très-inégal, de sorte que notre camp est assez mal établi. Une gorge profonde y vient aboutir et rassemble les vents d'ouest qui, trop souvent pour nous, s'y engouffrent avec fureur et nous rendent la position intenable.

Nous étions campés sous des *marquises,* grandes tentes où l'on peut tout au plus tenir seize hommes, et où nous sommes forcés d'en entasser une vingtaine, à cause de la pénurie.

Il y aura dimanche huit jours, le 22, il s'éleva une telle tourmente, un ouragan tellement épouvantable, que toutes nos malheureuses tentes, à l'exception de six sur quarante-sept, ont été déchirées, renversées. Le vent entraînait tout. Beaucoup d'effets ont été perdus, emportés au loin. — Nos pauvres bourriques ne savaient comment se placer pour n'être pas enlevées. Relégué sous une misérable petite tente en laine, tissu du pays et héritage de l'ami de Veyle, j'attendais, non sans une certaine anxiété, les coups de la tempête toujours menaçante qui ébranlait et déchirait mon léger édifice. Les nombreuses réparations que j'y avais faites la veille m'avaient un instant donné l'espoir de la voir lutter avec avantage contre la violence des *autans*. — Je ne tardai pas être déçu : le vent redouble, la toile craque, et me voilà à la belle étoile, battu par les rafales qui deviennent de plus en plus fortes, et aveuglé par la poussière. Je serais probablement encore là, si un bon petit officier du génie, employé aux travaux de la route, ne m'avait prêté sa tente. On n'a encore pu réparer qu'en très-petite partie nos avaries. Les magasins de campement manquent de tous les objets nécessaires. Une grande portion de nos hommes est forcée de se contenter de la voûte céleste pour se couvrir. — Nous n'avons pas ici le plus petit morceau de bois pour nous faire des abris. Du reste, tout est pour le mieux dans le meilleur des mondes possibles, et le soldat n'a rien à désirer en Afrique. — Les camps sont bien approvisionnés. — Le campement est dans le meilleur état : — Voyez plutôt le *camp de Compiègne!* Qui ne voudrait passer toute sa vie sous une tente entourée de jolis petits jardins, ornés de colonnettes bien élégantes? au moins là on respire un air pur ! — Ils ont le bonheur ineffable, les habitants de cette jolie ville en toile, d'assister tous les jours au réveil de cette belle nature, si grande, si sublime !

Combien de petites-maîtresses et de muscadins ne voit-on pas s'extasier sur la vie des camps? Ah! certes, vivent les camps, s'ils étaient tous comme celui de Compiègne !

Lorsque, pendant les plus beaux mois de l'année, on habite sous une bonne double tente bien neuve, bien solide, qu'on vous change toutes les fois qu'il y a le moindre accroc, lorsqu'on a de beaux et bons restaurants pour se garer, de temps à autre, du soleil, nez à nez avec les rafraîchissements les plus exquis, lorsqu'on a à sa portée des bois bien frais, bien touffus, où l'on peut rêver, sommeiller sans être gêné par les rayons du soleil qui se jouent dans le feuillage, vivent les camps ! Lorsque, sous les yeux de nos charmants princes et de leurs aimables épouses (que Dieu garde), on marche à la gloire en se précipitant, avec beaucoup de précautions, sur une jolie petite brèche bien gentiment préparée, et rendue très-praticable pour que la Parisienne au pied mignon y puisse passer à son tour; lorsque, sous une fusillade et une canonnade des plus innocentes, arrive enfin, après des exploits couronnés des plus brillants éloges, une charmante petite décoration qu'une main courtoise accroche à votre boutonnière, ou un grade qu'une guerre pacifique vous a mérité à tous égards, — vivent les camps !

Mais lorsque, sur un terrain sec, aride, désolé, où pas un arbre n'ose s'élever, sous un ciel toujours bleu, sans cesse épuré par un soleil brûlant, il faut passer sa vie sous une simple tente en lambeaux, qui a déjà été rôtie par le soleil d'Égypte, ou qui a servi aux braves de nos campagnes d'Italie, on ne peut s'empêcher de crier *haro* sur les chefs de notre administration militaire, qui sacrifient tout à un camp de plaisance, véritable joujou, tandis que la seule armée active que la France ait sur pied manque des choses les plus essentielles.

Croira-t-on que, dans notre armée d'Afrique, on laisse, pendant six mois, un an, des cadres incomplets en officiers supérieurs et autres? Mais non, c'est impossible. — Je vois d'ici cinquante individus la bouche ouverte, pour me donner un démenti... C'est pourtant vrai. — Notre colonel est absent depuis près de six mois. — Avant son départ, deux chefs de bataillon manquaient, admis à la retraite. Un troisième, nommé lieutenant-colonel au 31e de ligne, en France, est forcé de rester pendant trois mois au régiment, pour le commander. — Enfin, depuis quinze jours, il nous est arrivé deux chefs de bataillon venant d'autres corps; il nous en manque encore un.

Trois places de capitaines sont vacantes. Une seule est donnée au régiment, l'autre à un officier de la non-activité; la troisième place est encore à remplir. Croyez qu'en France les vacances sont vite remplies, et que, dans vos camps de plaisance, vous ne verrez pas de régiments dont les cadres soient incomplets. Croyez aussi qu'on nommera le moins possible des officiers de la non-activité.

Dans le bataillon du 24e de ligne qui est venu nous

relever à Mostaganem et à Arzew, il y avait dix compagnies et trois capitaines en tout.

Il est bien positif qu'il y a moins d'avancement en Afrique qu'en France. Le seul avantage que nous ayons est d'y gagner des campagnes. Et pourtant, il existe une loi qui dit bien clairement qu'en campagne, tout l'avancement revient au corps. — On l'élude à chaque instant. — Pour vous en faire une idée et vous assurer de l'exactitude de ce que j'avance, suivez les journaux militaires...

Enfin, vivent Dieu et les pommes de terre frites que nous mangeons ici, assaisonnées de quelques onces de poussière! Camps pour camps, j'aime encore mieux nos camps de misère que vos camps de parade!

Ma lettre est commencée depuis le 27. Plusieurs circonstances m'ont empêché de la terminer, je la reprends aujourd'hui dimanche 29. — Je ne sais si le vent, la poussière, en un mot tous les éléments conjurés, me permettront d'aller jusqu'au bout. Aujourd'hui, même temps qu'il y a huit jours : voilà encore notre fourmilière en désarroi.

Sous la tente de mon bon petit officier du génie, je suis, avec la plus pénible appréhension, les efforts du vent. Déjà un trou, que chaque bourrasque agrandit, s'est formé à l'un des angles de cette pauvre tente. Si le vent continue, dans cinq minutes je me trouve à découvert. J'entends la table qui craque; je pousse mes idées et ma plume le plus vite possible afin de terminer notre causerie avant une catastrophe inévitable. Je crains bien d'être forcé de vous quitter malgré moi.

Je vois notre pauvre cuisinier qui ne sait où placer sa marmite. Elle se remplit de terre; quel bon potage nous allons *croquer* là!...

Les choses continuent à se passer de la même façon dans notre Afrique. Qu'y fera-t-on? je n'en sais rien. Nos bons alliés les Arabes nous tuent toujours, de temps à autre, quelques soldats, pour prendre leurs armes.

La première nuit de notre installation ici, cinq fusils ont été volés à notre garde de police. Le factionnaire de devant les armes, qui faisait probablement son métier, comme ils le font tous du reste, avec beaucoup de nonchalance et de négligence, a été surpris, culbuté d'un coup de trique sur la figure, et, pendant qu'il roulait à terre, les voleurs ont fait leur coup. Il paraît que ce sont des Arabes. Les soupçons avaient d'abord plané sur les *Zéphyrs*, dont le camp est près du nôtre.

Mon abri tenant encore un peu, j'en profite pour continuer mon bavardage. Comme je sais que vous avez en petite sœur Ninie une lectrice jeune et complaisante, je ne crains pas d'abuser de votre patience, et je laisse ma plume noircir mon papier. — Je prends mon plaisir où je le trouve, et je n'en connais pas de plus grand que de passer quelques heures avec vous, croyez-le bien, mon cher oncle.

. . . .

C'est aujourd'hui le 1er mai; je reprends le fil de notre conversation, que j'ai été forcé de quitter sous ma tente déchirée et battue par la tourmente. — Aujourd'hui il fait un temps superbe. — Le bateau vient d'arriver. J'apprends le retour de notre colonel. — Je ne sais s'il sera porteur de quelques promotions. Il rendrait certains individus bien heureux. Quant à moi, je me réjouirais du bonheur des autres, n'ayant, de longtemps, rien à espérer.

Voici, je l'espère, une lettre qui peut compter. Adieu, mon cher oncle; embrassez bien pour moi tantes, oncles, sœurs et frère, et croyez à tout l'attachement de votre neveu.

Oran, le 24 juillet 1838.

Mon cher oncle, je ne veux pas laisser partir le courrier sans un mot de tendresse pour vous. Comment vous portez-vous? J'attendais impatiemment une lettre qui me donnât de vos nouvelles, mais rien n'est venu de nos Ardennes, de sorte que, pour ce qui vous concerne, je suis obligé de me reporter à un mois de date. — C'est bien long! Il peut s'être passé bien des choses dans cet intervalle. — J'espère pourtant qu'il n'est rien survenu de fâcheux. C'est l'objet de tous mes vœux, de vous voir tous vivre longtemps et bien portants.

Rien de nouveau dans notre province d'Oran. Je vois très-rarement le père X..., qui est toujours le même, bien noir, bien sec, bien actif, dur comme un cheval. — Pourtant, l'austérité de ses mœurs n'a pu résister à l'influence, au charme d'une espèce de femelle, que le veuvage avait laissée libre de ses mouvements, ainsi que de la distribution de ses faveurs, et dont le cœur, déjà légèrement fané par le temps et les orages, s'est accroché à lui comme à une planche de salut. Vieille schabraque, noire comme une taupe, Corse d'origine, ce qui n'annonçait pas une bête très-facile à brider, elle s'est cramponnée au bonhomme à qui elle persuade que les citrouilles sont des petits pois, et à qui elle fait des queues de quarante-deux pieds de long. — Lui trouve que tout est bien, et jette bêtement son argent pour l'entretien de cette sangsue, dont il n'aura jamais la force de se dépêtrer. Croirait-on que ce vieux diable, à côté de qui Caton semblait être un paillasse, se soit laissé enlacer par une araignée de cette trempe? C'est pourtant comme cela. Du reste, il s'est mis à l'unisson, car presque tous nos officiers supérieurs et autres se sont encoquinés avec un tas de *gouines* qui les grugent le plus gentiment du monde.

Maître X..., que vous connaissez, vit avec une servante dont il a fait sa femme, sa moitié, tout ce que vous voudrez, tandis qu'il a en France femme et enfants.

Il est, du reste, assez méprisé dans son corps. Il paraît que la poudre lui fait faire la grimace. Il a aussi sur le dos une fort sale histoire : Dernièrement, il avait trouvé bon, pour prendre la place de son colonel, de le dénoncer de la manière la plus calomnieuse, et, à la suite de ces calomnies atroces, le colonel reçut sa retraite. — A la dernière séance du conseil d'administration, où le colonel rendit ses comptes à M. X..., qui, par intérim, devenait chef de corps, il y eut une scène où M. X... fut mené comme un valet. Le colonel, après lui avoir reproché sa conduite à son égard et offert un cartel qu'il refusa, le traita de lâche et le mit à la porte de chez lui, en présence de tous les membres du conseil.

Je vous dirai que je ne suis jamais allé lui faire de visite. Je le rencontre souvent et ne lui adresse pas la parole.

Notre compatriote Y..., qui est chef d'escadrons, vit aussi avec la femme d'un perruquier de Marseille, grande cavale de quarante à quarante-cinq ans, qui a dû être fort belle dans son jeune temps.

Telles sont les mœurs de la colonie. Chacun trouve cela tout simple, tout naturel; il semble que cela ne puisse plus même être autrement. Cette maladie ne m'a pas encore gagné; je pense bien que je ne m'y laisserai pas prendre.

Adieu, mon cher oncle, etc.

Oran, 2 septembre 1838.

Mon cher oncle, je ne veux pas laisser partir le courrier qui m'a apporté votre bonne lettre, sans lui confier quelques lignes d'amitié pour vous. Votre lettre m'a fait trop de plaisir, pour que je ne cherche pas à prolonger ce bonheur-là par un petit bout de conversation.

Loin de bâiller comme vous aviez l'air de le pressentir, j'ai lu et relu bien des fois ces excellentes pages si gaies et si intéressantes. Par exemple, l'arrangement dans lequel elles se trouvaient a mis ma patience à une légère épreuve, tant j'étais pressé de les parcourir. Mais peu importe l'ordre dans lequel vous classez vos pensées. Envoyez-les-moi toujours telles que vous les aurez jetées sur le premier bout de papier venu, je saurai bien m'arranger de façon à n'en pas perdre un mot.

Vous avez donc auprès de vous le père N...? Veuillez lui faire mes amitiés. Comme il est toujours bon de savoir à qui l'on a affaire en ce monde, je suis bien aise de vous dire quelques mots sur le compte de N... et de sa famille.

N... est un brave homme, très-susceptible, comme le sont en général les gens qui n'ont pas reçu la moindre éducation et qui, pourtant, ont de hautes prétentions et beaucoup d'orgueil. Il faut vivre longtemps avec ses semblables pour les alambiquer, et j'ai vécu assez avec celui-ci pour le bien juger. Du reste, à côté de ces petits défauts, il a de belles et bonnes qualités.

Le pauvre diable, depuis qu'il est au service, a toujours été rat comme un chiffonnier, rafalé, tirant, à tour de bras, le diable par la queue, toujours aux expédients pour trouver quelques sous. — Je ne pense pas que son sort ait changé, loin de là, ses charges ayant toujours été en augmentant.

Dans tout cela, il est plus à plaindre qu'à blâmer. Il n'a jamais eu la force de résister aux exigences de sa vieille mère, et ses malheureux appointements, livrés au gaspillage de cette mégère, ont toujours été avalés, dissipés comme par enchantement. La mère N... est ce que nous autres troupiers nous appelons une *fricoteuse,* buvant de l'eau-de-vie comme un trompette, se *soûlant* à l'avenant, aimant les bons morceaux et ne s'en faisant pas faute. — Je conseille à la bonne tante de ne pas lui laisser mettre le bout du nez dans son cœur, elle s'accrocherait à elle comme une *teigne.* N... n'ignorait pas la conduite de sa vieille mère qui empruntait à tout le monde. Jugez combien son amour-propre (et il en a une bonne dose) devait être blessé.

Étant en demi-solde à *** ou ailleurs, peu importe, il s'est amouraché d'une certaine couturière, jeune et jolie (bête comme un pot, mais cela ne fait rien pour la propagation de l'espèce humaine), avec laquelle il a vécu maritalement pendant quelques années et qu'il a fini par épouser. — La pauvre femme, à peu près bonne à rien, est le souffre-douleur de ce ménage de polichinelle, et la mère N..., vieille acariâtre, épanche souvent sur elle son vice et sa mauvaise humeur.

Au résumé, le pauvre N... est misérable comme les pierres. Il méritait d'être plus heureux, car il a vraiment de bonnes qualités. Donnez-lui donc, mon cher oncle, la première fois que vous le verrez, une vigoureuse poignée de main de ma part. Qu'il soit bien persuadé que, personnellement, il aura toujours une bonne place dans mon souvenir.

Grande nouvelle : Il y a trois jours, j'avais été trouver le colonel (qui ne me voit pas souvent, du reste) pour lui demander la permission d'aller à la chasse[1], et je fus fort surpris de l'entendre me dire : « Eh bien ! monsieur de Montagnac, avant huit jours, vous serez capitaine de voltigeurs. Je n'attends que l'arrivée du général pour vous faire nommer. » Le général est arrivé avec le bateau, et je pense que l'ordre de ma nomination va paraître aujourd'hui ou demain. Il paraît même que le colonel l'a déjà annoncée à d'autres, car, ce matin, plusieurs individus sont venus me féliciter de cette nouvelle faveur. J'espère ne pas fermer ma lettre sans vous apprendre ma nomination officielle. Encore un pas de fait ! je ne m'attendais pas à cet avantage-là, et c'en est, je vous l'assure, un très-grand, sous bien des rapports.

En campagne, dans ce pays-ci surtout, les premières compagnies à marcher sont toujours les compagnies de voltigeurs; par conséquent on y est à même de profiter de bien des circonstances qui échappent aux pauvres compagnies du centre. Ensuite, on a à commander des hommes choisis, des hommes faits, sur lesquels on peut compter, et auxquels on n'est pas sans cesse obligé de faire sentir le fouet de la discipline. Cet esprit militaire, qu'on laisse diminuer tous les jours dans l'armée, se retrouve encore intact dans les compagnies de voltigeurs et de grenadiers. Aussi, je vous réponds que, lorsqu'on a passé quelques années à commander une compagnie du centre, on sait apprécier l'avantage de servir dans une compagnie

---

[1] Grand chasseur, L. de M. tua, dans une seule saison, dix-huit cents perdreaux qui vinrent améliorer l'ordinaire de sa compagnie.

d'élite. C'est encore une surprise bien agréable que j'ai eue là. Elle me flatte d'autant plus que je suis, par mon ancienneté de grade, un des derniers capitaines du régiment. Il faudrait maintenant quelques petites affaires pour arriver à autre chose... Nous ne serons peut-être pas toujours en paix. Rêve d'égoïste, me direz-vous : c'est vrai ; mais, dans notre métier, il est bien permis d'avoir un peu d'ambition.

Nous avons reçu, par ce dernier courrier, le général Guéhéneuc, qui vient prendre le commandement de la province d'Oran. Je ne sais trop si le brave homme y restera longtemps. Il m'a l'air d'être déjà joliment dans les momies, et je doute qu'il puisse résister au climat, qui, tout sain qu'il est, vous corrode d'une cruelle façon, surtout ces pauvres vieux troubadours qui n'ont plus d'huile dans leur lampe. Dans ce pays-ci, il faut avoir de la séve à dépenser, sans quoi l'on est fricassé. Il ne faut être ni trop vieux, ni trop jeune, d'un tempérament formé, et s'abstenir de tout excès. Jusqu'à présent, je me porte à merveille, j'espère que Dieu voudra bien toujours me prêter aide et assistance, j'en ai plus besoin que jamais.

Quoique je sois capitaine de voltigeurs, je serais assez disposé, si l'on organisait des corps spéciaux pour l'Afrique, à tâcher d'y entrer. Je gagnerais ainsi des campagnes. Je regrette bien de ne pas avoir demandé plus tôt à servir dans ce pays-ci. L'homme ne sait jamais prendre une détermination à propos.

Embrassez-bien pour moi toute notre bonne famille ; qu'elle soit toujours persuadée de mon inaltérable attachement. Adieu, mon cher oncle; croyez fermement que les années ne font que consolider l'affection que je vous ai vouée depuis que j'ai la faculté d'aimer.

A M. Élizé de Montagnac fils (Sedan).

Oran, 23 janvier 1839.

Mon bon et aimable petit neveu, je ferai tout ce qui dépendra de moi pour revenir bien vite te montrer ma grande figure de soldat, avec mes grandes moustaches et mon grand sabre qui n'est pas de bois. C'est avec une vive impatience, mon petit bonhomme, que j'aspire après le jour qui me fera connaître mon petit neveu Zézé, et où je pourrai chatouiller le bout de son nez avec les grands poils roux de la longue moustache qu'il a dû remarquer souvent sur mes images affichées chez les bonnes tantes.

Merci, mon bon petit, de l'intérêt que tu prends à mes chiens, ils sont bien sensibles à ton bon souvenir, mademoiselle Flore surtout, qui est ma dame de compagnie et qui te donne la patte en signe d'amitié.

Puisque tu aimes les lions, mon cher petit ami, je t'en garde un très-joli, qui a la queue verte et les pattes rouges; il commence à parler tout seul, et je suis sûr qu'il te plaira beaucoup. Je te l'apporterai lorsque j'irai te voir, si pourtant sa mère, qui est un peu sauvage, ne vient pas me croquer d'ici là. Adieu, mon bon petit Zézé; je t'embrasse sur tes deux grosses joues, bien rondes et bien fraîches, et je t'aime de tout mon cœur.

La lettre de mon neveu était trop gentille, ma chère Clémence, pour la laisser sans réponse; aussi ai-je voulu commencer la mienne par quelques lignes à ce brave petit garçon qui veut bien songer aussi à son oncle le soldat, quoiqu'il ne le connaisse que pendu en effigie dans les appartements de nos bons parents.

Je vois, ma bonne Clémence, que les éloges que tout le monde se plaît à faire de votre fils sont bien vrais, et le petit échantillon que j'ai de son intelligence, dans les quelques phrases sorties de sa petite cervelle à mon adresse, me prouvent un aimable esprit d'enfant. Cela promet pour l'avenir. J'espère qu'il ne vous donnera que des satisfactions.

Votre bonne lettre, si pleine d'amitié, est venue me dédommager un peu de cette longue privation de toute correspondance avec vous. Vous avez été assez bonne, encore une fois, pour rompre un silence dû à un peu de paresse de ma part. Je reconnais là votre bon cœur, et je saurai, croyez-le bien, profiter de la délicate leçon qu'il me donne.

Je suis toujours heureux d'apprendre à aimer davantage. L'éducation du cœur se fait à tout âge, et le mien, ma chère Clémence, sera toujours disposé à accueillir les douces impressions qui lui viendront de vous.

Je voudrais que le temps et les circonstances me permissent de me rapprocher de vous, mais nous sommes encore loin de ce moment. C'est long d'être privé de ses parents, de ses amis, pendant de mortelles années. A part cela, je me trouverais aussi bien ici qu'en France; mais c'est cet éloignement qui est pénible, et cette barrière, qu'on ne franchit qu'avec la permission des éléments, est pour l'exilé un véritable cauchemar.

Nous menons ici la vie la plus monotone possible: pas le moindre mouvement, calme plat! Je ne sais si quelque orage se prépare, mais l'horizon semble bien pur. Abd-el-Kader est toujours dans son désert, occupé à bloquer Ain-Madi, du moins à ce qu'on nous rapporte, et il n'est nullement question de lui dans nos contrées. Il paraît que l'armée a éprouvé une sorte d'échec, dans une expédition, aux environs de Constantine. Elle a, dit-on, beaucoup souffert des attaques des Arabes, qui l'ont assaillie en très-grand nombre, et des rigueurs de l'hiver, qui se sont fait sentir par des neiges très-abondantes au milieu desquelles beaucoup d'hommes auraient péri.

Il est bien difficile de choisir des époques convenables pour faire des excursions dans ce pays. Le climat y varie tellement que l'on a tout à redouter de ses intempéries. Il fait toujours ou trop chaud ou trop froid. Et, dans cette misérable Afrique, on n'a rien pour s'abriter, les trois quarts du temps; rien pour se réchauffer. Il faut souvent parcourir des étendues de terrains immenses, avant de trouver de quoi faire un peu de feu. Avec tout cela, rien dans l'estomac; c'est souvent un peu dur.

Je vois avec plaisir que vous et toute votre famille

allez bien. Adieu, ma bonne Clémence; malgré les lacunes qui peuvent survenir dans nos conversations amicales, ne doutez jamais de la tendresse de votre frère.

P. S. — Embrassez-bien pour moi Élizé et dites-lui de tranquilliser le père Oudart, sur les prêts d'argent qu'il craint de me voir faire à son fils. Je connais trop bien tous ces lapins-là pour leur donner de l'argent à tort et à travers.

Pendant qu'il était à l'hôpital, je lui ai remis dix francs pour qu'il achète des chaussettes, un gilet de flanelle et du sucre pour mettre dans le lait que je lui envoyais de temps en temps.

Oran, le 29 mai 1839.

Mon cher ami, voilà bien longtemps que je ne t'ai rien dit et que je n'ai rien reçu de toi. Rompons ce silence et parlons un peu de nous et de tout ce qui se déroule autour de nous.

Il paraît que tu vas toujours achetant des maisons; je t'en fais mon compliment, c'est la preuve que la roue tourne dans un sens qui t'est favorable. Vive Dieu! Il y a donc un Montagnac, dans notre famille, qui aura un abri dont on ne pourra lui contester la propriété? — Bravo! que le vent de prospérité gonfle tes voiles, et que le vaisseau que tu conduis avec tant de courage arrive à bon port!

Ah çà! es-tu de nouveau père? J'ai su que tu avais

encore une fois un rejeton sur le chantier. Est-il bientôt de ce monde? Que sera-t-il, celui-là : fille ou garçon?

Sont-ce des satisfactions qu'on se crée en mettant au monde des êtres de toutes couleurs, qui se jettent çà et là, sur le grand chemin de la vie? Cette question n'a jamais été bien résolue. — Quant à moi, je suis et je reste dans le doute. — Fasse le ciel que tu n'aies jamais qu'à te louer de ta progéniture!

Eh bien! encore une émeute sanglante! des coups de fusil, des coups de sabre. Aimable perspective pour les gens de bien.

Je reçois, à l'instant, une lettre de l'aide de camp du général Daricelle qui me dit qu'il y a eu 80 hommes tués, dont 6 ou 7 officiers.

Illustres hommes d'État, honnêtes politiqueurs qui gouvernez aujourd'hui, vous avez consacré en principe que le peuple avait le droit de renverser le gouvernement, lorsqu'il avait cessé de lui plaire ou lorsqu'il ne suivait pas tous les caprices de ce peuple changeant et imbécile. — Tirez-vous de là. — Il est facile de déchaîner les passions humaines. Par quel moyen les calmerez-vous après? surtout lorsqu'on s'apercevra que vos palliatifs sont, tout justement, les brandons avec lesquels vous embrasiez les masses à une autre époque!

Nos troupes viennent encore d'avoir un succès entre Bougie et Stora. — Une colonne d'expédition conduite par M. de Salle, gendre du maréchal Valée, s'est emparée d'un point appelé Gigelly, sur la côte. — Les troupes ont passablement souffert; il y a eu un chef de bataillon tué. — M. de Salle s'est particulièrement distingué. — Je n'en doute pas, — mais nous savions cela d'avance; toujours la guerre *des petits plumets.* — Il y a longtemps que le père Valée mitonnait cette excursion pour pousser son gendre.

Mon camarade *Bedeau,* lieutenant-colonel commandant la légion étrangère, a fait diversion du côté de Bougie, et, avec 400 hommes, a passé où, il y a quelques années, le colonel Duvivier, avec 2,000 hommes, avait été obligé de battre en retraite. Il a culbuté les nombreux Kabyles qui l'ont assailli dans les passages difficiles qu'il avait à tenir.

Quant à nous, nous sommes toujours bien paisibles et nous ne nous ressentons nullement des mouvements qui s'opèrent dans le reste de l'Algérie. — Nous menons la vie la plus bête possible.

On nous coupe des têtes, de temps à autre. Depuis quelque temps les isolés sont exposés. Ces crimes restent toujours impunis; on n'arrive presque jamais à saisir les coupables.

Et Clémence, comment va-t-elle? Exprime-lui bien toute mon affection. Embrasse le moutard pour moi.

Adieu, mon cher ami; crois toujours à mon attachement le plus vif et le plus solide.

P. S. — Je joins à ma lettre quelques mots d'Oudart à son père. Tu pourras dire à M. Oudart que son fils continue à se bien conduire.

Ne me parle pas de ma pauvre Flore; elle est morte! J'en suis fort triste.

A M. Bernard de Montagnac.

Oran, le 13 octobre 1839.

Mon cher oncle, je ne veux pas laisser partir le courrier sans vous dire quelques mots. Je suis toujours heureux de profiter des occasions qui se présentent pour me réunir, idéalement, aux bons parents que le sort m'a condamné à ne pas voir aussi souvent que je le désirerais.

J'apprends avec bien de la peine, mon cher oncle, que vous êtes toujours un peu endolori. Je voudrais vous savoir débarrassé de ces maudites souffrances qui font de la vie un enfer. — Malheureusement, la mauvaise saison approche à grands pas, et je crains bien que le froid et l'humidité ne contribuent à les prolonger encore

Que notre pauvre espèce est pitoyablement organisée, et que n'avons-nous pas à redouter quand viennent les années, avec leur cortége d'infirmités, de calamités de toutes sortes! Je ne puis, hélas! que faire des vœux pour votre prompt rétablissement. Triste remède, me direz-vous; mais si cela ne mène à rien, c'est du moins une satisfaction pour ceux qui les font comme pour ceux qui les reçoivent, et le cœur trouve quelque soulagement dans les illusions fugitives dont se berce l'imagination.

Je vous annonce, mon cher oncle, que je viens d'avoir un tout petit avancement, si l'on peut appeler ainsi le passage d'une compagnie de voltigeurs dans une compagnie de grenadiers. Ça n'aboutit pas à grand'chose, si ce n'est à rendre ma situation inamovible; car si j'étais resté aux voltigeurs, j'aurais été obligé de quitter ma compagnie lorsque mon rang d'ancienneté m'aurait porté à la première classe, et il m'eût fallu alors reprendre le commandement d'une compagnie du centre, ce qui ne m'eût pas arrangé du tout. Par mon passage aux grenadiers, j'évite ce désappointement, et je commanderai une compagnie d'élite jusqu'à ma retraite ou jusqu'à ce qu'il plaise au ministre, ou à je ne sais qui, de me faire passer chef de bataillon, ce qui ne sera pas de sitôt.

Le capitaine de grenadiers que je remplace, et qui vient d'être nommé chef de bataillon, était capitaine de 1816. C'est un très-bon officier, sortant de l'*École;* il est resté vingt-cinq ans capitaine !

Puech, que vous connaissez, et qui est certes un officier des plus distingués, est capitaine depuis 1823 : *seize ans!*

Notre nouveau colonel n'a jusqu'à présent rien fait de saillant. Il a l'air d'être un peu fatigué du métier; et l'on doit l'être quand on a, comme lui, trente-six ans de service et cinquante-six d'âge. Il paraît vouloir éviter les vicissitudes dont il a été souvent abreuvé dans le cours de sa carrière militaire, et cherche, pendant le peu de temps qu'il aura à passer au régiment, à se réhabiliter dans l'esprit de l'armée, qui n'a pas de lui une opinion très-favorable. — Du reste, pour mon compte, étant donné la règle de conduite que je me suis tracée, peu m'importe qu'il soit tigre ou soliveau.

Le duc d'Orléans, comme vous le savez, est venu passer quarante-huit heures dans ce pays. Qu'y-a-t-il vu? des soldats, — des fournisseurs et des voleurs, ce qui se ressemble beaucoup, et un général qu'il a trouvé sur sa chaise longue, entre une seringue et un pot de chambre. La réception qu'on lui a faite a été des plus mesquines. Il pensait trouver ici le vieux taquin de maréchal Valée. — Monsieur n'a pas cru devoir se déplacer.

Son Altesse Royale n'a même pas trouvé un général pour l'accompagner. Elle a paru fort mécontente de tous ces contre-temps et s'en est plainte assez amèrement; je le comprends. Le fait est que la présence du gouverneur était essentielle. Beaucoup de questions ont été soumises au prince qu'il lui eût été très-facile de résoudre, si le maréchal se fût trouvé là, et qui seront probablement ajournées indéfiniment.

Au moment où le duc d'Orléans passait devant ma compagnie, je lui ai présenté un petit enfant de troupe abandonné, en 1831, par son père, ancien mauvais soldat du régiment. Ce pauvre petit diable avait été recueilli et soigné, depuis lors, par un vieux sergent de voltigeurs de ma compagnie. — J'ai pensé que cette généreuse conduite intéresserait le prince; en effet, il en a été touché, et a donné 500 francs à mon brave vieux sous-officier. J'ai été bien aise de voir que Son Altesse Royale n'était pas insensible à une belle action, et sa générosité a produit, parmi nous, un très-bon effet.

Le 2ᵉ chasseurs vient d'envoyer un escadron pour former le noyau du 4ᵉ régiment qui s'organise à Bône. Ce 2ᵉ chasseurs fournit aussi un escadron qui va faire le service à Alger, pour aider le 1ᵉʳ régiment décimé par les maladies, au point qu'à l'inspection qu'en a passée le général Bonnemain, il n'y avait que 24 ou 25 hommes par escadron. — Les maladies font, cette année, des ravages affreux à Alger. Ici, il y a très-peu de malades. Dans la compagnie que je quitte, où il y a 96 hommes à l'effectif, j'ai été pendant plusieurs mois sans avoir un homme à l'hôpital, et maintenant il n'y en a qu'un. La moyenne, pour tout le corps, est de deux hommes par compagnie. Ce n'est vraiment rien pour un pays où le service est assez fatigant.

Je jouis aussi de cette santé dont chacun profite, et je désire que cela continue.

J'avais écrit, il y a quelques jours, à Célestine, que je devais partir pour rejoindre ma compagnie de grenadiers à Mostaganem, où elle est détachée.

Je suis resté, en effet, pendant plusieurs jours, *en partance*, à cause du mauvais temps. Enfin, le colonel, voyant que les éléments continuaient à me retenir au rivage, s'est décidé à me garder, le bataillon devant rentrer au premier jour.

M. Flandin, que vous avez connu employé aux vivres à Sedan, est ici chargé du service des vivres de la division d'Oran. S'il suit l'exemple de son prédécesseur ou plutôt de ses prédécesseurs, sa fortune sera bientôt faite. Ces messieurs n'y vont que par 50 ou 60,000 francs par an. Si leur bénéfice n'atteint pas ce chiffre, ils déclarent que les affaires ne marchent pas et que le jeu n'en vaut pas la chandelle. — Brigands!

Et notre chère famille, comment va-t-elle? Nos tantes, sœurs, frère, oncle, etc.? Je ne puis les voir autrement que tous bien portants. Il serait trop triste pour moi d'avoir une autre pensée. — Veuillez, mon cher oncle, exprimer à tous ces bons parents la part d'affection que je leur garde au plus profond de mon cœur; c'est chez moi un sentiment immuable, que le temps et l'espace ne feront que consolider. Adieu, mon cher oncle; je vous embrasse comme je vous aime, et suis, pour la vie, votre neveu bien dévoué.

Oran, le 22 décembre 1839.

Mon cher oncle, je vais vous apprendre une triste nouvelle qui vous fera de la peine.

M. Flandin, qui était ici depuis trois mois, s'est brûlé la cervelle, le 21, à huit heures du matin. Nous l'avons enterré aujourd'hui. — On attribue ce désespoir aux contrariétés sans nombre qui l'ont assailli depuis qu'il était à la tête de cette administration en désordre.

Homme plein de cœur et de loyauté, pénétré du sentiment de ses devoirs, jeté tout à coup dans un gouffre, où les déprédations les plus honteuses fourmillent comme des milliers de serpents, se trouvant dans l'impossibilité de faire face à toutes les exigences, malgré ses fatigues et ses sacrifices, exposé à voir sa réputation d'honnête homme, intacte jusqu'à ce jour, et assise sur vingt années de bons services, entachée, souillée par les méfaits de ses prédécesseurs, il avait deux fois offert sa démission. Deux fois, on la lui avait refusée. Voyant les embarras inextricables dont il était accablé se compliquer tous les jours, et persuadé de ne pouvoir se tirer honorablement du réseau de difficultés qui l'enveloppait, il a préféré la mort.

C'est une grande perte pour l'administration des vivres, et un honnête homme de moins. Mais les honnêtes gens ne peuvent rester ici; ils y meurent ou fuient le pays, comme si la peste y régnait.

Il faut donc nous abonner à n'avoir affaire qu'à des gens tarés!

Les Arabes ont commencé les hostilités le 13, à Mostaganem. Ils ont coupé la tête à 28 Turcs, tué 3 voltigeurs du 15e léger, blessé 12 autres. Ils ont aussi tué un caporal d'infanterie légère d'Afrique.

Je vous donnerai, dans ma prochaine lettre, de plus amples détails; aujourd'hui, je suis forcé de me sauver bien vite; on rappelle pour l'escorte d'un convoi dont je fais partie.

Ce matin, les Arabes sont venus tirailler des coups de fusil à nos postes avancés; on leur a répondu par quelques coups de fusil de rempart et quelques coups de canon. Ils s'en sont allés. — Je vous dirai plus tard comment les choses tourneront.

Mais adieu, mon cher oncle, je vous embrasse bien tendrement; ne m'oubliez pas auprès de toute la famille.

Oran, 20 janvier 1840.

Voilà encore un bateau qui va repartir pour la France, je ne veux pas, mon cher oncle, qu'il s'en aille sans rien emporter pour vous. Dans les circonstances où nous nous trouvons, on ne saurait trop multiplier les correspondances.

Quand on est si loin les uns des autres, les détails les plus insignifiants prennent de l'intérêt. C'est la réunion de tous ces petits riens qui forme, en résumé, l'ensemble de notre existence.

Chacun, dans sa petite sphère, a son mouvement régulier, son activité plus ou moins importante. L'un attrape des mouches, les enfile avec de longues épingles, ou les plonge dans l'esprit-de-vin, tout cela dans l'intérêt de leur conservation.

D'autres inventent des allumettes ou des briquets phosphoriques pour éclairer le monde, qui, malgré cela, n'y voit pas toujours très-clair.

Eh bien! de loin comme de près, tous jasent : celui-ci nous raconte comment il embroche les mouches; celui-là, comment il soufre les allumettes, et il se trouve toujours d'honnêtes individus qui s'intéressent à tous ces petits racontars.

Moi, mon cher oncle, je voudrais vous raconter comment je fais la guerre, et je suis forcé de vous raconter comment je ne la fais pas.

Malgré toutes les conjurations féroces, les protestations furibondes, les soulèvements, les coalitions de nos bons amis les barbares, eh bien! non, mon cher oncle, pas plus de guerre que de beurre en broche!

Chacun se demande : Où sont les Arabes?

Lunettes, télescopes, braqués de tous côtés : pas l'ombre d'un *burnous!*—C'est égal, grand déploiement de forces, dispositions stratégico-comiques, manœuvres savantes, sublimes et ridicules. De l'infanterie groupée en masse, de l'artillerie groupée en masse, de la cavalerie groupée en masse, et des bêtes en masse, et des charlataneries en masse.

Des masses, en veux-tu? en voilà!... Mais le tambour rappelle à la droite de la formidable ligne... qu'est-ce que c'est? C'est un *œuf pourri* habillé en général, qui vient compter les braves comme *Napoléon* avant Austerlitz ou Friedland... C'est à mourir de rire!

Nombreux, pompeux état-major, gambadant, galopant, éclaboussant, pétaradant, toujours comme au temps du grand *Napoléon*, qui ne serait plus, aujourd'hui, qu'un enfant à côté de nos héros africains!

En attendant, mon cher oncle, vous me demandez ce que nous f..... là? Ah! ça, c'est différent, par exemple. Quand j'aurai résolu ce problème, je m'empresserai de vous le faire connaître. Il y a deux mois environ que nous nous livrons à ces brillantes opérations militaires.

C'est toujours à cent cinquante pas de la ville que les mesures défensives sont prises, lorsque tout le monde sait que les Arabes sont au moins à quinze ou vingt lieues d'ici, et que la ligne de nos blockhaus, redoutes, camps, postes, vedettes, etc., s'étend à plus de trois lieues!

Toutes les fois qu'un mouton se dérange un peu de ses habitudes paisibles et régulières, et qu'à l'ombre d'un chacal il a pris le mors aux dents, vite, des quatre coins de la plaine, le signal est donné. Voilà 10,000 cavaliers, on les a vus, entendus, ils font un feu d'enfer, et la mort sort à la douzaine des canons de leurs fusils.

La générale, cette coquine de générale, bat dans toutes les rues; on ne trouve pas assez de caisses pour réveiller le brave militaire qui commence à s'assoupir en rêvant à son pays.

Les masses arrivent, enfin, et l'on prend position jusqu'au lendemain, sept, huit, dix heures du soir. Que s'est-il donc passé? C'est le mouton, animal timide et nourrissant, qui a eu une légère panique. Chacun rentre alors chez soi, glorieux et satisfait. C'est ainsi, mon cher oncle, que nous faisons la guerre. Ce que je vous dis là a l'air d'une plaisanterie, n'est-ce pas? mais rien n'est plus exact.

En attendant que l'on fasse sérieusement la guerre, je suis encore chargé de tourmenter de malheureuses recrues que l'on nous a envoyées de France. Il paraît que, quel que soit le sol où j'aie le pied, je serai toujours appelé à former des imbéciles pour la gloire... Que le diable les emporte, et la gloire aussi!

Nous avons reçu récemment trois cents hommes du 8ᵉ de ligne; nous attendons encore trois cents hommes du 66ᵉ. Si cela continue, notre régiment va devenir si fort qu'il en sera embarrassant.

Maintenant, que fera-t-on? où ira-t-on? On veut, dit-on, châtier Abd-el-Kader. Il faut d'abord commencer par l'attraper; ce n'est pas là le moins difficile de l'affaire. Ah, vous croyez, braves et généreux Français, que cet oiseau du désert va vous attendre pour que vous lui mettiez un grain de sel sur la queue? Non, non, pas si bête. Vous courrez longtemps avant qu'il vous procure cette douce satisfaction. Le seul châtiment que vous pourrez lui infliger sera de brûler ce que vous voulez bien appeler ses villes : Mascara, Tekedempta, misérables nids à rats qui ne valent pas le faubourg de Pouru-aux-Bois[1], si toutefois Pouru-aux-Bois a un faubourg. Vous lui enlèverez quelques silos, mais tout ce que vous détruirez là ne vaut pas 10,000 francs, et vous allez sacrifier des millions à cette besogne; puis après cela, qu'en résultera-t-il? Gardera-t-on ces points-là? Vous ne pouvez, sans danger, occuper le pays à trois ou quatre lieues; comment arriverez-vous à conserver vos conquêtes à trente ou quarante lieues? Il vous faudra donc revenir, après avoir été vous promener pendant quinze jours, un mois, sans rien trouver que des broussailles. Il vaut tout autant rester dans les lignes qu'on occupe que de s'amuser à battre la campagne bêtement et inutilement, comme on l'a déjà fait trop souvent, hélas! Il y aura quelque argent de plus dans les trésors de la France et quelques désastres de moins.

Faisons la guerre, faisons-la toujours, mais faisons-

---

[1] Village de l'arrondissement de Sedan, situé à la lisière de la forêt des Ardennes. C'est au château de Pouru-aux-Bois qu'est né Lucien de Montagnac. — C'est là que le maréchal de Mac Mahon, blessé, fut conduit après la bataille de Sedan.

la à quelqu'un et à quelque chose, tandis que, jusqu'ici, ce quelqu'un et ce quelque chose ont toujours été introuvables. Vous ne les avez vus que lorsque vous ne les cherchiez pas, lorsque vous n'en vouliez pas. Après cela, plus un chat, tout a disparu comme en songe.

Puisque les moyens employés jusqu'à ce jour n'ont pas réussi, puisqu'en les poursuivant, au lieu de les atteindre, vous vous faites prendre, attendez-les. Mobilisez quelques bonnes colonnes de cavalerie pour leur faire des razzias, de temps à autre, quand ils ne sont pas sur leur garde, ce qui ne leur arrive pas souvent. Allez, tous les ans, leur brûler leurs récoltes, coupez-leur toutes communications avec le Maroc, vous les verrez bientôt se déchirer entre eux et demander à fréquenter nos marchés, où ils trouvaient du bel et bon argent, lequel passe, chez eux, avant tous les préjugés possibles. Mais, si vous les admettez encore parmi vous, imposez-leur des conditions rigoureuses, et ne vous en laissez pas imposer par eux; enfin ne soyez plus leurs très-humbles serviteurs et leurs dupes. Ou bien alors exterminez-les jusqu'au dernier. Mais pour cela, il faudrait d'autres hommes à la tête du gouvernement : moins de philanthropes absurdes, moins d'avocats, moins de médecins et un peu plus de soldats. Surtout *un homme* pour les commander, ce qui est au moins aussi difficile à trouver que la pierre philosophale.

Assez causé comme cela, mon cher oncle, de toutes ces africaines affaires où les plus fins perdent leur latin. — Comment vous portez-vous? Comment va toute notre excellente famille? — Moi, je vais toujours bien, sec comme un coucou. Les poils gris se montrent çà et là dans ma moustache et parmi les rares cheveux dont ma pauvre tête est garnie.

Il y a ici beaucoup de dyssenteries, ayant, paraît-il, quelque apparence cholériforme. C'est une maladie endémique au pays, qui est très-dangereuse. Ceux qui en sont atteints ont bien de la peine à s'en tirer. C'est étonnant avec quelle rapidité cette maladie fait des progrès : si elle n'est pas prise à temps, on est fricassé en un clin d'œil. Les soldats qui entrent à l'hôpital pour cela n'en sortent guère que pour aller au *ravin*. Presque tous les officiers que nous avons perdus sont morts de cette maladie.

Adieu, mon cher oncle; j'abuse de votre patience; croyez toujours à mon bien vif et inébranlable attachement.

Oran, 15 février 1840.

Mon cher oncle, je vais vous raconter tout chaud, tout bouillant, une affaire qui a été non moins bouillante. Sans faire de tort à nos braves de l'Empire, elle ne se trouverait pas déplacée à côté des brillants exploits qui n'étaient pour eux que jeux d'enfants.

Mazagran! — Mazagran, petite ville ancienne, située au bord de la mer, à une lieue de Mostaganem, vient d'être le théâtre d'un des plus beaux faits de guerre qui aient illustré notre armée, depuis dix ans qu'elle occupe l'Afrique.

Le 3 de ce ce mois, 125 hommes du 1ᵉʳ bataillon d'infanterie légère, en garnison dans Mazagran, sont attaquées par 10,000 cavaliers et 5,000 fantassins arabes. Cette ville en ruine, dont l'enceinte n'est qu'un simple petit mur à hauteur d'appui, ne tarde pas à être cernée de toutes parts. Les Arabes s'y précipitent avec fureur et s'emparent bientôt des maisons, où ils s'embusquent. Les Français, retirés dans une espèce de réduit, où ils ont une petite pièce de canon, se voient assiégés par des nuées de sauvages altérés de sang, qui poussent l'audace jusqu'à gravir les parapets et renverser les sacs à terre qui les garnissent. Nos soldats les attendent sur le rempart et tuent, à coups de baïonnette, ces intrépides assaillants. Deux pièces de canon battent en brèche le misérable réduit, seul asile de ces braves dont le courage semble grandir en raison des difficultés qui les accablent; la brèche est aussitôt couverte d'ennemis qui se précipitent à l'assaut avec une rage féroce; les nôtres les reçoivent à bout portant et en font un véritable carnage.

Pendant que cette scène se passait à Mazagran, M. du Barrail, commandant supérieur de Mostaganem, avec le peu de troupes dont il dispose, fait une sortie pour opérer une diversion. Il parvient en effet à attirer quelques masses de cavalerie avec lesquelles on tiraille un certain temps. Mais il ne peut réussir à leur faire lâcher prise sur Mazagran, où ils ont concentré toutes leurs forces, et les communications entre ce point et Mostaganem sont si fortement occupées par les Arabes qu'il est dans l'impossibilité de se porter au secours des quelques braves dont le danger lui paraît imminent.

Enfin, après trois jours et trois nuits de combats à outrance, après cinq assauts, l'ennemi s'est retiré, le 6, à dix heures du matin, laissant, dans le réduit et au pied du rempart, trois cents cadavres, ce qui donne à présumer qu'il en a bien emporté autant. De notre côté, nous avions cinquante hommes hors de combat.

Les pertes des Arabes, tant aux environs de Mostaganem qu'à Mazagran, sont évalués à cinq ou six cents hommes. Le 7, dans une reconnaissance, on trouva beaucoup de silos remplis de cadavres et huit cents chevaux tués.

Deux cents coups de canon ont été tirés par les Arabes. Le drapeau qui flottait au-dessus du réduit a été criblé de balles et de boulets. Plusieurs fois il a été renversé et immédiatement relevé. « Tant qu'il y aura un de nous pour le défendre, disaient nos braves soldats, il restera debout; le dernier pourra s'en faire un linceul. »

Le 6, après la retraite de l'ennemi, les blessés furent transportés à Mostaganem, sous l'escorte de vingt-cinq chasseurs de la compagnie, ayant à leur tête le drapeau qu'ils avaient si vaillamment défendu.

La population de Mostaganem, qui, depuis trois jours, attendait anxieusement l'issue de cette brillante affaire, accueillit avec enthousiasme les braves dont on avait un instant désespéré.

La garnison, sous les armes, leur rendit les honneurs que méritait une conduite héroïque, et salua le drapeau, interprète muet, dont les lambeaux attestaient, mieux que tous les récits, la sublime défense dont il avait été l'objet. Les troupes défilèrent ensuite, au port d'armes, devant le peloton de la 10ᵉ compagnie du 1ᵉʳ bataillon d'infanterie légère d'Afrique. — Honneur au capitaine Lelièvre qui commande cette compagnie! Voilà une belle page dans sa vie militaire.

Il paraît qu'Abd-el-Kader en personne dirigeait cette entreprise. Il a été aperçu à la tête de ses troupes, dont les mouvements réguliers annoncent de grands progrès dans l'art de la guerre, et dont l'élan incroyable prouve que le maître était là. Jamais on n'avait vu les Arabes mettre autant d'acharnement, de persévérance dans leurs attaques.

A défaut de Mostaganem dont ils ne peuvent s'emparer, Mazagran serait pour eux un point très-important à occuper, pour couper toute communication, par terre, entre Oran et Mostaganem, et empêcher, ou du moins contrarier, la jonction de deux corps qui partiraient, je suppose, d'Oran et de Mostaganem, pour Mascara.

Maîtres de Mazagran, ils pourraient, en outre, inquiéter notre navigation, entre Oran et Mostaganem, et, avec quelques barques de pirates, harceler nos petits bâtiments de commerce qui font ce trajet. Mais leurs efforts seront inutiles, ils feront bien de s'en tenir là.

Quant à nous, paisibles admirateurs des hauts faits de nos camarades, nous nous contentons d'applaudir à la gloire, en attendant qu'elle daigne nous sourire et jeter quelques couronnes de notre côté. Je vous garantis que ce jour-là, nous ne nous ferons pas prier pour les ramasser.

La manière dont nous nous y prenons pour attraper les Arabes est toujours des plus bizarres. Nous continuons à aller du côté opposé où ils sont, et nous commençons généralement à sortir de nos casernes trois heures après qu'ils ont évacué le terrain.

Le 7 de ce mois, si notre général avait eu pour deux liards de sens commun, il pouvait trouver une jolie occasion de remporter quelques succès. Mais, comme de coutume, les Arabes lui ont passé entre les jambes : le 6 au soir, il est prévenu que deux ou trois mille cavaliers ont gagné le bord de la mer, après avoir traversé la chaîne des montagnes qui la bordent à l'ouest et se dirigent sur le cap de Falcon. Le lendemain, ordre est donné au colonel Devaux, qui commande notre poste avancé de Messerguin, de faire marcher les compagnies d'élite des deux bataillons qu'il a sous ses ordres, perpendiculairement à la mer, afin de couper la retraite à ces trois mille cavaliers.

Nos quatre compagnies d'élite et le régiment de spahis se dirigent, à travers les rochers, sur le point indiqué par le général Guéhéneuc. Après trois heures de montées, de descentes, de suées, on arrive à un rocher qui est indiqué comme lieu de rendez-vous; on s'arrête, on prend position, on cherche partout des Arabes... Aussi loin que l'œil peut atteindre, on n'aperçoit rien. On écoute si l'on pourra distinguer quelques coups de fusil : pas davantage. — Il est onze heures; — attendons!

Pendant que tous ces mouvements absurdes se combinent, s'exécutent à Messerguin, nos *douars* (tribus arabes alliées) partis d'Oran et de Mers-el-Kébir, au point du jour, sont engagés avec l'ennemi. On n'a pas eu la précaution de les faire appuyer par quelques compagnies. Les troupes d'Oran sont toujours dans leurs casernes, et notre vieille panade de général, qui ne peut déroger à ses habitudes hygiéniques, trouve qu'il sera toujours assez tôt de sortir à *midi*, après avoir absorbé tranquillement son déjeuner !

A midi, nous voilà donc en route; deux bataillons, un escadron de cavalerie, quatre pièces d'artillerie vont prendre position à hauteur du premier blockhaus, *à un quart de lieue de la place, à six grandes lieues* de l'endroit où les nôtres sont aux prises avec les Arabes.

Notre Napoléon, à la tête du régiment de chasseurs à cheval d'Afrique, va rejoindre nos troupes de Messerguin, qui sont en position depuis onze heures, et qui ne comprennent rien à l'inaction dans laquelle on les laisse. A deux heures, notre absurde chef arrive et se dirige, avec son régiment de cavalerie et nos compagnies d'élite, vers cette mer qui semble fuir, comme les Arabes, à mesure que nous avançons. Après avoir fait une demi-lieue, il réunit son état-major pour délibérer : — on décide que l'infanterie rebroussera chemin, et que la cavalerie seule continuera à marcher jusqu'à ce qu'elle ait rencontré cette coquine de mer où l'on doit trouver aussi ces coquins d'Arabes qui sont assez mal élevés pour ne pas venir au-devant de nous.

Le malheureux régiment qu'on livrait, comme vous le voyez, au hasard de toutes les éventualités possibles, est arrivé sur le bord de la mer à quatre heures de l'après-midi. Les Arabes ennemis s'étaient retirés depuis onze heures du matin !

Notez bien que le cap Falcon, où se passait l'affaire, est *à trois lieues* d'Oran, *à une lieue* de Mers-el-Kébir, et qu'on pouvait détacher du fort Mers-el-Kébir trois compagnies, qui seraient arrivées sur le lieu du combat en même temps que nos Arabes; enfin, qu'au lieu de faire un crochet de six lieues, on pouvait, en partant d'Oran, arriver au cap Falcon en deux heures.

On a donc laissé nos douars se faire fusiller toute la matinée, sans songer le moins du monde à les soutenir par de l'infanterie, ce qui les a fort mécontentés. Ils ne se sont pas gênés pour s'en plaindre amèrement, et injurier un bataillon du 15⁰ léger qu'on avait envoyé d'Oran dans les montagnes, et qui, après s'être égaré trois heures dans les ravins et les rochers, avait fini par rencontrer l'arrière-garde de nos douars rentrant dans leurs tribus.

Le vieux Mustapha s'est plaint au général qu'on ne l'appuyât jamais lorsqu'il marchait en avant (ce qu'il fait toutes les fois qu'il y a un ennemi dans les environs); que nous arrivions toujours lorsque tout était fini (ce qui n'est que trop vrai). Il disait que si on lui avait donné quelques compagnies d'infanterie, il aurait pu couper cinquante têtes importantes, tandis qu'il n'en a pas coupé une seule, qu'il a eu au contraire deux hommes tués, dix ou douze blessés, et qu'il a perdu une quinzaine de chevaux, perte irréparable pour lui, dans un moment où il ne peut plus se remonter.

Du reste, tout ceci n'est qu'un bien faible échantillon de ce que l'avenir nous réserve, si nous continuons, pour notre malheur, à être conduits par cette cruche de Guéhéneuc, dont l'ineptie, en matière militaire, est incroyable. Sur ma parole d'honneur, c'est le militaire, l'officier général le plus incapable, et une des plus entêtées bêtes que j'aie connues de ma vie. Plaise à Dieu ou au diable de nous débarrasser de ce vieil empaillé que Napoléon avait attaché à son état-major pour faire nombre ! Je vous assure que cela fait faire souvent de fichues réflexions.

Ne croyez pas, mon cher oncle, qu'il y ait dans tout ceci la moindre exagération ; je vous assure que je reste au-dessous de la vérité. A de rares exceptions près, on n'a jamais envoyé dans ce pays que des hommes incapables d'y commander, et il semble qu'on ait pris à tâche de rappeler ceux qui faisaient bien. Vous me direz que je suis un peu comme les grenouilles. Ma foi ! je préférerais une hydre qui nous dévorât à des soliveaux qui nous laissent dévorer. Les affaires d'Afrique n'ont jamais été plus difficiles à diriger qu'aujourd'hui, et, excepté à Alger, où l'on a réuni quelques hommes capables, jamais on n'a vu plus d'incapacité à la tête des différentes provinces que nous occupons. Enfin, abandonnons-nous à la garde de Dieu, puisque nous ne pouvons compter sur la garde des hommes !

Notre nouveau colonel est bien ce qu'on nous avait dit; nous sommes vraiment à plaindre.

Vous avez, paraît-il, à Sedan, un frère du fameux C... que vous avez connu dans le temps. Ce C... est un plat pied de la dernière espèce. Il y a quelque temps, il s'est laissé envoyer faire f... en pleine parade par une autre espèce de polisson d'adjudant-major, et a mis cela dans sa poche, sans souffler mot. Ce qu'il y a de plus drôle, c'est que ces deux b...-là, qui ne peuvent se sentir, se réunissent pour faire la partie de tric-trac de notre honorable chef, et c'est dans les cornets de ces trois messieurs que s'élaborent les affaires du régiment.

Ah! mon pauvre oncle, triste espèce que les hommes, allez! Vous m'avez connu misanthrope; lorsque vous me reverrez, je serai enragé; dans tous les cas, ma misanthropie ne s'étend pas jusqu'à vous; vous n'en doutez pas, et mon seul bonheur est d'aimer les bons parents que la Providence m'a laissés.

Je vais toujours bien; Dieu veuille continuer à me protéger ainsi. Nous avons besoin de notre santé dans les circonstances actuelles.

Adieu, mon cher oncle.....

Oran, 18 mars 1840.

Enfin, mon cher oncle, le 1er de ligne vient d'être baptisé. Malheureusement, je n'y étais pas. Les compagnies d'élite, souvent au poste d'honneur, sont quelquefois, pour cela même, privées de prendre part au combat.

J'étais à Oran avec ma compagnie, tandis qu'on se battait à trois lieues de là, à Messerguin. Croyez-vous que ce soit exaspérant?

Le 12 de ce mois, trois ou quatre cents cavaliers arabes vinrent enlever les troupeaux de nos douars qui paissaient à trois quarts de lieue du camp. Maître Yousouff, le *fameux* colonel Yousouff, le héros du jour, qui commande à Messerguin, où il se trouve avec son régiment de spahis et huit compagnies du 1er de ligne, averti aussitôt, ne tarde pas à se mettre en campagne avec tout son régiment de spahis, qu'il fait suivre par quatre compagnies du centre du 3e bataillon du 1er de ligne.

Son régiment déployé en tirailleurs, il s'avance en toute sécurité, sans se faire éclairer, sans prendre aucune des précautions qu'on ne néglige jamais impunément à la guerre, surtout avec un ennemi aussi audacieux, aussi rusé que celui que nous avons à combattre. Comme réserve, il n'a que deux des quatre compagnies d'infanterie, déployées en tirailleurs en arrière.

La fusillade s'engage de loin avec quelques centaines de Bédouins qui fuient devant lui et l'encouragent ainsi à se porter en avant. Mais arrivé à une lieue de Messerguin, dans ce beau vallon de Tlem-cen-Meth, il est accueilli par des *hourras* formidables, et de tous les côtés sortent des nuées d'Arabes. Les spahis sont bientôt débordés. Le désordre se met dans leurs rangs; la déroute est complète. Toute l'énergie des officiers est impuissante pour arrêter cette masse de fuyards terrorisés. Le peu de Français et de Turcs qui font partie de ce corps résistent seuls; les indigènes les ont abandonnés.

L'ennemi, enhardi par la faiblesse des nôtres, les poursuit à outrance; il y met un tel acharnement que les cavaliers traversent pêle-mêle, avec nos spahis, une ligne de tirailleurs formée de deux compagnies du régiment.

Rien ne les arrête, ni le feu de nos tirailleurs qui les attendent à bout portant, ni celui des deux autres compagnies de réserve qui sont restées plus en arrière, sous le commandement de M. le chef de bataillon d'Anthouard.

Nos deux compagnies de tirailleurs, abandonnées par les spahis en fuite, sont entourées par des nuées de cavaliers qui, persuadés que ces hommes à pied et divisés sur une ligne assez étendue ne peuvent leur résister, se précipitent sur eux avec fureur.

Nos deux compagnies, trop faibles pour lutter, en plaine surtout, contre cette avalanche de cavaliers qui les assaillent de toutes parts, se réunissent par petits paquets et rejoignent en bon ordre les deux compagnies de réserve. — La manœuvre était dangereuse, sous le feu d'ennemis aussi nombreux; mais elle a été parfaitement exécutée, et ces petits *hérissons*, dont chaque épine lançait une balle bien ajustée, ont maintenu à distance nos intrépides adversaires, jusqu'à ce qu'ils aient rejoint leurs camarades.

Les quatres compagnies réunies, à deux lieues du camp, privées de cavalerie, serrées de près, n'ayant, pour toute ressource, que deux obusiers de montagne, se mettent alors en retraite et regagnent, à une demi-lieue de là, les quatre autres compagnies du centre du régiment qui étaient restées en réserve à Messerguin, mais que le colonel Yousouff, dans sa détresse, avait fait venir pour porter secours aux troupes engagées. Déjà ce petit bataillon était lui-même très-vivement aux prises avec les Arabes qui s'étaient jetés à la poursuite des spahis, impossibles à rallier, lorsque M. d'Anthouard, avec ses quatres compagnies du 5ᵉ bataillon, vint les rejoindre.

C'est alors que, sur l'ordre insensé du colonel Yousouff, s'exécuta, au plus vif de l'action, un mouvement qui pouvait avoir les conséquences les plus funestes. Pour donner passage aux quatre compagnies qui venaient se fondre avec lui, le commandant Mermet dut ouvrir son carré. — Il en résulta un désordre pendant lequel nos malheureux fantassins furent très-exposés. Si l'imbécile dont on veut faire un héros avait eu la moindre notion de notre tactique, il aurait compris que deux bataillons échelonnés pour battre en retraite se seraient soutenus réciproquement et auraient fait beaucoup plus de mal à l'ennemi, sans lui donner autant de prise qu'un seul bataillon en l'air.

Le carré formé par les huit compagnies du 1ᵉʳ de ligne, ayant dans son intérieur les cacolets, les blessés, deux obusiers et, devinez qui — je vous le donne en mille : — Yousouff, — Yousouff, le colonel de cavalerie, que son régiment en désarroi cherche partout pour se rallier; — ce carré est attaqué sur toutes ses faces par des milliers de cavaliers qui semblent sortir de terre. Ils reçoivent à vingt-cinq pas le feu de nos hommes. Ces décharges réitérées ne les découragent pas. — Ils reviennent avec plus d'audace, et toujours plus nombreux, en poussant leur cri rauque, lâcher leurs coups de fusil à portée de pistolet. Nos petits soldats, dont l'aplomb, dans cette circonstance, est d'autant plus admirable qu'ils assistaient pour la première fois de leur vie à pareille fête, les attendent avec calme, et leur ripostent par des coups dont la justesse a dû être appréciée par nos ennemis, qui ont payé cher leur témérité.

Enfin, le bataillon, composé de huit compagnies du centre, formant à peu près 600 hommes, abandonné à lui-même à une lieue et demie du camp, se voit enveloppé, pendant une heure, par 3 ou 4,000 cavaliers, et se retire lentement, sans avoir donné prise à nos féroces assaillants, qui croyaient cette proie facile à saisir, et qui déjà voyaient les têtes de chacun de nos *pioupious* accrochées à l'arçon de leurs selles. — Heureusement que le *tourlourou* sait défendre ses oreilles!

Les Arabes ne se sont retirés qu'à cinq heures et demie du soir, lorsqu'ils ont aperçu les renforts venant d'Oran déboucher sur les hauteurs de Messerguin.

Cette retraite fait le plus grand honneur au brave commandant Mermet, qui a su maintenir son bataillon dans un ordre parfait, et imprimer par ses paroles militaires quelquefois facétieuses, par son sang-froid, le sentiment de leur devoir et de leur force à des hommes qui pour la première fois de leur vie entendaient la musique des balles. L'honneur de cette journée revient donc sans partage au chef de bataillon Mermet, quoi qu'en dise notre niais de général, dans un *bulletin absurde,* où il attribue aux *habiles dispositions prises par le brave colonel Yousouff* tout le succès de l'affaire.

Il est beau, le succès! parlons-en : une déroute du régiment de spahis, déroute qui, sans la bonne contenance de nos pauvres petits *pioupious,* entraînait la perte de toute la province d'Oran!

Si les Arabes, au lieu de s'emballer à la poursuite des spahis et de s'acharner contre notre carré, s'étaient, par un mouvement tournant, portés sur Messerguin, ils y entraient sans la moindre difficulté, — Yousouff ayant enlevé toutes les troupes qui gardaient le camp. Si même ils n'avaient pas été arrêtés, dans leur succès, par notre petit bataillon, ils se précipitaient, d'un seul trait, dans le camp et y massacraient tout ce qui s'y trouvait.

Maîtres de ce point important qui est la clef de l'enceinte que nous nous sommes réservée, ils coupaient, de leur ligne de retraite, les troupes venant d'Oran, et qui seraient arrivées trop tard pour empêcher ce désastre; ils pénétraient jusqu'à Oran, qu'on avait dégarni de toutes ses troupes, et anéantissaient toutes les tribus alliées qui sont venues chercher protection sous le canon de la place.

Dès lors, répandus dans les montagnes jusqu'à Mers-el-Kébir, ils étaient maîtres de toutes nos communications, et nous ne pouvions plus mettre le nez hors des murs de la ville sans recevoir des coups de fusil.

Telles eussent été les conséquences de l'équipée de maître Yousouff, dont, malgré tout, on veut faire un héros, et qui plus est, le héros de cette journée où il a mérité qu'on lui enlève tout commandement.

Le brave commandant Mermet a rempli là une belle page de sa vie militaire, et, du reste, l'opinion de l'armée est unanime pour proclamer qu'il a sauvé la province d'Oran.

Les Arabes nos alliés ont tellement apprécié notre conduite dans cette affaire, et le service immense que nous avons rendu au pays, qu'ils ne savent comment nous exprimer leur satisfaction, leur joie. Eux, si peu expansifs de nature, venaient nous baiser les mains, prenaient les pans de capote de nos soldats, pour les porter à leurs lèvres. Partout, dans leurs tribus, il n'est question que de cette affaire, et ils exaltent bien haut le petit troupier français. Lorsque nous sommes arrivés sur le lieu du combat, au moment où les derniers coups de fusil se tiraient, j'ai entendu quelques chefs arabes qui suivaient l'état-major du général, et qui avaient été obligés de se retirer dans notre carré, lors de la déroute des spahis, dire : « C'était un *blockhaus de feu*. » Cette expression énergique de la part de ces hommes, bons juges en pareille matière, prouve bien la belle contenance de nos braves petits fantassins.

Eh bien ! cette affaire qui honore notre 1er de ligne a déjà été exploitée à son détriment par quelques intrigants, jaloux de la part de gloire qui lui revenait.

Il y a déjà eu quatre bulletins de faits pour cette escarmouche : le premier pour Yousouff tout seul; le deuxième pour citer ceux qui se sont particulièrement distingués, et tous les officiers de spahis y sont portés; un troisième pour parler du commandant de place et du capitaine du génie qui étaient restés bien tranquillement au camp; enfin un quatrième pour nommer deux officiers du régiment, un capitaine et un sous-lieutenant, dont l'oubli faisait par trop hurler. Ces deux officiers commandaient les deux compagnies de piquet, et c'est grâce à leur sang-froid que ces deux compagnies ont été sauvées.

Chacun se demandait comment, après les fautes qu'il avait commises, on avait pu citer Yousouff. Comme toujours, il y a de satanés farceurs qui ont le nez plus fin que les autres; ils ont découvert le pot aux roses : notre fameux général a dans le régiment de spahis un neveu, le fils de Lannes, qui ne veut plus être Lannes (nom trop roturier et sentant un peu le moulin), et qui s'appelle Montebello. Ce neveu a le *malheur* de n'être que capitaine, ce qui est vraiment désobligeant pour le fils d'un maréchal de France, et son excellent oncle veut à toute force le faire passer chef d'escadron.

Pour que Yousouff veuille bien le désigner utilement dans son rapport, il fallait naturellement que le général fît ressortir Yousouff. Et voilà!... Ce que ces tripotages ont soulevé de hurlements serait difficile à dire.

Malheureusement, nous ne sommes pas soutenus par

notre colonel, qui vient encore d'échapper, par sa faute, une belle occasion de devenir maréchal de camp, ce dont il crève d'envie. — C'est lui qui doit commander à Messerguin; il y est resté pendant quinze jours; mais comme il n'avait pas toutes ses aises, dans ce camp mal abrité, il a trouvé le moyen d'obtenir la permission de venir se dodiner à Oran, dans une bonne chambre bien chaude, abandonnant le poste qui lui était confié et les hommes dont il devait partager les misères.

En quelles mains sommes-nous tombés? grand Dieu! Nous accomplirions des merveilles, que nous serions toujours oubliés. D'autant plus que nous avons ici, comme général de brigade, ce farceur de Parchappe, qui y a retrouvé son ancien régiment, le 15ᵉ léger, et qui ne voit que par lui.

Mais ce petit régiment qui arrive est un peu piteux et mord difficilement au pays. Le 1ᵉʳ de ligne, qui y est depuis trois ans, fera toujours mieux que lui, malgré son colonel. Il a su résister à tous les chocs révolutionnaires; il saura prouver qu'il sait résister à toutes les désorganisations, tout en repoussant énergiquement les attaques de l'ennemi. Il y a dans ce régiment des éléments qu'on ne trouve pas dans tous les corps, et contre lesquels l'autorité la plus subversive s'émoussera.

Nous ignorons complétement ce qui doit se passer dans la province. Si nous sommes appelés à marcher au printemps, Dieu veuille que ce soit sous un autre chef que celui qui nous commande.

En attendant, nous faisons un service très-actif : des alertes continuelles et toujours insignifiantes nous mettent sur pied à toute heure du jour et de la nuit. Nous sommes toujours à nous en demander les causes. A part l'affaire de Messerguin, nous n'avons jamais fait que des courses inutiles.

Dès qu'on aperçoit quelques cavaliers arabes, du plus loin que la plus forte lunette peut découvrir, vite en campagne... et, après cinq heures de promenade, on revient sans avoir rien vu.

Il y a huit jours, notre pauvre général s'est mis dans la tête de livrer bataille, une grande bataille, à tous les Arabes du désert : Beni-Flitas, Garabas, Beni-Mouchi, Beni-Amer, etc. On commence par bien déjeuner, — car nos généraux ne s'embarquent jamais sans être bien lestés. — On fait sortir tout ce qu'il y a de troupe dans Oran, infanterie, cavalerie, artillerie, etc.; les troupes de Messerguin sortent aussi, elles font quatre lieues pour se joindre aux forces d'Oran, et l'on va s'établir à deux lieues et demie de cette ville, dans une plaine superbe où cinquante mille hommes peuvent manœuvrer à l'aise.

Là, on attend qu'Abd-el-Kader vienne nous attaquer. — Va-t'en voir s'il vient! — Après cinq heures de drogue... on rentre tout bêtement.

Si je vous racontais toutes les niaiseries qui s'élaborent ici avec une importance dramatique, vous m'accuseriez d'exagération. Nous autres qui en sommes témoins, nous pouvons à peine y croire. Je vais écrire tout de suite au camarade Mauduit et lui raconter toutes ces turpitudes, afin que nos coquins puissent recevoir quelques écornifiures à leur vaniteuse satisfaction.

Dans l'affaire du 12, notre régiment a eu six hommes tués, vingt-cinq blessés, dont un capitaine et un lieutenant. Les spahis ont perdu cinquante hommes et trente chevaux; ils étaient deux cents. Nos douars ont perdu trois hommes; deux canonniers ont été blessés, deux mulets chargés de cacolets ont eté tués, dans l'intérieur du carré, ainsi que le soldat du train qui les conduisait.

Les spahis ont eu en outre quinze déserteurs et une dizaine de blessés. On voit, par la disproportion qu'il y a entre les blessés et les morts, qu'ils ont été taillés à merci.

Je vais toujours bien, et j'enrage toujours beaucoup des infamies qui hurlent autour de moi. Adieu, mon cher oncle; ne m'oubliez pas auprès de toute notre famille, et soyez persuadé de tout mon attachement.

DEUXIÈME PARTIE

PROVINCE D'ALGER

Mai 1840 à octobre 1840

A M. Bernard de Montagnac.

Cherchell, province d'Alger, 9 mai 1840.

Mon cher oncle, le 5, à quatre heures du soir, nous avons reçu l'ordre de partir pour Cherchell; le 6, à quatre heures du matin, nous étions à bord du vapeur *le Tonnerre*, et le 7, à midi, nous débarquions à Cherchell, petite ville située dans un pays fertile.

Aujourd'hui, l'armée qui forme la masse expéditionnaire, conduite par le maréchal, est arrivée à une lieue de Cherchell, après avoir eu quelques engagements avec les Arabes

Nous nous joignons avec cette armée, et demain ou peut-être ce soir nous nous dirigeons sur Médéah, où tous les Arabes se sont, à ce qu'il paraît, concentrés... Nous aurons, je crois, fort à faire.

Les trois bataillons qu'on a fait partir d'Oran sont : un bataillon du 1ᵉʳ de ligne, un du 15ᵉ léger, *avec gibernes*, et un du 41ᵉ. Aussitôt arrivé à destination, je vous donnerai d'amples détails; mais aujourd'hui je n'ai pas une minute. Je vous écris au bivouac; c'est tout au plus si j'ai le temps de remuer les doigts pour vous écrire ces quelques lignes. Adieu, mon cher oncle. Dieu, je l'espère, me protégera.

Je vous embrasse et vous aime toujours bien tendrement. Adieu! Adieu!

Au pied du col de Ténia. Camp de Mouzaïa, 15 mai 1840.

Mon cher oncle, le 11, à cinq heures au soir, nous sommes venus prendre position au camp de Mouzaïa, au pied des montagnes qui se joignent au col de Ténia. Notre pauvre régiment, voué aux mystifications, a été désigné pour occuper cet infâme camp, où sont encombrés quatre cents malades ou blessés... Il fallait un bataillon, le sort a décidé que ce serait le bataillon du 1er de ligne!

Le 12, toute la colonne expéditionnaire, moins ce bataillon, s'est dirigée vers le col, où elle trouva une vive résistance. Les Arabes, maîtres de toutes les positions, s'y étaient retranchés, et ont arrêté un instant nos troupes par un feu très-nourri. Mais, chargés à la baïonnette par nos soldats, ils ont quitté leurs retranchements, emportant quelques-unes des pièces dont ils s'étaient servis contre nous, sans produire aucun effet, à cause de la distance. Enfin, après une fusillade qui a duré toute la journée, et qui n'a cessé d'être des plus vives, nous nous sommes rendus maîtres des hauteurs.

Les fatigues que les troupes ont eu à supporter

dépassent tout ce que l'imagination peut concevoir. Nous avons eu trois cents blessés et une soixantaine de morts. Deux régiments ont été engagés plus particulièrement : les zouaves et le 2ᵉ léger. Ce dernier régiment a beaucoup souffert. Un capitaine de voltigeurs a été coupé en morceaux à peu de distance de sa compagnie, sans qu'on pût lui porter secours. — Hélas! nous n'étions que les spectateurs de ce combat qui a été très-vif.

Le 13, les blessés ont été conduits ici.

Tous les régiments qui font partie de l'expédition ont été rejoindre le corps d'armée, dans le combat du 12. Le général de Rumigny, aide de camp du duc d'Orléans, a reçu une balle au genou. Le chef de bataillon des tirailleurs de Vincennes a été aussi blessé d'une balle au mollet. Nos pauvres blessés sont ici horriblement mal, sans aucun abri et exposés à un soleil de 40°.

Nous causerons de tout cela plus tard. Il y a trop de choses à dire, dont je n'ose pas parler pour le moment, cette lettre devant être confiée à un espion arabe.

Depuis notre départ de Cherchell, d'où je vous ai écrit, jusqu'ici, nous avons été vivement harcelés par l'ennemi. Notre première journée a coûté à mon bataillon une quarantaine de blessés. Comme nous étions d'arrière-garde, nous avons eu l'ennemi sur les bras toute la journée. La compagnie des voltigeurs a été engagée assez sérieusement avec les Kabyles, intrépides coquins, qui, embusqués dans les rochers, fusillaient nos hommes à brûle-pourpoint. Ma compagnie aussi a été en tirailleurs depuis le matin jusqu'au soir. J'ai eu la chance de ne perdre personne. Le lendemain, en entrant dans la plaine de la Mitidja, nous avons eu à repousser les attaques de nombreux cavaliers qui s'y étaient réunis. Il a fallu leur envoyer des obus pour les éloigner de nos colonnes sur lesquelles ils se précipitaient.

Nous ne savons quels seront les résultats de tout cela. Maître de l'entrée du col, le maréchal va, dit-on, le passer demain 16. Il aura encore fort à faire dans ces montagnes abruptes qui ressemblent à nos plus hautes montagnes des Pyrénées, et où se sont retranchés les Arabes. Nous occuperons, à ce qu'il paraît, Médéah, qui se trouve encore à quatre lieues du point où nous sommes établis; les uns disent que nous irons à Milianah, les autres disent que non. Au résumé, on ne sait rien de ce qui doit suivre. Les princes sont avec la colonne expéditionnaire; ils font vaillamment leur métier de soldats.

L'armée est harassée de fatigues et de privations. J'enrage de ne pas avoir participé à cette prise de position, qui est, je crois, une des affaires les plus sérieuses, si ce n'est la plus chaude qui ait eu lieu en Afrique. Toutes les troupes d'Abd-el-Kader, cavaliers et infanterie, ont pris part au combat; je vous réponds qu'ils étaient nombreux.

Je me porte bien, sauf un peu d'échauffement inévitable lorsqu'on est exposé toute la journée à l'ardeur du soleil, dans la poussière, et qu'on n'a à manger que du biscuit.

Embrassez pour moi toute notre bonne famille; je vous donnerai de mes nouvelles aussitôt que je le pourrai. Adieu, mon cher oncle; croyez toujours à ma bien solide affection que rien ne saurait altérer.

Camp de Mouzaïa, à six lieues en avant de Blidah,
le 1er juin 1840.

Mon cher oncle, je commence cette lettre sans savoir si je pourrai vous la faire parvenir. Enfin, dans la triste position où je me trouve, c'est une compensation bien douce aux ennuis qui m'assiégent, c'est une consolation bien vive aux peines que j'éprouve de ne pouvoir recevoir de nouvelles de personne, que d'élever mon cœur vers vous. Sous une misérable baraque de feuillage, dans un camp jeté loin de toute communication possible, je vais vous faire le résumé de la vie que je mène depuis le 6 mai, que j'ai quitté Oran, d'après un ordre du maréchal Valée. Une lettre que je vous écrivis de Cherchell vous donnait déjà quelques détails sur le début de mon voyage; mais je ne sais si elle vous est parvenue, car un ordre sévère du maréchal interdisait toute espèce de correspondance pour la France, jusqu'à ce qu'il fût de retour de la tournée commencée le 23 avril. Ainsi donc je vais reprendre les détails de mon excursion dans la province d'Alger, depuis le jour de mon départ d'Oran. Le 5 mai, à trois heures de l'après-midi, le 1er bataillon du 1er de ligne, un bataillon du 15e léger, un du 41e de ligne, reçoivent l'ordre de s'embarquer, le 6, à quatre heures du matin, sur quatre bateaux à vapeur : le *Tonnerre*, l'*Euphrate*, le *Phare* et le *Crocodile*, pour Cherchell ; le 7, à midi, nous débarquons à Cherchell ; les trois bataillons s'établissent au bivouac, en avant de la ville, au milieu de blés et d'orges superbes. Que venions-nous faire ici? Telle est la question que chacun se posait, et dont la solution restait toujours vague et peu satisfaisante.

Le 8, une reconnaissance poussée par nos trois bataillons, à trois lieues de Cherchell, nous met en rapport avec l'extrême avant-garde de l'armée qui vient d'Alger, et nous apprenons que nous devons nous joindre à l'expédition : en effet, le 9, le duc d'Orléans, le duc d'Aumale, le maréchal et tous les états-majors possibles, escortés de plusieurs bataillons, arrivent à Cherchell, à deux heures, et nous passent en revue, à trois heures. Nous recevons l'ordre de partir le soir même; des vivres sont distribués pour cinq jours : riz, biscuits, sucre, café, lard, etc. A sept heures, nous avons sac au dos, et nous prenons la route du camp de Bordj-el-Arbah, où l'armée est établie depuis le 3, escortant mille cinq cents mulets chargés de vivres.

Nous suivîmes, pendant deux lieues environ, une ancienne voie romaine que le temps n'a pu encore entièrement détruire. Elle nous conduisit à un petit ruisseau qui baigne aujourd'hui les restes d'un aqueduc magnifique, dont les piles gigantesques semblent défier tous les bouleversements du monde. Il faisait un clair de lune superbe, et la lumière blafarde de cet astre, en se jouant sur le sommet du monument et sur les découpures faites par le ciseau du temps, grandissait encore les vastes arcades que nous apercevions tout à fait dans l'ombre. A travers ces énormes jambages, brillaient, dans le lointain, les feux du bivouac de l'armée; coup d'œil vraiment magique. J'ai été d'autant plus ravi de cette vue qu'elle m'est apparue, tout à coup, en sortant d'un défilé dont les escarpements nous empêchaient de découvrir au loin.

Nous prîmes bientôt position, et la nuit se passa tranquillement, sous une petite tente en laine, que mes deux officiers et moi avons eu la précaution d'apporter. Le lendemain, à trois heures et demie du matin, nous dévorons un morceau de lard avec accompagnement de biscuit, et nous arrosons le tout d'un gobelet de café; à quatre heures, la diane bat; à six heures, les colonnes, suivies de l'immense et embarrassant convoi que l'on traîne, se mettent successivement en marche. Le bataillon du 1er de ligne est à l'arrière-garde, et, par conséquent, destiné à faire le coup de fusil une partie de la journée. Nous marchons une heure ou deux sans voir d'Arabes; bientôt des compagnies que l'on a lancées sur les crêtes, pour protéger le passage du convoi, sont engagées avec les nombreux Kabyles qui habitent ce pays coupé de ravins très-profonds, de rochers très-escarpés, et de broussailles, dans lesquels ils s'embusquent pour tourmenter nos tirailleurs. La compagnie de voltigeurs du bataillon, déployée dans des rochers presque à pic, et au milieu des broussailles, est un instant enveloppée, de tous côtés, par des Kabyles qui la fusillent à bout portant. Sa situation est d'autant plus difficile qu'elle est obligée de se retirer, homme par homme, sur une crête dominant, d'un côté, un ravin rempli d'Arabes et, de l'autre, un précipice; aussi, en cinq minutes, cette compagnie perdit six hommes et eut sept blessés. Une deuxième compagnie fut détachée pour protéger sa retraite, sans quoi elle aurait perdu beaucoup plus de monde.

On a pu juger, dans cet engagement auquel prirent part quatre compagnies du 1er de ligne et cinq ou six compagnies d'autres corps, de l'acharnement et de la hardiesse de ces Kabyles ennemis, et de l'adresse avec laquelle ils savent profiter d'une embuscade. Ce sont des serpents, qui, tout en rampant de buisson en buisson, de pierre en pierre, arrivent, sans être aperçus, jusque contre nos tirailleurs, et lâchent toujours leur coup de fusil à coup sûr. On aperçoit la fumée, mais le tireur est invisible. Nos soldats sont d'autant plus faciles à atteindre que l'on ne peut jamais les amener à se masquer; ils s'en vont le nez en l'air, comme des imbéciles, et servent souvent de cibles à ces sauvages, qui, sans avoir jamais fait les exercices auxquels on assujettit nos tourlourous, sont plus habiles qu'eux. Enfin, la perte des quatre compagnies du 1er de ligne, qui furent plus ou moins engagées, a été d'une quinzaine d'hommes tués et de quarante et un blessés. Ma compagnie seule n'a pas été détachée dans cette circonstance. Je suis resté, toute la matinée, avec les cacolets d'ambulance de l'extrême arrière-garde. A l'endroit où cette escarmouche de tirailleurs a eu lieu, se trouve un aqueduc parfaitement conservé, à trois rangs d'arcades les unes sur les autres. Nous passâmes une petite rivière où nous fûmes obligés de faire agir le canon pour éloigner les cavaliers qui se lançaient sur l'arrière-garde.

Il est midi, la rivière est passée, et ma compagnie se déploie pour flanquer la colonne à droite. Les Arabes qui nous ont harcelés toute la matinée traversent, à leur tour, la rivière, et sont bientôt sur nos flancs; les coups de fusil recommencent; quelques balles, tirées de très-loin, viennent siffler au-dessus de nous.

J'empêche, autant que possible, mes grenadiers de riposter, pour ne pas engager une fusillade inutile à la distance où nous nous trouvons de l'ennemi; enfin, jusqu'à cinq heures et demie du soir, nous sommes accompagnés par une fusillade qui ne fait aucun mal à ma compagnie, et blesse quelques hommes à d'autres tirailleurs. A six heures, nous débouchons dans la plaine de la Mitidja, où nous apercevons des nuées de cavaliers arabes. Le camp s'établit, et la nuit se passe tranquillement. Tels sont les détails de la première journée; nous avons eu, en tout, cent cinquante à deux cents hommes hors de combat.

Voilà des coups de fusil, beaucoup de coups de fusil; grande quantité d'Arabes; beaucoup de soldats de toutes armes qui tirent, qui marchent, qui fatiguent, qui tombent! Comment tout cela a-t-il été mené? — En dépit du sens commun et contre toutes les règles de la guerre; ça dépasse toute croyance humaine !... Aucun ordre ne prescrit ce que chacun doit faire, personne ne commande, ou tout le monde s'en mêle, ce qui est équivalent. Les généraux, qui ne reçoivent pas de direction supérieure, ne savent que faire; ils se contentent de jeter çà et là, de tous les côtés, des compagnies qu'ils abandonnent ensuite à toutes les éventualités possibles; quelques colonels, bouillants de se signaler, parcourent les lignes de tirailleurs et font à leur tête; tant pis pour ceux qui ne leur appartiennent pas, ils les abandonnent; les capitaines, les chefs de compagnie, doivent alors se tirer d'affaire eux-mêmes et parer à tous les hasards de la guerre, qui, dans ce pays, peuvent avoir des conséquences désastreuses, lorsque le capitaine n'est pas un homme d'énergie habile à profiter des positions avantageuses que les circonstances peuvent lui offrir. S'ils font bien, on ne leur dit rien; si par malheur le sort les accable, ils sont anéantis. Commandés comme nous le sommes, le capitaine a une responsabilité immense. Le maréchal, en tête de son lourd convoi, ne s'occupe en aucune façon de ce qui se passe autour de lui; il file en avant sans chercher à manœuvrer pour tromper l'ennemi, le couper, lui tendre quelques piéges; il ne pense qu'à parcourir, dans un temps donné, l'espace qui sépare le camp qu'il quitte, de celui où il veut s'établir; c'est tout bonnement une escorte de convoi. On ne cherche nullement à combattre l'ennemi, tandis que celui-ci est toujours sur nos flancs et sur nos derrières, tuant des hommes dans la colonne. Il y a pourtant deux mille hommes de cavalerie attachés à cette division, je ne dirai pas expéditionnaire, mais *promeneuse*, et jamais, en Afrique, on n'en a vu autant réunis. Eh bien! cette cavalerie, composée des escadrons envoyés de France, hélas! hélas!... et du 1er régiment de chasseurs d'Afrique, à part une seule charge sottement conduite, et exécutée une heure trop tard, est restée dans l'inaction la plus complète; placée avec le convoi, elle est encadrée, comme celui-ci, par les colonnes d'infanterie et nos flanqueurs, et devient plus embarrassante qu'utile.

Dans le récit des différentes journées que je vais continuer, vous verrez toute son inutilité.

Le 11, à cinq heures du matin, nous levons le camp, et nous voilà cheminant en plaine, dans la Mitidja. Les montagnes se couvrent d'une masse de cavalerie, qui descend bientôt les contre-forts de l'Atlas et engage la fusillade avec nos tirailleurs; on leur lance quelques obus pour les éloigner; ils se jouent de ces projectiles et reviennent sur nous avec plus d'audace; les blessés arrivent aux ambulances, tandis que le maréchal et son convoi vont toujours leur train. Une masse de cavaliers, cinq à six mille, est à portée de canon de nous; une charge de cavalerie peut être tentée, le maréchal n'y songe même pas; on laisse tranquillement ces messieurs se développer, et la cavalerie suit sa marche. Il y a, je crois, une manœuvre à faire : engager fortement quelques compagnies d'infanterie avec les cavaliers arabes, et faire, avec notre cavalerie, un mouvement sur le flanc de l'ennemi; ce mouvement peut être couvert par quelques ravins et avoir un résultat avantageux, en acculant une partie de la cavalerie ennemie à un lac auquel elle est adossée. — Rien de tout cela; on chemine bêtement comme si l'on fuyait!

Les princes sont à leur division, n'osant faire aucune observation, et sachant bien du reste qu'ils ne seront pas écoutés. Enfin, après une marche de treize heures, et une fusillade qui nous a coûté, à nous, quelques morts et blessés, et fort peu de monde à l'ennemi, nous arrivons au camp de Mouzaïa. Là, se trouve un ouvrage rectangulaire, en terre, coupé en trois compartiments, que le maréchal a fait élever à son premier passage, le 26 avril, pour y déposer ses blessés et des vivres; cette espèce de redoute est occupée par un bataillon du 48° de ligne. Le camp est au pied des montagnes qui forment le col de Ténia, de triste mémoire, où déjà tant de Français ont succombé. Va-t-on encore une fois en essayer le passage?

A onze heures du soir, nous apprenons, par un ordre du maréchal, que le lendemain 12, à quatre heures du matin, on *tentera* le passage du col. Le sort nous a désignés pour remplacer, dans la redoute de Mouzaïa, le bataillon du 48° qui l'occupe. Malgré toute l'injustice de cette décision, nous voilà renfermés, dans cet infâme poste, avec tous les chevaux malades, les bêtes de somme blessées, les bagages des princes, des généraux, etc. La brigade de cavalerie et l'immense convoi sont campés en dehors de la redoute. Le maréchal, débarrassé de cet attirail difficile à manier, se met en marche, avec son infanterie seulement, et gravit les rochers et les escarpements qui couvrent les montagnes ardues. Nous sommes aux premières loges, et nous voyons la fusillade s'engager avec les flanqueurs et notre avant-garde, et devenir plus vive à mesure que l'armée avance.

A trois heures de l'après-midi, un roulement, comme le tonnerre, se fait entendre; le canon gronde, ses coups multipliés attestent la résistance de l'ennemi, et nos efforts pour nous rendre maîtres des positions. Pendant trois quarts d'heure, ce roulement se prolonge, et nous voyons la fumée des fusils grossir les nuages qui sont venus s'asseoir sur les rochers où le combat éclate, comme pour protéger l'un ou l'autre parti. Ce feu, si bien nourri, part des Arabes réguliers d'Abd-el-Kader, qui, placés dans des redoutes en gradins sur les versants escarpés des montagnes, se défendent pied à pied, en se retirant de l'une à l'autre, avec un feu parfaitement soutenu. La position est difficile : nos soldats ne peuvent riposter à la grêle de balles qui les accablent; forcés de se servir de leurs pieds et de leurs mains pour franchir les précipices, c'est tout au plus s'ils peuvent employer la baïonnette pour escalader des retranchements qui prouvent, chez nos ennemis, d'immenses progrès.

Enfin, après deux heures et demie d'un combat à outrance, sur tous les points de la montagne, et de fatigues inouïes, on s'est rendu maître de l'entrée du col, et l'on s'y est retranché. Le lendemain 13, deux cent soixante-dix blesssés, dont deux généraux, M. de Rumigny et M. Marbot, aides de camp des princes, descendent la montagne sous une escorte de quelques bataillons, et sont déposés, dans le réduit de la redoute que nous occupons, sur un peu de paille et sous des tentes où le soleil les plombe. Dans cette journée, M. Grosbon, chef de bataillon des tirailleurs de Vincennes, a été blessé; un capitaine de voltigeurs du 2ᵉ léger a été coupé par morceaux, en présence de sa compagnie, sans qu'on pût lui porter secours; un autre officier de ce régiment a été tué, plusieurs blessés. L'infanterie de la division du duc d'Orléans avait perdu, à elle seule, deux cent cinquante hommes. — Les princes, du reste, ont largement payé de leur personne. — Depuis trois heures du matin jusqu'au soir, ils sont restés à la tête des troupes, exposés au feu de l'ennemi, et sont arrivés des premiers au sommet des crêtes. Le 14, la colonne qui a mené les blessés repart pour le col, avec le convoi et la cavalerie. Le 15, une autre colonne redescend du col pour prendre encore des vivres. Le 16, l'armée quitte sa position, pénètre dans le col, et arrive à Médéah sans trop de difficultés. La ville était déserte; pour tout habitant, on y trouve une femme folle et un vieillard; les maisons étaient vides; on prétend pourtant qu'on y a trouvé un tableau de prix qui a été remis au duc d'Orléans. Deux mille quatre cents hommes ont été laissés à Médéah; et, après un séjour de trois jours dans cette bicoque délabrée, remplie de fumier, on s'est remis en route pour le col, avec toute la sécurité d'une armée qui se croit victorieuse!... Bientôt l'ennemi, sur lequel on ne comptait pas, et qui occupait toutes les positions, joint nos colonnes de toutes parts, et un combat des plus acharnés, où nous avons (comme toujours) le désavantage de la position, s'engage avec notre infanterie. Nos bataillons ne peuvent se mouvoir, tant ils sont embarrassés par le convoi qu'ils escortent, par la cavalerie qu'ils gardent, et qui ne peuvent défiler qu'un à un, dans le seul sentier possible à suivre. Le 17ᵉ léger, aux prises, dans un bois très-épais, avec un bataillon régulier d'Abd-el-Kader, est sur le point de se voir coupé; heureusement les zouaves de M. de Lamoricière viennent le dégager. Ce malheureux régiment a trois cents hommes hors de combat, neuf officiers et son colonel, Bedeau, blessés.

En attendant, le maréchal va toujours son train, avec son convoi. On le prévient que les bataillons de l'arrière-garde peuvent être compromis si l'on ne s'arrête pas : « Je le sais », dit-il; « j'ai envoyé du canon, qu'ils s'arrangent. » Au dire de plusieurs officiers supérieurs que j'ai entendus causer de cette affaire, on aurait pu, en manœuvrant un peu, couper et anéantir un bataillon d'Abd-el-Kader. On n'a rien fait de tout cela, on s'est borné à recevoir la plus belle conduite de Grenoble qu'armée ait jamais reçue. Ce jour-là, on a été assailli par toutes les troupes d'Abd-el-Kader, cavaliers et infanterie, et ses intrépides cavaliers, malgré les rochers et les anfractuosités du terrain, ont toujours été sur nos talons. Le 21, l'armée redescend le col, traînant après elle quatre cents blessés; coup d'œil déchirant! Ces malheureux furent encore jetés, pendant quatre heures, au milieu de la plaine, sous un soleil de trente-cinq degrés, après avoir été transportés, toute la journée, sur ces horribles cacolets où l'on souffre mille morts. L'armée repartit le même jour pour Blidah, emportant les pauvres blessés qui gisaient, au nombre de quatre cents, dans une ambulance organisée pour soixante hommes au plus; ces malheureux, dont les uns étaient ici depuis le 26 avril, premier passage du maréchal, les autres depuis le 13 mai, première évacuation du col, manquaient de tout; — plus de charpie, l'étoupe la remplaçait; pas une sangsue; les objets de pansement étaient totalement épuisés; — la plupart de ces pauvres gens ne pouvaient avoir que le soir la goutte de bouillon qu'ils auraient dû avoir le matin... C'était déplorable! — Tout cela par l'incurie ou le mauvais vouloir de notre infernal maréchal, qui n'a pas voulu laisser évacuer les blessés sur Blidah avant son retour de Médéah, afin que les nouvelles de l'expédition ne se répandissent pas avant qu'il eût fait son rapport. Rien ne l'empêchait, au lieu d'emmener avec lui, le 13, cette inutile cavalerie qui n'a servi qu'à l'embarrasser dans son passage du col, rien ne l'empêchait, dis-je, de faire transporter tous les blessés, jetés ici, les uns sur les autres, à Blidah, qui n'est qu'à six lieues, sous l'escorte de ces deux mille hommes de cavalerie et de quelques compagnies d'infanterie! La conduite du maréchal, dans cette circonstance, est bien blâmable, et je suis persuadé que vous verrez, un de ces jours, dans les journaux, quelque lettre du général Marbot, qui est resté avec nous, pendant huit jours, à souffrir de cruelles privations.

Nous l'avons souvent entendu s'exprimer d'une manière bien virulente sur le compte de notre gouverneur, sur son impéritie à conduire des troupes et sur sa manière de faire la guerre!... Dieu veuille que ce qu'il dira apporte quelques soulagements aux souffrances que l'armée endure sans gloire et sans le moindre résultat.

Quant à nous, nous sommes jetés ici dans une mauvaise redoute, avec un bataillon du 48°, à six lieues en avant de Blidah. Nous sommes réduits à la ration de la Ramée : riz, biscuit et eau fraîche; mais ce qu'il y a de plus triste pour nous, c'est que nous sommes privés de toute espèce de nouvelles; nous n'avons aucun rapport avec le reste de l'armée; depuis le 21 qu'elle est passée, pour retourner à Alger ou dans les environs, nous n'avons eu aucun moyen de faire parvenir quelques signes d'existence à nos parents, à nos amis. Déjà avant, il était impossible de faire passer une lettre; j'ai pourtant essayé de profiter de quelques espions Arabes, pour vous adresser un mot ou deux, afin de ne pas vous laisser dans l'inquiétude qu'a dû vous causer cette lacune dans ma correspondance; mais je ne sais si ces pauvres petits morceaux de papier, lancés au hasard, seront arrivés jusqu'à vous; je serais heureux d'apprendre qu'ils vous sont parvenus. Je n'ai reçu aucune nouvelle de la famille depuis le 27 avril, et nous sommes au 1ᵉʳ juin! C'est triste!...

Il est pourtant arrivé cette nuit, de Blidah, un Arabe qui a apporté quelques ordres au commandant supérieur; je vais tâcher d'expédier mon long journal avec cet homme qui court la chance de se faire tuer par les Arabes ennemis.

Le résumé de tout ce que je vous raconte longuement est que, depuis le 23 avril jusqu'au 31 mai, le maréchal a parcouru, avec une armée de huit mille hommes, le pays d'Alger à Cherchell et de Cherchell ici; — que partout il a rencontré les Arabes plus nombreux et plus audacieux que jamais; — qu'il ne les a battus nulle part et a perdu beaucoup de monde; — que cette expédition, dont on fera probablement grand bruit en France, et sur laquelle on échafaude des pyramides de gloire à perte de vue, n'a été qu'une escorte de convoi : on n'a pas fait face à l'ennemi, on lui a toujours tourné le dos; — qu'on s'est emparé d'une ville, au delà des montagnes, dont on ne pourra opérer le ravitaillement qu'en faisant des expéditions de cinq à six mille hommes, dans lesquelles on perdra beaucoup de monde; — que cette promenade n'a servi qu'à donner aux Arabes une plus ample idée de leur force et de notre impuissance dans ce pays; — que l'armée est épuisée et réduite, du quart au moins, par les maladies et la fusillade; — que cette cavalerie que l'on a inutilement traînée après soi, pendant un mois, est en complet désarroi, quoique l'on ne s'en soit pas servi: chevaux malades ou blessés, hommes abîmés de fatigue. (Je parle surtout de ces malheureux escadrons que l'on a fait venir de France, et qui suivaient avec *leurs lourds pantalons basanés et leurs petites vestes bien étriquées.*) — Ça fait mal au cœur!... Le maréchal est dans l'impossibilité de recommencer une nouvelle expédition, avec les moyens dont il dispose; tout le monde est fatigué, sur les dents et exaspéré. L'égoïsme du maréchal, son impéritie, font frémir. Il n'écoute qu'un seul homme, qui a sur lui un empire extraordinaire; c'est son gendre, qui, au dire de ceux qui le connaissent, est tout à fait au-dessous des fonctions qui lui sont confiées. C'est pourtant lui qui dispose des honneurs et des récompenses, et qui pétrit toutes les affaires du pays. Pour obtenir quelque chose, il faut être bien avec M. de Salles : c'est déplorable! Le chef d'état-major de l'armée, le général Schramm, est absolument nul : les ordres qu'il donnait dans les commencements étant contrôlés et dénaturés par M. le lieutenant-colonel de Salles, il a fini par ne plus s'occuper de rien; il suit machinalement l'état-major du vieux *chat sauvage*. On ne peut se faire une idée du désordre qui règne dans toutes les parties du service, et du peu d'ensemble qu'il y a dans les opérations; chacun fait à sa tête; jamais armée n'a été conduite d'une manière aussi pitoyable!

Loin de tout, nous ne savons quelles seront les nouvelles dispositions du maréchal. S'il veut recommencer sa promenade insignifiante, il perdra encore plus de monde qu'avant, car les fatigues qui, depuis un mois, accablent l'armée, jettent tous les jours dans les ambulances et les hôpitaux des quantités de malades. Les chaleurs qui vont toujours en augmentant, et qui bientôt seront insupportables, achèveront de décimer les restes de ces corps que l'on peut dire *défaillants*.

Il est positif que, depuis le 23 avril jusqu'au 21 mai, il y a eu, sur environ *huit mille hommes, tout au plus*, qui composaient l'armée, plus de *deux mille hommes* hors de combat. Ce chiffre est au-dessous de la situation des pertes ; mais enfin, en supposant deux mille hommes hors de combat sur huit mille hommes, dans l'espace d'un mois, c'est assez beau comme cela. Vraiment, dans cette promenade, on a eu l'air de dire aux Arabes : Tuez-nous, nous ne voulons pas vous faire de mal ; et certes, on ne leur en a pas fait beaucoup. Tous ces détails, mon cher oncle, sont de la plus grande exactitude ; ceux que je n'ai pas vus, je les ai puisés à des sources officielles ; d'ailleurs, les quelques jours que j'ai passés à l'armée active ont suffi pour me donner une idée de tout ce qui a été fait antérieurement. N'hésitez pas à croire ce que je vous dis ; quelque invraisemblable que cela paraisse, c'est l'exacte vérité. Je pourrais ajouter encore une foule de choses pour augmenter votre conviction ; mais nous remettrons cela à un autre journal ; celui-ci est déjà trop long.

Je me porte toujours bien ; la vie du camp ne détraque nullement mes facultés physiques, qui semblent se roidir contre les privations. Dieu veuille me protéger dans les fatigues et les dangers que j'ai encore à essuyer pendant mon séjour en Afrique.

J'aime à me persuader que toute notre excellente famille est en bonne santé ; embrassez pour moi tous ces braves parents, que j'aime tant. J'ai écrit d'ici à Célestine quelques lignes qu'un officier, connaissant l'amiral Bougainville, a dû faire passer par cet intermédiaire. Je ne sais si elle les a reçues, tranquillisez-la sur mon compte; qu'elle ne s'inquiète pas trop.

Adieu, mon brave oncle; soyez sûr que je profiterai de la moindre occasion pour vous donner de mes nouvelles...

Adressez-moi vos lettres au 1er bataillon du 1er de ligne, division Rumigny, Alger; elles m'arriveront, lorsque le sort le permettra.

A M. de Leuglay.

Camp de Boufarick, le 15 juillet 1840.

Mon cher de Leuglay, après avoir essuyé les vicissitudes de deux mois d'expédition, me voilà enfermé dans le beau camp de Boufarick, pour y crever de fièvre ou d'ennui. Quelques escortes de convois, des correspondances, la garde de bœufs, tels sont les services que nous sommes appelés à faire, dans ce trou malsain où l'on nous a jetés, en attendant qu'on nous envoie rejoindre notre grande famille à Oran.

Maintenant qu'il n'y a plus rien à faire dans la province d'Alger, il me tarde de me retrouver dans celle d'Oran, où de nouvelles opérations vont commencer.

Je ne vous parlerai pas de tout ce qui s'est passé pendant les deux mois que nous sommes restés sous les ordres du maréchal. Vous devez connaître les moindres détails de cette expédition par ceux qui en reviennent: beaucoup de fatigues, beaucoup de privations, beaucoup de blessés, pas mal de tués, deux villes prises et occupées (villes qu'aucune communication ne relie entre elles, et qu'on ne pourra ravitailler que par une expédition de cinq à six mille hommes); une razzia de deux mille bestiaux, un télégraphe établi de Blidah, sur les hauteurs qui dominent Médéah, tels sont les résultats d'une campagne qui a duré depuis le mois de mars jusqu'au mois de juillet, et qui pouvait se terminer, en quinze jours, d'une façon beaucoup plus brillante et plus honorable pour nous, si elle avait été conduite par un autre militaire qu'un obusier de soixante-huit (soixante-huit ans), et par un monsieur qui n'a pour lui que d'être le gendre de son beau-père.

Les détails de cette campagne, si pompeux, si ronflants que soient les magnifiques bulletins de notre gouverneur, font hausser les épaules.

Dieu veuille qu'on enlève à ce bronze vivant l'honneur de conduire une armée; il en est incapable! Qu'on laisse dans sa spécialité ce vieux lanceur de bombes, et qu'on n'essaye pas d'en faire un Turenne. — Il est maintenant trop vieux et trop entêté pour recommencer un apprentissage.

Je ne crois pas qu'armée, depuis qu'il en existe, ait été aussi mal dirigée : ordres, contre-ordres donnés coup sur coup; dispositions mal prises; service, organisation des postes complétement négligés; chacun agissant à sa guise; chaque corps livré aux caprices du premier polichinelle d'officier d'état-major qui se trouve là! etc.

Nous devons nous estimer heureux d'avoir eu affaire à des guerriers aussi peu habiles que les Arabes. Ils auraient eu beau jeu pour nous administrer une frottée d'importance, dans les moments de désordre où personne ne savait ce qu'il avait à faire.

En somme, je suis très-peu satisfait de ce que j'ai vu, et je crois qu'il y a pas mal d'individus de mon avis.

Nous ne savons pas encore quand nous partirons pour aller nous embarquer à Alger. Nous en attendons tous les jours l'ordre. Il ne peut tarder à arriver. Je le désire de tout mon cœur, pour pouvoir passer quelques instants avec vous.

En attendant, mon cher de Leuglay, croyez toujours aux sentiments d'attachement que je vous ai voués depuis que je vous connais.

Camp de Bouderbah, 17 août 1840.

Mon cher de Leuglay, j'ai appris avec toute la contrariété possible que vous étiez venu à Bircadem quelques jours après mon départ.

Je suis vraiment peiné d'avoir manqué cette occasion de me trouver avec vous, car, avec le caractère que je me connais, je ne sais quand j'aurai le plaisir de vous voir.

C'est moi qui commande l'infâme camp de Bouderbah. Je pourrais peut-être le quitter un jour, pendant quelques heures, sans qu'il n'y eût rien d'extraordinaire ; mais j'ai assez de guignon pour qu'il arrive, précisément en mon absence, une affaire à laquelle je serai désespéré de ne pas m'être trouvé, ou simplement un mouvement, un changement, une de ces éventualités, enfin, comme il nous en tombe si souvent sur les épaules, dans notre métier.

Tenez, le jour où j'ai reçu l'ordre de partir pour Bouderbah, j'avais eu le projet d'aller à Alger. Mais mon commandant m'objecta que le général Corbin, venant de prendre le commandement du Sahel, nous ferait probablement une visite, et qu'il serait peut-être sage de remettre la partie à une autre fois.

Un instant après, je recevais mon ordre de départ. Eh bien ! si j'étais allé à Alger, j'aurais, en rentrant, trouvé le détachement parti ; un autre capitaine aurait été obligé de marcher à ma place.

Jugez de ma contrariété !

Je sais combien je suis *prédestiné*, et cette idée-là m'empêche toujours de quitter mon poste, ne fût-ce qu'une minute.

Pourtant, croyez que j'ai un rude désir de vous revoir et de passer quelques bonnes heures avec vous.

Adieu, mon cher de Leuglay ; ne doutez jamais du bien sincère attachement que je vous ai voué.

A M. Bernard de Montagnac.

Camp de Bouderbah, 28 août 1840.

Je ne reviendrai pas, mon cher oncle, sur les douleurs qui nous accablent. A quoi bon déchirer davantage cette plaie encore toute saignante? Il nous suffit de souffrir et de pleurer; c'est tout ce que l'âme humaine peut faire, dans ces cruelles circonstances, où le cœur ne trouve ni expressions assez fortes pour rendre notre chagrin, ni consolations assez douces pour adresser à ceux qui en auraient tant besoin.

Pauvre tante! j'aurais été si heureux de la revoir! — Je suis destiné, hélas! à voir mourir loin de moi les parents que j'aime le plus, sans pouvoir leur dire un dernier adieu! C'est cruel.

Enfin, courage, mon pauvre oncle; vous êtes entouré de *braves enfants*[1], d'un frère, d'une sœur qui vous adorent; laissez leur tendre affection prendre soin de votre pauvre cœur déchiré. Je me joins à eux de cœur et d'âme. C'est tout ce que je puis faire, du fond de cette Afrique où le sort me retient. Vivez pour nous, mon brave oncle, nous ne voulons pas d'autre bonheur. Nous tâcherons de vous faire oublier vos tourments et de vous dédommager de la perte que vous venez de faire, par un redoublement de cet attachement, de cette tendresse, dont, je l'espère, vous n'avez jamais douté.

[1] Neveu et nièces.

Que je vous embrasse, mon cher oncle! Mêlons un instant nos larmes, cela fait du bien.

. . . .

Comme vous le voyez, nous sommes toujours dans la province d'Alger. Dieu sait ce que nous y souffrons! Il semblerait qu'on ait juré d'anéantir notre pauvre bataillon. Dispersés dans six ou huit postes du Sahel, c'est-à-dire du massif qui sépare Alger de la plaine de la Mitidja, nous occupons les endroits les plus malsains en ce moment. Ce sont les postes avancés qui bordent le Sahel, du côté de la plaine, et où l'on est sous l'influence des miasmes de cette infernale Mitidja où personne ne peut vivre. — Aussi sommes-nous minés par les maladies d'une façon déplorable. Notre pauvre bataillon, qui était de sept cent soixante hommes à son départ d'Oran, se trouve aujourd'hui réduit à deux cent dix hommes. — Depuis que nous sommes ici, et il n'y a qu'un mois, il est entré plus de cinq cents hommes à l'hôpital! Cela fait frémir.

Ma compagnie, qui était de quatre-vingt-six hommes le 26 juillet, lorsque nous sommes partis de Boufarick, est aujourd'hui de vingt-six grenadiers, trois caporaux et un sergent : plus de sergent-major, plus de fourrier, plus de tambour.

Des compagnies de cent vingt hommes réduites à trente, c'est effrayant! Ces malheureux sont frappés de la fièvre comme de la foudre. Ils tombent, et l'on n'a que le temps de les porter à l'hôpital.

Dans ce mois d'août, notre pauvre bataillon et tous ses détachements sont logés sous des tentes, sur des terrains unis comme la main, dans des redoutes où il n'y a pas le moindre ombrage. Jugez des souffrances qu'on doit endurer sous ces misérables abris de toile qui font l'effet de fournaises.

J'ai été détaché, le 6 de ce mois, avec cent un hommes de mon bataillon, au camp de Bouderbah, le plus important de tout le Sahel, car il en est la clef. Mes cent un hommes sont aujourd'hui réduits à cinquante-deux. On a réuni dans ce malheureux camp les débris d'un bataillon du 58°, et un détachement de cent hommes du 48°; j'ai le commandement de tous ces corps, avec un personnel de sept officiers du 58° (reste des cadres d'un bataillon), deux officiers du 48° et un de chez nous. Cela me donne un effectif de deux cent quarante hommes, avec deux pièces d'artillerie. Sur ces deux cent quarante hommes, il nous faut en fournir cent, chaque jour, pour la garde de six postes, dont quatre redoutes avancées. Voyez ce qu'il reste pour relever les postes et pour faire des sorties, lorsque les Arabes s'approchent de trop près, ce qui arrive souvent.

C'est pourtant avec cette poignée d'hommes que je suis appelé à fermer l'entrée du Sahel aux bandes de sauvages qui essayent à chaque instant de traverser nos lignes.

Je vous réponds que je ne dors pas souvent, et que cette responsabilité me pèse un peu à l'oreille. Heureusement que ces c... d'Arabes ne tiennent pas dès qu'ils voient dix hommes leur courir sus, seraient-ils six cents.

Pour vous en donner une idée, pendant que nous

étions à Boufarick, la correspondance, composée de vingt-cinq chasseurs, est un jour attaquée sur une grande belle route par une centaine d'Arabes. Les chasseurs font demi-tour, et décampent au trot, pour ne pas dire au galop. Les Arabes, les voyant battre en retraite, leur courent après, et viennent les canarder à brûle-pourpoint; le désordre se met dans le peloton, quatre chasseurs sont tués, deux chevaux emmenés, etc. Un caporal et trois grenadiers de ma compagnie, qui étaient de garde à une des barrières de Boufarick, entendant la fusillade, et voyant les cavaliers aux prises, quittent leur poste, prennent le pas de course, traversent les chasseurs, se précipitent sur les Arabes qui les suivaient de près, leur envoient une décharge de coups de fusil, se jettent ensuite à la baïonnette sur un groupe occupé à couper la tête à un de nos cavaliers, et reprennent ce malheureux, qui, du reste, n'était plus qu'un cadavre.

Eh bien! tous les Arabes ont fui à l'arrivée de ces quatre lapins-là.

S'ils étaient plus énergiques, s'ils avaient surtout plus d'ensemble dans leurs opérations, rien ne pourrait les empêcher d'arriver aux portes d'Alger. Le courage individuel ne leur fait pas défaut; mais comme ils n'ont ni compacité, ni unité, ils ne peuvent parvenir à nous enlever nos postes, et n'osent même pas les attaquer. Ils viennent tirailler à de grandes distances, ils harcèlent de petits convois, nous tendent des embuscades et finissent presque toujours par attraper quelque chose.

Dernièrement ils ont fait, du côté de Coléah, un coup qui a dû leur donner bien de l'orgueil :

Un détachement composé de quarante chasseurs à cheval, de quinze indigènes et de cent cinquante hommes du 3ᵉ léger, sorti, les uns disent pour relever un blockhaus, les autres disent pour pousser une reconnaissance, est tombé dans une embuscade et a perdu cent trois hommes : soixante ont eu la tête coupée, le reste fut fait prisonnier. — Un voltigeur qui avait été pris s'est échappé (ce pauvre diable avait le bras cassé) ; il a rejoint son corps et a raconté que le capitaine qui commandait l'infanterie avait été emmené prisonnier avec un certain nombre d'hommes. L'officier de cavalerie a été tué. Sept ou huit cents cavaliers, soutenus par un bataillon de réguliers, infanterie, les ont surpris et enveloppés tout d'un coup.

Cette affaire est une de nos plus malheureuses.

Vous voyez comment les Arabes sont atterrés par les coups que nous leur portons ! Leur insolence et leur audace augmentent chaque jour. Nous ne sommes maîtres nulle part. Ils nous attaquent de tous les côtés : Milianah attaqué, Cherchell attaqué, nos convois attaqués, nos correspondances attaquées tous les jours. — Enfin, nous ne pouvons faire un pas sans les avoir sur le dos.

Il n'y a plus ici de troupes valides ; le maréchal ne pourrait pas, j'en suis sûr, mettre quatre mille hommes sur pied. Il vient pourtant de faire partir un convoi pour Médéah, par la nouvelle route, qui prend près de Blidah, et présente d'énormes difficultés. Je souhaite qu'elles aient été vaincues.

On ne veut plus nous laisser partir; le général Schramm prétend que nous avons trop de malades. Singulière raison! En attendant, on nous laisse crever dans un dénûment complet. Nos hommes n'ont plus rien sur le dos. Ils seraient *nus*, s'ils n'étaient couverts de vermine. — Vraiment, on n'a pas idée d'une incurie pareille. C'est une infamie! — Vous ne comprenez pas que l'armée d'Afrique perde autant de monde par les maladies? prenez-vous-en à vos généraux : jamais ils ne voient les troupes dans les camps, jamais leurs aides de camp ne viennent s'assurer de ce qui s'y passe; ils ne se donnent même probablement pas la peine de lire la situation qui leur est envoyée chaque jour!

C'est à ne pas y croire!

Enfin, il y a en ce moment, dans la seule province d'Alger, plus de six mille malades. — Mais laissons cela, c'est trop triste!

Moi, je vais toujours bien. — Tout tombe autour de moi, et je reste debout, quoique je ne me sois pas déshabillé depuis le *6 mai,* et que je n'aie pas couché autrement que par terre, rongé par les puces et les *poux.* — Je suis tout en guenilles, n'ayant pas encore pu aller à Alger, et tous mes effets étant restés à Oran, où nous espérions rentrer tous les jours. Ce qu'il y a de plus cruel, c'est que les expéditions, du côté d'Oran, vont commencer, et que nous reviendrons juste pour n'y pas prendre part.

J'ai été porté à l'ordre du jour de l'armée, par le maréchal Valée, dans son dernier rapport, au retour de l'expédition.

Allons, adieu, mon brave oncle, courage, et croyez toujours à mon bien ferme attachement. Embrassez bien pour moi tous nos bons parents.

Votre pauvre neveu, Édouard de Golbéry, est mort à l'hôpital de Blidah, dans le courant de juillet; j'ai appris cette triste nouvelle à son père par le dernier courrier.

A Mademoiselle Célestine de Montagnac.

Camp de Bircadem, *18 septembre 1840.*

Ma bonne petite sœur, cette lettre partira encore de la province d'Alger, où je suis décidément condamné à rester à perpétuité. — On ne nous renverra d'ici que quand nos pauvres troupiers auront leurs pans de chemise au vent. — Enfin, ma bonne Célestine, heureusement qu'on trouve du papier et des plumes partout, et qu'on peut écrire à ceux qu'on aime, sans quoi la vie ne serait pas tenable.

Tu constateras peut-être, dans mon bavardage, l'empreinte d'un certain abrutissement qui tient un peu à l'état dans lequel je vis depuis quatre mois. Comment ne pas devenir un million de fois brute, idiot, crétin, lorsque les jours et les nuits se passent sans autre distraction que boire (de l'eau), manger (des biscuits) et entendre crier : Qui vive? sans un livre, sans un journal pour s'entretenir un peu l'imagination?

Le 12, nous devions nous embarquer, mais il y a encore eu contre-ordre. On m'avait même fait revenir du camp pour me réunir aux autres, en cas de départ, et nous voilà au même point. Je ne tiens pas à être à Oran plutôt qu'ici, mais je voudrais, une bonne fois, qu'on nous dît si nous devons y rester définitivement, afin que nous puissions prendre des mesures pour faire venir ce qui nous manque en effets de tous genres; car nous sommes à moitié nus.

Nos soldats s'en vont tous les jours à l'hôpital. Notre bataillon est réduit à rien. Mais le maréchal s'en moque. Toute son armée en est à peu près à cette extrémité. Cela lui est égal, il ne s'en occupe pas davantage. — C'est un ogre qui dévore impitoyablement tout ce que la France lui envoie, et Dieu sait quelle quantité d'hommes on sème sur cette terre de désolation !

Le maréchal a détruit toute l'organisation militaire. Les régiments sont jetés à droite et à gauche, les bataillons dispersés sur tous les points. Les chefs de corps ne les voient plus. Ces malheureux corps désunis, privés de leurs chefs, se démoralisent, les maladies s'ensuivent, et l'on voit des convois de moribonds sillonner l'Algérie en tous sens.

Mais j'ai tort de te dire tout cela, ma bonne petite sœur; je ne veux pas te jeter du noir dans l'âme. Tu es déjà assez disposée à te laisser aller à des idées inquiétantes, sans que j'aille encore amasser sous le ciel qui t'éclaire quelques sombres nuages.

Au moins si cette débâcle d'hommes que la terre engouffre pouvait avoir un résultat! On l'admettrait sans mot dire. — Mais qu'en résultera-t-il pour la France? — Des calamités qu'elle ne prévoit pas, et pour lesquelles elle n'aura que des larmes à verser. Oh! j'entrevois bien clairement la marche des choses; plus nous allons, plus nous nous enfonçons dans une voie qui conduira directement à un désastre. On aura beau dire, on aura beau faire, rien ne m'empêchera de soutenir que le maréchal Valée est un fléau pour ce pays.

Ne crois pas, ma bonne petite sœur, qu'il y ait exagération de ma part, et que ces déclamations contre le maréchal et les affaires d'Afrique partent du mécontentement que j'éprouve de rester dans la province d'Alger. Eh! non, grand Dieu! Car nous sommes encore comme des coqs en pâte, en comparaison d'autres malheureux qui gémissent et meurent des plus cruelles misères, dans certaines parties de cette terre maudite.

Me plaindre serait une lâcheté, sachant les maux qu'endurent d'autres pauvres diables, jetés au loin. Beaucoup de personnes pensent et s'expriment comme moi sur le compte du maréchal Valée et sur les affaires d'Afrique. On écrit assez nettement tout ce qui se passe. Eh bien! la France, cette France de gobe-mouches, refuse de croire. Elle ferme les yeux à l'évidence et n'accepte que les pompeux bulletins qui la flattent et l'enivrent. Qu'elle ne se plaigne donc pas si, un jour, elle voit tous ses millions, péniblement amassés et bénévolement donnés, réduits à zéro par l'abandon forcé d'un pays sur lequel elle avait fondé l'espoir d'une florissante colonisation qui devait la couvrir de toutes ses dépenses et de tous ses sacrifices!

Au diable l'Afrique, la colonisation, la France elle-même! Revenons à ma France à moi, à ma patrie, à ma vraie patrie, c'est-à-dire ma famille. Car ce mot de patrie que tout le monde prononce, que personne ne comprend, moi, je le résume en ce petit cercle de parents que le ciel m'a conservés. Revenons donc à cette petite patrie où se concentrent toutes mes affections, toutes mes pensées, tout mon espoir, tout mon avenir. Comment se porte-t-on dans ce petit cercle? Comment va notre pauvre oncle? Tu m'en donnes de bonnes nouvelles, mais je veux en avoir d'autres, car celles que tu me donnes dans ta dernière lettre sont déjà vieilles, et les événements se succèdent rapidement dans la vie. Embrasse-le bien pour moi. Je lui écrirai au premier jour. Prends-les les uns après les autres, ces bons parents, et exprime-leur bien tout ce que l'affection la plus tendre te suggérera.

Je ne sais si les journaux vous ont rapporté une citation à l'ordre du jour de l'armée en ma faveur. J'avais été cité le premier du régiment. J'espérais un instant que cela me vaudrait quelque petite chose. Mais j'ai été déçu. Ce sera pour une autre fois.

Mon Dieu! après tout, qu'ai-je à espérer? je suis bien bête... est-ce que je n'ai pas tout ce que je peux et dois avoir? Vois-tu, ma bonne petite sœur, toute mon ambition se borne à aller vous revoir, et tous les honneurs, tous les grades, ne compenseront jamais ce bonheur-là. Que l'intrigue se remue, se tortille, rampe, grouille pour arriver à son but, moi, je veux, avant tout, avoir la conscience nette et ne devoir le peu que je posséderai qu'à moi. Je mourrai peut-être capitaine, ou plutôt je me retirerai capitaine, et, ma foi, je me trouverai très-fier de finir ma carrière avec ce grade, qui est certes fort honorable. On dira probablement que si dans l'espace de trente ans je n'ai pas dépassé le grade de capitaine, c'est parce que j'étais une fichue bête, etc. J'accorde tout ce qu'on voudra.

Me voilà bientôt, ma bonne Célestine, au bout de mon papier; écris-moi le plus tôt possible et bien longuement; je n'ai d'autre bonheur que de recevoir des nouvelles de ceux que j'aime. Adieu, ma bonne amie; crois toujours à mon affection, que rien ne pourra ébranler.

A M. Bernard de Montagnac.

Camp de Bircadem, 31 octobre 1840.

Eh bien, mon brave oncle, comment vous portez-vous? Comment vont les chagrins? Pardonnez-moi si j'aborde encore une fois cette question. Mais voyez-vous, mon pauvre oncle, entre hommes qui souffrent et qui savent supporter leur douleur avec courage, il est bon de mêler quelquefois ses larmes. Vous ne m'en voudrez donc pas, si par cette question qui traîne après elle tant de pensées douloureuses, je viens renouveler un souvenir que tous les efforts du temps ne sauront déraciner. Pourrai-je jamais commencer une lettre sans avoir présente à l'imagination et au cœur notre pauvre tante!... Elle aussi, cette bonne mère, elle aimait à recevoir quelques lignes de moi. Hélas! pour elle plus de lettres, et pour moi plus de ces pages si tendres, où son bon cœur s'épanchait et où je puisais tant de consolations, au milieu des privations et des ennuis qui me minent loin de vous.

Mes pensées maintenant s'élèvent vers le ciel, où j'espère qu'elles la trouveront, calme et à l'abri des chagrins qui nous accablent si souvent sur cette terre. Dieu veuille la protéger !...

Vous me voyez toujours, mon cher oncle, dans les environs d'Alger. Une fatalité impitoyable semble peser sur notre pauvre bataillon et nous retenir dans ces camps infects où nos malheureux soldats sont décimés par les maladies.

Notre service est chaque jour plus accablant, et personne ne songe à nous soulager. Voilà cinq mois que mes hommes n'ont reçu aucun effet d'habillement. Ils n'ont pour tout vêtement qu'une capote en lambeaux, et pour pantalon qu'un caleçon auquel ils ont ajouté des bas de jambes en drap rouge, pour sauver les apparences. Avec cela, ils couchent par terre, sous des tentes percées à jour. Ils n'ont pas de sacs de campement, et n'ont qu'un petit morceau de couverture, leurs couvertures ayant été coupées en deux, au moment où nous sommes entrés en campagne. L'état de ces pauvres gens fait mal au cœur. Il est triste vraiment de voir un beau bataillon comme celui que nous avions au début de l'expédition, ainsi réduit. Des soldats faits, des hommes solides, qui avaient résisté à toutes les fatigues imaginables, sont venus échouer, dans ces trous empestés, à quelques lieues d'une capitale où tout est luxe et dépravation, et où personne ne songe à eux, si ce n'est pour les pressurer, les gruger et exploiter leurs misères. Et, comme je le disais l'autre jour à Célestine, jamais un général, un intendant, un officier d'état-major, ne daignerait se déplacer pour visiter nos postes!

Les officiers d'état-major, plaie de l'armée, accapareurs de décorations et de grades, préfèrent rester à Alger, à faire belle jambe dans les cafés, les restaurants et autres lieux.

Ceux qui ont mission de parcourir l'Algérie et de rédiger des rapports sur l'état des troupes, leur casernement, etc., traversent nos possessions comme les bécasses dans leur trajet migratoire, comme les grues dans les espaces imaginaires, sans y plus voir que des taupes, et s'en retournent, emportant des mémoires in-folio qu'ils ont puisés dans leur imagination ou dans les bureaux de l'état-major d'Alger. Ils mettent cela ensuite, avec effronterie, sous les yeux du ministre, qui ne va pas vérifier les choses, bien entendu, et fait avaler à notre bonne France ce fatras de mensonges qu'elle trouve de la plus exacte vérité, parce que, dit-elle, les faits ont été constatés par M. Boislecomte, envoyé spécialement par M. le ministre de la guerre, et que

M. Boislecomte, ou tout autre pareil, ne peut pas mentir.

Il n'y a plus d'armée en Afrique. Il y a des soldats, mais d'armée point. Pas une brigade organisée, constituée, pas un régiment réuni, pas même un bataillon au complet; tout cela est jeté à droite, à gauche, sous des chefs étrangers aux corps auxquels les hommes appartiennent. Les généraux sont à Alger n'ayant pas d'emploi et n'en demandant pas. Il y a ici un général qui est tous les généraux de l'Afrique. C'est Changarnier. Y a-t-il une expédition à organiser? vite, on ramasse des fractions de tous les corps, et l'on prend mon Changarnier. — Y a-t-il une razzia à faire? — Changarnier. — S'agit-il d'établir un télégraphe dans les nuages? — encore Changarnier, toujours Changarnier! — Changarnier est donc le *Michel Morin*, le *factotum*, l'homme universel, indispensable, de toutes les affaires africaines. Du reste, il répond à la confiance qu'on a en lui : il se bat bien.

Sa réputation va toujours grandissant, et, bientôt, la terre ne sera plus assez vaste pour le contenir. Voici les opérations de ravitaillement qui vont commencer; Changarnier commande l'expédition. Il a dû traverser le col aujourd'hui, 3 octobre, car on a entendu une canonnade assez nourrie, toute la journée.

Ils auront encore un fameux pavé à arracher pour franchir cette barrière infernale où tant de Français ont péri, et qui nous coûtera encore bien du monde. Quel système, grand Dieu! que celui qu'on a adopté pour occuper ce pays! Ces horribles villes, véritables prisons, dans lesquelles on a jeté environ trois mille individus, sont autant de gouffres où disparaissent ces malheureux abandonnés. Déjà l'on sait qu'à Médéah, le général Duvivier a été obligé de faire de la gélatine avec ses bœufs qui, tous les jours, mouraient de faim.

L'officier supérieur qui commande à Milianah aura-t-il su tirer parti des carcasses des malheureux animaux desséchés par les privations de tout genre?

Nous avons appris, dans le courant d'août, par un espion, qu'au commencement du mois, deux cent quatre-vingt-neuf hommes avaient péri; qu: b: au-coup d'hommes de la légion étrangère, laissés là-bas, avaient déserté; que la garnison, réduite à un très-faible effectif, avait été obligée de construire un réduit dans l'intérieur de la ville, pour s'y réfugier en cas d'attaque. Nous ne savons plus ce qui s'est passé depuis cette époque, et je crains bien qu'on ne trouve nos malheureux soldats morts ou mourants.

A quoi servent donc ces hécatombes? et que reviendra-t-il à la France de ses millions, et du sang de ses enfants qu'elle jette, sans compter, sur cette terre de désolation?

Il y a trois ou quatre jours, une diligence faisant le trajet d'Alger à Douera (camp retranché), et de Douera à Alger, a été arrêtée par des Arabes entre Douera et Del-Hybrahim, à quatre lieues environ d'Alger; onze personnes ont été prises ou tuées. M. Massot, adjudant sous-intendant, le frère de celui que nous avons eu au régiment, a été enlevé, mis en croupe et tué à peu de distance de l'endroit où la voiture avait été attaquée. Son cadavre a été retrouvé quelques jours après. Il est à remarquer que chaque fois que ces coquins d'Arabes font une tentative quelconque, elle réussit toujours. Après cela, nous le ferions exprès pour nous faire pincer que nous ne réussirions pas mieux. Nous sommes bêtes comme des pots!

On sait que les Arabes sont partout, qu'ils épient tous nos mouvements; malgré cela, on s'acharne à mettre toujours aux mêmes heures les départs des convois, des escortes, des détachements et des voitures publiques, au lieu de varier les heures de départ, ce qui embarrasserait beaucoup les Arabes, qui ne peuvent rester trop longtemps en position sans être aperçus par nous.

Il y a dix ans qu'on se laisse aller à faire les mêmes bévues, avec une nonchalance dont, nous autres Français, nous sommes peut être les seuls capables. Nous n'avons pas encore de nouvelles de la colonne Changarnier, beaucoup de bruits circulent sur cette expédition. Beaucoup sont assez sinistres : c'est, du reste, l'habitude de ces honnêtes gens qui constituent ce qu'on appelle la colonie, de détruire l'armée dès qu'elle fait un mouvement. Tous ces gueux-là ne demandent que des désastres; il n'y a que cela qui leur rapporte : ce sont des troupes à renouveler, un matériel à refaire, des approvisionnements à reformer, ce qui est pour eux l'objet de brillantes spéculations. Aussi travaillent-ils, de tout leur pouvoir, à nous amener quelque ruine, à nous créer des obstacles et à augmenter la force de nos ennemis.

On a découvert à Alger, il y a quelques jours, que d'honorables négociants, des employés à la police et d'autres, entretenaient des rapports avec Abl-el-Kader, le mettaient au courant de toutes nos opérations, lui vendaient des armes, de la poudre et des munitions de tout genre. On a trouvé la piste de ces infâmes agioteurs. Eh bien! croyez-vous qu'on les ait pendus? — On s'est contenté de remplacer quelques employés de la police, et on a laissé les autres tranquilles. Il faut bien que le commerce se fasse! Pour vous donner une idée des mœurs de nos braves colons, pour lesquels nous sacrifions notre existence, voici un fait qui vous prouvera combien ces honnêtes brigands méritent tant de dévouement de notre part.

Dimanche dernier, 4 octobre, je passais dans une broussaille, à trois cents pas du camp où je suis, lorsqu'à la hauteur d'une petite maison, un homme, de fort mauvaise mine, me cria en mauvais français : « On ne passe pas ! » ou : « On ne chasse pas là ! » je ne sais trop quoi. Je continue mon chemin, sans tenir compte de l'apostrophe du malotru, et, au même instant, j'entends partir, de la maison, le bruit de deux capsules, bientôt suivi d'un coup de fusil et du sifflement d'une balle à mon oreille. Je marche droit sur la maison ; j'entends encore le bruit d'une capsule, et, à mon arrivée, je suis accueilli par un feu roulant d'injures les plus grossières, de la part de deux coquins placés derrière une fenêtre grillée d'où le coup était parti. J'avais le doigt sur la détente de mon fusil pour leur décharger mes deux coups par la figure ; mais, au moment d'appuyer, la réflexion me vint que j'allais me mettre dans mon tort, et que je perdrais tout droit de poursuivre l'affaire. Je me rendis, en toute hâte, chez le maréchal des logis de gendarmerie le plus voisin, je lui fis mon rapport, puis j'écrivis à l'intendant civil et au procureur général pour les prier de poursuivre.

On mit le grappin sur mon individu; j'espère qu'il ne se tirera pas de là sans quelques années de prison ou de galères.

Voilà, mon cher oncle, à quoi nous sommes exposés au milieu de cette population sur laquelle les journaux alignent de si belles phrases. Ce qu'il y a de très-curieux, c'est que nos gouvernants ne se sont pas réservés un petit coin de terre pour l'établissement du camp, et que l'on est obligé de louer bien cher, à ces canailles de colons, un terrain que nous avons enlevé à la baïonnette, et, comme il faut bien que le soldat puisse circuler un peu aux environs de son camp, ce sont des procès continuels. Vous voyez que ces bougres-là vont jusqu'aux coups de fusil.

Malgré toutes ces misères, je me porte toujours bien. J'ai vu tous mes camarades passer à l'hôpital; seul, je n'ai pas bronché. Dieu veuille que cela continue!

Dieu veuille aussi vous protéger, tous tant que vous êtes : sœurs, oncles, tante, frère; embrassez bien pour moi toute cette sainte famille. Adieu, mon cher oncle; je vous embrasse de tout mon cœur comme je vous aime.

TROISIÈME PARTIE
PROVINCE D'ORAN
1840-1842

A M. de Leuglay.

Oran, le 30 octobre 1840.

Mon cher de Leuglay, le bateau ne partira pas sans emporter un mot d'amitié pour vous... Je vous remercie bien du petit souvenir que vous m'avez transmis par l'intermédiaire de mon Carthaginois; adressez-m'en comme cela de temps à autre.

M. de Lamoricière, qui nous gouverne dans la province d'Oran, ne nous a pas trop donné le temps de goûter les délices de Capoue. Nous sommes arrivés le 14, et le 21 nous courions les broussailles. Nous sommes partis à deux heures de l'après-midi; nous avons marché toute la nuit, traversé la plaine de Tlélat, ainsi que les montagnes qui la bordent de l'autre côté, et, à cinq heures et demie du matin, nous tombions sur une portion de la tribu des Garabas qui a été surprise, gobée, dévalisée : neuf cent quarante-trois bœufs, trois mille moutons ou chèvres, trois cents ânes, soixante chevaux, trois mulets, vingt chameaux, force poules, beaucoup de tapis, des tentes, de l'orge, du blé, de l'argent, etc., sept femmes et quelques hommes (ceux qui n'ont pu se sauver ont été tués), je crois qu'il est difficile de faire une razzia plus complète. On ne leur a laissé que les yeux pour pleurer.

Après ce coup de main, nous avons encore marché jusqu'à deux heures de l'après-midi; nous avons bivouaqué sur les bords du Sig, et, le lendemain, nous avons repris, à quatre heures du matin, la route d'Oran, emmenant tout notre bagage et nos troupeaux. A cinq heures du soir, nous entrions dans Oran; nous avons eu quelques coups de fusil à l'arrière-garde, en revenant. Cette petite expédition a été très-bien conduite. Je crois que notre jeune général est disposé à faire d'autres courses semblables. Nous nous attendons encore à filer un de ces quatre matins. Tant mieux, c'est très-amusant.

Adieu, mon cher de Leuglay, etc.

A M. Bernard de Montagnac.

13 novembre 1840.

Mon cher oncle, il est dit que je n'aurai que de tristes nouvelles à vous apprendre de ce fatal pays. Nous avons à déplorer aujourd'hui la perte du brave colonel de Maussion. Ce digne officier a été tué, le 9 de ce mois, en chargeant contre les Arabes, à la tête d'un peloton du 2ᵉ chasseurs à cheval d'Afrique.

Depuis que M. de Lamoricière est arrivé, il nous a déjà fait faire trois expéditions, à une quinzaine de lieues d'ici : la première, le 21 octobre, pour enlever des bestiaux et tout ce que possédait une tribu ennemie; la seconde, le 2 novembre, pour vider les silos de cette même tribu, et la troisième, le 8, pour aller, sur la route de Mascara, nous emparer d'autres silos très-nombreux, où l'on a pris six cent sept sacs de blé superbe, sans compter un grand nombre de *fanèques* (la valeur à peu près d'un double décalitre) que nos douars ont enlevés sur leurs chevaux et leurs bêtes de somme.

Nos deux premières courses ont été très-calmes, mais la dernière a été un peu plus chaude.

Nous sommes partis le 8, à six heures du matin, pour aller coucher, à dix lieues d'ici, sur les bords du Tlélat : pas un Arabe ne s'est montré.

Le 9, nous avons levé le camp, à cinq heures du matin, et à neuf heures nous arrivions sur l'emplacement des silos. Nous vîmes alors les hauteurs voisines se couvrir de nombreux Arabes. A trois heures et demie, quand on eut chargé toutes les bêtes de somme disponibles et qu'on se remit en marche pour regagner le camp quitté le matin, toutes les masses arabes s'agitèrent, la fusillade s'engagea bientôt avec notre arrière-garde et nos flanqueurs, et nous ne tardâmes pas à être harcelés sur tous les points. Un instant même on put croire que les Arabes voulaient nous envelopper.

Notre flanc gauche présentant plus d'avantage à nos ennemis, ceux-ci s'y portèrent en masse et dirigèrent tous leurs efforts de ce côté.

On leur lança un peloton de cavalerie pour les arrêter; ils l'attendirent avec fermeté et le forcèrent à se replier. Alors un *Hourra!* terrible se fit entendre, et de derrière un mamelon qui les cachait, sortirent environ six cents cavaliers qui se lancèrent sur les nôtres.

Le général, voyant ce mouvement, poussa en avant un bataillon du 13e léger et se mit à la tête d'un escadron de chasseurs, pour charger l'ennemi. M. de Maussion, voulut participer aussi à cette charge, à laquelle les Arabes firent face avec un aplomb admirable.

On fut un instant pêle-mêle, et c'est dans la mêlée que le brave colonel de Maussion fut percé de deux balles et eut le bras droit fracassé d'une troisième. Son ordonnance, qui chargeait à côté de lui, fut abîmé de coups de yatagan. On eut grand'peine à sauver le corps du colonel, que les Arabes se disputaient avec acharnement.

Dans cette charge, un maréchal des logis a été tué, deux chasseurs ont disparu, un officier a reçu, sur la tempe, un coup de yatagan qui lui a ouvert l'artère temporale. Plusieurs hommes ont été blessés, ainsi que plusieurs chevaux.

Tandis que s'exécutait cette charge, deux pièces de montagne, mises en position, faisaient feu sur les masses ennemies. Les Arabes se retirèrent bientôt, et là finit notre journée. La nuit était close.

Nous avons pris beaucoup de blé et d'orge. Malheureusement nous avons perdu un homme qu'on ne remplacera jamais ici; il emporte non-seulement les regrets de l'armée, mais ceux de toute la population. Pour mon compte, cette perte m'a été bien sensible. Le brave colonel de Maussion me témoignait l'affection d'un véritable ami, et chez un homme de sa trempe, c'était un sentiment solide.

Le colonel de Maussion est mort au bivouac, deux heures après avoir été blessé. Le 11, nous l'avons enterré. Les derniers adieux à cet honnête homme furent touchants, et quelques paroles prononcées sur sa tombe par M. Crény, chef d'escadron d'état-major, firent couler bien des larmes.

Le jour où M. de Maussion a perdu la vie, je flanquais, avec une section de ma compagnie, la droite de mon régiment, et j'eus quelques coups de fusil à échanger avec les Bédouins.

Le 10, à cinq heures du matin, nous avions quitté le camp pour nous diriger sur Oran. Au jour, nous aperçûmes, de toutes parts, des masses d'Arabes beaucoup plus nombreuses que la veille. Pendant la nuit, une grande quantité de cavaliers s'étaient réunis sous les ordres de deux chefs très-influents : Ben-Tami et Boua-Medi. Ils étaient environ deux mille qui nous entourèrent de toutes parts.

Les uns, dispersés en tirailleurs, nous harcelaient en tous sens, tandis que le reste, formé sur plusieurs lignes assez compactes, se tenait à une grande distance de notre colonne.

Quelques obus leur furent lancés pour les tenir à distance, quelques charges de cavalerie furent assez bien exécutées, et la fusillade dura toute la journée.

Nous n'avons eu que quelques blessés.

Ce petit combat offrait un coup d'œil charmant. Il faisait un temps superbe, le soleil était brillant; le terrain, pas trop accidenté, laissait apercevoir tous les mouvements des deux partis. Ces nuées de cavaliers, légers comme des oiseaux, se croisant, voltigeant sur tous les points, ces *hourras,* ces coups de fusil dominés, de temps à autre, par la voix majestueuse du canon, tout cela présentait un panorama délicieux et une scène enivrante. Nous avons été ainsi escortés jusqu'à une petite lieue de notre premier blockhaus.

Il paraît que demain nous allons encore nous mettre en course. Le petit Lamoricière ne nous laisse pas beaucoup de repos, et il a raison, s'il veut avoir des troupes aguerries et faites à la fatigue pour les expéditions du printemps prochain.

Ces courses me vont parfaitement sous tous les rapports. J'y trouve une véritable jouissance, et je ne me porte jamais mieux.

On m'a flanqué sur le dos les fonctions de major aux bataillons de guerre, ce qui est encore un surcroît de besogne et de fatigue; mais je tâcherai de faire marcher de front les fonctions administratives et militaires. Il faut savoir être bon à tout dans notre métier.

J'espère, mon cher oncle, que vous vous portez bien. Dieu veuille qu'il en soit toujours ainsi! Et notre bonne famille, comment va-t-elle ? Embrassez-la bien pour moi.

Adieu, mon brave oncle; recevez avec mes embrassements les plus chauds l'assurance de mon vieil attachement pour vous, qui va toujours se solidifiant.

A M. de Leuglay.

Oran, le 1ᵉʳ février 1841.

Mon cher de Leuglay, voilà trois grands mois que j'ai quitté le rivage d'Alger, et deux misérables lettres se sont échangées entre nous, dans ce laps de temps qui me paraît déjà si long. C'est trop peu.

Que devenez-vous dans votre Alger? Comment se passent les choses et comment se déroulent nos opérations militaires ? Nous avons entendu dire que le père Bugeaud allait prendre les rênes des affaires. Tant mieux! Qu'il vienne donc enfin remonter cette machine qui s'en allait se détraquant chaque jour davantage, sous les ordres de notre vieil animal de maréchal Valée. — Vive Dieu ! — Mais, de grâce, que le père Bugeaud nous fasse guerroyer, et nous aurons beau jeu de ces messieurs les Arabes.

Aidé par des lapins comme M. de Lamoricière, il fera de la bonne besogne dans ce pays.

Vive Lamoricière! Voilà ce qui s'appelle mener la chasse avec intelligence et bonheur !

Razzias coup sur coup, réussite complète, bataillons réguliers anéantis presque en totalité, tels sont les résultats prompts et décisifs obtenus par ce jeune général qu'aucune difficulté n'arrête, qui franchit les espaces en un rien de temps, va dénicher les Arabes dans leurs repaires, à vingt-cinq lieues à la ronde, leur prend tout ce qu'ils possèdent : femmes, enfants, troupeaux, butin, etc.

Le 27 janvier, il vient encore de nous conduire à douze heures d'ici. Nous sommes partis à six heures du soir, et nous avons marché jusqu'au lendemain 28, à neuf heures du soir. Une centaine de bœufs, deux cents moutons, quelques chevaux et ânes, beaucoup de butin, ont été enlevés. Deux jolies femmes, six hommes et des enfants ont été faits prisonniers.

Je vous réponds qu'au printemps, le général aura une petite division solide, avec laquelle il pourra aller loin.

Il ne laisse pas un moment de repos aux soldats. Lorsqu'ils ne battent pas la campagne, ils piochent la terre. Les régiments, à tour de rôle, partent d'Oran pour Messerguin, à six heures et demie du matin, piochent toute la journée et rentrent à sept heures du soir. Lorsqu'ils ne sont pas à Messerguin, ils travaillent à d'autres ouvrages de fortification autour de la ville. — C'est comme cela qu'il faut mener le soldat : il n'a pas le temps de penser à son pays, son tempérament se forme, son corps se durcit à la fatigue, et les maladies n'ont plus de prise sur lui. — Pourquoi n'avons-nous pas beaucoup de généraux comme Lamoricière ?

Je vais toujours bien, les fatigues me font vivre, et la guerre m'entretient. — Dieu veuille que j'aille longtemps comme cela. — Un soldat qui n'a pas de santé est un amoureux sans... passez-moi cette grossière comparaison.

Adieu, mon cher de Leuglay; écrivez-moi quelquefois, et croyez toujours à ma franche amitié.

A M. Élizé de Montagnac.

Oran, 6 février 1841.

Mon cher ami, j'accroche au vol un petit moment pour t'écrire quelques mots. Je ne sais trop s'ils t'arriveront; les ouragans qui bouleversent la Méditerranée pourraient bien faire pirouetter mon léger papier et l'expédier aux grandes Indes. Enfin que les dieux lui soient propices, et que les vents le poussent à bon port, un peu mieux et plus vite que le pauvre père Bugeaud, qui navigue depuis je ne sais quelle époque pour rencontrer la terre d'Afrique, et n'y peut aborder. — Qu'est-il devenu ? Le navire qui le porte se serait-il perdu? Voilà ce que se demandent avec anxiété tous ceux qui voudraient voir les choses prendre une bonne marche dans ce pays! Plusieurs bâtiments se sont perdus dans le port d'Alger. — C'est une calamité !

Je te remercie, mon bon ami, de l'intérêt que tu prends à mon avenir. Mais je crains bien que toutes les peines que tu te donnes ne soient en pure perte. Mon farceur de lieutenant-colonel m'avait dit, dans le temps, qu'il m'avait porté sur le tableau d'avancement. — Je ne le lui demandais pas. — J'ai su depuis qu'il ne m'avait pas porté ; je n'ai pas été lui en demander davantage.

Il n'y a rien pour moi, va ! Ce n'est pas le siècle où ceux qui font tranquillement leur devoir obtiennent quelque chose. — Les chefs se servent de nous tant qu'ils peuvent, expriment toute notre séve, toute l'énergie, toute la vigueur dont nous sommes capables, nous mettent à toute sauce, parce qu'ils savent bien que nous ne broncherons jamais, quelle que soit la charge ; après nous avoir bien épuisés, ils nous attachent au *coucou,* comme de vieilles rosses, et disent de nous que nous ne sommes plus bons à rien.

Du reste, ce que je te conte là ne s'applique nullement à moi. — Car je n'ai pas le droit de me plaindre. — Voilà cinq ans que je suis capitaine ; il serait un peu violent que je me plaignisse ; j'ai le temps de devenir rosse. Je m'en rapporte parfaitement à nos honorables chefs, pour la délivrance du susdit brevet de rossinante, qu'ils sauront m'attribuer en temps et lieu. — En attendant, trotte, Coco ! Je n'ai pas besoin de récompense pour cela. Me ferait-on dégringoler d'un grade, dans dix ans d'ici, que je n'en accomplirais pas moins mon devoir avec toute la conscience dont le Ciel m'a doué.

Ainsi, je t'en prie, mon brave et digne garçon, ménage tes connaissances pour d'autres occasions, où tu seras bien aise de les retrouver, pour toi ou ta petite famille.

Je vais toujours bien. — Je n'ai pas besoin de te raconter les hauts faits de M. de Lamoricière. Les jour-

naux en retentissent. Ils ne sauraient trop en dire. —
Avec tout cela, le 1er de ligne est toujours à l'avant-
garde, quand on se frotte à l'arrière-garde.

Pauvre 1er de ligne ! Le général l'a pris en grippe,
parce que tout y va de travers. — Voilà qu'il nous arrive
un nouveau colonel. C'est encore une vieille défroque
qui va attraper la foire dans ce pays et qui laisse une
jeune femme en France. Quel beau merle pour faire
la guerre !

Enfoncé, mon pauvre régiment. Il a manqué les
meilleures occasions; elles ne se représenteront plus. —
Notre bataillon avait les plus belles chances possibles
dans la province d'Alger : il était commandé par un...
On s'est assis dessus.

Il y a une éternité que je n'ai reçu des nouvelles de
la famille. Les vents poussent les navires au diable, et
les petites *passantes,* qui font toujours tant de plaisir à
recevoir, courent les mers et ne reviennent pas. —
Comment va Clémence ? Comment vont tes rejetons ?
Fais-moi une bonne fricassée de museaux à tous ces
braves gens-là.

Adieu, mon cher Élizé; je n'ai pas besoin de te faire
de nouvelles protestations d'amitié.

A M. Bernard de Montagnac.

Oran, 22 mars 1841.

Voyez-vous, mon cher oncle, lorsque je reçois un
de ces petits paquets qui viennent me trouver de si

loin, tout est beau autour de moi; je sens s'éloigner cette espèce de poids qui me serre le cœur; je me reporte à votre intérieur, dont vous me faites si bien l'intéressant tableau, et j'ai un vrai moment de bonheur.

Mon Dieu! que j'envie donc le sort de ceux qui composent votre cercle de famille! Quand pourrai-je aller m'y asseoir?

Rien n'annonce que nous devions revoir la France de sitôt. Nos deux compagnies d'élite du dépôt, qui avaient quitté l'Afrique au mois d'octobre dernier, reçoivent l'ordre d'y rentrer.

Que de marches, que de contre-marches, que de choses faites, défaites, refaites, commencées, culbutées, relevées, bouleversées de nouveau!

Quelle versatilité dans la direction des affaires de ce monde, des affaires de l'Afrique surtout, où tout semble traîné par un mauvais génie!

Voilà enfin le général Bugeaud à la tête du pays. Comment s'en tirera-t-il? Quelle tâche compliquée il a sur les bras! Il aura fort à faire pour se dépêtrer de toutes les difficultés qu'a fait naître le système Valée, système dont la fausseté nous a coûté tant d'hommes et tant d'argent, et dont l'influence se fera sentir longtemps encore, quelles que soient les bonnes intentions du général Bugeaud et ses heureuses facultés.

Nous ignorons complètement les projets à venir. Jusqu'à présent, rien n'a changé de face dans la province d'Oran. — Je ne sais pas si nous recevrons de nouvelles troupes; mais si nous n'avons que la petite division répartie sur tous les points de la province, nous ne pourrons guère nous permettre d'aller bien loin.

D'un autre côté, si l'on nous envoie de nouveaux régiments de France, ce sera une nouvelle recrue pour le cimetière. Ils ne seront pas capables de grand'chose cette année, malgré toute l'activité qu'on puisse leur imprimer avant de prendre la campagne.

Il y a une chose bien positive et reconnue de tous les militaires qui servent en Afrique depuis quelque temps : c'est qu'on ne fera jamais rien dans ce pays avec des troupes de nouvelles levées.

Il faut d'anciens soldats, des hommes faits, d'un tempérament formé, et, pour avoir ces ressources-là, il faut ne conserver dans le pays que des corps spéciaux, alimentés par des volontaires des régiments de France, auxquels on fera certains avantages. — Après qu'ils se seront épuisés, pendant huit ou dix ans, dans ce pays, ils auront certes bien gagné la petite rétribution dont on les gratifiera, car les misères que le soldat éprouve ici sont inouïes.

M. de Lamoricière nous a encore fait faire une petite course le 13 mars. Nous sommes allés, à sept ou huit lieues, vider des silos, et nous avons ramené trois chevaux. — Notre petit général commence à être assez embarrassé. Il a tout rasé à vingt-cinq lieues à la ronde, il ne sait plus où aller pour trouver quelque chose.

Un de ces quatre matins, il nous conduira à Mascara. Car je ne pense pas qu'on ait la prétention de faire quoi que ce soit en Afrique sans se rendre maître de ce point important, qui doit être pris comme le centre de toutes les opérations ultérieures.

Si, au lieu d'aller nous y promener en 1836, comme des nigauds, nous nous y étions établis, les affaires de l'Algérie seraient plus avancées aujourd'hui qu'elles ne le sont.

On eût paralysé le germe de cette puissance qui commençait à grandir sous le souffle d'Abd-el-Kader, et les trois quarts des tribus qui nous sont hostiles se seraient soumises.

Mascara est pour nous le cœur de l'Afrique, et lorsqu'on veut devenir maître d'un pays, c'est au cœur qu'il faut frapper.

Occupons donc Mascara avec une bonne division qui puisse rayonner dans tous les sens, et je vous réponds que bientôt Abd-el-Kader, ses Arabes réguliers et autres ne tarderont pas à filer doux, — surtout si, comme je le suppose, on opère en même temps dans la province d'Alger et dans celle d'Oran.

Je suis prêt maintenant à battre la campagne tant qu'on voudra : moyennant cinq cent soixante francs, les officiers de ma compagnie et moi, nous nous sommes procuré un vieux mulet d'une douzaine d'années, et, avec ce respectable serviteur, nous défions toutes les famines. — Vous conviendrez, pourtant, que c'est un peu faire la guerre à ses dépens que de sortir, à chaque instant, de son misérable gousset tant de pièces de cent sols qui seraient si bien placées ailleurs. Mais mieux vaut encore avoir la tirelire vide et l'estomac garni.

Hier, mon imbécile de grenadier s'en va promener le

mulet, à quelque distance de la ville, pour lui faire brouter l'herbe fraîche. Il se fiait à son air bête et pacifique. Tout à coup notre butor, bien repu, lève la queue, exécute une pétarade sur un thème varié, et le voilà à travers champs, ravi d'une liberté dont il ne jouissait pas depuis nombre d'années, car le pauvre vieux, attaché au service d'un Juif sordide, tournait en cercle, depuis son enfance, autour d'une meule broyant, jour et nuit, du blé et de l'orge qui lui passaient sous le nez. — Enfin, après une demi-heure de course à outrance, notre rosse a fini par se bloquer dans un fossé où mon soldat lui a mis le grappin dessus. — Jugez de ma satisfaction si j'avais appris que mon baudet était allé rejoindre Abd-el-Kader !

M. de Lamoricière est parti avant-hier pour Mostaganem, où le 15ᵉ léger a eu, dernièrement, une assez belle affaire. Son colonel, M. Tampour, à la tête de cinq cents hommes, était allé, à sept ou huit lieues de Mostaganem, *razzier* une tribu. En rentrant avec sa prise, il fut assailli par des bandes de cavaliers très-nombreuses, entre autres par les cavaliers réguliers d'Abd-el-Kader. Ce colonel a tenu bon avec sa petite troupe, et a fait subir à l'ennemi des pertes considérables. — A un moment, la compagnie de voltigeurs, qui soutenait l'arrière-garde, s'aperçut qu'un homme de la compagnie était au pouvoir de l'ennemi, et qu'on se préparait à lui couper la tête. Quelques voltigeurs s'élancent aussitôt au secours de leur camarade, culbutent plusieurs des cavaliers qui s'acharnent après leur victime, font prisonnier un Arabe, qui se trouve être le chef de la tribu des Congias, et qu'on vient de ramener ici, blessé d'un coup de baïonnette.

Tous ces coups de boutoir qu'on applique aux Arabes jettent parmi eux une grande démoralisation, dont la puissance d'Abd-el-Kader devra se ressentir un jour, si, toutefois, une main étrangère ne vient pas au secours de ce chef de barbares. Et qui sait même, mon Dieu! si quelques bons Français bien patriotes, mais encore plus spéculateurs, ne se joindraient pas à nos bons amis les Anglais pour augmenter nos embarras dans ce pays? — Avec mes heureuses dispositions à la philanthropie, je crois à toutes les machinations diaboliques de la part de MM. les Anglais et autres.

A propos de philanthropie, il paraît que notre philanthrope Puech est devenu d'une humeur tout à fait *ursinière*. Ne le tourmentez pas dans ses goûts, et surtout ne lui en veuillez pas. C'est ainsi que finissent tous les vieux troubadours qui ont vécu, pendant trente ans de leur vie, avec des hommes. — Prenez-le toujours pour ce qu'il est, pour un brave et digne garçon, et pour un bon ami. Ne le *canulez* donc pas pour lui faire avaler vos bons petits dîners de famille, auxquels je voudrais tant assister.

Veuillez lui exprimer tout ce que votre bon cœur vous suggérera d'amical, et donnez-lui une bonne poignée de main dans sa patte d'ours.

L'ours est herbivore, dit M. Levaillant, notre lieutenant-colonel, fils de feu monsieur son père, naturaliste de première qualité, et, au printemps, lorsque pousse l'herbe tendre, cet animal, après en avoir goûté, devient plus sociable; il se laisse aller à fréquenter les habitations, où on le reçoit avec les égards dus à un pareil personnage.

Il faut espérer que notre ours, après avoir mangé des épinards, se rapprochera un peu du monde qu'il fuit aujourd'hui. Traitez donc notre Puech par les légumes verts, si vous êtes assez heureux pour l'attraper à votre table. Je ferais peut-être bien, moi aussi, de me mettre à ce régime. Dites à Puech, mon cher oncle, que je compte sur son expérience pour savoir si M. Levaillant n'a pas menti.

Nous avons, en ce moment, une espèce de petit colonel qui nous arrive, bien ratatiné, n'entendant rien à la besogne militaire, un pauvre petit bonhomme bien doux, bien bon, bien honnête, bien philanthrope, doué de toute l'énergie dont un canard serait susceptible, un peu bossu, gratifié d'un enchifrènement perpétuel, ce qui fait qu'il est toujours pendu à un bout de nez qu'il presse avec de gros madras à carreaux bleus et blancs, six fois dans cinq minutes, exercice qui donne à ce pauvre nez une légère teinte de carmin fort agréable, au milieu d'un visage jaune comme coing, et procure à sa capote, à deux pouces au-dessous du menton, un joli vernis *tabaco-graisseux* d'aspect fort militaire.

O mon Dieu! où a-t-on encore été nous déterrer celui-là? Je crois que, sur les bords du Styx, on a trouvé une vieille peau d'andouille, qu'on l'a farcie et qu'on l'a expédiée à l'adresse du 1er de ligne. Car c'est cela, absolument cela : andouille, trente-deux fois andouille, andouille à la crème!

Il ne fallait plus que cela pour achever de décomposer notre régiment !

Je passe ma vie à me faire un mauvais sang terrible. Malheureusement pour moi, par mes fonctions de major, je peux juger des capacités des uns et des autres, de leur manière de faire, et je ne vois rien qui soit de nature à nous rassurer pour l'avenir. L'un attrape des mouches et empaille des lézards, l'autre attrape la foire et se mouche à perpétuité. Dans quelle alternative sommes-nous tombés, grand Dieu! Pauvre, pauvre 1ᵉʳ de ligne!

Voyez-vous, mon cher oncle, lorsque l'on a pour 0,25 c. d'énergie, et que l'on voit des rosses semblables attachées au timon de la charrette régimentaire, il y a de quoi se manger les poings.

Mais en voilà assez sur ce sujet. — Embrassez pour moi tous mes bons parents, oncles, frère, sœurs, tante, etc., et soyez toujours bien sûr de mon sincère attachement.

Ma lettre était déjà fermée, et je suis obligé de la décacheter pour vous apprendre que je reçois à l'instant l'avis de ma nomination dans l'ordre de la Légion d'honneur. C'est avec joie, mon brave oncle, que je vous apprends cette heureuse nouvelle, persuadé de tout le bonheur qu'elle vous causera. *Au moins cette décoration, je l'ai eue en campagne, elle est, à mon avis, beaucoup plus honorable que celle que j'aurais ramassée entre deux pavés, dans la boue des émeutes.*
— Voilà encore un pas de fait. Il faut maintenant

tâcher d'attraper le gros lot si difficile à saisir, et que le diable a accroché si haut après le mât de cocagne des rémunérations militaires.

Mostaganem, 4 juin 1841.

Mon cher oncle, j'aurais voulu vous écrire plus tôt, mais les expéditions que nous faisons depuis le 11 mars m'en ont empêché. Enfin, me voilà de retour d'une course de dix-sept jours, et je profite d'un petit moment de répit que je trouve, au milieu d'un camp poudreux, pour vous raconter nos faits et gestes.

Nous sommes partis d'Oran, le 11 mai, sous les ordres de M. de Lamoricière; le 16, nous campions devant les murs de Mostaganem; le général Bugeaud et le duc de Nemours étaient arrivés le même jour d'Alger. Le 18, toute l'armée, composée de deux divisions et augmentée d'un bataillon de zouaves, s'est mise en marche, sous les ordres du général Bugeaud. Nous faisions partie de la division du prince (1re division).

Personne ne savait quelle était notre destination : Tekedempta ou Mascara? Après quelques jours de marche, nous avons fini par savoir que le but proposé était Tekedempta.

Le 25, à onze heures du matin, nous entrions dans les gorges où se trouve cette ville qu'Abd-el-Kader avait déjà commencé à incendier. Nous avons trouvé, encore intacts, les établissements que l'émir y avait construits. — Un fort carré placé sur un mamelon, en face de la route, contenait tous les ateliers. Cette construction était simple et d'une grande solidité, les murs avaient plus d'un mètre d'épaisseur. — La mine a renversé avec beaucoup de peine cet édifice remarquable. Le reste de la ville a été sapé et incendié. Une seule mosquée fut épargnée. Elle n'était pas encore achevée.

Cette ville, qu'Abd-el-Kader croyait imprenable, a été prise sans coup férir. Elle était complétement abandonnée. Nous n'y avons trouvé que quelques chiens et quelques malheureux chats. Ces derniers ont été victimes de l'appétit des vainqueurs, qui les ont métamorphosés en gibelottes.

Le 26, à quatre heures du matin, nous quittions cette ville en ruine, laissant les flammes achever notre œuvre de destruction. Une partie de l'armée d'Abd-el-Kader, qui campait aux environs, a escorté notre arrière-garde, assez vigoureusement, pendant quelques heures. Nous avons eu quelques blessés au régiment. Ma compagnie n'a pas été engagée.

Le 30, nous campions devant Mascara, ville pleine de ruines aujourd'hui, mais qui a dû être autrefois très-considérable et très-florissante. La ville était déserte.

Le 1er juin, nous sommes partis de Mascara, et le 3, nous campions devant Mostaganem. Le 1er juin, nous avons eu un passage très-difficile, dans un défilé comme on en voit peu. L'arrière-garde a perdu soixante et onze hommes, tant tués que blessés.

Je me porte très-bien.

Lundi 7, nous repartons pour une expédition de deux jours au moins. Je vous assure que si nous ne rôtissons pas, nous serons bien heureux. — Enfin, Dieu veuille me protéger encore.

On a laissé à Mascara le 15ᵉ léger et un bataillon du 41ᵉ de ligne. Il était question d'y laisser, au prochain ravitaillement que nous allons faire, un bataillon du régiment. Je voudrais bien que ce fût le mien, car je crois que ce sera le seul point ou il y aura à faire, et puis M. de Lamoricière doit y commander.

L'expédition du général Bugeaud a été parfaitement conduite. Quelle différence avec ce vieux scélérat de maréchal Valée !

Vous devez voir à mon griffonnage combien je suis pressé. Mon colonel, qui ne peut rien faire par lui-même, est toujours sur mes talons, et c'est sur moi que pèsent toutes les affaires du régiment.

Adieu, mon brave oncle; embrassez pour moi tous nos bons parents, et croyez toujours à mon bien tendre attachement.

Mostaganem, 25 juillet 1841.

Mon bon et brave oncle, si vous voyiez dans quelle position je suis pour vous écrire, vous ririez bien. Le *derrière* dans le sable, j'ai comme table celui d'une gamelle renversée sur un petit tonneau. — Mon gribouillage vous dira du reste combien je suis gêné.

Me voilà rentré à Mostaganem, depuis le 19. J'en étais parti le 2. — Depuis le 5, nous sommes restés aux environs de Mascara, à moissonner, à récolter, à guerroyer.

Le général Bugeaud, la veille de notre départ, réunit tous les officiers de la division et nous dit : « La guerre que nous allons faire n'est plus une guerre à coups de fusil. C'est en enlevant aux Arabes les ressources que le sol leur procure, que nous pourrons en finir avec eux. Ainsi, partez donc, allez couper du blé et de l'orge. »

Nous sommes partis.

Nous avons rapporté un peu de blé, assez d'orge, pas beaucoup de paille et... la *foire*, aussi difficile à soumettre à la puissance de l'art médical, que l'Arabie empêtrée au joug des Français.

L'occupation de Mascara a paru à tout le monde un coup terrible porté à la puissance d'Abd-el-Kader. — Moi le premier, j'ai cru qu'en s'établissant solidement dans ce point formidable, qu'en *rayonnant* (terme étourdissant) dans toutes les directions, les tribus, les unes après les autres, devaient, dans l'espace de six mois de frottement à la civilisation européenne, venir apprendre à faire chez nous la fricassée de poulet... Mais va te promener, ces brigands de Bédouins n'aiment pas la cuisine française, et les voilà qui nous escortent à grands coups de fusil.

Ils nous ont seringués depuis Mascara jusqu'à Mostaganem, et sont tout prêts à nous seringuer encore si nous mettons le nez hors de nos cahutes.

Jamais je ne les ai vus si nombreux et si entreprenants. — Attaquant le jour nos arrière-gardes, la nuit nos postes avancés. Le 18, ils nous ont fusillés depuis une heure jusqu'à deux heures et demie du matin. Quelques hommes ont été tués et blessés dans le camp, malgré la précaution que nous avions prise de les faire coucher.

Pendant que nous trottions du côté de Mascara, les troupes laissées à Mostaganem se sont amusées à faire une petite expédition, pour aller recevoir la soumission d'une tribu dont le chef avait été pris il y a quelque temps. Au lieu d'une soumission, ils ont reçu des volées de balles et n'ont dû qu'à une retraite de nuit, prompte et bien silencieuse, un salut qui se trouvait rudement compromis par la présence de douze à quinze cents Kabyles et de trois à quatre mille cavaliers qui serraient de près la petite colonne, forte de seize cents hommes seulement.

Cette expédition porte le nom d'expédition de *Souk-el-Mitou*, d'une ville en ruine où les troupes ont campé et tenaient position pendant toute la journée. — C'est là qu'on attendait la fameuse soumission sur laquelle on avait compté.

Vous verrez que de cette affaire on a fait un succès !

Notre petite armée s'en va par les maladies. La majeure partie passe par son derrière. Je ne sais où l'on retrouvera des hommes pour l'expédition d'automne.

De toutes ces courses-là, je me tire toujours fort bien. — Je vais on ne peut mieux.

Nous attendons ici notre ordre de départ pour Oran. J'espère que ça ne tardera pas, car nous sommes dans un état de *délabrement complet*.

Mais voici le moment venu où il faut jeter ma

lettre à la poste; je vous écrirai plus longuement lorsque je serai casé à Oran.

Adieu, mon cher oncle; embrassez pour moi tous les nôtres, et croyez toujours à mon bien solide et bien ferme attachement.

Je n'ai pas tiré dix coups de fusil dans toutes ces expéditions que nous venons de faire. C'est comme un fait exprès!

Oran, le 12 août 1841.

Embrassons-nous, mon cher oncle, je suis chef de bataillon! Me voilà en beau chemin.

Je suis à Oran depuis le 1er août.

Je n'ai pas encore reçu ma lettre d'avis; je ne sais quand je quitterai mon pauvre 1er de ligne. Ce ne sera pas, dans tous les cas, avant que j'aie achevé le travail de l'inspection où nous entrons depuis deux jours. — J'en ai jusque par-dessus les oreilles.

Mille tendresses à toute notre excellente famille.

Allons, adieu, mon brave oncle; que je vous embrasse de tout mon cœur!

A M. de Leuglay.

Oran, le 20 août 1841.

Mon cher de Leuglay, depuis que je ne vous ai écrit, j'ai reçu la croix de la Légion d'honneur et, ces jours derniers, le grade de chef de bataillon. J'espère que voilà deux beaux fleurons que je viens d'attacher à ma couronne! Comment se fait-il donc que la fortune me soit aujourd'hui si propice?... Enfin, vive Dieu! et les honnêtes gens qui veulent bien s'intéresser à moi! Je crois, du reste, que c'est à M. de Lamoricière que je dois tout cela. Il a bien voulu me prendre sous son aile; puis-je être mieux protégé?

Je suis nommé au 61e, à Sétif; ainsi il est probable que je passerai par Alger au premier jour, à moins qu'on ne me trouve une petite place dans la province d'Oran, ce qui m'arrangerait beaucoup.

Nous nous attendons à reprendre le cours de notre expédition vers la fin de septembre. Je désire que le résultat compense un peu les difficultés qu'il y a à vaincre et les dépenses immenses qu'on est obligé de faire pour cette occupation, dépenses qui me paraissent exorbitantes, aujourd'hui surtout que je connais le pays et ses ressources.

Adieu, mon cher de Leuglay; croyez toujours à mon attachement inaltérable, quel que soit le temps qui s'écoule d'une lettre à l'autre.

A M. Bernard de Montagnac.

Oran, le 20 août 1841.

Mon cher oncle, je ne sais si j'aurai plus de temps que la dernière fois pour causer avec vous. Je suis tellement bouleversé par le travail que j'ai sur le casaquin, qu'il ne me reste pas un instant à moi.

Voilà tout justement l'inspection qui commence.

Elle me jette sur les épaules un surcroît de besogne, dont le colonel ne me décharge guère, et dont M. de la Cipière, qui arrive tout nouvellement, ne peut pas me dépêtrer. — Il a besoin, au contraire, d'une foule de choses, de pièces, de registres, d'états de toutes sortes que je suis obligé de lui fournir, ayant seul la clef de toute cette boutique. Du reste, malgré toute la peine que cela me donne, je le fais avec le plus grand plaisir pour M. de la Cipière, qui est pour moi plein de bienveillance. — C'est un brave homme, qui n'aime pas beaucoup l'espèce humaine, mais se rappelle toujours la famille avec bonheur; il m'en parle souvent et me charge de mille choses affectueuses pour vous.

Je voudrais, pour le 1er de ligne, qu'il prît les rênes des affaires. Elles seraient mieux entre ses mains qu'entre les mains débiles de notre colonel, qui ne l'est réellement que de nom.

Je suis encore au 1er de ligne pour quelque temps. Je ne veux pas abandonner le régiment avant d'avoir coulé à fond tous les travaux d'inspection générale et d'avoir débarrassé mes deux chefs de tout ce qui pourrait les arrêter dans la direction de leur machine régimentaire. — Il faut aussi que je mette au courant le capitaine qui me remplacera, de sorte que je ne pense guère pouvoir quitter avant quinze jours d'ici.

Quoique je n'aie plus, dans ce pauvre régiment, grand monde qui m'intéresse beaucoup, à part le père Georges pourtant, je m'éloignerai à regret de cette famille, où je vis depuis vingt ans.

Dernièrement, j'ai été voir M. de Lamoricière pour

le remercier, comme il convenait, de tout l'intérêt qu'il me porte. Il m'a dit qu'il ferait tout son possible auprès du gouverneur pour me conserver dans la province d'Oran, et qu'il me donnerait, lors des expéditions de septembre, le commandement d'un bataillon d'élite. Cette position serait superbe, n'est-ce pas? Je doute que le général puisse réussir.

J'ai su aussi que je pourrais être placé immédiatement, comme major, dans les zouaves. Il paraît que si je voulais accepter cet emploi, cela ne ferait pas un pli. — Mais une foule de considérations m'arrêtent. D'abord, quoique l'on ne fasse pas long feu dans ces corps spéciaux, il m'ennuierait d'être fourré, pour trop longtemps peut-être, dans les paperasses. Puis, en arrivant à la tête de cette administration un peu problématique, il me faudrait remonter le tournebroche de manière à engrener tous les rouages et à donner à leur marche un certain ensemble.

Sans le vouloir, je heurterais Pierre, je froisserais Paul. Comme je ne comprends pas le désordre en matière d'administration, les mesures que j'adopterais me mettraient tout le monde à dos.

Ensuite, en supposant que la barque navigue avec calme, je passerais toujours, moi, paperassier, chiffonnier, après les guerriers qui suivront le chef à la guerre, et, de plus, je serais le bouc d'Israël sur lequel tomberaient toutes les calamités, si, malheureusement, à la suite d'une longue expédition, je n'avais pas, en bon major, trouvé à M. le colonel un logement digne de *Sa Hautesse*.

Les plumitifs sont toujours coulés, dans notre monde militaire où l'on ne sait pas apprécier les services qu'ils rendent. — Ainsi donc, au diable contrôles et matricules! enfourchons le palefroi de bataille et volons aux combats! Oh! s'il s'agissait d'une petite place de chef de bataillon dans les zouaves, à la bonne heure!

Enfin, j'attends, tout en piochant à la boutique du 1er de ligne, et je laisse à M. de Lamoricière le soin de mon avenir, puisqu'il a bien voulu s'en charger.

Aujourd'hui, le colonel m'a montré une petite lettre de S. A. R. Mgr le duc de Nemours, que je suis bien aise de vous faire connaître, et que vous pourrez garder dans nos archives de famille. — Vous verrez que, malgré tout, on veut bien encore s'intéresser à moi en haut lieu.

Mon colonel,

S. A. R. Mgr le duc de Nemours me charge d'avoir l'honneur de vous prévenir que M. le capitaine de Montagnac, en faveur duquel vous lui avez écrit, vient d'être nommé chef de bataillon au 61e de ligne. Son Altesse Royale désire que vous informiez M. de Montagnac qu'elle a vu cette nomination avec un grand plaisir.

L'officier d'ordonnance de S. A. R. le duc de Nemours,

Borel de Brevizel.

Cette lettre est très-honorable pour moi, et j'en suis très-fier. — Enfin, je trouve une foule d'honnêtes gens qui me veulent du bien. Aurai-je assez d'un seul cœur pour leur en témoigner toute ma reconnaissance?

Après tant de bienveillance de la part de Mgr le duc de Nemours, j'ai cru devoir lui exprimer mes remercîments, et je lui ai adressé quelques lignes qui partiront en même temps que cette lettre.

Et vous, mon cher oncle, comment allez-vous? Toutes ces bonnes nouvelles qui me concernent vous causent une foule de satisfactions que je vois d'ici et dont je jouis de tout mon cœur. J'espère, mon cher oncle, que ce ne seront pas les dernières que je vous procurerai.

Embrassez bien pour moi toute notre bonne famille, depuis le premier jusqu'au dernier, et vous, mon cher oncle, soyez bien pénétré de mon inaltérable attachement.

A. M. de Leuglay.

Oran, 27 août 1841.

Mon cher de Leuglay... J'étais convaincu d'avance de tout le plaisir que vous ferait ma nomination au grade de chef de bataillon, car je sais l'attachement franc et solide que vous voulez bien me porter, attachement qui, soyez-en persuadé, vaut, pour moi, tout les honneurs possibles, et où je puiserai une partie des satisfactions de ma vie.....

Je m'estimerais très-heureux de rester dans cette province. Sous les yeux de M. de Lamoricière et au milieu des événements qui vont sans doute se dérouler dans cette partie de l'Afrique, j'aurais quelques chances que je ne trouverais pas ailleurs. Enfin, le sort décidera.....

A l'instant, je reçois les deux paires d'épaulettes et l'épée que vous m'avez envoyées. Je vous remercie de votre exactitude et vous fais mon compliment de votre bon goût.

Peut-être ne le savez-vous pas, je suis un peu superstitieux, et je vois, dans les choses qui paraissent souvent très-insignifiantes aux autres, certains pronostics fastes ou néfastes qui me redisent, comme autant d'échos surnaturels, les événements heureux, les peines et les chagrins dont ma vie a été semée, ou me font présager, pour l'avenir, quelque réussite ou quelque malheur.

Ainsi, mon cher de Leuglay, la décoration que j'ai reçue, il y a quelque temps, m'a été attachée sur la poitrine par mon lieutenant, homme que j'affectionne et qui a une belle âme. — Cette décoration, me suis-je dit, placée par une main semblable, doit briller plus tard de quelque éclat.

Ma nomination de chef de bataillon m'a été annoncée par un brave capitaine du 41e, ancien camarade d'école que j'estime beaucoup.

Bon augure!

Et vous, mon cher de Leuglay, vous m'armez d'une longue épée et des insignes du grade. N'est-ce pas la main de Dieu qui m'ouvre les portes de l'avenir à deux battants?...

Toutes ces idées-là peuvent avoir un caractère de niaiserie aux yeux de bien des gens... Pour moi, en dût-on rire, elles ont une portée céleste.

Au moment où je termine cette phrase, je reçois un paquet de la division où je trouve un ordre de M. le gouverneur, m'autorisant à rester à la suite jusqu'après l'inspection générale de mon régiment. — Serait-ce déjà la promesse de M. de Lamoricière qui commencerait à se réaliser? — Bravo! si cela peut arriver à bonne fin et si je puis accrocher un bataillon dans cette province.

Amitié pour toujours.

A M. Bernard de Montagnac.

Mostaganem, 20 septembre 1841.

Mon cher oncle, c'est encore le derrière dans le sable de Mostaganem que je vous écris ces quelques mots.

L'inspection générale terminée, M. de Lamoricière, qui désirait me garder avec lui, m'a fait la galanterie de me donner le commandement d'un bataillon, composé de grenadiers et de voltigeurs réunis.

C'est donc avec ce bataillon d'élite que je ferai les expéditions qui vont commencer.

Ce commandement est beau. Il serait difficile d'en avoir un plus brillant, mais il n'est pas sans difficultés. Car vous comprendrez qu'il est assez difficile de donner à un corps composé de parties hétérogènes cet ensemble, cette unité qu'il est si important de former pour obtenir quelques résultats en guerre.

Ces différentes portions de corps ne sont réunies que momentanément et n'ont pas le temps de se fondre, de sorte que, en résumé, ces corps ont plus d'apparence que de fond. Cependant, je tâcherai d'en tirer quelque chose, mais ce ne sera pas sans peine. Je me trouve placé sous les ordres du fameux colonel Renaud, qui commande les deux bataillons d'élite de la division. — Je ne sais trop comment nous nous entendrons ensemble. — C'est une tête en l'air, sens dessus dessous, qui ne doit pas être commode à vivre. — J'aurai là une nouvelle étude à faire. — Les expéditions terminées, il est probable que je rejoindrai mon régiment.

Dans tous les cas, mon cher oncle, si je me trouve aujourd'hui dans cette situation, ne croyez pas que j'aie fait pour cela la moindre démarche. — On a voulu de moi. Je me suis laissé faire. — Qu'on continue à disposer de ma personne, jamais je ne dirai non. — Il y a beaucoup de choses qui m'étonnent, pour moi, et dont je vous parlerai plus tard. — Plaise à Dieu que tout le bien qu'on me veut réussisse!

Je vais guerroyer, pendant quelque temps, dans cette province. — C'est demain que la première colonne se met en marche. — Nous marchons cette fois sur deux colonnes. — La deuxième, dont je fais partie, dite *colonne de ravitaillement*, part, après-demain 22, pour Mascara; elle est commandée par le général Lamoricière. Le général Bugeaud commande la première, dite *colonne politique*.

Nous aurons de la peine et des privations, je vous en réponds; mais qu'est-ce que cela, si je continue toujours à me bien porter?

Adieu, mon cher oncle; embrassez pour moi toute notre bonne famille, et croyez toujours à mon inébranlable attachement.

A M. Élizé de Montagnac.

Mostaganem, 20 septembre 1841.

Mon cher frère, je suis encore dans la province d'Oran, me préparant, comme tu le sais, à guerroyer, pendant quelques mois, à la tête de mon bataillon d'élite.

Investi, tout d'un coup, d'un commandement pareil, au moment où je viens d'être nommé chef de bataillon, c'est trop beau. Aussi, crois-le bien, tous mes efforts tendront à justifier le choix qu'on a fait de moi.

J'ai déjà conduit mon bataillon à Mostaganem, et il n'a pas trop mal marché. Seulement j'ai eu un guignon terrible : j'avais été forcé, naturellement, d'acheter un cheval, un beau et bon petit cheval alezan, de cinq ans, que j'avais payé six cents francs. Je pars d'Oran, monté sur mon petit animal plein d'ardeur, brillant, fringant, charmant sous tous les rapports. D'arrière-garde, le premier jour, avec mon bataillon, j'ai un service de tous les diables à faire. Il faut galoper, trotter, dans tous les sens, et voilà, dès le deuxième jour, mon pauvre petit cheval blessé sur les rognons, avec une bosse grosse comme le poing et hors d'état d'être monté.

En arrivant à Mostaganem, il me faut, pour ne pas être à pied, me procurer un second cheval : huit ans, cinq cents francs, aussi bon et aussi beau que l'autre. Mais, en somme, c'est onze cents francs que je crache, sans boire ni manger. Je trouve cela dur; c'est un sacré trou que je viens de faire à la lune.

Il faut, mon pauvre garçon, que tu m'aides un peu dans cette dernière circonstance. J'ai acheté mon dernier cheval à un chef de bataillon du 8e tirailleurs, qui part pour la France et se rend en congé de convalescence à Phalsbourg.

Il m'a cédé son cheval à crédit, attendu que je n'avais pas le premier sou pour le payer. Je te prierais de vouloir bien lui faire parvenir les cinq cents francs en question à l'adresse suivante : M. Uhrich, chef de bataillon, commandant le 8e bataillon de chasseurs à pied, chez son père, à Phalsbourg. Comme ce sont des dettes d'honneur en quelque sorte sacrées, je ne veux pas laisser traîner cela. — Je te renverrai cette somme par portions, tous les mois, et j'espère que dans deux mois au plus tard je serai quitte avec toi; mais tu auras encore ajouté un nouveau service à tous ceux que tu m'as rendus déjà.

Maintenant, Dieu veuille qu'il n'arrive pas de nouveaux accidents à ces deux coquins de chevaux. — Je t'assure que je suis joliment monté et brillamment monté. Je voudrais que tu visses ces deux polissons d'arabes, l'un alezan clair, l'autre alezan brûlé; je te réponds qu'ils n'ont pas l'air de chevaux de marchands de cerises.

Quoique je ne sois pas cavalier, j'ai pris à cheval un aplomb qui étonne tous les troubadours de la 1ʳᵉ demi-brigade. — Au fond, ils n'avaient pas, je le crois, grande confiance dans mes talents en équitation et me voyaient déjà franchissant l'espace par-dessus les oreilles de ma monture. — Ils se sont trompés. J'ai même reçu des compliments sur ma façon de manier mon animal. Je ne doute pas qu'à la fin de la campagne, je ne sois crâne comme la soupe et le bouilli.

Que les bonnes tantes et les petites sœurs ne se tourmentent donc pas de me voir perché sur un pur sang. Quoique je n'aie pas reçu beaucoup de leçons, je ne les ai pas oubliées, et j'ai une certaine souplesse dans les articulations qui me permet de suivre assez facilement les mouvements les plus difficiles.

Comment se porte toute la famille? Embrasse-la bien pour moi. Adieu, mon bon ami; je pars demain 22 pour la guerre. Vive la joie! et tout à toi pour la vie.

A M. de Leuglay.

6 novembre 1841.

Mon cher de Leuglay, ce n'est qu'à mon retour de Mascara que j'ai pu recevoir votre lettre du 14 septembre. Depuis le 4 octobre, nous tournons le dos à Mostaganem, nous jetant dans les montagnes, à trente lieues de Mascara, poursuivant, rasant les tribus, ramassant des grains et des bestiaux, augmentant nos approvisionnements et répandant la terreur chez les Arabes que nous pourchassons dans leurs retraites les plus éloignées, là où il semblait que l'œil du chrétien ne dût jamais pénétrer.

C'est donc aujourd'hui seulement que j'ai pu saisir votre bonne lettre. Je l'ai dévorée avec joie, comme tout ce qui vient de votre grand cœur. Votre horoscope, mon cher ami, s'en va toujours se réalisant, et la gloire m'apporte ses faveurs, déesse enchanteresse qui m'enivre, plus j'avance dans la carrière.

Comme j'ai dû vous le dire, j'ai suivi les dernières expéditions à la tête de mon beau bataillon d'élite, qui a fait son devoir en maintes occasions. Je rentre avec lui à Mostaganem, et dans dix jours je repars pour Mascara, accompagnant le général Lamoricière qui y conduit une colonne de six mille hommes destinée à opérer jusqu'au printemps.

Jamais je n'ai rêvé position plus belle! Sous les ordres de mon bienfaiteur, le brave Lamoricière, l'étoile de l'avenir brillera encore pour moi, je l'espère.

Nous avons tenu la campagne pendant trente et un jours. Partis le 4 octobre, rentrés le 5, nous n'avons cessé de rayonner, aux environs de Mascara, à trente lieues à la ronde. Razzias, attaque contre les tribus, soumissions, rencontres avec les réguliers d'Abd-el-Kader, avantages réels, immédiats, brillantes espérances pour l'avenir de cette question d'Afrique qui s'était si compliquée depuis dix ans, approvisionnement de Mascara au moyen du blé et de l'orge pris dans les nombreux silos que nous n'avons cessé de découvrir, etc. Tels sont les résultats de notre longue expédition. Gloire au général Bugeaud! Gloire au brave Lamoricière! Les affaires sont en bon chemin, et six mois d'occupation autour de Mascara achèveront, je n'en doute pas, l'œuvre si largement ébauchée par notre gouverneur.

Recevez, mon cher de Leuglay, une bonne poignée de main bien franche, bien amicale, et croyez à mon attachement sans bornes.

A M. Bernard de Montagnac.

Oran, le 9 novembre 1841.

Mon cher oncle, je suis en ce moment à Oran, où je viens faire quelques emplettes, pour pouvoir exister pendant les trois ou quatre mois que je vais passer à Mascara avec mon bataillon d'élite, et je profite d'un petit moment qui me reste, pour jaser avec vous des affaires de notre monde d'Afrique.

Partis le 4 octobre de Mostaganem, comme vous l'avez vu par ma lettre du même mois, nous sommes restés en course jusqu'au 5 novembre; c'est donc trente-deux jours que nous avons passés loin de notre rivage ordinaire. Nous n'avons cessé, pendant ce temps, de manœuvrer dans toutes les directions. Saïda s'est écroulée sous nos coups; cette enceinte où Abd-el-Kader renfermait une grande partie de ses provisions, de ses munitions, contenait, dans son intérieur, quelques constructions insignifiantes et quelques baraques pour un petit nombre d'habitants. A un des angles de cette enceinte, était une habitation d'un goût exquis, dans le style arabe, décorée de moulures en plâtre parfaitement dessinées, de bas-reliefs en marbre très-bien sculptés, de jolies galeries soutenues par plusieurs rangs de colonnes ; portes et fenêtres à ogives, dalles en marbre blanc, etc., etc. ; une véritable bonbonnière. C'était là que l'émir venait se reposer des fatigues de la guerre, et jouir d'un repos qui lui permettait de caresser mollement toutes ses grandes idées d'avenir.

Tout a été la proie des flammes que lui-même avait allumées avant notre arrivée. L'enceinte, dont le mur était d'un mètre quatre-vingts d'épaisseur, a été sapée à force de pétards qui ont trouvé une résistance que nos constructions les plus solides n'offriraient peut-être pas. Toujours des destructions ! — Triste pensée, lorsque l'on songe avec quel peu de ressources cet homme éminemment remarquable avait formé de pareils établissements !

Nous sommes partis de là, la nuit du 24 octobre, pour chercher une tribu. A la pointe du jour, nous arrivions sur ses derrières, et on lui enlevait quelques centaines de bestiaux, avec une trentaine d'individus, femmes, hommes et enfants. La pluie nous surprit dans ces gorges, et le froid le plus intense nous saisit; jamais je n'ai eu aussi froid en Afrique. Ce temps glacial nous a duré près de huit jours, ce qui a empêché le gouverneur de tenir plus longtemps la campagne. Dans tous les cas, nous avons quelques tribus qui ont fait leur soumission, malgré le glaive d'Abd-el-Kader toujours suspendu sur leur tête.

Rentrés à Mostaganem le 5 novembre, nous devons y rester huit ou dix jours pour nous refaire, nous vêtir et nous ravitailler. De là, partira une division de six mille hommes qui ira s'établir à Mascara, sous les ordres de M. de Lamoricière. Mon bataillon en fait partie; jugez de ma joie. Cette position est pour moi la plus avantageuse possible.

Pardonnez-moi, mon cher oncle, d'éprouver une certaine satisfaction à aller m'établir, pendant trois ou quatre mois, à Mascara, et de me résigner, pendant ce temps, à ne pas recevoir de vous tous l'ombre d'une nouvelle; mais il y va de mon avenir, et, en songeant à moi, je m'occupe de vous. C'est pour vous que je voudrais cueillir, à la fin de ma vie, quelques lauriers, faible récompense de tout le bien que vous m'avez fait. Ne trouvez donc pas mauvais que je me jette à corps perdu dans la brillante carrière qui s'ouvre devant moi; c'est pour vous, mon brave oncle, c'est pour ces bonnes petites sœurs à qui je serais si heureux d'offrir une feuille de la palme après laquelle je cours avec l'acharnement d'un possédé. La main de Dieu s'étend sur ma destinée; laissez-moi profiter de cette haute protection pour embellir un peu mon avenir et le vôtre.

Ainsi, mon brave oncle, me voilà, pendant trois ou quatre mois, privé de vos nouvelles. Dieu veuille qu'il ne se passe aucun événement fâcheux pendant ce temps qui va s'écouler!

Je me porte on ne peut mieux. Ma cavalerie est en

parfait état, et, avec ces deux fameuses conditions, je puis affronter toutes les difficultés possibles.

J'ai vu votre grand imbécile de X..., espèce de bellâtre insignifiant qui est venu ici se couvrir d'opprobre. Cet animal arrive au moment où le colonel de son régiment passe maréchal de camp; peut-on avoir une plus belle position? Le voilà, sans avoir jamais vu brûler une amorce, à la tête d'un des meilleurs régiments d'Afrique. Mais il est bientôt jugé, et l'on tire du régiment d'Alger M. Z..., lieutenant-colonel comme lui, pour commander le ....., vu l'ineptie et la haute incapacité de M. le lieutenant-colonel X... Ce qu'il y a de très-bizarre, c'est que M. Z... est aussi nul que lui et aussi peu capable de conduire ce pauvre régiment en campagne. Voilà donc ces deux grandes cruches dirigeant ce beau et bon régiment plein de feu, composé des meilleurs éléments. Quelques occasions se présentent d'agir; ces deux imbéciles restent inactifs, et, conformément aux principes théoriques qu'ils ont puisés sur les bancs de Saumur, qui prescrivent de ne passer des allures lentes aux allures vives que graduellement, nos lapins marquent le pas ou trottent lorsqu'il faut prendre le grandissime galop de charge, et l'ennemi leur passe sous le nez ; de sorte que le malheureux régiment de chasseurs n'a rien fait dans cette campagne, grâce à ces deux emplâtres, tandis que le régiment de spahis, ramassis de chenapans, commandés par Youssouff, a eu la palme. Enfin on renvoie ces deux bougres-là chacun chez lui, l'un en France, l'autre à son poste, à Alger, et le colonel

M... vient prendre le commandement du 2ᵉ chasseurs. Et votre X... (qui n'a pas eu l'attention de me donner de vos nouvelles) emporte en quittant ce pays, où son avenir devait se dérouler brillant comme le soleil, la réputation d'un ..., réputation qu'il n'a pas volée. Quand un homme ne comprend pas mieux que lui l'honneur de commander un régiment semblable, et celui de marcher à l'ennemi, pour la première fois de sa vie, avec des hommes de cette trempe, aguerris et enrichis d'une réputation militaire largement méritée, il doit être revêtu de l'habit de chiffonnier, et avoir la queue d'un lièvre (symbole de la timidité) pendue au derrière. Le gouvernement n'a qu'à me le livrer, je me charge du costume!... — C'est ignoble!... Entre nous, tout cela.

Adieu, mon brave oncle; embrassez pour moi toute notre sainte famille; qu'elle ne se tourmente pas de ma longue absence. Dieu veille sur moi. Adieu, n'attendez pas de lettres avant le mois de février ou de mars. Je me nourrirai à Mascara de l'attachement que je ne cesserai de vous garder.

Mostaganem, 20 novembre 1841.

Mon cher oncle, votre bonne lettre est encore venue me saisir avant mon départ pour Mascara, et je ne veux pas me mettre en route sans y répondre; car qui sait quand j'aurai le bonheur de recevoir de vos nouvelles et de vous écrire? Une fois là-bas, il n'y a plus à entendre parler de communications, et la pensée seule pourra franchir l'immense distance qui va nous séparer. Nous serions déjà partis sans les obstacles innombrables qui naissent sous les pas du chef chargé d'une installation aussi longue et aussi difficile. Il est probable que cela ne tardera pas ; deux ou trois jours au plus. Le général Bedeau, qui doit prendre le commandement de Mostaganem, est arrivé ; on n'attendait que lui pour se mettre en marche ; ainsi nous allons lever l'ancre. Les chances ne tarderont pas à se dérouler en notre faveur ; j'espère donc que quelques circonstances se présenteront où je pourrai agir. J'aurais été fort contrarié, je vous le dirai franchement, de ne pas faire partie de cette division, qui, sous les ordres de M. de Lamoricière, va opérer d'une manière si active, et décider une question qui embarrassait bien du monde, et qui, depuis trois mois, a pris une tournure tout à fait favorable.

Une tribu très-puissante qui habite les bords du Chélif et les environs de Mostaganem, et qui peut mettre sur pied 2 ou 3,000 fantassins et au moins autant de cavaliers, s'est rangée de notre bord. Abd-el-Kader s'est présenté dernièrement avec une partie de ses réguliers, pour la châtier de sa défection ; il a été repoussé avec perte, on lui a tué une centaine d'hommes, et pris 80 chevaux. Ce succès a produit un effet moral très-puissant sur les deux partis. Partout les tribus sont disposées à venir à nous. Les bataillons de notre colonne qui avaient regagné Oran se sont mis aussitôt en campagne pour aller chercher une portion de la tribu des Smélas qui nous avait abandonnés dans le temps. Les tribus des environs de Mascara n'attendent que notre arrivée pour se soumettre. Je n'aurais pas supposé un tel mouvement en notre faveur, lorsqu'au début de la campagne je les voyais si acharnées. Il est vrai qu'elles ne comptaient pas non plus sur une poursuite aussi soutenue et aussi serrée. Il est fâcheux que le général Bugeaud tombe dans les mêmes abus que ses prédécesseurs, par la ridicule exagération de ses bulletins. Il en a paru un, pour ces dernières expéditions, que vous avez pu lire dans les journaux, et qui dépasse tout ce que j'ai vu jusqu'à ce jour : ça fait pitié; il y a les trois quarts, plus les trois quarts du dernier quart, à retrancher. Il est, entre autres, question d'un certain colonel *** qui a été tiré du 1er chasseurs pour commander le 2e dans le cours de ces expéditions; on cite la rapidité avec laquelle il a conduit ses mouvements de cavalerie, tandis qu'il a fait l'inverse, avec une impéritie sans exemple. Ce bulletin est gros d'absurdités d'un bout à l'autre. Cela fait suer! Malgré tout, c'est le père Bugeaud qui a réellement compris la manière de fatiguer les Arabes, et qui a su conduire ces misérables affaires d'Afrique livrées, jusqu'à ce jour, en de si mauvaises mains. Espérons qu'au printemps prochain nous vous rapporterons quelques fruits de notre installation à Mascara.

Je vous remercie, mon cher oncle, des bons conseils que vous me donnez dans votre lettre sur la manière de soigner un cheval; si j'avais suivi ces préceptes, je n'aurais pas eu un des miens blessé sur le dos, au point de ne pouvoir être monté. Veuillez, mon cher oncle, toutes les fois que vous m'écrirez, me faire un petit cours d'hippiatrique dont je profiterai, croyez-le bien. Moi, fantassin de vingt ans d'escrime sur le terre-plein de la vie, j'ai besoin, pour enfourcher le palefroi de bataille, de savoir comment il faut veiller à son entretien; c'est essentiel pour gravir franchement le pic de la gloire. Je partirai d'ici assez bien monté; mes deux chevaux sont en bon état; celui qui a reçu une balle dans le jarret est bien rétabli; il a toujours la balle dans la plaie, mais cela ne le gêne pas le moins du monde. Mon alezan, qui est parti de Mostaganem le 4 octobre, un peu blessé, a parfaitement fait toutes nos courses et va aussi très-bien. Dieu veuille, — s'il ne m'arrive pas d'accident, — qu'ils me mènent loin dans la carrière! Ce sont deux bonnes bêtes, et très-élégantes. Je me tiens assez solidement sur ces deux messieurs: malgré les temps de galop dans les rochers, dans les broussailles, dans les ravins, je ne me suis rapproché qu'une seule fois du sol; c'est en voulant piquer, avec mon épée, un coquin de chien qui me poursuivait; je me suis baissé pour l'atteindre, le pied a manqué l'étrier, et je me suis aplati sur un sable bien doux du reste; je n'ai eu que la peine de me relever. Je crois, sans trop de vanité, que je monterai tout aussi bien à cheval qu'un autre.

Les galères de Sa Majesté vont donc recruter jusque dans les Ardennes? X..., ce jeune élégant, devait finir par avoir son numéro sur la matricule de nos habillés de rouge, où figurent déjà pas mal de sémillants notaires. Je suis très-content qu'une fois dans la vie la main du destin s'appesantisse impitoyablement sur ces honnêtes gens, qui croient qu'avec de l'argent, et sous le manteau d'une opulence factice, on a le droit d'étouffer toutes les infamies possibles.

Mon cher oncle, je trouve, comme vous, que je suis dans une très-belle position pour le moment, et je crois que je franchirai assez promptement la distance qui me sépare du grade de colonel; mais, pour cela, il faut que je reste en Afrique; c'est là seulement, sous les yeux de M. de Lamoricière, que je pourrai arriver. Il faut que je me condamne à n'aller vous voir que de loin en loin, je trouverai plus tard le dédommagement à ce sacrifice, en offrant à ma famille une position honorable; je n'ai d'autre but que celui-là. Dieu veuille m'aider à vaincre toutes les difficultés dont la route est semée! Je partirai d'ici avec un beau bataillon de 500 hommes, bien ficelé, bien organisé, et avec lequel on pourra faire de la vraie besogne.

Veuillez offrir à toutes les personnes qui s'intéressent à moi le témoignage de ma reconnaissance : au commandant Marlet, à M. Édouard de Failly et autres. Lorsque vous aurez occasion d'écrire à madame de Lascours, glissez pour moi un petit paragraphe à part, où vous lui exprimerez combien je suis sensible à l'intérêt qu'elle veut bien prendre à ce qui m'arrive d'heureux.

Et notre famille, comment va-t-elle? nos sœurs, oncles, tantes, etc.? Embrassez bien pour moi tous ces bons parents.

Je ne savais pas que le père Maillet, notre ancien trésorier, était major dans le 11ᵉ léger; c'est un brave garçon que je vous prie d'accueillir, et qui sera bien content de faire la connaissance de toute la famille. Ne m'oubliez pas auprès de lui, lorsque vous le verrez; donnez-lui une bonne poignée de main. Et Puech, que devient-il ? ce brave Puech! faites-lui mes amitiés, qu'il soit bien convaincu que je ne l'oublie pas.

Adieu, mon cher oncle, etc. . . . .

Adressez-moi toujours vos lettres à Mostaganem, 2ᵉ bataillon d'élite.

A M. Élizé de Montagnac.

Mostaganem, 25 novembre 1841.

Mon brave frère, si je quittais les rivages de la province d'Oran sans te dire quelques mots d'amitié, avant de m'enterrer pour trois ou quatre mois dans les environs de Mascara, je m'en voudrais, et je sentirais les soucis de l'absence s'augmenter d'autant.

Je vais donc, au premier jour, reprendre, pour la sixième fois, la fameuse route de Mascara. Grand convoi, préparatifs immenses, transports de moulins, de matériaux de toutes les façons, de graines, de charrues, etc., installation vigoureuse pour trois ou quatre mois. On labourera, on sèmera, on cultivera, on bâtira, on fortifiera, on tuera, on rasera, on pillera, on dévalisera, on videra les silos, on fera des beys de toutes les couleurs, des rouges, des bleus, des verts;

les tribus accourront avec leurs femmes, leurs enfants, leurs chameaux, leurs chèvres, leurs moutons, leurs bœufs, leurs poules, leurs chiens : voilà des succès, voilà de brillants résultats ! la France en retentira, et Abd-el-Kader en rira jaune. Plaisanterie à part, ce séjour que nous allons faire à Mascara, et que nous allons employer très-activement, produira son effet, j'en suis persuadé : des tribus, aujourd'hui chancelantes, viendront à nous; de tous les côtés on parle de défections. — Ces jours-ci, le général Levasseur, avec sa petite division d'Oran, est allé chercher, à vingt-cinq lieues, la tribu des Smélas, qui est venue à Oran avec 400 cavaliers, 200 chameaux, des femmes et des bêtes de toutes les couleurs. Jamais les affaires d'Afrique n'ont été aussi avancées, et, grâce à l'opiniâtreté du père Bugeaud, elles sont en bon chemin. A lui le pompon; seulement qu'il se dispense de mentir, dans ses pompeux bulletins qui font pitié. Je ne comprends pas que ce vieux Bugeaud, avec son bon sens, son jugement parfait des choses de la guerre, sa vieille habitude des hommes et des grands événements militaires, soit assez faible pour tomber dans ce pathos digne de quelques mauvais officiers d'état-major, tels que MM. X... ou Z... et autres pantins de la sorte. Ce vieux père Bugeaud, qui a grandi sous les fastes de l'Empire, va aussi rouler dans ces mesquines charlataneries, ça fait peine. Tu as dû voir, dans les journaux, son rapport sur les dernières expéditions que nous venons de faire; c'est à mourir de rire. Le fond est vrai, mais les détails et les citations sont aux trois quarts faux; il y a les 99 centièmes à retrancher.

Me voilà encore remis sur le chantier pour quelque temps; vivent la joie et les coups de fusil ! je n'aurais pas voulu, pour tout au monde, recevoir du ministre de la guerre l'ordre incongru de reprendre ma direction pour le 61°. Le père Lamoricière me garde ici, bon gré, mal gré, et m'a donné un beau bataillon de grenadiers et de voltigeurs réunis; avec cela, vois-tu, on passe tous les Rubicons du monde, et l'on franchit l'Atlas comme l'aigle au vol rapide. Le père Lamoricière se charge de mon avenir, je le lui abandonne; qu'il en dispose à son gré ! J'ai du sang dans les veines, une machine bien trempée, deux bons chevaux, l'amour de la guerre, c'est-à-dire tout ce qu'il faut pour galoper franchement vers l'avenir. Ne trouves-tu pas que l'étoile commence à pas mal briller au-dessus de mon horizon? Eh bien! si j'étais en France, je serais encore, moi, pauvre capitaine, à apprendre à de malheureux conscrits la position du premier rang. L'Afrique est bonne à quelque chose, vois-tu, quand ce ne serait qu'à pousser quelques honnêtes gens. A propos de pousser, comment pousse ta progéniture? la voilà qui grandit, qui vieillit loin de moi; ces bougres-là sont capables de faire de moi un grand-papa, lorsque je les verrai; embrasse ce tas de mioches que j'aime bien, quoique je ne les connaisse pas. S'ils me voyaient avec mon costume de flambard, avec un grand fez à la turque, surmonté d'un grand gland qui me tombe jusque dans le milieu du dos, et là-dessous une figure de Cosaque, ils riraient bien, va, tes deux moutards, ou ils se sauveraient.

Et Clémence, comment va-t-elle ? embrasse-la bien pour moi ; quoique je ne lui écrive pas souvent, elle doit bien savoir qu'il y a pour elle une bonne place dans mes affections.

Adieu, mon brave Élizé ; je t'embrasse avec toute l'affection que tu me connais.

A M. Bernard de Montagnac.

Mascara, 9 janvier 1842.

Mon cher oncle, dans les derniers jours de décembre j'avais profité du départ d'un de nos espions pour vous expédier une petite missive large comme la sixième partie d'une carte, dans laquelle je vous donnais quelques détails sur ma position à Mascara et sur notre nouvelle installation dans cette grande cité déserte, en ruine. Le courrier chargé de ce léger paquet a été pris dans le trajet de Mascara à Mostaganem, et ma pauvre petite lettre, que j'avais eu tant de plaisir à vous écrire, que j'aurais été si heureux de voir en votre possession, est pour le moment entre les mains de notre infatigable Abd-el-Kader, qui, malgré les violents échecs qu'il reçoit sans cesse, tient toujours la campagne. Une autre occasion se présente, j'en profite avec joie et avec tout l'empressement d'un frénétique, pour vous donner de mes nouvelles, dont, je suis sûr, vous devez avide comme moi des vôtres.

Depuis le 1ᵉʳ décembre que nous sommes à Mascara,

nous avons fait d'immense besogne. Tandis que, de ce côté, le général de Lamoricière réduit tout le pays, le général Bedeau, du côté de Mostaganem, soumet la tribu des Bordjias, des Béni-Chougaran, des Sidi-Daho et autres; du côté d'Oran, le père Mustapha installe un nouveau sultan dans l'ouest; enfin, en même temps que notre question d'existence se décide, notre question politique prend une tournure tout à fait avantageuse. En résumé, l'armée est en parfait état à Mascara, son moral est solide, et sa santé excellente. Sur trois jours nous avons deux jours de pain, tous les jours une ration de sucre et de café; les jours de mauvais temps, une ration d'eau-de-vie. Tout marche à merveille, excepté le temps qui continue à nous contrarier beaucoup dans nos opérations. Je me trouve, quant à la température, transplanté en ce moment dans nos Ardennes : depuis huit jours la neige tombe à gros flocons (un pied de neige partout), il gèle à pierre fendre; en un mot, c'est notre hiver ardennais. Ce souvenir me serait un peu plus agréable, s'il ne me pinçait pas tant le bout des doigts et les pieds. Logé dans une grande chambre sans porte, le froid me talonne légèrement; j'ai pourtant, dans ce moment, entre les jambes, une espèce de feu, qui me permet de remuer les doigts pour vous écrire, tout en m'enfumant comme un jambon, car ce feu est dans le milieu de ma chambre et m'enveloppe d'un épais nuage. C'est égal, je me porte parfaitement, mes chevaux aussi. Mon pauvre vieux qui a reçu jadis une balle est parfaitement guéri; mais j'ai un guignon accablant : ma selle ne vaut pas le diable, et, malgré toutes les précautions que je puis prendre, elle blesse toujours mes chevaux. Il y en a un que je ne puis plus monter, cette selle étant trop petite, trop étroite pour lui. J'ai été prévenu tellement à la hâte, avant de partir d'Oran, que je n'ai pu organiser mon harnachement convenablement. Je suis peut-être un des officiers les mieux montés, et c'est à peine si je puis me servir de mes chevaux.

Vous, mes braves parents, comment allez-vous? Cette réponse, quand pourrai-je l'avoir ? Notre séjour à Mascara va, sans doute, se prolonger encore longtemps, pour en finir avec tous ces Arabes. Je pense qu'à la fin de l'année 1842, tout sera bien avancé, et qu'alors je pourrai aller vous embrasser.

Nous avons eu quelques engagements assez sérieux, presque toutes les fois que nous avons été aux silos; trois fois je me suis trouvé à même d'agir avec mon bataillon, et j'ai reçu des éloges du général; entre autres, la veille de notre arrivée a Mascara, le 30 novembre, où nous avons fait un retour offensif sur de nombreux cavaliers et fantassins qui nous harcelaient depuis le matin, et où mon bataillon a pas mal donné de l'avant; je n'étais pas le dernier, comme vous pouvez le penser. Enfin, j'espère que je n'aurai pas perdu mon temps en venant passer ici quelques mois. L'air de la guerre fait du bien à respirer et dilate les âmes vigoureusement trempées. Je suis, du reste, très-heureux d'avoir suivi le général Lamoricière pour mon apprentissage militaire. On apprend bien des choses avec des hommes semblables. Lamoricière doit avoir une belle page dans les fastes de notre guerre d'Afrique. Il a résolu le grand problème contre lequel tant d'intelligences sont venues échouer (de faire vivre nos soldats, en Afrique, sans avoir besoin de ces immenses convois d'approvisionnements de tout genre). Le blé nourrit l'Arabe, s'est-il dit, pourquoi ne nourrirait-il pas nos soldats? L'épreuve a réussi; nos soldats sont bien nourris et se portent à merveille. — Vive le brave Lamoricière!...

Nous attendons avec impatience le beau temps pour recommencer nos excursions, et poursuivre la grande tribu des Hachems, qui ne veut pas entendre raison.

Maintenant, cher oncle, revenons à vous : comme, un de ces jours, nous allons recevoir un convoi de Mostaganem, adressez-moi à Mascara quelques lettres qui me seront apportées la première fois que nous aurons des rapports avec la division de Mostaganem. Avec quel bonheur je les dévorerai, ces bonnes lettres! Embrassez pour moi mes chères petites sœurs, oncle, tante, Élizé, sa femme et sa petite famille; enfin ne m'oubliez pas auprès de tous les excellents parents et amis qui veulent bien s'intéresser à moi. Dites à Élizé que son cheval est beau et flambant.

Adieu, mon brave oncle; recevez tous mes vœux pour cette nouvelle année qui vient s'asseoir sur notre pauvre chef dégarni. Encore un pas de plus, qui nous éloigne du rivage de la vie!

Demain 10, à six heures du matin, malgré la neige,

la gelée et toutes les intempéries, nous nous mettrons en route.

Mascara, 19 décembre 1841 — 2 février 1842 [1].

Nous sommes au 19 décembre; le vent souffle, la pluie fouette sur ma terrasse ébranlée; seul, sous ma masure sans porte ni fenêtre, en présence d'une malheureuse chandelle que l'air fait fondre d'un côté, je me nourris de cette pensée consolante, loin de tout ce qui m'est cher au monde : vous, vous, toujours vous; — et ma plume glisse avec bonheur sur ce papier pour vous adresser quelques expressions de tendresse et de souvenir. Où trouver des satisfactions, au milieu du vide dans lequel mon existence se déroule, si ce n'est au fond de mon cœur, où je vous retrouve tous, et où chacun de vous a sa petite niche, comme autant de saints que je passe ma vie à adorer? Salut donc, mon brave oncle; salut, mes excellents parents! Du fond des ruines de notre pauvre cité, puisse ma voix aller jusqu'à vous; recevez toutes mes bénédictions, et les expressions ferventes de l'attachement le plus pur, le plus durable.

Je vous commence aujourd'hui cette espèce de journal; je ne sais à qui je le confierai pour qu'il vous arrive, et je ne sais à quelle époque il me sera permis de le livrer aux éventualités d'un voyage aussi long et

---

[1] Cette lettre, commencée le 19 décembre et continuée le 28 janvier, porte le timbre de la poste, de Mostaganem, du 2 février.

aussi pénible; mais causons toujours, et notre imagination saura bien franchir les distances qui nous séparent.

Nous sommes donc à Mascara depuis le 1ᵉʳ décembre au soir : douze mille hommes environ, jetés au milieu d'une ville immense en ruine, presque sans moyens d'existence, pour les hommes comme pour les bêtes, et sans bois. Autour de nous des plaines arides. Heureusement, dans ce pays qui a l'air d'un désert, la terre renferme des trésors. C'est elle qui se chargera de nous fournir toutes nos ressources, toutes nos richesses. Mais comment les découvrir, ces greniers inépuisables? Le sol que nous foulons semble vouloir nous cacher avec soin ses antres mystérieux.

Enfin, nous voilà à trente lieues de nos bases d'opération, transplantés, comme par enchantement, au milieu de cette ville où, depuis six mois, deux bataillons sont occupés journellement à tirer des décombres quelques édifices habitables. Nous voilà, dis-je, sans autres approvisionnements que ceux qui ont été apportés dans cette ville pour alimenter, pendant quelques mois, une faible garnison; et, qui plus est, nous y arrivons au moment où un troupeau de trois cents bœufs, un grand nombre de chèvres et de moutons, que nous y avions conduits à grands frais, viennent d'être enlevés, ainsi qu'un officier d'état-major. Il ne nous reste, pour substanter les estomacs de douze mille individus, que deux cent quatre-vingts bœufs bien grêles, bien chétifs. Vous croyez que pour cela nous allons mourir de faim? pas du tout, — du jour au lendemain, nous tombons en quelque sorte dans l'abondance. Le 1ᵉʳ au soir, nous nous nichons dans nos turnes; le 2, on s'établit tant bien que mal; on fait des murs d'enceinte, on se ferme, on se loge : ce sont les fourmis à l'œuvre; le 3, on achève les travaux ébauchés, et le 4, à six heures du matin, branle-bas général. Toutes les troupes de la division mettent le cap à l'est plein. Nous voilà en campagne, au gré du destin, et liant notre vie à une ombre d'espérance qui peut nous échapper.

A deux heures de l'après-midi, nous arrivons sur un terrain couvert de silos. La terre s'ouvre partout et partout nous montre ses trésors cachés : c'est de l'orge, c'est du blé, c'est du sel en abondance, et toutes espèces d'approvisionnements. Tout le monde est bientôt à l'ouvrage, et chacun remplit sa sacoche de misère : chaque soldat se charge à quinze kilos de blé; il n'y a plus assez de bêtes de somme, de chevaux de cavalerie pour transporter tout ce que ces greniers souterrains nous vomissent de ressources de tout genre. On reste donc, le 5 et le 6, à se nourrir, bêtes et gens, sur les silos, et le 6, dans l'après-midi, on regagne lourdement Mascara, où l'on traîne d'immenses provisions. Nous y entrons le 7 au soir. Nous ne prenons que le temps nécessaire pour nous décharger de la razzia de la veille, et, le 8, à six heures du matin, nous voilà repartis dans une nouvelle direction. A midi, nous rencontrons les silos; mêmes richesses, nouveau convoi aussi abondant que le premier.

Notre existence commence à s'assurer. Le 10, après

avoir enlevé tout ce que les Arabes avaient si précieusement enfoui, nous regagnons nos magasins qui attendent béants qu'on leur verse ces belles récoltes. Le 14, nous regagnons de nouveau les montagnes, et nous tombons sur de nouvelles mines de blé et d'orge plus abondantes que jamais; malheureusement, le mauvais temps s'en mêle, et nous arrête dans nos travaux; pourtant, malgré les difficultés que nous avons à vaincre, notre chargement est complet, et nous rapportons des masses de grains et de paille. Nous sommes en repos depuis cette dernière rentrée, à cause du mauvais temps qui nous empêche de tenir la campagne.

Vous avez bien du blé, comment vous en tirez-vous pour l'employer à la nourriture de vos hommes? me direz-vous. Eh bien, chaque soldat est devenu maçon, meunier, boulanger — et surtout consommateur. Dans chaque compagnie on élève des fours, dans chaque compagnie il y a un certain nombre de moulins arabes portatifs, et qui se manœuvrent à la main; on fait de la farine, on fait de la bouillie, des galettes et même du pain. Se met-on en campagne, les petits moulins, qui sont tout bonnement deux meules de pierre d'un pied, un pied et demi de diamètre, les petits moulins sont portés par des bourricots, et, aussitôt arrivés au bivouac, ils fonctionnent, la farine se fait, et le troubadour s'applique bientôt sur la conscience une épaisse pâtée très-saine et très-nourrissante. Le brave Lamoricière a donc résolu le grand problème de faire vivre le soldat en Afrique. Parfaitement instruit de toutes les ressources du pays, il met le doigt sur toutes ses richesses incalculables, et trouve le moyen, au milieu de véritables déserts, de faire vivre sa petite armée mieux que sur aucun des autres points d'Afrique où nous avons des hommes et des chevaux. Tout ce que fait le général Lamoricière à Mascara est admirable; il sort de cette tête de soldat des idées plus brillantes, plus lumineuses tous les jours. Jamais homme n'a eu plus de difficultés à vaincre, et jamais homme ne s'est tiré d'un pareil dédale avec plus d'audace, plus d'intelligence que lui. Entouré de gens incapables de lui donner une idée, et toujours plutôt disposés à lui jeter des bâtons dans les jambes, il a trouvé, dans son génie, dans son activité, dans sa fermeté, tous les moyens de créer, de renverser, de réédifier de nouveau, enfin d'établir son installation sur des bases solides, pour les trois ou quatre mois que sa division doit y séjourner, et d'assurer, pour la campagne du printemps prochain, des garanties d'existence à l'armée qui devra expéditionner de ce côté. Le général Lamoricière est un homme bien supérieur à tous les autres, et on ne l'élèvera jamais assez dans l'opinion publique. Quant à moi, je renonce à trouver des expressions suffisantes pour rendre à ce brave général le tribut d'éloges qu'il mérite. Dans des circonstances qui auraient, sans doute, arrêté net tout autre homme que lui, et pouvaient nous mettre à deux doigts de notre perte, il s'est montré au-dessus de tout ce qu'on peut dire.

Les affaires de cette province prennent une tournure des plus avantageuses pour nous; partout les tribus sont en souffrance, et n'attendent que le moment de se soustraire au joug d'Abd-el-Kader. Les Hachems seuls, la tribu la plus considérable des environs de Mascara, tiennent fermement à la cause de leur chef; mais nous allons passer quelques mois à les traquer dans tous les sens, et je ne doute pas que nous ne finissions par les fatiguer tellement qu'ils ne se décident à prendre un parti.

Cependant notre troupeau commençait à diminuer; nous étions au bout de nos lanières; — il fallait absolument de la viande.

Le 21, nous recevons l'ordre de filer, à minuit, sans tambours ni trompettes. A la pointe du jour, nous tombons sur une tribu qui se croit parfaitement à l'abri dans ses excavations et ses ravins escarpés. Le régiment de spahis est lancé, nos deux bataillons d'élite, qui font tête de colonne, se précipitent dans toutes ces infractuosités presque infranchissables; deux heures après, nous ramenions 614 bœufs, 684 moutons, 400 ânes, 60 chevaux ou mulets, et 180 prisonniers, hommes, femmes et enfants; vous voyez que nous avons un peu renchéri sur la prise que les Arabes nous ont faite il y a quelques semaines. Cette razzia a parfaitement réussi; elle est d'autant plus avantageuse que nous commencions à être à la portion congrue pour la viande. Vous voyez que la Providence nous protége !

Nous avons tué une cinquantaine d'individus. Ce genre d'expédition a quelque chose de très-bizarre et offre, en même temps, des scènes bien pénibles. Aussitôt l'emplacement de la tribu connu, chacun se lance, se disperse dans une direction quelconque; on arrive sur les tentes, dont les habitants, réveillés par l'approche des soldats, sortent pêle-mêle avec leurs troupeaux, leurs femmes, leurs enfants; tout ce monde se sauve dans tous les sens; les coups de fusil partent de tous les côtés sur les misérables surpris sans défense; hommes, femmes, enfants poursuivis, sont bientôt enveloppés et réunis par quelques soldats qui les conduisent. Les bœufs, les moutons, les chèvres, les chevaux, tous les bestiaux enfin, qui fuient sont vite ramassés. Celui-ci attrape un mouton, le tue, le dépèce : c'est l'affaire d'une minute; celui-là poursuit un veau avec lequel il roule, cul par-dessus tête, dans le fond d'un ravin; les autres se jettent sous les tentes, où ils se chargent de butin; et chacun sort de là affublé, couvert de tapis, de paquets de laine, de pots de beurre, de poules, d'armes et d'une foule d'autres choses que l'on trouve en très-grande quantité dans ces douars souvent très-riches. Le feu est ensuite mis partout à ce que l'on ne peut emporter, et bêtes et gens sont conduits au convoi; tout cela crie, tout cela bêle, tout cela brait; c'est un tapage étourdissant. On quitte enfin la position, fier de son succès; alors commence la fusillade : les cavaliers qui d'abord avaient pris la fuite reviennent lorsqu'ils voient la colonne leur tourner le dos; ils harcèlent les arrière-gardes, on leur riposte, on les éloigne, et l'on rentre avec ses prises, glorieux trophées d'une brillante journée.

Aussitôt arrivés, grande distribution de moutons, de chèvres, etc. De tous les côtés, on égorge ces malheureux innocents, qui, encore tout palpitants, frémissent dans la marmite du troupier toujours affamé. Tout le monde est satisfait : les voraces se sont rempli l'estomac; le général en chef a grossi ses approvisionnements. Ses soucis sur l'existence de sa troupe ont cessé, chacun envisage l'avenir avec quiétude et s'endort en attendant une nouvelle marche de nuit.

Mais, hélas! les beaux jours sont passés, l'hiver à la figure livide nous jette sans pitié son manteau de frimas sur les épaules. Nous voilà dans les neiges, dans les glaces; les dégels s'ensuivent, les pluies, les ouragans; enfin tout le cortége horrible de la saison rigoureuse défile sans pitié avec ses hordes de calamités. Devant cette épouvantable débâcle de l'atmosphère en courroux, nos malheureuses baraques en ruine s'écroulent, les nouveaux édifices construits, pendant l'été, avec du simple mortier, se délayent sous les torrents de pluie qui crèvent de partout; de tous les côtés des éboulements, des écroulements, des accidents, des sinistres; ce sont des bestiaux écrasés sous les décombres, des hommes assommés par des murailles qui s'affaissent; enfin c'est un véritable désastre. Nos magasins se remplissent d'eau, nos vivres se détériorent, nos fours s'écroulent, nos moulins mal outillés se brisent. Tout est en désarroi, par la faute d'un génie peu constructeur, qui avait édifié à grands frais, pendant l'été, avec des matériaux manquant de solidité, et sans calculer les éventualités d'un hiver rigoureux. L'expérience de quelques gens du pays aurait pourtant pu guider nos ingénieurs militaires; mais leur morgue indélébile les a jetés dans une fausse voie, dont nous sortons boueux et trempés jusqu'aux os. Pauvre génie! — qui n'a pas même les connaissances pratiques du dernier des maîtres maçons. Il ne manquait plus que ces effroyables difficultés que nous crée la saison, pour ébranler notre installation et reculer la solution de cette question d'Afrique dont les progrès ont été si extraordinaires depuis trois mois. Enfin, nous voilà au 17 janvier, et depuis le 19 décembre, la pluie, la neige, la grêle nous abîment. Malgré tout cela, nous poursuivons l'ennemi, nous lui enlevons femmes, enfants, bestiaux, blé, orge, etc.

Nos bestiaux pris à la razzia du 21 décembre étaient en partie mangés ou morts de froid et de misère, et nous étions réduits à la portion excessivement congrue. Le 13 de ce mois, notre brave et infatigable Lamoricière, profitant d'une petite éclaircie, sort, à sept heures du soir, avec ses deux bataillons d'élite, dont les sacs ont été chargés sur des mulets, et marche toute la nuit; le froid est excessif; on passe une rivière assez forte, barrière qui nous sépare des tribus contre lesquelles nous marchons; mon bataillon et les spahis sont lancés; nos hommes, dégagés de leurs sacs, de ce fardeau qui leur coupe ordinairement bras et jambes, suivent la cavalerie à petite distance; les bœufs, les moutons, les chevaux tombent en notre pouvoir, et mon petit bataillon, qu'une course soutenue pendant près d'une heure a diminué considérablement, va ramasser, à deux grandes lieues du point de départ, un troupeau de cent cinquante bœufs et un de quatre

13.

cents moutons; ce trophée-là en valait bien un autre, dans les circonstances présentes, où nous commencions à manquer complétement de viande. Le général Lamoricière m'a fait quelques compliments.

Pendant que mon petit bataillon *razziait* pour son compte particulier, les autres troupes de la division apportaient aussi à la masse force bestiaux; enfin à dix heures du matin nous avions au convoi mille bœufs et trois mille moutons ou chèvres, quelques chevaux, quelques mulets et des prisonniers. Nous voilà donc encore remontés en viande; mais le temps, l'impitoyable temps va toujours grondant, et nous décime notre malheureux bétail par centaines. La Providence a assez éprouvé notre patience, il faut espérer qu'elle nous dédommagera de tant de vicissitudes. Sans le mauvais temps, nous aurions reçu un convoi de Mostaganem, et j'aurais peut-être une lettre de vous!... qui sait quand nous le recevrons?... Si le temps se remettait au beau, nous aurions une foule de razzias à faire, et nous pourrions rallier les tribus qui, de toutes parts, demandent à se soumettre. Je mets en fait qu'avec quelques beaux jours, tout serait terminé pour le mois de mai. Au moyen d'espions, que l'on expédie de côtés et d'autres, on reçoit, de temps en temps, des nouvelles de Mostaganem; il paraît que les intempéries ont été telles que l'on est resté vingt-trois jours sans pouvoir communiquer ni avec Oran, ni avec Alger. Malgré cela, le père Bugeaud, l'aventureux père Bugeaud, a su braver la tempête, et, au moment où l'on y pensait le moins, il est arrivé à Mostaganem avec quelques bataillons qu'il amenait d'Alger, y a ramassé quelques compagnies, puis s'est dirigé sur Oran, pour y prendre les contingents qui s'y trouvaient, et, de là, marcher sur Tlemcen, où un certain nœud politique semble s'être formé, et où il faut une force supérieure pour en finir.

28 *janvier*. — J'arrive à l'instant d'une course de quatre jours que nous venons de faire pour vider des silos. Nous avons rapporté, tant sur le dos de nos hommes que sur celui de nos bêtes de somme, des approvisionnements considérables, et, au moment où nous rentrons d'un côté, le général Bedeau arrive de l'autre avec un convoi. Le général Bedeau repart immédiatement pour Mostaganem; j'ai tout au plus le temps de vous dire adieu, et de vous répéter ce que je vous ai annoncé dans le cours de ma lettre, c'est que je me porte toujours bien. Le beau temps commence à revenir depuis deux jours; je vais me trouver heureux de pouvoir reprendre, sur une échelle plus vaste, nos opérations, qui nous conduiront infailliblement à une solution définitive pour le printemps.

Adieu donc, mon brave et cher oncle; embrassez pour moi toute notre sainte et bonne famille, et croyez à l'attachement sans bornes que je ne cesserai jamais de vous garder.

Mes chevaux vont bien; j'ai trouvé une meilleure selle; je suis sauvé.

Écrivez-moi à Mascara, vos lettres me parviendront.

A M. Élizé de Montagnac.

Mascara, 28 janvier 1842.

Mon brave ami, un convoi conduit par le général Bedeau, venant de Mostaganem, m'apporte ta bonne lettre; je profite de son départ pour y répondre quelques lignes et t'exprimer tout le bonheur qu'elle m'a causé. Tu as eu une fameuse idée de livrer cette feuille de papier aux hasards d'une traversée lointaine; la Providence l'a bien guidée, elle est arrivée avec le soleil qui, depuis deux mois, semblait s'être voilé pour nous punir de notre présence dans ces contrées. Merci, mon brave ami; suis toujours tes pensées, toutes les fois qu'elles te diront de venir à moi.

Je ne comprends pas que le commandant Uhrich ne t'ait pas accusé réception des cinq cents francs que je l'ai prié de lui adresser; mais tranquillise-toi sur le sort de cette somme, j'ai su, avant mon départ de Mostaganem, par son frère, chef de bataillon au 23ᵉ, que les cinq cents francs étaient arrivés à destination. C'est maintenant à moi à faire voyager les mandats; patience! En attendant que la fortune me permette de m'acquitter envers toi de cet immense service, je me sers largement de ton beau et bon cheval, malgré la balle qu'il a toujours logée au-dessus du jarret. Je te promets qu'il fait ici un service actif, car, quel que soit le temps, le père Lamoricière nous mène battre la campagne: razzias sur razzias, enlèvement des silos, etc., etc.

Enfin, à force de nous remuer dans cette province, à force de poursuivre les Arabes dans toutes les directions, et malgré les immenses difficultés que la saison nous a opposées, nous sommes arrivés à des résultats tels qu'il n'y a plus à douter qu'au printemps prochain tout sera terminé.

Toutes les tribus environnantes, excepté celle des Hachem, la plus considérable, sont soumises, ce qui rend nos communications entre Mostaganem et Mascara entièrement libres. De l'autre côté d'Oran, dans l'ouest, les défections s'opèrent; le père Mustapha et ses nombreux cavaliers remuent vigoureusement les tribus qui font résistance; le père Bugeaud, l'infatigable père Bugeaud, l'intrépide père Bugeaud, vient de partir pour Tlemcen, et je ne doute pas qu'il n'achève, par un coup de maître, ce qui est en voie d'exécution. On ne sait où est Abd-el-Kader, on pense qu'il est aux portes du Maroc, pour pouvoir filer avec sa famille, aussitôt qu'il verra la partie entièrement perdue pour lui.

Les deux mois d'occupation de Mascara ont fait plus que nos onze années d'occupation en Afrique. Il fallait aussi le général Lamoricière pour conduire cette barque avec tant d'habileté, au milieu du faisceau de difficultés qui l'enlaçaient de toutes parts.

Depuis longtemps on n'a pas eu de troupes mieux aguerries et plus endurcies aux fatigues que celles qui composent notre petite division; on peut aller partout avec ces lapins-là, et traverser l'Afrique dans tous les sens; je te réponds qu'au printemps elles feront une fameuse besogne. J'espère bien qu'il ne prendra fantaisie à personne de me tirer d'ici, et qu'on me laissera voir, jusqu'à la fin, le dénoûment du drame où j'ai aussi joué une espèce de rôle. Je n'ai d'autre route à prendre, pour arriver, que celle que je suis dans ce moment, et il faut la suivre le plus longtemps possible. J'ai une santé de fer, un sang bouillant, une nature, en un mot, solidement trempée au service pénible de ce pays, l'énergie du métier, le goût de toutes ces entreprises; avec cela et l'aide de Dieu, je résisterai à la tâche, et celui qui tient le plus ferme et le plus longtemps arrive toujours. Il faut que je touche le but que je me suis proposé, et que je sois colonel avant de quitter l'Afrique. Cela ne m'empêchera pas d'aller vous embrasser lorsque je verrai les affaires à peu près terminées, et que je n'entendrai plus parler le mousquet. J'espère que ce sera peut-être à la fin de cette année. Il me faudrait cela pour bien couronner l'œuvre.

Je ne te donne pas de grands détails sur tout ce que nous faisons ici, mais tu trouveras dans une lettre que j'écris à mon oncle une foule de choses que je ne puis te dire aujourd'hui, à cause du peu de temps qui me reste.

Je vois souvent M. Bernard, sous-lieutenant au 15ᵉ léger; c'est un brave garçon; je ne savais pas qu'il eût été proposé pour la décoration, il ne m'en a jamais parlé. Je verrai si je puis glisser quelque chose au général Lamoricière en sa faveur; ce n'est pas facile; le général n'aime pas trop qu'on vienne lui souffler ces choses-là ; il a la prétention de juger lui-même les sujets qu'il met en avant ; mais tu peux être persuadé que je ferai tout ce que je pourrai pour lui être utile dans cette circonstance.

Je voudrais bien aussi, mon brave ami, faire la connaissance de tes bons petits moutards qui m'aiment sans me connaître. Embrasse-les bien pour moi, ainsi que la bonne Clémence, qui sait toujours te rendre si heureux. Dis à Célestine que je vais lui commencer une grande lettre, et que je la lui ferai parvenir par le prochain convoi, qui aura lieu dans dix jours. Embrasse pour moi cette bonne petite sœur et toute notre excellente famille.

Adieu.

A M. de Leuglay.

Mascara, le 11 février 1842.

Mon cher de Leuglay, votre aimable lettre est venue me trouver jusqu'à Mascara, malgré les obstacles qui se mutipliaient alors sur son passage. Je m'empresse d'y répondre par le général Bedeau, qui part pour Mostaganem. Vous ignorez sans doute les opérations décisives qui nous ont procuré la soumission de presque toutes les tribus des environs de Mascara, d'Oran et de Mostaganem, et les immenses résultats qu'ont produits nos deux mois et demi d'installation à Mascara. Dans votre province d'Alger, on vous fait des histoires, des paquets de toutes les façons, et la vérité, après avoir traversé nos montagnes et la mer, arrive à Alger tout à fait dénaturée. Personne ne peut se faire une idée de la manière dont les opérations ont été conduites ici par notre brave général Lamoricière. Il faut avoir été sur les lieux, avoir assisté, jour par jour, à ce foyer d'idées éclatantes de génie, pour raisonner sur tout ce qui arrive aujourd'hui, et calculer les chances d'avenir que la main habile de notre Massinissa a réunies sur le théâtre d'Afrique.

Le 1er décembre, une petite armée de 8,000 hommes arrive à Mascara.

Le mauvais temps, et quel mauvais temps ! vient bientôt l'entraver ; mais rien n'arrête l'infatigable activité de notre brave général. Les torrents de pluie nous inondent, la neige s'amasse, nos malheureuses maisons s'écroulent ; les projets n'en suivent pas moins leur cours avec rapidité : razzias sur razzias, enlèvements des silos, et, à la suite de ces heureuses expéditions, des soumissions de tous les côtés : les Bordjias qui se soumettent au général Bedeau, les Garabas à Mustapha, les Beni-Chougara, les Sidi d'Aho, les gens d'El-Bordj de Calaa et autres à M. de Lamoricière ; en un mot, débâcle générale. Abd-el-Kader réfugié dans le Maroc ; anéantissement de sa puissance ici-bas, défection complète chez ses réguliers, plus un seul coup de fusil de la part des Arabes, et nos communications de Mostaganem à Mascara entièrement libres. La tribu des Hachem seule tient bon, et ne veut pas abandonner la cause d'un de ses fils. (Admirable conduite!) Le 4 février, nous partons de Mascara, à huit heures du soir, et nous arrivons sur des magasins où nous prenons dix-sept barils de poudre et enlevons quelques prisonniers; le 7, autre marche de nuit, et, à la pointe du jour, nous tombons sur une partie de la tribu des Hachem. Nous enlevons mille cinq cents bœufs, deux mille moutons, quatre-vingts chevaux ou mulets, un butin très-considérable, et trois cents prisonniers, dont deux cents femmes ou enfants et une centaine d'hommes : désordre partout dans cette puissante tribu qui voulait nous résister, épouvante générale, désespoir, etc. Cette razzia est la plus terrible que nous ayons faite encore; aussi a-t-elle eu d'immenses résultats : les chefs des Hachem sont arrivés aujourd'hui et veulent entrer en négociation.

Mais le général Lamoricière les veut tous à la fois, avec des conditions rudes, ou pas du tout; ils sont repartis, promettant qu'ils se rendraient. Pendant que nous rasons de ce côté, le général Bedeau, autre perruquier de première qualité (*barbero de qualidad*), châtie une tribu des bords du Chélif, les Méranlias, qui empêchaient les Medjeher de venir à Mostaganem, leur enlève force femmes, enfants et bestiaux, et obtient, le lendemain, une soumission complète.

Tout marche à grands pas vers une solution définitive de cette grande question qui nous tient tant en garde depuis 1830, et au printemps tout sera fini; à nous maintenant de tenir ferme les rênes de notre nouvelle puissance, et de ne pas aller, du jour au lendemain, nous endormir sur les deux oreilles, après nous être enivrés de notre brillant succès. Laissons, dans tous les cas, le général Lamoricière à la tête des affaires d'Afrique, et, dans quelque temps d'ici, vous verrez les établissements se former, le pays devenir florissant, et, qui plus est, les omnibus, voire même les omnibus-restaurants, circuler sur cette terre où des générations françaises sont appelées à grandir. Gloire au général Lamoricière, gloire à lui tout seul !... Dieu veuille le conserver pour la consolidation de notre puissance en Afrique !

Le général Lamoricière a eu à lutter ici contre toutes les difficultés possibles, dont les plus ardues, les plus poignantes, venaient certainement des hommes qui, placés autour de lui, auraient dû l'aider de toute leur énergie (s'ils en avaient eu) et de tout leur pouvoir. D'un autre côté, c'est le temps qui se déchaîne contre nous : pluie, neige, grêle, gelée, pendant cinquante-quatre jours, sans cesser. Ensuite nos maisons, où la main impitoyable de notre génie est venue maladroitement s'appesantir, qui s'écroulent, et nos soldats, nous-mêmes, sans abri. Nos magasins, nos fours, nos moulins, nos écuries inondés. Malgré tout cela, même activité; nous sillonnons la plaine et les montagnes dans tous les sens; le ciel est la seule voûte qui nous couvre. L'existence morale grandit, s'élève, la vie matérielle va toujours son train, et le génie de notre Lamoricière est toujours plus éclatant. Vivent Dieu et notre brave général ! Pendant que nous anéantissons la puissance d'Abd-el-Kader de ce côté, le père Bugeaud est à Tlemcen qui cherche à en établir une autre ; son caractère aventureux s'en va ramant sur cette mer d'obstacles. Que fait-il par là ? Aucune nouvelle ne nous arrive de lui ; peut-être un de ces jours va-t-il nous tomber sur les épaules, avec la petite division qu'il trimbale, depuis quelque temps, dans les broussailles.

Je ne donnerais pas, mon cher de Leuglay, le temps que j'ai passé à Mascara pour tout l'or du monde, tant sous le rapport des opérations intéressantes que j'y ai vues se dérouler, que sous le rapport de mon instruction militaire. Mes trente-deux années de soldat ne m'auraient jamais appris ce que j'ai puisé auprès du général Lamoricière, dans les deux mois et demi que je suis resté sous ses ordres.

Je suis toujours à la tête de mon bataillon d'élite que l'on emploie ici à toutes sauces. Il remplace les zouaves dans cette province. Le général Lamoricière, qui veut toujours le faire agir, le fait voyager sans sacs, toutes les fois qu'il y a quelques coups de main (ou coups de pied plutôt) à donner ; les sacs sont portés par des mulets attachés au bataillon. Le général appelle ses bataillons d'élite « *sa grosse cavalerie* ». Je vous assure qu'ils donnent vigoureusement ; nous sommes toujours les premiers lancés, et les derniers à l'arrière-garde. Ça marche bien. J'aime à croire qu'on me laissera encore longtemps à la tête de ce bataillon qui est peut-être appelé à jouer un certain rôle dans les opérations prochaines. Dieu le veuille!... Et vous, mon cher de Leuglay, comment allez-vous? Répondez-moi vite à Mascara. Je me porte bien, et vous garde toujours un solide attachement.

A M. Bernard de Montagnac.

Mascara, 8 mars 1842.

Mon cher oncle, j'arrive à l'instant d'une course qui a duré onze jours : partis le 26 février, nous rentrons le 8 mars; nous avons rayonné autour de Mascara dans un espace de vingt-cinq à trente lieues, rasant, battant, frottant, pillant, brûlant, saccageant, bouleversant les tribus qui ne se décidaient pas assez vite à virer de bord de notre côté. Le 27, le 1er bataillon d'élite a enlevé un poste composé de soixante à quatre-vingts cavaliers réguliers; vingt-cinq ont été tués, et trente ont été pris; les autres se sont sauvés. Dans le nombre de ceux que l'on a pris, se trouvent l'aga de la cavalerie régulière d'Abd-el-Kader, et un caïd très-influent, chef d'une tribu qui peut mettre mille à mille deux cents cavaliers sur pied. Les autres jours ont amené d'autres succès : des troupeaux très-nombreux, du butin de tout genre, des femmes, des enfants, des hommes de toutes les couleurs; enfin, après une semaine et demie de marches de nuit et de jour, de contre-marches de toutes sortes, de fatigues inouïes, nous sommes rentrés aujourd'hui 8, traînant après nous quatre cents prisonniers, et un troupeau immense en bœufs, chèvres et moutons. Dans le nombre des prisonniers se trouvent trois caïds très-importants, un marabout très-vénéré dans le pays, et l'aga de la cavalerie; ces résultats sont magnifiques. Nous ramenons aussi plusieurs tribus qui viennent s'établir sous Mascara. Il est probable que ce dernier coup que nous venons de porter aux Hachem, si dévoués à la cause de leur chef, va nous rallier tout ce qui paraissait encore indécis. Nous les avons taquinés dans tous les sens, les poursuivant la nuit, le jour, dans toutes les directions. Demain nous repartons encore pour huit à dix jours, afin de donner le dernier coup de râteau. Je pense qu'après cette course tout sera fini pour ces Hachem, qui étaient venus dernièrement nous faire de belles promesses de soumission, et sont revenus, à ce qu'il paraît, sur leur première détermination. Les communications entre Oran, Mostaganem et Mascara sont parfaitement sûres; aujourd'hui, il est arrivé d'Oran un convoi de vivres très-considérable, apporté par les Arabes. Mascara est dans l'abondance, on ne sait où fourrer tout ce qui nous arrive; nous sommes approvisionnés de tous les côtés, notre marché regorge de tout; voilà le résultat de nos trois mois de séjour à Mascara, et de nos expéditions continuelles, dans tous les sens, autour de cette ville. Eh bien, on ne sait encore rien de tout cela en France; personne ne sait ce qui s'est fait ici. On ignore la brillante opération du général Lamoricière, grâce au mauvais vouloir du père Bugeaud, qui trouve plus rationnel de préconiser un colonel X..., stupide animal, mauvais charlatan, Gascon et poltron, qui a su se poser, dans ces affaires d'Afrique, comme un personnage important, et qui n'a jamais fait ici que de grossières balourdises. Oh! il faut espérer que la France saura un jour la vérité, et rendra au général Lamoricière la large part de gloire qui lui revient sans partage, *à lui tout seul;* car si, aujourd'hui, l'Afrique est en paix, c'est à lui qu'on le doit, c'est à l'occupation de Mascara. Si le père Bugeaud est allé s'établir, sans coup férir, à Tlemcen, c'est parce que le général Lamoricière, par sa présence dans cette province, avait épouvanté les tribus lointaines, et que celles-ci, voyant les châtiments infligés par nous aux récalcitrants, ont trouvé prudent de se jeter aux pieds du premier qui s'est présenté au milieu d'elles avec une force un peu imposante, dans la crainte d'essuyer le même sort. Le cœur de l'Afrique pour nous, c'est Mascara; du moment où nous l'avons frappé, ce cœur, le colosse est tombé. Mais, encore une fois, il fallait venir à Mascara, y rester un hiver entier, s'y remuer comme nous l'avons fait, sans autres ressources que le blé que nous prenions dans les silos, que les troupeaux que nous prenions à l'ennemi; il fallait, en un mot, le génie, l'activité, l'intelligence de notre Lamoricière, son entente parfaite du cavalier arabe et de la langue, sa connaissance du pays, pour réussir ainsi en si peu de temps. Tout est fini; il nous reste maintenant à donner le dernier coup de balai pour ramasser ce qui traîne. Toutes les populations sont soumises; les Hachem, en très-petit nombre, se sauvent encore; mais nous ne tarderons pas à les atteindre. Tout ce qui s'est passé ici étonnera un jour la France, et l'on saura, je l'espère, rendre justice à l'homme qui a sauvé l'honneur national que tant de généraux incapables avaient mis, depuis onze ans, sous les pieds d'un sultan improvisé. Ah! gloire au général Lamoricière, gloire à lui tout seul! Lui seul a fait la guerre depuis trois mois, sans cesser un seul jour; il l'a faite comme on devait la faire aux Arabes, et si, depuis onze ans, on avait osé prendre ainsi le timon des affaires d'Afrique, vous circuleriez en diligence de Médéah à Mascara.

Je ne reçois rien de vous; est-ce que, par hasard, mes lettres ne vous seraient pas parvenues? Je vais toujours bien, mes chevaux sont fatigués et blessés, mais il faut qu'ils marchent quand même. Il y a longtemps qu'armée n'a trimé comme la nôtre. Nos soldats ne sont plus couverts que de guenilles; leurs capotes, leurs pantalons restent, tous les jours, dans les broussailles. Malgré cela, ils se portent tous parfaitement, sont gais et acceptent, sans sourciller, toutes les fatigues. Si, par un moyen quelconque, on faisait sauter cette division de Mascara sur la place du Carrousel, le public monterait sur les toits pour la voir. On ne sait plus de quelle couleur nous sommes.

En attendant, depuis l'Empire, jamais nous n'avons eu de troupes comme celles-là, aussi aguerries, aussi rompues aux fatigues, faites à toutes les privations. Sur quatre-vingt-dix-huit jours que nous sommes dans la province de Mascara, nous en avons passé déjà soixante-quinze dehors, et Dieu sait par quel temps!

Voilà au moins ce que l'on peut appeler une campagne; aussi y a-t-il des résultats comme on n'en a jamais eu, depuis onze ans d'occupation.

Et vous autres, braves et dignes parents, comment allez-vous? J'ai bien besoin d'avoir de vos nouvelles. Vous devez voir à mon écriture combien je suis pressé; c'est qu'il va partir un courrier tout à l'heure, et demain je serai en campagne.

Adieu, mon cher oncle; embrassez pour moi toute notre sainte famille, et croyez toujours à mon attachement inaltérable.

Mascara, 31 mars 1842.

Mon cher oncle, je commençais à désespérer de recevoir de vos nouvelles; enfin, aujourd'hui, en rentrant d'une expédition qui a commencé le 10 et fini le 31 de ce mois, j'ai trouvé votre bonne lettre m'attendant à Mascara. J'ai abandonné un moment la peau et le cœur de sauvage qui me recouvrent, et me dirige aujourd'hui pour m'entourer des douceurs de l'affection que je retrouve toujours si pure, si solide chez vous, mon brave oncle. J'avais bien besoin de ces bonnes lignes pour chasser un peu tous les souvenirs de mort, de misère, de scènes d'horreur dont nous accablons les malheureuses populations que nous poursuivons à outrance. Que de choses j'ai à vous dire sur cette longue carrière de dévastation parcourue par nous, depuis quatre mois que nous sommes dans la province de Mascara, et surtout pendant la dernière tournée que nous venons de faire! Comme je vous l'ai écrit dans une de mes dernières lettres, les tribus étaient en partie soumises, à part quelques dissidences que nous nous promettions bien de faire cesser, en châtiant vigoureusement les entêtés. Le 10, nous sommes donc partis de Mascara, emportant environ six jours de vivres, et nous nous sommes dirigés sur des *silos*. Là, nous avons encore pris du blé pour dix jours, de l'orge pour six, et en avant la brigade! Le soleil est brillant, le ciel nous promet une série de beaux jours. Il faut en profiter pour anéantir ce qui veut encore nous opposer une certaine force d'inertie. Nous louvoyons dans la broussaille, dans les rochers, dans les montagnes, nous attrapons quelques troupeaux, quelques prisonniers; mais ce n'est pas encore ce qu'il nous faut. Le 15, les deux bataillons d'élite, déchargés de leurs sacs, partent à trois heures du matin, précédés des spahis et de quelques chasseurs, et, à huit heures du matin, tombent sur des douars assez considérables de la tribu des Sdamas, leur enlèvent environ quatre mille têtes de bétail, une centaine de prisonniers, des chevaux, des mulets, des ânes et un butin immense en tapis, tentes, riches étoffes, armes et objets de luxe; en un mot, font une razzia complète. Au nombre des prisonniers se sont trouvés un marabout très-influent et un capitaine des réguliers d'Abd-el-Kader. Les résultats de cette affaire ont été la soumission de cette partie de tribu rasée. Le marabout et les autres prisonniers nous ont indiqué des silos très-abondants où nous sommes allés vivre pendant deux jours. Ils nous ont mis à même d'attraper encore quelques individus qui ne se défiaient pas de nous et vivaient, dans la plus parfaite sécurité, sur les abondants silos qu'ils avaient creusés au fond de gorges dont Dieu seul et eux devaient connaître l'emplacement. Deux femmes furent prises qui nous indiquèrent la réunion de quelques douars, à deux journées de marche des silos que nous vidions. Le 22, à trois heures et demie du matin, voilà encore les deux bataillons d'élite en branle avec la cavalerie, et, à sept heures, nous tombons, après avoir risqué cent fois de nous briser les reins, dans une gorge très-profonde où se reposait en paix, loin de nous, une population assez nombreuse. Nous lui enlevons tout ce qu'elle possédait, en chevaux, bestiaux et butin, et nous lui faisons cent cinquante prisonniers.

Les malheureux n'avaient pas eu le temps de se sauver; nous les trouvions blottis comme des lièvres dans les épais maquis qui couvrent ces montagnes sauvages. Les trois quarts de ces pauvres diables étaient trahis par leurs chiens, qui se mettaient à aboyer quand ils nous sentaient passer à portée des buissons où ils étaient cachés, et l'on trouvait là-dessous toute une famille. Quelques individus, se voyant découverts, essayaient de se sauver; mais un coup de fusil leur arrivait aussitôt au *débucher*. C'était une vraie traque [1]. Après cette journée pénible,

---

[1] « Lorsqu'il avait à faire des opérations de cette nature, de Montagnac recommandait toujours aux troupes d'épargner les

nous sommes venus encore nous approvisionner sur des silos, et nous sommes rentrés à dix heures du soir au camp que nous avions quitté le matin. Nous y avons trouvé la colonne commandée par le général d'Arboville, qui, venue de Mostaganem, s'est jointe à nous, pour opérer dans une autre direction, en coordonnant ses mouvements aux nôtres, afin de couper toutes les populations en désordre qui ne pouvaient guère faire autrement que de se jeter sur l'une ou sur l'autre des deux colonnes. C'est, en effet, ce qui est arrivé.

Les prisonniers que nous avions faits le 22 nous mirent encore sur les traces de quelques habitants chez qui nous devions trouver des armes, de la poudre et des vivres en abondance. Le 24, nous sommes arrivés sur les lieux, après une marche de nuit très-pénible, et nous n'avons rien découvert. Le temps était sombre et glacial, le vent soufflait avec force, nous annonçant quelque bourrasque terrible. Après nous être arrêtés juste ce qu'il fallait pour visiter et fouiller le pays, nous nous mettons en marche, nous dirigeant vers l'emplacement où la colonne qui était partie trois heures après nous, devait s'établir. Le colonel Yousouff, qui était, avec ses spahis, en tête de notre petite colonne d'élite, aperçoit, dans le lointain, deux points blancs; il pousse immédiatement en avant quelques-uns de ses cavaliers, et bientôt ceux-ci nous appellent

---

vieillards, les femmes et les enfants. » — *Biographie du colonel de Montagnac*, par E. J. Remy, officier d'infanterie. 1847.

avec toute l'énergie d'hommes qui ont découvert quelque chose d'extraordinaire. Au même instant la neige se met à tomber à gros flocons, nous prenons le pas de course, et nous voilà avec la cavalerie au milieu de cinquante-neuf douars de quinze à vingt tentes chacun, fuyant dans toutes les directions, abandonnant femmes, enfants, troupeaux, bêtes de somme chargées et un butin immense.

Malheureusement, la neige augmente, on ne se voit plus à dix pas ; nous sommes dans des bois épais, pêle-mêle avec les Arabes qui fuient, les chevaux qui renversent leurs charges, les chameaux qui se sauvent. Les femmes, les enfants accrochés dans les épaisses broussailles qu'ils sont obligés de traverser, se rendent à nous. On tue, on égorge ; les cris des épouvantés, des mourants se mêlent au bruit des bestiaux qui mugissent, bêlent de tous côtés ; — c'est un enfer, où, au lieu de feu qui nous grille, la neige nous inonde. Le temps est toujours plus atroce, et donne encore à toutes ces scènes d'horreur un caractère plus lugubre. Chaque soldat arrive avec quelques pauvres femmes ou enfants qu'il chasse, comme des bêtes, devant lui, ou tient, par le cou, un homme qui veut encore résister. Le troupeau se grossit des contingents qui sortent de partout, et le nombre de nos prisonniers augmente ; nos soldats, malgré la tempête, battent les bois et cherchent à ramasser quelque chose ; la cavalerie est sur les traces d'un nombreux convoi qu'elle finit par atteindre ; mais les difficultés du terrain sont trop fortes pour qu'elle puisse rien ramener. — Une section des carabiniers du 13º léger (1ᵉʳ bataillon d'élite), qui était jointe à mon bataillon, arrive aussi sur une caravane qui fuit; elle la coupe, elle essaye de diriger la prise considérable qu'elle a faite; mais les précipices qu'il lui faut franchir sont glissants, la neige les encombre, les animaux s'y enfoncent, elle ne peut venir à bout de se tirer de là qu'en abandonnant une partie de ce qu'elle a pris. La voilà donc voguant à l'aventure, à une demi-lieue du point de ralliement, où le noyau du bataillon est resté; elle cherche son chemin pour nous rejoindre, mais la neige, qui tombe toujours, l'empêche de voir à deux pas; — elle s'égare !... Pendant ce temps-là, les autres portions du bataillon, qui chassaient dans différents sens, amènent prisonniers et bestiaux, et, dans l'espace d'une heure, on a rassemblé trois cents individus et plus de six mille têtes de bétail. — On ne sait que faire de cet immense butin.

Nous n'attendons plus, pour nous mettre en mouvement et rejoindre le camp, dont nous devons être à deux lieues environ, que la rentrée de la section de carabiniers qui opère pour son compte. Nous faisons toutes les sonneries, toutes les batteries possibles, des feux de peloton, de bataillon (autant que les armes veulent bien partir), personne ne revient... Plusieurs heures se passent à attendre, la bourrasque va toujours croissant, la nuit approche, la position du camp n'est pas exactement connue; il faut pourtant prendre un parti. — Nous nous décidons à abandonner l'immense troupeau que nous avons réuni, et qui embarrasserait notre marche, et à emmener seulement les prisonniers. Encore une fois, parmi ces prisonniers, se trouve un homme qui peut nous guider vers l'endroit où le général Lamoricière est campé avec toute sa division et son convoi. Après deux heures de marche pénible, nous arrivons enfin au bivouac, où fument, de loin en loin, quelques feux que la violence de la neige empêche de brûler. — Il y a partout un pied de neige, hommes et chevaux, tout est couvert d'un manteau de frimas; l'aspect du bivouac a quelque chose de sinistre. — On n'entend que le bêlement des moutons et les cris de quelques malheureux enfants que nous avons pris, et qui meurent de froid dans les bras de leurs mères. La nuit est close; les pâles rayons de la lune essayent de se faire jour à travers l'épais voile de neige qui s'est interposé entre cette planète et la terre, et laissent entrevoir quelques scènes déchirantes. Autour d'une grande tente d'ambulance, sont groupés nos prisonniers; une masse de femmes entassées les unes contre les autres, et qui n'ont pu trouver asile sous la tente, sont exposées aux intempéries de cette nuit horrible; elles pressent sur leurs seins leurs enfants que le froid a déjà engourdis; leurs gémissements se mêlent aux cris plaintifs de ces pauvres petites créatures; on essaye en vain d'allumer un peu de feu autour d'elles; le vent, la neige s'y opposent; on les aide de toutes les ressources que l'on peut réunir, on leur donne toutes les couvertures dont l'ambulance peut disposer; mais le froid est trop intense, et toutes ces précautions sont inutiles.

La neige augmente toujours; la pluie vient ensuite grossir ce gâchis au milieu duquel gisent hommes, chevaux, bagages, etc. Je ne puis mieux vous mettre à même de juger de ce coup d'œil qu'en vous priant de vous reporter au tableau de *Gros* représentant le champ de bataille d'Eylau. — A quatre heures, on bat la diane. — C'est tout au plus si le bruit sourd du tambour peut se faire entendre; les hommes, harassés de la veille, sont sous la neige; le froid les a saisis, ils sont hébétés. Ils vous regardent d'un air stupide, lorsqu'on leur dit de se lever, de se remuer pour se réchauffer, de faire du feu afin de manger quelque chose de chaud. Ils restent plantés comme des automates; quelques officiers et sous-officiers énergiques sont obligés de jouer du bâton pour stimuler un peu ces images de Dieu que le froid a anéanties. Voyant que, dans mon bataillon, je n'obtenais pas ce que je voulais, je prends le pas de course, et me voilà sautant à pieds joints sur tout ce que je rencontre par terre: j'attrape une figure d'un côté, je marche sur le ventre à l'un, j'applique de grands coups de pied dans le c.. à d'autres; enfin, en un clin d'œil, tous ces fantômes sont debout et se sauvent dans toutes les directions, de peur d'avoir quelques taloches de moi. Un instant après, toutes ces machines, qui avaient l'air d'avoir la mort dans le dos, apportent du bois, font du feu, et ont bientôt l'estomac garni d'un peu de bouillie de farine ou d'un gobelet de café! Il fallait prendre ce parti-là pour vaincre la démoralisation qui commençait à les gagner. A dix heures du matin, nous levons notre triste camp, et nous nous dirigeons vers l'emplacement où, la veille, nous avions fait cette fameuse razzia, et où nous avions laissé plus de six mille têtes de bétail. Le terrain que nous parcourons est jonché de cadavres de chèvres, de moutons, morts de froid; quelques hommes, femmes et enfants gisent dans les broussailles, morts ou mourants. Partout des bagages abandonnés, des tapis, des tentes, toute espèce d'objets.

Nous prenons la route d'une petite ville appelée Frendah. Le temps est encore plus épouvantable que la veille; ce n'est plus de la neige, c'est de la pluie qui tombe à flots, avec un vent très-violent; le froid est excessif. Nous semons partout nos bestiaux sur la route, ils meurent ou se blottissent sous les buissons; impossible de les faire avancer. Enfin, à huit heures du soir, nous arrivons à cette prétendue ville; c'est un amas de petites baraques à terrasses; on y case toute la division. Nous y sommes entassés comme des harengs; bien heureux de trouver ces abris. La nuit est encore très-mauvaise; le lendemain, le soleil, qui ne s'était pas montré depuis près de trois jours, reparaît radieux; on se sèche, on se nettoie; — voilà nos vicissitudes oubliées. Nous passons la journée à Frendah, et, le 27, à cinq heures du matin, nous quittons ces turnes qui nous ont été d'un si grand secours, pour mettre le cap sur Mascara, où nous arrivons le 31.

Le général Lamoricière profita de notre séjour à Frendah pour faire rechercher, par une colonne de quatre cents hommes, les bestiaux que nous avions laissés en chemin la veille; cette colonne rencontra dans toutes les directions des cadavres d'hommes, de femmes et d'enfants. Ces malheureux, après avoir épuisé toutes leurs facultés physiques, étaient tombés anéantis. Cette expédition, par un temps horrible, a eu des conséquences immenses pour l'accomplissement de notre œuvre : toutes les fractions de tribus, et surtout la grande portion des Hachem, se sont rendues immédiatement. Partout sur notre passage arrivaient les chevaux de soumission, et des députations de ces populations, parmi lesquelles nous avions jeté le désordre, venaient demander merci. D'un autre côté, le général d'Arboville achevait la soumission des Flittas qui, seuls, tenaient encore. Aujourd'hui, tout est fini, les tribus sont aux environs de Mascara, dans la vaste plaine d'Eghris ; il ne nous reste plus maintenant qu'à organiser ces nombreuses populations et à polir enfin l'œuvre immense que nous venons de terminer dans l'espace de quatre mois d'hiver.

Il est temps que nous ayons un peu de repos; on ne se figurera jamais les fatigues que nous avons éprouvées; du reste, nous ne nous en plaindrons pas. Nous sommes heureux d'avoir achevé, en si peu de temps, ce que douze années d'occupation n'avaient pu ébaucher.

La section des carabiniers du 13ᵉ, dont je vous ai parlé plus haut, est rentrée le 26 au soir; c'est un marabout, que nous tenions comme prisonnier, qui a été la retrouver, à dix lieues de Frendah. Cette malheureuse fraction, commandée par M. le lieutenant de Ligny, s'étant trouvée égarée de la colonne, a vogué, à l'aventure, pendant toute la nuit du 24 au 25; le lendemain, mêmes courses, mêmes fatigues en pure perte; enfin le lieutenant de Ligny fut rejoint par le marabout, qui vint le trouver au milieu des montagnes les plus ardues. Cet Arabe n'avait pas reçu de M. de Lamoricière un petit billet qui permît à M. de Ligny de ne pas douter de sa bonne foi; c'était de la part du général un oubli qui pouvait avoir des conséquences très-graves, car ce jeune officier, qui, depuis quelque temps, se voyait entouré, à une certaine distance, par de nombreux Kabyles et de nombreux cavaliers, crut d'abord que cet Arabe, qui venait le chercher, lui tendait un piége; il fallut toutes les protestations de notre marabout, tous les gestes les plus persuasifs que pût lui inspirer sa religion, pour que M. de Ligny crût à la mission dont il était chargé. Il se décida donc à suivre le marabout, et arriva à Frendah, à onze heures du soir; il était resté quarante-huit heures détaché de la colonne, errant dans toutes les directions, sans aucun moyen d'existence, ni pour ses hommes ni pour lui, attendu que les sacs des hommes avaient été chargés sur des mulets et laissés au convoi; pour toute nourriture, ils n'avaient que quelques galettes, que M. de Ligny fit partager, à la dernière extrémité, entre tous ses carabiniers. Le détachement rentra dans un état de fatigue difficile à décrire.

Il y a dans cet épisode bien des circonstances remarquables à citer, pour prouver jusqu'à quel point, dans l'espace de quatre mois, nous avons imprimé à toutes ces populations, jadis si fières et si menaçantes, le respect de notre puissance, qu'elles avaient toujours méconnue, et de quelle terreur nous les avons frappées.

M. de Ligny, avec ses vingt-trois hommes, s'est trouvé, tout d'un coup, au milieu de plusieurs tribus dont les soumissions n'étaient pas encore bien arrêtées. Ces masses d'individus, à son approche, se sont dispersés et ont fui dans toutes les directions; cependant, revenus de leur première frayeur, de nombreux cavaliers et beaucoup de Kabyles se sont présentés à quelque distance; notre jeune officier a fait bonne contenance, a même souvent simulé quelques mouvements offensifs contre ces bandes armées : tous alors s'éloignaient. Enfin, pendant les journées du 25 et du 26, il les a tenus en respect, jusqu'au moment où le marabout est venu le rechercher.

Il y a trois mois, trois bataillons auraient eu toute la peine du monde à se tirer d'affaire, à deux lieues de Mascara; et, aujourd'hui, vingt-trois hommes et un officier voyagent, pendant quarante-huit heures, à trente lieues de Mascara, sans qu'un seul coup de fusil leur soit tiré, dans un pays où jamais les Turcs n'ont pénétré.

Voilà, je l'espère, une preuve bien convaincante de l'effet terrible qu'a exercé sur tous les Arabes notre nouveau mode de guerre, notre persévérance à les poursuivre et notre système de destruction de tous leurs moyens d'existence, système qui, jusqu'alors, n'avait été employé que sur une très-petite échelle.

Comme vous le dites fort bien, mon cher oncle, nous menons ici une véritable vie de brigands, surtout nos deux bataillons d'élite qui sont toujours les seuls mis en avant dans ces circonstances; aussi nos soldats sont-ils devenus d'une sauvagerie à faire dresser les cheveux sur la tête d'un honnête bourgeois.

Il serait vraiment dangereux de faire rentrer maintenant ces bougres-là en France, où l'on ne saurait fournir un aliment à leur énergie et à leur activité.

Il est temps que nous cessions cette existence; nous commençons à devenir impossibles.

Ce qu'il y a de bien extraordinaire aussi, c'est notre costume. Figurez-vous une foule de grands diables vêtus de haillons rafistolés avec de la toile, des morceaux de laine de toutes les couleurs, et des morceaux de peaux de chèvre ou de mouton, couverts *de poux*; coiffés les uns de képis, les autres de fez, quelques-uns de chapeaux de feutre, d'autres d'énormes *sombreros* de palmier, d'un pied et demi de haut, finissant en pointe, et dont les bords ont un pied de rayon (coiffures ramassées dans les razzias); l'extrémité inférieure du personnage garnie de peau de mouton ou de peau de bœuf, avec leurs poils, faute de souliers. Ajoutez à cela une face basanée, une longue barbe pour ceux qui en ont; — de véritables sauvages, en un mot.

Depuis que nous sommes ici, nous n'avons reçu aucun effet d'habillement; aussi nos lapins, qui, sur cent vingt jours, en ont passé quatre-vingts au bivouac, à courir les montagnes, sont-ils en guenilles : l'aspect des *cocardiers* a, en réalité, quelque chose d'imposant. C'est un coup d'œil vraiment pittoresque.

Nous allons pourtant profiter de nos quelques jours de repos pour nous vêtir un peu et nous débarrasser du voisinage incommode de certains messieurs, à raie de mulet, qui nous astiquent le cuir d'une vigoureuse façon; je sais bien que, pour ma part, après les chasses que j'ai faites à MM. les Arabes, j'en ai une fameuse à faire dans mes culottes et dans ma chemise !... Assez causé de cela !...

Il ne faudrait pas pourtant croire que, parce que toutes les populations de ce pays ont demandé merci, l'ennemi soit tout à fait anéanti. Abd-el-Kader a prouvé dernièrement, du côté de Tlemcen, qu'il avait à sa disposition encore quelques milliers d'individus capables de tenter un coup de main. Pendant que nous courions après nos Hachems en désordre, l'émir, avec quinze cents cavaliers et trois mille fantassins, enlevait un convoi civil qui se rendait d'Oran à Tlemcen. Le général Bedeau, qui commande par là, a eu deux combats à lui livrer. Dans le premier, il a tué à l'ennemi soixante-dix hommes, et, dans le second, il en est resté deux cent vingt sur le champ de bataille; avec un peu de cavalerie, il aurait eu un succès complet. S'il en est ainsi dans le pays de Tlemcen ou d'Oran, c'est un peu de la faute du général Bugeaud, qui s'est empressé d'accepter les soumissions de toutes les tribus des environs, sans, préalablement, les châtier à fond, et leur ôter leurs moyens d'existence. Loin de cela, il leur a laissé toutes leurs forces, de sorte qu'elles se moquent de nous, en donnant passage à Abd-el-Kader et à ses troupes, et en lui facilitant, sans doute, les moyens de nous attaquer avec avantage. Si, au lieu de cette demi-concession dont le général Bugeaud s'est contenté, il les avait compromises vis-à-vis d'Abd-el-Kader, en les forçant, sous peine d'être *razziées,* à lui livrer bataille toutes les fois qu'il se présenterait, comme l'a fait le général Lamoricière avec Ben-Tami qui dominait dans cette province, Abd-el-Kader ne serait plus qu'un fantôme errant loin du cercle de son ancienne puissance. Mais le général Bugeaud était pressé de présenter des résultats à la Chambre, et il a *bâti sur le sable.* Nous serons peut-être obligés, un de ces jours, de pousser une pointe dans l'ouest, et d'aller chambarder toutes ces populations que le père Bugeaud a laissées dans une trop parfaite tranquillité, tranquillité qui pourrait bien nous devenir funeste. Il s'est aussi amusé à faire de la politique, dans la province d'Alger, avec un certain chef, Sidi-Ambarach, qui le trompe, qui a eu l'air d'accepter des conditions de paix, et qui, en attendant, fait administrer de bons coups de fusil au papa Rumigny, qu'une *main malheureuse* a jeté dans ce pays d'Afrique, auquel il est aussi impropre que le serait notre bonne tante Thérèse[1].

Cependant le père Bugeaud est avec toute sa famille à Blidah, où il attend les soumissions qui n'arrivent pas. Il faudra encore que Lamoricière et ses deux ba-

[1] Mademoiselle Thérèse de Montagnac, douce et sainte fille qui vivait toute en Dieu.

taillons d'élite aillent donner quelques petites leçons de razzia à ces honnêtes gens-là. C'est que réellement nous sommes passés maîtres en pareille matière.

Mes premières lettres vous ont mis au courant du commencement de nos opérations, vous en voyez la fin, à la grande gloire du général Lamoricière. Je ne me serais jamais douté que nous fussions arrivés si vite à ce renversement d'une puissance dont les rouages avaient été si bien montés, et dont la grandeur était vraiment imposante.

En voilà assez sur les affaires d'Afrique, passées, présentes et futures. Revenons un peu à mon individu, dont je ne vous ai encore rien dit. Je vais toujours très-bien, mes chevaux ne vont pas trop mal; je ne comprends pas qu'ils aient encore leurs quatre jambes attachées au ventre, après le service que je leur ai fait faire. Il faut qu'ils soient réellement d'une bonne composition.

Vous me demandez, dans un paragraphe de votre lettre, ce que nous faisons des femmes que nous prenons. On en garde quelques-unes comme otages, les autres sont échangées contre des chevaux, et le reste est vendu, à l'enchère, comme bêtes de somme; voilà le cas que l'on fait, dans ce pays, des *fleurs que la nature a fait éclore pour embaumer notre vie!* Parmi ces femmes, il y en a souvent de très-jolies; il y a aussi des enfants charmants. Ces pauvres petits moutards sont vraiment intéressants. Dans toutes les opérations de guerre que nous faisons depuis quatre mois, il y a des scènes à attendrir un rocher, si l'on avait le temps de s'attendrir un peu. Eh bien! on en arrive à regarder tout cela avec une sèche indifférence qui fait frémir.

Adieu, mon brave oncle; embrassez pour moi toute notre sainte famille, faites, aux uns et aux autres, un feu roulant d'expressions amicales; qu'ils soient tous bien persuadés, tante, oncles, sœurs et frère, de mon attachement sans bornes. Je n'ai pas besoin de protester de celui que je vous ai voué depuis bientôt trente-neuf ans, vous le connaissez, n'est-ce pas, mon cher oncle?

A M. Élizé de Montagnac.

Mascara, 3-7 avril 1842.

C'est aujourd'hui jour de fête et de repos; je ne puis mieux le célébrer qu'en causant un peu avec toi des choses de ce monde, dont les couleurs sont souvent si sombres. Ta famille vient d'avoir sous les yeux un tableau bien déchirant; notre oncle m'en a donné les détails; crois que je prends la part la plus vive au chagrin qu'a dû vous causer à tous le dénoûment tragique de cette scène où l'amour filial était si éprouvé. Dieu veuille que la série de malheurs qui semble s'ouvrir pour la famille du Rotois s'arrête à ce dernier coup! Notre pauvre Clémence a de rudes assauts à supporter depuis quelque temps; heureusement son courage sait faire face aux vicissitudes terribles qui l'accablent, et elle trouve dans son âme fortement trempée toutes les ressources possibles pour lutter contre le malheur. Apporte-lui de ma part les meilleures consolations que tu pourras trouver dans ton cœur, et exprime-lui tout ce que l'amitié te suggérera de plus vrai. Elle n'ignore pas, je l'espère, l'affection que je lui ai vouée.

Si, d'un côté, elle a de cruelles souffrances à endurer, elle trouve, d'autre part, dans son intérieur, de réelles compensations; car sa petite famille lui offre, paraît-il, toutes les satisfactions qu'elle peut désirer. Je voudrais bien connaître ces bons petits moutards dont tout le monde me fait tant d'éloges; en attendant, embrasse-les pour moi, et dis-leur que je les aime bien. Je ne tarderai probablement pas à aller faire leur connaissance, car tout semble terminé dans la province d'Oran, et j'espère qu'à la fin de cette année, je pourrai bien accrocher un petit bout de permission pour aller vous embrasser tous. Après six ans d'Afrique, sans débrider, il est bien temps d'aller se réchauffer au foyer de la famille, de cette brave et digne famille qui est l'objet de tous mes vœux, le but où tendent toutes mes pensées, mon avenir en un mot : le cercle où je veux concentrer les quelques années d'existence que le Ciel me laissera, après mes trente années de pacte militaire. Vois-tu, mon brave frère, le jour où la main de la Providence me ramènera au milieu de vous, sera un des plus beaux de ma vie. Je l'attends avec une vive impatience, crois-le bien.

Comme je te le disais plus haut, tout est fini dans la province d'Oran; la puissante tribu des Hachem, que nous poursuivons depuis quatre mois, a fini, malgré ses serments de ne jamais se rendre aux chrétiens, par céder à notre infatigable persévérance. Depuis le mois de décembre, où nous avions commencé nos opérations, nous vidions leurs silos. Nous étions parvenus à les diviser, nous leurs enlevions leurs troupeaux, leurs femmes et leurs enfants; au mois de janvier, tout le territoire entre Mascara, Mostaganem et Oran était à nous; tous les jours de nouveaux succès leur prouvaient notre force, notre puissance; les réguliers d'Abd-el-Kader, qui bloquaient en quelque sorte Mascara, s'étaient retirés loin de ces parages; le chef de l'infanterie était passé de notre bord; le 28 février, l'agha de la cavalerie et soixante cavaliers avaient été pris ou tués. Tous ces coups, qui auraient dû les accabler, n'avaient pu amener la grande portion de la tribu à nous demander merci; il a fallu cette expédition de vingt-deux jours, les opérations combinées de deux colonnes agissantes, pour obtenir enfin ce que douze ans d'occupation n'avaient pu réaliser et ce que trente ans de guerre incessante, comme nous la faisions jusqu'à présent, n'auraient pu décider. Il fallait ce mode de guerre inauguré par M. de Lamoricière, cette opiniâtreté diabolique, ce nouveau genre de vie appliqué à notre armée, qui, jusqu'à ce jour, ne pouvait se passer d'immenses et lourds convois; il fallait ces bataillons d'infanterie débarrassés de leurs pesants fardeaux, arrivant, aussi vite que la cavalerie, au milieu des tribus épouvantées, franchissant les obstacles les plus ardus, frappant partout, fouillant dans les repaires les plus cachés, poussant les troupeaux avec plus de rapidité que ne pouvaient le faire les Arabes eux-mêmes, tenant la campagne par tous les temps, courant nuit et jour, saisissant, dans toutes les directions, ces populations en désordre, ramenant, à deux ou trois, trente ou quarante prisonniers désarmés par l'audace de nos *flibustiers*. Enfin, dans les vingt-deux jours que nous sommes restés dehors, nous avons ramassé, à quarante lieues à la ronde, tout ce qui offrait encore quelques dissidences, et, après trois razzias terribles que nous avons faites sur ces peuplades errantes, nous les avons vues nous amener leurs chevaux de soumission, et demander grâce. Deux journées horribles, le 25 et le 26, où les éléments semblaient s'être conjurés contre nous, ont porté le dernier coup à cette tribu des Hachem dont une grande portion cherchait encore à nous échapper par la fuite.

Tout est terminé aujourd'hui : pas la plus petite portion des tribus n'a méconnu notre pouvoir, et toutes se sont rangées sous le joug terrible que nous leur imposions depuis le mois de décembre.

Il n'existe plus un seul régulier de ce côté. Ben-Tami, après avoir remis aux quelques cavaliers qui lui restaient, ses armes, et les faibles ressources qu'il possédait encore en étoffes ou en vivres, est allé, seul, s'établir chez une petite tribu qui habite les confins du désert.

Il ne s'agit plus maintenant que d'organiser ces populations; ce n'est pas une petite affaire; mais qu'on laisse M. de Lamoricière mettre à son œuvre la dernière main! Personne mieux que lui ne peut résoudre cette grande question, où se couleront tous les Bugeaud de la terre, et surtout nos économistes les plus distingués.

Il est impossible de se figurer à quelle extrémité nous avons réduit ces malheureuses populations; nous leur avons enlevé, pendant quatre mois, toutes leurs ressources en blé ou en orge. Nous leur avons pris leurs troupeaux, leurs tentes, leurs tapis, tous leurs objets de ménage, en un mot toute leur fortune; il n'y a donc qu'une longue paix qui puisse les remettre de tant de maux. Il ne fallait pas leur laisser la force de se remuer plus tard et de prendre encore leur vol avec audace. Il fallait couper les ailes à l'oiseau farouche pour le garder; c'est ce que M. de Lamoricière a parfaitement compris, et ce que le père Bugeaud n'a pas fait dans son cercle de Tlemcen et d'Oran, où il a accepté, comme un bon enfant, les prétendues soumissions des grandes tribus des Beni-Amen et des Garabas pour pouvoir présenter à la Chambre des résultats pompeux et de fastueux bulletins.

M. de Lamoricière, lui, a su les diviser et les compromettre avec tout ce qu'il y a eu d'Arabes dissidents, de sorte qu'ils sont à nous sans partage, par la force et le sabre, arguments irrésistibles qui vont jusqu'au cœur lorsque l'on veut se donner la peine de les employer.

Dans la province d'Alger, ils ne font que des brioches. Ils ont fait une espèce de traité avec un certain *Ambarach* qui se moque d'eux, et leur fait flanquer des coups de fusil dans les fesses. Le papa Rumigny, qui ne ruminera jamais grand'chose de bien malin, est venu ici caracoler; qu'il prenne garde de s'enfoncer dans les marais de la Mitidja, et de piquer une tête dans ce fameux fossé que l'hiver a dégradé fortement en différents endroits, et sur lequel sont pourtant fondées toutes les espérances de colonisation.

Malgré toutes les peines que s'est données ici le général Lamoricière, on lui a créé une foule de difficultés, plus aiguës les unes que les autres, et qui émanent des bureaux de M. le gouverneur ou de la rue Saint-Dominique. D'une part, ce sont des reproches du père Bugeaud de ce qu'il n'en finit pas avec les tribus de ces contrées, et retarde la marche des opérations sur d'autres points de l'Afrique. Il ne veut pas voir, ce brave homme qui nous suppose dans l'inaction, que, sur *cent vingt jours* passés dans cette partie de l'Afrique, nous avons été *quatre-vingt-dix* jours à battre la campagne, n'ayant pour toute nourriture que de la farine et de l'eau, voyageant nuit et jour, exposés à toutes les intempéries d'une saison qui, cette année, a été exceptionnellement rigoureuse, n'ayant pas même un moment pour secouer, rapiécer, rafistoler nos effets délabrés. On a trouvé aussi que nous étions trop riches des parts de prises qui nous revenaient par suite des razzias ou autres coups de main de guerre; au lieu de laisser aux *capteurs* ces misérables petites sommes qu'ils gagnent au prix de mille fatigues, de mille privations et de tous les dangers de la guerre, on ordonne qu'un tiers sera versé à l'État, l'autre tiers à la caisse coloniale, et qu'enfin le dernier tiers restera aux *capteurs!* Qu'ils viennent donc, ces sales écornifleurs de pièces de six liards, passer ici la moitié d'une des nuits que nous avons endurées; ils verront si les soldats qu'ils trouvent si riches et qui sont aujourd'hui couverts de haillons, ont seulement de quoi acheter un bout de toile pour se vêtir et de quoi se procurer, au poids de l'or, un peu de sucre pour refaire leurs estomacs fatigués. — Un beau jour, ces vils agioteurs s'établiront sur le sol que nous avons couvert de notre sueur et de notre sang; alors, ils nous refuseront, sans doute, une planche pour nous abriter, et trouveront fort extraordinaire que nous osions revendiquer une petite place dans un coin de baraque, sur cette terre où ils n'auraient jamais f... les griffes si nous ne l'avions conquise. Ces infâmes financiers, grands tripoteurs de nos affaires gouvernementales, ne vont-ils pas jusqu'à menacer le général Lamoricière, s'il manque encore de se conformer à leur ordre saugrenu sur les parts de prises, de lui retenir, sur ses appointements, le montant des sommes dont il se sera permis de disposer!... C'est ainsi pourtant que l'on traite les hommes qui usent leur génie, leurs talents, leur persévérante énergie, et se tuent à la tâche pour rendre à la France sa puissance et sa gloire. C'est ainsi que nos chefs de l'État mettent au niveau d'un misérable valet à gages, à qui l'on retient cent sols pour avoir cassé une carafe, ce soldat qui est le seul capable de soutenir l'étoile brillante attachée par lui à notre firmament. Lui qui, depuis quatre mois, n'a même pas eu le temps de faire mettre un point à ses vêtements, dont le dernier fripier ne voudrait pas!...

C'est ignoble!... O mon pauvre pays, tu n'es vraiment pas digne d'avoir pour défenseurs de tes intérêts les plus chers des hommes sachant soutenir avec fermeté le sceptre de ta grandeur!... Il est cruel de penser que les ennemis les plus acharnés de Lamoricière sont entortillés comme des serpents autour des piliers du bureau de notre gouverneur, trop disposé, malheureusement, à se laisser circonvenir et charmer par les sifflements de ces reptiles qui lui rampent entre les jambes.

Quand ce ne sont pas les piqûres de nos guêpes gouvernementales qui harcèlent notre pauvre général, ce sont les lacets de cette impitoyable administration des vivres, dirigée par de misérables intendants, qui l'arrêtent dans sa marche. Aujourd'hui que nous avons attiré sous notre bannière, à force de châtiments, toutes ces tribus réduites à la plus cruelle expression, nous ne pouvons plus aller le fusil à la main, comme nous le faisions avant, chercher notre nourriture sur les quelques grains de blé que nous leur avons laissés, ni leur prendre leurs troupeaux. Il nous faut donc recourir aux approvisionnements fournis par l'administration. Eh bien! croirait-on que, depuis un mois, le commerce civil, les habitants de Mascara, de Mostaganem ou d'Oran, ont amené ici plus de trente mille quintaux de marchandises, et que notre infernale administration n'a pas encore pu y conduire sept cents quintaux de denrées pour notre subsistance, et cela, alors qu'elle a à sa disposition tous les transports des Garabas, du Medjehers, des douars de Mustapha et autres, c'est-à-dire plus de trois mille bêtes de somme de tout genre : chevaux, mulets, chameaux, ânes, bœufs porteurs, etc? Au lieu d'envoyer les vivres que le général réclame à outrance, on envoie ici un *tarif mesquin*, pour le nolis des moyens de transport que nous devons nous procurer, avec l'ordre exprès, sous peine de *retenue sur les appointements du général*, de ne pas s'en écarter d'un centime; note bien que, depuis six ans, on essaye de mettre ce tarif en vigueur dans la province de Constantine, et qu'aussitôt qu'on essaye de l'employer, on ne trouve plus un Arabe qui veuille louer ses animaux. Dans la province d'Oran, où l'on est maître du pays et des populations depuis environ deux mois, ce n'est qu'à force de prières, de menaces et de promesses que l'on a obtenu des Arabes qu'ils nous loueraient leurs transports pour alimenter nos postes éloignés du littoral, et encore a-t-il fallu les payer assez cher : mais, quel que soit le prix, ils nous sont indispensables dans ces circonstances; il faut donc en passer un peu par ce qu'ils demandent. Eh bien! on veut, du jour au lendemain, leur imposer les conditions rétrécies de ce tarif ridicule : ils ont donc refusé leurs moyens de transport. — Quelque chose de plus fort que tout cela : il y a *trois mois*, les Garabas ont fait un convoi d'Oran à Mostaganem et de Mostaganem à Mascara. Le croirait-on? A Oran, notre sale administration des finances n'a pas encore payé ces Arabes!... Il a donc fallu que le général

Lamoricière, qui ne peut pas encore bouger d'ici, expédiât à Oran son chef d'état-major, avec mission de cingler un peu tous ces farceurs et de se rendre, aussitôt que possible, à Alger, pour se plaindre au gouverneur. Il est à remarquer qu'on se plaît à créer une masse de difficultés à tous ceux qui réussissent dans ce pays. Nos financiers d'Oran, pour se débarrasser des trop justes réclamations des Garabas, les ont renvoyés à Mascara se faire payer, et, à Mascara, il n'y a même pas de quoi *faire la solde de la troupe*. Afin de ne pas ballotter davantage les Arabes trop positifs pour s'en tenir à de nouvelles promesses, et afin de ne pas se les aliéner, dans un moment où l'on a besoin d'eux, le général a été obligé de puiser dans toutes les bourses, chez tous les marchands, pour réunir la somme qui leur était due. Ce mauvais vouloir de la part des employés d'Oran est incroyable, d'autant plus qu'à Oran, leurs caisses sont pleines, et qu'ils nous font tous les jours des envois d'argent.

Enfin, notre général, après avoir lutté pendant quatre mois contre les difficultés de tout genre de l'immense entreprise qu'il avait embrassée, est encore obligé de combattre les obstacles que lui opposent sans cesse les hommes qui devraient être les premiers à lui aplanir sa tâche. Notre pauvre général est quelquefois navré du peu d'égards qu'on lui témoigne et du peu d'intérêt que nos gouvernants prennent aux grandes choses qu'il a faites !... Pitoyable régime parlementaire, tu n'es pas digne de comprendre des hommes de cœur qui se sacrifient corps et âme pour la gloire de la France!... Il te faut des épices et de la mélasse pour les empoter tout à ton aise!... Envoie donc ici tes aristocrates de comptoir, tes chevaliers du pain d'épice, ils te feront de la gloire à ta façon, assaisonnée d'une sauce de platitude digne de toi!... Pauvres ministres! comment allez-vous vous dépêtrer dans tout ce dédale qu'un homme de génie a créé, et où lui seul voyage avec tant d'art et de bonheur?

En attendant que notre gouvernement veuille prendre un parti, ce qui n'est pas chose facile, je suis toujours là, fixe au poste, prêt à lui donner tout ce que je possède de facultés physiques et morales. Je vais très-bien, mes chevaux aussi. Il n'est pas question de me retirer mon commandement, ce dont je suis enchanté. Je suis donc appelé à jouer, soit ici, soit dans l'ouest, encore un certain rôle. — Cette vie me va, sous tous les rapports. Je te *dirai tout bas* que je crois être proposé pour officier de la Légion d'honneur (fameuse affaire!)... N'en disons pourtant rien à personne. Les propositions du général vont partir aujourd'hui 7 avril. J'espère que l'année 1843 me verra avec les épaulettes de lieutenant-colonel... Il a dû paraître déjà un rapport du général Lamoricière; je pense qu'il aura été fortement question du bataillon d'élite, et de sa manière de faire dans les dernières opérations. Un autre rapport, beaucoup plus étendu, va paraître au premier jour; il devra être bien intéressant.

La France, peut-être, comprendra un peu notre conduite dans cette province!...

Tu as dû recevoir quelques-unes de mes lettres, car je pense que, malgré le retard apporté par la mauvaise saison dans les arrivages, elles auront fini par aborder nos frontières d'Ardennes. Répondez-moi donc tous, tant que vous êtes, à qui j'expédie ces chiffons de papier que les rares instants dont je jouis me permettent de noircir. J'ai besoin de vos paroles d'amitié pour couper les longs entr'actes de l'absence. Embrasse bien pour moi oncles, tante, sœurs, que j'aime tant à suivre dans mon imagination, et sois toujours bien convaincu, mon brave frère, de tout mon attachement.

Je t'envoie 400 francs, à la garde de Dieu. Puissent-ils te parvenir! Je tâcherai de t'envoyer le plus tôt possible les 100 autres. Merci toujours. — Ma foi! voilà encore 100 francs qui m'arrivent à l'instant, ainsi les 500 francs sont complets. Merci, merci, cent fois merci!

Oran, 21 avril 1842.

Tu vas sans doute être bien étonné, mon cher ami, après m'avoir vu, il y a huit jours, à Mascara, de me trouver aujourd'hui à Oran. C'est pourtant ainsi que les choses se passent. — Depuis le 17, nous sommes ici; le général Lamoricière, dont la présence était utile de ce côté, et qui était en même temps pressé de voir ravitailler sa division de chapardeurs, afin de pouvoir la remettre en campagne le plus tôt possible, a pensé que ce qu'il y avait de plus simple à faire pour atteindre promptement ce but, était d'amener à Oran tous ces lapins-là. C'était le moyen, en même temps, de donner quelques douceurs à ces fameux troubadours en guenilles, qui, depuis quatre mois, ne vivaient que de farine et d'eau. Ils referont leurs culottes et leur estomac, et partiront flambards. Je t'avouerai franchement que j'ai éprouvé une certaine jouissance à pouvoir, pour la première fois *depuis huit mois*, ôter mon pantalon et mon caleçon, et me fourrer entre deux draps, sur un bon matelas, à l'abri du vent, dans une bonne chambre, avec portes et fenêtres.

Nous sommes ici pour peu de temps, je crois; nous ne tarderons pas à filer pour aller achever de chambarder les quelques tribus des environs de Tlemcen qui se permettent encore de nous être hostiles, ou à remonter le Chélif pour aller nous joindre à la division du père Bugeaud, qui doit traquer les habitants de ces contrées jusque vers les *Bibans*. En attendant, je me prépare; je recouds mes nippes et je me remonte en sellerie et en bête de somme, ce qui n'est pas une petite affaire. Si j'avais quelques *sols*, je changerais mes deux chevaux qui, pour le moment, sont complétement hors de service; si, dans huit jours, on partait, je serais obligé de monter à cheval sur des abcès.

Me voilà donc, comme tu le vois, encore une fois, entre deux bêtes, le c.. par terre; et, pour comble de misères, j'ai, dans ce moment, l'ongle du gros orteil arraché, ce qui m'empêche de marcher.

Du reste, je me porte bien, aussi bien que possible. Plus je vais, plus je vois que ma vieille carcasse est trempée dur; je ne bois que de l'eau et prends trois fois du café par jour : le matin, quelle que soit l'heure, aussitôt que je me lève ; dans la journée, si j'ai le temps, et toujours le soir ; ce que je m'applique chaque matin par le cornet équivaut au moins à quatre des tasses que vous autres, gens honnêtes et pacifiques, vous pouvez absorber. Eh bien ! jamais je n'ai l'ombre d'une indisposition ; et, chose remarquable, *jamais* je ne suis enrhumé.

Avec tout cela, je n'ai pas de chevaux. Je n'en trouve ici que de 6 à 800 francs, et qui ne sont pas merveilleux. Je regrette de t'avoir expédié tes 500 francs, ils me font un peu faute en ce moment ; je ne pouvais pas prévoir que je décamperais si vite de Mascara. Tant pis, j'enfourcherai mes palefrois avec leurs abcès et leurs croûtes.

As-tu reçu, avez-vous reçu, ont-ils reçu les nombreuses lettres que j'ai expédiées, aux uns et aux autres, de Mascara ? Depuis une éternité, je ne reçois rien de vous qui me dise que les feuilles de papier que je ne cesse de vous adresser vous parviennent. Écrivez-moi donc, braves et respectables parents, j'ai besoin de vos lettres.

Nos affaires d'Afrique continuent à ne pas mal aller ; espérons qu'elles prendront, chaque jour, un nouvel essor plus satisfaisant.

Adieu, mon brave frère ; écris-moi le plus tôt que tu pourras, et sois toujours bien convaincu de la large part d'amitié que je te garde.

Embrasse pour moi Clémence et les moutards.

Oran, 27 avril 1842.

Mon cher ami, au moment où je termine cette lettre, je reçois l'ordre de partir demain avec toute la division Lamoricière. C'est bien prompt, nous ne nous attendions pas à décamper si vite. — Il paraît qu'il y a encore quelque anguille sous roche.

Nous ne savons pas où nous allons. C'est tout au plus si mes chevaux et ma sellerie sont en état. — Enfin, il faut filer; nous voilà pour quelques mois à battre la campagne. Adieu, mon cher ami; sois toujours bien pénétré de mon attachement et de ma reconnaissance.

Mascara, 3 juin 1842.

Hier, en rentrant d'une course de dix-huit jours, mon cher ami, j'ai trouvé ta bonne grande lettre. Elle m'a fait oublier toutes mes fatigues et ces scènes de violence qui finissent par dessécher les rouages de notre frêle machine, au point de les faire crier comme des ressorts qu'on aurait oublié de graisser. Puissent donc tes pensées venir souvent adoucir les rudes épreuves auxquelles est exposé mon sec et dur personnage!

Je t'ai dit, dans une de mes lettres de la fin du mois d'avril, que nous partions, le 28, pour une course quelconque. — Le 28, en effet, nous nous sommes mis en mouvement, avec la nombreuse cavalerie arabe du père Mustapha. Après avoir, pendant quatorze jours, voyagé sur les bords du désert, pour raser quelques tribus éloignées qui avaient manqué à leurs engagements, ou ne s'étaient pas encore soumises, nous sommes arrivés à Mascara le 16 mai.

Le père Bugeaud ayant emmené avec lui le régiment de chasseurs à cheval, celui des spahis, ainsi que la majeure partie des moyens de transport, il a fallu que notre général s'ingéniât pour organiser son train des équipages, et inventât une foule de ressources pour faire face aux éventualités de la campagne qu'il allait entreprendre.

En dépit de toutes les difficultés imaginables, il a trouvé le moyen de réunir à sa fameuse division de *chapardeurs,* plus flambante que jamais, des goums (ou masses de cavalerie indigène) assez considérables tirés des tribus des Hachem, des Beni-Chougran et autres, qui, il y a six mois, nous allongeaient des coups de fusil. — C'est ainsi montés que, le 15, nous avons quitté Mascara, emportant sur le dos de nos hommes dix jours de vivres, et traînant un convoi formé des chevaux et des ânes réquisitionnés chez les Arabes, avec dix autres jours de vivres.

Nous mettons directement le cap à l'est, et nous voilà filant vers l'immense pays des Flittas que nous n'avons pas eu le temps de visiter pendant l'hiver, et dont la population avait paru se soumettre au père Bugeaud, lors de la première tournée dans la vallée du Chélif.

Nous allions donc nous assurer si ces honnêtes gens

étaient de bonne foi. Dès qu'ils nous virent au centre de leurs riches moissons, ils arrivèrent, de tous les côtés, pour protester de leur dévouement. Nous dûmes cesser nos ravages et nous vînmes camper sur les bords de la Mina, pendant quelques jours, en attendant qu'ils réalisassent leurs promesses de nous amener des chevaux, du grain, etc. Mais nous ne tardâmes pas à nous apercevoir que toutes leurs flagorneries n'étaient que ruses pour se donner le temps de faire filer leurs familles et leurs troupeaux loin de nous.

Le 19, le général de Lamoricière fait charger sur des mulets les sacs de 250 hommes de mon bataillon, et à deux heures du matin nous nous enfonçons avec la cavalerie dans les montagnes. A cinq heures, nos goums, dispersés dans les gorges, arrivent sur les tribus, qui décampent, comme d'habitude, abandonnant femmes, enfants, troupeaux, butin. Mon bataillon, qui a suivi au pas de course, est à un quart de lieue de la cavalerie. Quelques coups de fusil m'annoncent que les tribus sont aux prises avec les nôtres. Je ne tarde pas à découvrir, dans le lointain, à travers les bois et sur les cimes des montagnes, quelques individus et quelques bestiaux en fuite. J'ordonne aussitôt un changement de direction à droite, afin de leur barrer le passage, et, après une heure de marche dans des ravins très-escarpés et très-boisés, j'arrive sur la majeure partie de la population que la cavalerie pourchassait. A force de fouiller dans les énormes précipices, remplis de buissons très-fourrés, nous avons fini par ramener, en hommes, femmes et enfants, cent quatre-vingt-sept individus et six cents têtes de bétail, bœufs, chèvres, moutons, chevaux, ânes et mulets.

Le lendemain, nous apercevions, sur les hauteurs voisines, des groupes assez nombreux, et, pour la première fois depuis le mois de janvier, nous entendions siffler les balles.

Le lendemain, même démonstration. Quelques hommes d'une tribu soumise, qui se rendaient au camp, sont même arrêtés et dévalisés. Trois d'entre eux sont tués. Le 22, les groupes deviennent plus nombreux et plus compactes. Vers huit heures du matin, notre cavalerie, qui est d'avant-garde, est attaquée. Le général ordonne aussitôt à tous nos goums de se lancer franchement sur l'ennemi. Les Hachem sont en tête. Les Beni-Chougran et autres se joignent à eux; nos *Mukalias* (cavalerie irrégulière indigène) les suivent, et cent spahis, les seuls qu'on nous ait laissés, forment la réserve. Quelques bataillons d'infanterie, à qui l'on a fait quitter les sacs, viennent après. (Mon bataillon était d'arrière-garde.)

L'ennemi lâche pied aussitôt et perd une dizaine d'hommes, dont un jeune chef très-influent, joli jeune homme de vingt-deux ans, d'une bravoure chevaleresque, lieutenant dans les irréguliers d'Abd-el-Kader, et qui aima mieux se faire tuer en défendant la cause de son maître, qu'obtenir par une lâche désertion quelque subvention du gouvernement français. Il est vraiment cruel de voir disparaître de pareils caractères.

Ce brave garçon, malgré les hostilités, était venu très-souvent à nos bivouacs apporter des lettres de

M. de Mirandol, le jeune officier d'état-major fait prisonnier à Mascara. — Il s'était chargé plusieurs fois de commissions pour lui, lui avait porté du linge, du sucre, du café et autres objets que nous envoyions à notre camarade.

Il paraissait très-attaché à ce pauvre Mirandol, à qui sa mort, j'en suis bien persuadé, fera beaucoup de peine. — Du reste, nous n'avons aucune nouvelle de ce pauvre Mirandol depuis longtemps. S'il n'est pas mort, son sort doit être bien triste.

Le 23, nous entrions dans les ruines de Takadempt. Une partie de la ville avait été reconstruite. Du vaste fort que nous avions fait sauter l'année dernière, ils avaient relevé une redoute dans laquelle se trouvait une prison voûtée, d'une extrême solidité.

Tout a été encore une fois renversé, et tout ce qui existait en fait de maisons a été détruit. Dans des silos, on a trouvé deux beaux étaux en fer fabriqués à Paris, un cric, du fer, du cuivre, etc. Le califa Ben-Tami avait réorganisé une espèce de noyau de troupes composé de deux cents réguliers, de trois ou quatre cents cavaliers, et c'est avec ces faibles forces, à la tête desquelles étaient quelques chefs restés fidèles à la cause d'Abd-el-Kader, qu'il maintenait les tribus de cette partie de la province et les empêchait de se rallier à nous.

Après cet engagement, tout a disparu ; nous n'avons plus aperçu un cavalier hostile.

Le 24, à midi, nous avons quitté Takadempt, et nous avons continué notre marche vers l'est. Nous sommes entrés chez les Ouled-Chérif, tribu très-considérable, appuyée au désert d'un côté, et de l'autre aux montagnes qui séparent la province d'Oran de la province d'Alger. Nous sommes restés pendant quatre jours sur leur territoire, pour recevoir la soumission de ces nombreuses peuplades et leur donner une base d'organisation. Tous les cavaliers en masse sont venus saluer les vainqueurs. — Ils nous ont amené des chevaux et apporté du blé. C'est par eux que nous avons appris ce qui s'est passé à Takadempt, depuis la chute de la puissance d'Abd-el-Kader; par eux aussi, nous avons appris que les malheureux Flittas qui avaient fait les insolents à notre passage, y avaient été poussés par le fameux Sidi-Ambarach, qui était venu, de la province d'Alger, pour faire une razzia, et par les forces réunies à Takadempt qui les traquaient assez vigoureusement.

Enfin, pendant que nous étions chez les Ouled-Chérif, les Flittas, que nous avions rasés le 19, vinrent nous faire leur soumission. On leur rendit leurs femmes et leurs enfants, mais on garda les hommes, jusqu'à ce qu'ils aient rempli tous leurs engagements. — Les affaires, comme tu le vois, allaient pour le mieux, et tout se réalisait au gré de notre général. Mais voilà bien une autre histoire! Pendant que nous revenions tranquillement vers Mascara, à petites journées, traversant les immenses contrées où nous avions tant travaillé pendant l'hiver, et recevant partout les témoignages d'amitié de populations *excessivement respectueuses*, le général de Lamoricière reçoit, le 30, une lettre par laquelle on lui annonce qu'Abd-el-Kader, chassé des environs de Tlemcen par le général Bedeau, a débouché dans la plaine d'Eghris, au milieu des Hachem, suivi d'une centaine de cavaliers, qu'il a entraîné quelques tribus, et qu'il jette chez les autres le désordre et l'inquiétude.

Ces nouvelles nous paraissent sinistres. Chacun s'imagine que l'apparition de l'émir, dont le prestige est encore si éblouissant, va soulever les populations sur lesquelles il régnait il y a quelques jours ; on croit que tous nos succès vont s'évanouir devant cette grande ombre qui, depuis six mois, avait cessé d'errer dans cette partie de la province... — Que faire ?

Nous sommes à trente-cinq lieues de Mascara, et notre présence aux alentours de cette ville est urgente. — Malgré le soleil de plomb qui nous accable, deux jours de marche forcée nous transportent à Mascara.

Le mal était loin d'être ce qu'on l'avait supposé. Abd-el-Kader, en effet, s'était établi avec 40 cavaliers au milieu de la plaine d'Eghris, mais n'avait entraîné que quelques *tentes*. (Une *tente* est une famille.)

Les Hachem-Garabas avaient fait bonne contenance, et, loin d'écouter les insinuations de leur ancien chef, ils avaient envoyé ses proclamations au commandant supérieur de Mascara. — Les tentes qui l'avaient suivi étaient des Hachem-Cheragas, dont nous avions les cavaliers avec nous. Tout est rentré dans l'ordre, et Abd-el-Kader voit encore une fois s'évanouir ses espérances. On prétend qu'il est errant avec quelques cavaliers sur la frontière du désert.

Dans tous les cas, rentrés le 2 à Mascara, nous devions en partir, aujourd'hui 3, pour aller donner la chasse à l'*ombre prestigieuse*. Le départ a été remis à demain, afin de permettre au père Mustapha, parti d'Oran avec tous ses goums, Garabas, Smélas et autres, de se joindre à nous, pour traquer son plus mortel ennemi.

Nos hommes ont reçu dix jours de vivres, le convoi en porte à peu près la même quantité. Nous voilà donc dehors pour une vingtaine de jours encore. Et il fait chaud!... Je t'assure qu'il faut être d'une sacrée trempe pour tenir à un métier aussi dur et aussi prolongé. — Enfin, Dieu soit loué! je vais bien, et l'intérêt qui découle de ces opérations me fait passer aisément sur les fatigues exorbitantes que nous endurons.

Mais, avec tout cela, mes deux chevaux sont sur le flanc. L'un est complétement hors de service, l'autre, le *tien*, celui qui a une balle dans le jarret, et que j'ai ménagé pendant ces dernières courses, pourra m'aider un peu pendant celle que nous allons entreprendre. — Enfin, pour pouvoir aller, j'ai été obligé d'acheter à la remonte un cheval de sept ans qui me coûte 228 78. Me voilà donc à la tête de trois chevaux et d'un mulet.

Ne crois pas qu'il y ait de ma faute ni de celle de mon ordonnance dans tous les ennuis qui m'arrivent. — Depuis les dix mois que je tiens un cheval entre les jambes, j'en ai appris plus que les trois quarts des officiers de cavalerie de France, avec leur sot paquetage et leur système absurde de n'avoir des chevaux que pour aller au pas et les engraisser à l'écurie.

Va donc, dans les régiments de cavalerie française, demander aux officiers, dont pas un aujourd'hui n'a fait la guerre, de rester pendant vingt-quatre heures à cheval, sans desseller, par monts et par vaux, franchissant rochers et précipices! Eh bien! depuis dix mois, cela ne m'est pas arrivé une fois, mais vingt fois.

Ont-ils souvent vu, ces messieurs, après des courses de dix ou douze lieues dans les pays les plus ardus, leurs chevaux arriver tout en nage au bivouac, y recevoir la pluie, la neige, sans être autrement garantis que par un mauvais morceau de couverture qui ne tarde pas à faire sur leur dos l'effet d'une éponge glacée?

Je défie le premier officier de ton régiment de cavalerie de Sedan de passer avec son meilleur cheval, et ses quatre pattes, là où cent fois je suis passé au grand galop. — Je ne me donne pas comme un écuyer, tant s'en faut, mais j'ai un aplomb qui me fait franchir tous les obstacles devant lesquels j'ai vu pas mal de prétendus cavaliers renâcler.

Je soigne mes chevaux, comme doivent être soignés des chevaux de guerre. Je ne les dorlote pas, je les nourris bien, je les panse bien, quand j'en ai le temps. Je ne les desselle jamais que trois ou quatre heures après l'arrivée au bivouac; je les fais bouchonner avec force... Eh bien! malgré tout, les pauvres bêtes sont abîmées. — Pourquoi? parce que je n'ai jamais pu avoir que de la drogue, en fait de harnachement ; que mes chevaux ont été blessés dans le principe, et qu'ils n'ont jamais eu le temps de se guérir complétement.

Il en sera ainsi jusqu'à ce que tu m'aies choisi à Paris et envoyé une selle des plus soignées et des plus solides. — Je compte sur toi pour cette commission délicate.

Adieu, mon vieil ami; je ne puis t'en dire plus long, nous sommes appelés au rapport chez le général de Lamoricière, qui va probablement nous donner ses instructions pour demain; adieu donc, assure bien de mon inaltérable affection, dont tu as une large part, toute cette bonne et excellente famille qui t'entoure, jeunes, vieux, anciens et nouveaux.

A toi.

A M. Bernard de Montagnac.

Mascara, 18 juin 1842.

Mon brave oncle, après les longues courses que nous sommes obligés de faire pour maintenir intacte notre œuvre tardivement ébauchée, la plus agréable compensation à toutes mes fatigues est de trouver, en rentrant, une aimable lettre de vous ou de quelqu'un de notre bonne famille; c'est là ma récompense, et croyez qu'elle est bien douce. J'ai reçu, en arrivant à Mascara, votre lettre du 13 mai; je profite des quarante-huit heures que le général Lamoricière nous laisse, pour y répondre et vous donner quelques détails sur ce que nous venons de faire. Comme vous avez dû le voir par la lettre que j'ai écrite à Élizé, en date du 3 juin, c'est le 4 de ce mois que nous nous sommes mis en marche, nous dirigeant vers le sud, pour faire diversion à l'apparition d'Abd-el-Kader dans ces parages, et châtier une tribu qui lui avait donné aide et assistance. Après avoir passé à Saïda, nous sommes allés nous établir sur la ligne du désert, au centre de cette population qui nous était devenue hostile et protégeait notre ennemi. Nous sommes restés dans ce pays depuis le 8 jusqu'au 14, mangeant l'orge et le blé de ces honnêtes gens. Enfin, le 13, à neuf heures du matin, nous avons vu arriver, à notre camp, une nombreuse caravane escortée par un goum de cavaliers assez considérable; c'était la grande tribu des Djaffras qui nous amenait ses femmes portées, à dos de chameaux, dans des espèces de palanquins recouverts de tentures blanches et rouges, terminées en pointe; coup d'œil réellement fantastique et que le mirage enrichissait encore de toutes ses bizarreries. Comme les habitants du désert nous faisaient la galanterie de nous présenter leurs femmes, nous dûmes y répondre par une brillante fantasia. L'escadron de spahis qui est avec nous, et toute notre cavalerie arabe irrégulière, placés à environ deux cents mètres des Djaffras, lancent sur ceux-ci des groupes de deux, de quatre cavaliers, qui se précipitent au galop de charge, et tirent leurs coups de fusil, à brûle-pourpoint, sous le nez de ces dames (fort joli petit jeu); les groupes s'augmentent, la terre tremble sous les pieds des chevaux, la fusillade grossit, la poussière s'élève; bientôt toutes les masses sont en mouvement; c'est un bruit infernal; et au milieu de tout ce fracas, nos *houris,* juchées sur leurs dromadaires, reçoivent avec impassibilité ces bruyantes et dangereuses politesses, auxquelles elles ne répondent que par un petit cri très-clair : *Iou-iou-iou-iou,* etc., etc., qui se termine par un léger gémissement ressemblant beaucoup au dernier soupir d'un jeu d'orgues. Un honnête chameau, *chargé de dames,* a été victime de ces aimables jeux : un galant spahi français avait oublié une balle dans son fusil, et l'a logée dans la carcasse du pauvre animal.

Le 14, nous avons levé le bivouac, où nous étions depuis le 8, sans autre bois que quelques mauvaises racines d'une certaine herbe appelée la *chia,* seule plante que l'on trouve dans ces immenses plaines où la végétation est nulle presque partout, excepté dans quelques bas-fonds où l'on récolte un peu d'orge ou de blé. Aussi loin que l'œil peut s'étendre, on n'aperçoit pas un seul arbre. Hier 1er, nous sommes rentrés à Mascara. Pendant que nous dévorions et amenions à merci cette vaste tribu des Djaffras, Abd-el-Kader circulait derrière nous, cherchant des prosélytes, en trouvant un assez grand nombre, et, avec son noyau de quatre cents ou cinq cents cavaliers, entraînait certaines portions des Hachem sur lesquelles il avait déjà fait autrefois quelques tentatives. Voilà donc notre fameux ennemi qui, chassé de Tlemcen et du Maroc, revient ici chercher sa vie sur l'ancien théâtre de sa puissance, et réveiller dans le cœur de ses vieux serviteurs ce dévouement dont ils lui ont donné pendant longtemps des preuves si énergiques. Tout cela n'a rien d'étonnant. Abd-el-Kader se sent trop de supériorité pour abandonner la partie, ayant encore une carte entre les mains. Il veut mourir sur la brèche, avec les débris qu'il a sauvés. Cette fin est la seule digne d'un homme comme lui. Seulement, nous serons obligés de le traquer encore pendant quelque temps, et je ne doute pas que nous n'arrivions, non pas à l'attraper, mais à anéantir tous ceux qui se sont rattachés à sa cause; car plus il aura de monde autour de lui, plus il lui sera difficile de trouver à faire vivre les siens sur le pays : aujourd'hui toutes ces populations au milieu desquelles il s'est jeté, sauf quelques dissidents, se sont placées sous notre domination, et n'ont d'autres moyens d'existence que les récoltes sur pied, car nous leur avons tout enlevé cet hiver. Elles ne commettront jamais la bévue de donner un grain de blé à nos ennemis, et de s'exposer à perdre en entier leurs faibles ressources, par une violation du pacte qu'elles ont fait avec nous; toutes, du reste, ont prouvé qu'Abd-el-Kader n'avait plus à compter sur elles, car toutes elles l'ont repoussé à coups de fusil. Les Flittas seuls, que nous n'avions pas eu le temps de bien frotter encore, ont reçu leur ancien sultan; nous allons donc nous établir chez ces braves Flittas qui possèdent le pays le plus riche des environs, et y vivre, en orge et en blé, jusqu'à ce que tout ait été complétement ravagé. Pendant ce temps, avec les deux mille cavaliers que commande le père Mustapha, et les tribus environnantes, nous nous chargeons d'attraper, sans trop courir, les serviteurs d'Abd-el-Kader. Au moins, nos pauvres chevaux vont joliment se refaire, au milieu de ces brillantes moissons, tandis que, si toutes les affaires avaient été terminées, il ne nous resterait plus le moindre champ à dévorer, et en raison de l'amitié qui nous lie aux tribus soumises, nos animaux auraient fait, par suite, bien maigre chère. Il est très-heureux d'avoir toujours quelques entêtés qui ne veuillent pas baisser pavillon devant nous, c'est tout économie pour l'État.

Les choses en sont donc là, qu'Abd-el-Kader est aux environs de Mascara, et qu'il essaye un dernier effort; mais toutes ses tentatives seront vaines. Nous avons détruit complétement sa puissance morale et matérielle dans l'espace de six mois; il nous sera certes bien permis d'espérer anéantir en quelques jours les faibles restes de ce colosse dont nous avions édifié le piédestal. Avec des troupes comme les nôtres, rien ne peut résister. Nos affaires vont, du reste, toujours très-bien, et moi aussi; mes deux chevaux que j'ai tant fatigués pendant l'hiver, et qui dernièrement étaient encore blessés, vont bien.

Le dernier petit cheval que je me suis procuré est très-bon; il a le dos bien fait, peu de garrot, et se blessera difficilement, je l'espère. — J'y aurai l'œil.

Vous ne pouvez pas vous figurer le métier qu'ont fait les chevaux de certains officiers, dans ces pénibles expéditions; et, je le dis sans vanité, il n'y a pas quatre officiers, dans la division, qui aient fait, avec les leurs, un service comme celui que j'ai fait avec les miens. Croyez, mon cher oncle, que je m'y connais autant que le premier officier de cavalerie venu, pour ce qui est de la manière de soigner les chevaux. Lorsque pendant dix mois on en a sans cesse deux ou trois sous les yeux, que l'on couche continuellement à côté d'eux, qu'on les voit manger, boire et dormir, qu'on les a toujours entre les jambes, il faudrait être plus que cheval, plus que bourrique pour ne pas comprendre comment on doit mener ces bêtes-là. J'ai acquis plus de pratique depuis le temps que j'ai des chevaux à ma disposition, que je n'aurais pu le faire pendant trente années de service, en France, dans un régiment de cavalerie.

Je ne monte jamais à cheval sans avoir inspecté minutieusement ma sellerie et mon paquetage, et je défie bien qui que ce soit de seller un cheval avec plus de soin que moi. Vous me voyez toujours, mon cher oncle, malheureux officier de tourlourous méprisant et détestant les chevaux; je les déteste toujours pas mal; car je les trouve trop stupides pour pouvoir m'y attacher, mais je les soigne comme je soignerais une bonne arme pour m'en servir avec avantage. Croyez bien que si j'avais eu de bonnes selles, jamais mes chevaux n'auraient été blessés. Je vous remercie de vouloir bien vous occuper de l'équipement que j'ai demandé à Élizé, je ne doute pas que le colonel Chatry de la Fosse ne me choisisse quelque chose de bon; du reste, ce ne sera jamais trop parfait, trop solide; car vous comprendrez que, quand sur trois cent soixante-cinq jours on en passe trois cent trente-trois à cheval, il faut un équipement d'une vigoureuse composition.

En voilà assez sur mes selles et sur mes chevaux. Je voudrais bien pouvoir aller passer quelques mois avec vous; mais je ne puis encore lâcher la partie, car je dois accomplir jusqu'au bout la mission dont le général Lamoricière m'a honoré. Quant à l'avancement qui peut en résulter, il n'y faut pas songer : on prend à tâche d'annihiler tout ce qui sort de la division de Mascara, et, malgré les travaux immenses que nous avons achevés, nous n'avons pas eu, pour nos malheureux sous-officiers et soldats, une seule petite décoration. Pourtant, depuis les guerres de l'Empire, jamais on n'a vu division plus active, ni troupes plus aguerries. Je voudrais que vous vissiez nos bataillons d'élite surtout; ils sont admirables. Figurez-vous des carcasses d'hommes qui, depuis dix mois, n'ont cessé de supporter toutes les privations, toutes les intempéries imaginables, recouvertes d'un cuir basané comme des tiges de bottes, et sous lequel se meuvent des muscles, devenus ficelles, que le diable ne briserait pas; toujours gais, obéissant comme par enchantement à tout ce qu'on leur ordonne, comprenant qu'ils sont au-dessus des autres soldats de la division, pleins d'amour-propre, se tirant d'affaire partout, dans les positions les plus embarrassantes, sans que les officiers ou sous-officiers s'en mêlent; en un mot, les types les plus remarquables que j'aie encore vus depuis que je roule dans le monde militaire. On est bien fier, allez, mon cher oncle, lorsqu'on a sous ses ordres des lapins comme ceux-là, et l'on est heureux de penser que la France peut produire encore d'aussi beaux caractères. J'ai, dans mon bataillon, deux compagnies du 41ᵉ et deux compagnies du 1ᵉʳ de ligne (grenadiers et voltigeurs); si, par un moyen quelconque, vous faisiez tomber les deux compagnies du 1ᵉʳ de ligne surtout au milieu de la place du Carrousel, on grimperait sur les grilles pour les voir. Ces deux compagnies, lorsque nous partîmes de Mascara, au mois d'avril, pour Oran, restèrent à Mascara et ne vinrent pas, comme les autres, se ravitailler, se vêtir à Oran. Pendant que nous jouissions de dix jours de repos, elles continuaient à trimer ici; ces compagnies n'ont donc reçu, depuis le mois de novembre 1841, aucun effet d'habillement; elles ne sont vêtues que de pièces et de morceaux, les capotes sont devenues des vestes, les pantalons sont de toile, en grande partie recousus, rapiécés; la coiffure? des chapeaux de toutes les formes que les hommes se sont fabriqués eux-mêmes, avec de la paille; quelques képis déformés subsistent encore et augmentent, par leur forme bizarre, le coup d'œil étonnamment pittoresque de cette troupe en guenilles, et, sous ces costumes éraillés, écourtés, rafistolés, de bonnes faces énergiques qui ne demandent que plaies et bosses. Moi qui ne suis pas toujours bien disposé en faveur des soldats, je ne cesse d'admirer ceux-ci. Ces braves gens ont fait beaucoup et n'ont pas le moindre signe de récompenses!...

19 *mai*. — Nous partons aujourd'hui à trois heures de

l'après-midi; l'ordre vient de m'être communiqué. Adieu, mon cher oncle; exprimez à nos bons parents et amis tout ce que l'amitié vous suggérera, et croyez, pour votre compte particulier, à la plus solide de toutes les affections que le cœur de l'homme puisse nourrir.

A M. de Leuglay.

Mascara, 19 juin 1842.

Mon brave de Leuglay, vous trouverez peut-être extraordinaire de n'avoir pas reçu de réponse à votre dernière lettre, mais c'est seulement avant-hier, 17, en rentrant d'une course de treize jours, que je l'ai trouvée.

Parti d'Oran le 28 avril, arrivé ici le 1er mai, je suis reparti le 15, rentré le 1er juin, reparti le 4, enfin rentré avant-hier 17.

Ces courses réitérées ont servi à aller, dans l'Est, rallier plusieurs tribus que nous n'avions pas pu travailler l'hiver; à détruire, pour la deuxième fois, Takadempt, où Ben-Tami avait replâtré quelques maisons; à forcer la fameuse tribu des Djaffras à se soumettre, enfin à consolider l'œuvre gigantesque que nous avons si rapidement ébauchée. Abd-el-Kader, chassé de l'Ouest, a reparu dans la province de Mascara, à la tête d'un goum qui s'est grossi de quelques mécontents, et d'un certain nombre de réguliers qu'il a ramenés de Tlemcen ou qu'il a trouvés chez Ben-Tami, ce qui lui fait environ quatre ou cinq cents cavaliers.

Il a essayé, sans succès, de remuer le vieux dévouement de ses anciens serviteurs. Plusieurs tribus l'ont reçu à coups de fusil; il s'est enfui chez les Flittas, qui n'ont pas assez d'énergie pour l'éloigner. — Nous partons ce soir, à trois heures de l'après-midi; nous nous établirons chez ces honnêtes Flittas, dont nous mangerons le blé et l'orge; cela leur apprendra à tenir leurs promesses. Nous serons secondés par les deux mille cavaliers de Mustapha qui viennent de faire avec nous la dernière tournée, et par les nombreux cavaliers des tribus alliées qui nous entourent. — Il faudra donc que tout ce qui est encore avec Abd-el-Kader arrive à la botte.

Cet homme extraordinaire joue sa dernière carte. Il veut finir en combattant, ce qui est une fin digne de lui.

Tout marche parfaitement, du reste, surtout cette étonnante division qui, depuis sept mois, n'a pas eu un moment de repos. — Eh bien! il n'est pas question d'elle! On n'en parle pas plus que si elle naviguait dans les catacombes. — Nos soldats sont admirables!

. . . .

Je ne sais, mon cher de Leuglay, quand je pourrai aller vous voir à Alger, car je suis bien décidé à ne quitter mon bataillon d'élite que quand on me fourrera à la porte, et je ne pense pas que notre brave Lamoricière me fourre dehors avant que tout soit fini.

Vive Dieu! mon cher de Leuglay, la santé va toujours bien, et le cœur aussi, pour les amis comme pour la guerre. — Conservez-moi toujours une bonne part dans vos affections.

A M. Élizé de Montagnac.

Mascara, 27 juillet 1842.

Comme je te l'ai appris par ma dernière lettre, mon cher ami, c'est le 19 que nous avons quitté Mascara. — C'est le 25 juillet que nous y sommes rentrés. — Avec le général Lamoricière, c'est toujours de plus fort en plus fort.

Nous sommes donc allés nous établir au bord de la Mina, à quatre jours de marche de Mascara, sur le territoire d'une tribu encore un peu indécise et qui avait reçu Abd-el-Kader lors de son passage.

Nous avons moissonné depuis le 22 juin jusqu'au 6 juillet, ce qui nous a rapporté environ huit cents quintaux d'orge et quatre cents de blé, qui ont été transportés à Mascara, et, le 7, nous nous sommes mis en marche, en remontant la Mina, cinglant vers le sud-est et suivant, à petites journées, Abd-el-Kader qui marchait devant nous avec quelques malheureux Hachem.

Nous sommes encore une fois arrivés sur la ligne du désert que nous avions déjà franchie à la fin du mois de mai. — Nos hommes se sont chargés de quatre jours de bois, et nous voilà nous enfonçant dans cette immense plaine de sable, où la végétation ne se retrouve que de loin en loin, autour de quelques sources. Après deux jours de marche, nous avons vu arriver les Harars, qui s'étaient rendus à nous lors de notre premier passage.

Ces Harars sont les plus grands voleurs du pays. Ils occupent une partie du désert, ne vivent que de rapines et sont, par conséquent, en guerre avec toutes les autres tribus des environs. — Ce sont les écumeurs du désert. — Tout ce qui passe à leur portée est sûr d'être rasé. — Bien que leurs moyens d'existence soient, par le fait, un peu précaires, ils sont très-riches. Ils ont considérablement de chameaux et beaucoup de chevaux d'excellente race.

Ces coquins-là, nous voyant traverser le désert, se sont, naturellement, figuré que ce n'était pas pour y cueillir des prunes, et qu'en leur qualité de brigands, ils pouvaient s'associer à nous pour dévaliser Abd-el-Kader et les siens.

Voilà donc deux mille cavaliers, six mille chameaux, avec femmes, enfants, qui, tout d'un coup, se déroulent, comme un tourbillon, à la suite de notre petite colonne de deux mille hommes. — C'est bien le coup d'œil le plus pittoresque, le plus fantastique dont il puisse être donné de jouir.

Le soleil nous plombe à 45° de chaleur. La terre est brûlée, et, aussi loin que l'œil peut s'étendre, ne présente partout qu'une teinte grisâtre. Les flammes semblent en sortir et produisent les ondulations du mirage, dont les effets si bizarres font toujours plus d'impression chaque fois qu'on les voit : ce sont des armées de géants qui se plient, se replient, tournoient, voltigent; ce sont des figures, plus monstrueuses les unes que les autres, qui se déroulent, s'élèvent, grandissent, subissent les transformations les plus extraordinaires, et, à travers tous ces êtres imaginaires ou réels, nos petits bataillons, chargés jusque par-dessus les oreilles, cheminent gaiement, au milieu d'un pays où deux armées turques ont été complétement détruites. Une petite source d'eau excellente, placée là par la main de la Providence, nous indique où nous devons nous arrêter. C'est là que le bivouac va s'établir. Autour de nous s'élèvent les tentes de nos flibustiers du désert.

Les chameaux se rallient, apportant les femmes et les enfants, dans des palanquins d'un genre très-remarquable, et que je n'avais pas encore vus dans cette partie de l'Ouest où nous sommes allés au commencement de juin. — Ces palanquins ou *atatiches* ressemblent à de grandes corbeilles en forme de nacelles. C'est un assemblage de cerceaux en bois très-flexible, qui compose ce système de transport fort ingénieux. Plusieurs de ces cerceaux se croisant au-dessus de la nacelle, forment une espèce de carcasse semblable à celle d'une capote de cabriolet, et servent à recevoir les tentures qui doivent abriter du soleil. Tout cela se relie à deux arçons en bois placés à l'avant et à l'arrière du chameau, et assemblés de chaque côté par deux traverses en croix. Tout cet échafaudage s'emboîte étroitement sur un bât en paille ou en laine. L'intérieur de l'édifice est garni de coussins et de tapis pour combler les vides formés par les cerceaux et par la bosse du dromadaire qui s'élève dans le milieu de la nacelle; de sorte que la personne qui s'y trouve y est installée de la façon la plus moelleuse. — Des deux côtés de la nacelle, pendent de riches tapis; ils se rattachent à un immense filet, en laine de différentes couleurs, qui couvre tout le chameau depuis les oreilles. A chaque nœud du filet, se trouvent des petits pompons de nuances variées, formant, par leurs dispositions symétriques, des dessins très-originaux. — Des cordons garnis de gros glands de laine tombent élégamment de distance en distance, et s'harmonisent parfaitement avec les couleurs du tapis, dont les tons se trouvent rappelés partout, dans le filet et dans les garnitures. La tête du chameau est couverte de plumes d'autruche formant panache. La partie supérieure de l'*atatiche* en est aussi garnie, et toute la corbeille est recouverte de toile de coton cramoisie. C'est là-dessous que repose mollement un être plus ou moins enchanteur. Tous les détails de cette installation de voyage sont agencés avec un goût exquis, et c'est au fond du désert, chez des hommes qui n'ont aucun rapport avec les masses civilisées, que l'on trouve ces assemblages luxueux qui feraient honneur à nos premiers tapissiers de Paris.

Ainsi escortés par tous ces honnêtes bandits, nous nous sommes enfoncés dans le désert. Grand nombre de silos remplis de blé et d'orge, appartenant à Abd-el-Kader, ont été vidés par nos Harars. Quelques récoltes, assez riches, que ce malheureux chef déchu avait cachées au loin, pour les soustraire à nos courses désastreuses, nous ont servi de pâture.

Enfin, le 13, nous sommes arrivés au fond d'une gorge, fermée par un rocher taillé à pic sur trois faces, et ayant la forme d'un diadème. Au sommet de ce rocher, s'élevaient quelques cabanes; c'est sur ce nid d'aigle qu'Abd-el-Kader avait transporté quelques matériaux échappés à la ruine de Takadempt : des outils (entre autres un tour), des armes, des munitions et des tentes.

Sur un autre rocher, au sud de celui-ci, étaient des silos très-abondants. Ils furent vidés tant par nous que par nos flibustiers.

Ce point extraordinaire s'appelle *Goudjilah*. Il se relie à une chaîne de montagnes assez épaisse, couverte de bois et qui borne cette première zone. Au delà de ces montagnes, au sud, s'étend une vaste plaine semblable à celle que nous venons de parcourir, et, à l'est, d'immenses terrains, de même aspect, sans culture.

Notre but était atteint, nous enlevions les dernières ressources d'Abd-el-Kader, nous lui prouvions qu'en dépit du soleil de juillet, nous pouvions, sans la plus petite difficulté, parcourir, avec deux mille hommes, un pays où deux armées turques avaient été détruites, et où lui-même ne pénétrait qu'en tremblant au temps de sa puissance. — Nous détruisions parmi les populations l'effet de ses assertions mensongères qui avaient pour but de nous représenter, à leurs yeux, pour des êtres faibles, incapables de la moindre persévérance, et prêts à abandonner, au premier jour, ce que nous avions ébauché la veille.

Cette belle expédition a produit une impression immense sur toutes les tribus du cercle de Mascara. Nous les avons trouvées partout sur notre passage, et il n'est pas un Arabe aujourd'hui qui ne soit bien pénétré de notre force. Il est vrai qu'ils en ont ressenti les effets d'une rude façon.

Jamais expédition plus belle, plus intéressante, plus hardie, n'a été entreprise.

Partis le 19 juin, avec dix jours de vivres sur le dos de nos hommes, nous sommes restés trente-six jours dehors.

Munis de nos petits moulins qui nous ont sauvé la vie pendant l'hiver, nous avons, avec le blé que nous trouvions sur pied, fait de la farine, des galettes et de la bouillie.

Le 25, nous rentrions à Mascara, flambants comme le soleil qui nous chauffait les reins, n'ayant à notre ambulance que treize malades.

Nos soldats, partis avec une assez bonne paire de souliers aux pieds, avaient presque tous été obligés de se faire des chaussures avec des peaux de bœuf. — Sur cent hommes, soixante-quinze avaient les pieds ainsi garnis. A peine les malheureux bœufs que nous abattions tous les jours pour notre nourriture étaient-ils écorchés, que cinquante ou soixante coquins s'en arrachaient la peau. — Il était à craindre qu'ils n'allassent tailler nos bestiaux vivants, pour se confectionner une paire de chaussures à leur guise.

Au point de vue politique, l'effet moral produit par notre course est des plus importants. — Au point de vue topographique, elle a fait connaître un pays sur lequel on n'avait que des données extrêmement vagues. Et c'est avec deux mille hommes qu'on s'est enfoncé dans ces contrées, où il y a dix mois on n'aurait pas osé s'aventurer avec vingt mille. — Tout cela, ce me semble, mérite bien *une petite mention honorable* au père Lamoricière !

Je vais bien, aussi bien que possible.

Bon pied, bon œil, bon estomac et bon cœur, ce qui ne s'accorde pas toujours.

Malgré mes quarante ans bientôt, je n'ai pas encore signe de douleurs. — Ma carcasse, sèche comme celle d'un vieux navire, est en parfait état. Jamais d'indisposition.

Dieu veuille me protéger ainsi longtemps; je pourrai rendre encore quelques services à la patrie.

Je suis obligé de te quitter. Je vais au rapport chez le général de Lamoricière. Je reprendrai ma lettre dès que je le pourrai.

Notre général m'a appris, le 27 à midi, que les ordres les plus sévères lui avaient été lancés du ministère pour me faire rejoindre mon 61° régiment, et, le 29, je dois partir pour Oran.

Le 28, je dîne chez le général de Lamoricière. Il m'exprime, de la façon la plus touchante, les regrets qu'il éprouve de me voir m'éloigner de lui. — En rentrant chez moi, je trouve une lettre, sous pli ouvert, à l'adresse du général Négrier ; en voici la teneur :

« Mascara, 28 juillet 1842.

« Mon général, M. le commandant de Montagnac, chef de bataillon au 61° de ligne, nous quitte aujourd'hui pour rejoindre son régiment et passer sous vos ordres. Nommé au moment où j'allais, dans des circonstances difficiles, m'établir à Mascara, cet officier supérieur a consenti, sur ma proposition, à retarder son départ et à prendre le commandement de l'un des bataillons d'élite que je formais avec les compagnies de grenadiers et de voltigeurs des 3ᵉ bataillons de nos régiments.

« M. de Montagnac a servi, dans cette situation, de la manière la plus distinguée; vous trouverez chez lui vigueur de corps, élévation et fermeté de caractère. Il est à la hauteur des missions les plus épineuses.

« Je ne fais qu'acquitter une dette en recommandant à toute votre bienveillance un officier qui m'a donné autant de preuves de zèle et de dévouement que M. de Montagnac ; je ne doute point que si les occasions se présentent, il n'acquière bientôt dans votre estime le rang où il s'est placé dans la mienne.

« Veuillez agréer, mon général, l'assurance de mon respectueux dévouement.

« DE LAMORICIÈRE. »

Dis-moi, est-ce qu'une pareille appréciation, de la part d'un homme comme le général de Lamoricière, n'équivaut pas à tous les honneurs de la terre? Est-ce qu'avec un aussi beau titre, on ne doit pas se faire enfoncer la poitrine dix mille fois à la tête de son bataillon ?

J'espère que, dans la province de Constantine, je ne serai pas au-dessous de la haute opinion que le général de Lamoricière donne de moi au général Négrier. Adieu, je te quitte, mon cher ami, je reprendrai ma lettre en arrivant à Oran.

Oran, 4 août 1842.

C'est le 3 que j'arrive à Oran. Ton pauvre vieux cheval, qui depuis dix mois me rendait tant de services, se déclare morveux. Il faut l'abattre. Je me suis défait de mon gris et de ma mule; il me reste mon alezan clair, qui, malgré ses blessures et ses misères, est encore un fort beau et bon cheval; je l'emmènerai, si je trouve un capitaine assez complaisant pour le recevoir à son bord. Il me faut un cheval à enfourcher là-bas en arrivant.

Je suis heureux, mon brave ami, de la satisfaction que vous ont causée les aimables paroles de nos princes [1]; ce ne sera pas, je l'espère, la dernière de ce genre que je vous vaudrai.

Nous avons été tous profondément frappés du terrible événement arrivé au duc d'Orléans. C'est une perte irréparable pour l'armée et peut-être la source de bien des embarras pour la France. Pauvre France! Dieu veuille la protéger!

Embrasse pour moi toute la famille et nos bons vieux parents; je vais écrire quelques lignes aux uns et aux autres. Adieu, mon cher frère; exprime bien toute mon amitié à Clémence. Je t'embrasse.

---

[1] Lors du voyage que firent à Sedan le duc d'Orléans et le duc de Nemours.

QUATRIÈME PARTIE

PROVINCE DE CONSTANTINE

1842-1844

A M. de Leuglay.

Philippeville, 3 septembre 1842.

Mon cher de Leuglay, il faut chasser un peu les ennuis de la séparation en nous rapprochant au moyen d'un petit morceau de papier. Que de choses on fait avec un bout de papier !

Des hautes régions de l'amitié, la voix du cœur s'en va franchissant l'espace, à l'aide d'un bout de papier. — Les fleurs les plus fraîches de la poésie sont emportées, dans toute leur pureté, d'une extrémité du monde à l'autre, grâce à un peu de papier. Les haines, les vengeances, les questions les plus ardues de la politique, la guerre, tout cela n'est-il pas suspendu à un chiffon de papier? Enfin, notre nature, *toujours trop naturelle*, n'est-elle pas obligée, pour clore le *chapitre ignoble de ses exigences,* d'user d'un peu de papier?

C'est de Philippeville que partira ma missive...
.... Vous dire l'effet que m'a produit l'aspect de cette ville qui a trois ans d'existence, me serait difficile : admiration, étonnement, extase, rien ne pourrait rendre ce que j'ai éprouvé en apercevant ces belles maisons, ces vastes magasins, ces rues bien percées où se meut une population active; ce bel hôpital d'un style grandiose qui domine toute la ville, cette immense caserne qui se trouve sur le même plan, cette enceinte crénelée, d'un développement gigantesque, garnie de forts, de redoutes, de blockhaus, etc. Je me suis arrêté un instant, pour faire un retour sur l'espèce humaine, si petite et qui produit de si grandes choses.

Au sud de Philippeville, au delà de l'enceinte, est un beau bassin où il y a de superbes jardins qui fournissent des légumes à toute la ville. Je ne doute pas que, dans quelques années d'ici, Philippeville ne devienne un des points les plus riches de l'Afrique.

....

Il paraît que partout où les chats manquent, les souris dansent. Le général Négrier s'absente un instant de Constantine, voilà le général Sillègue qui fait des siennes.

Ce guerrier commande à Sétif où est mon régiment. Un beau matin, — il y a une huitaine de jours, — il se réveille avec une pensée de gloire..........
Il a rêvé que, par son influence politico-guerrière, il pouvait se présenter chez une tribu des environs et

obtenir l'impôt que, jusqu'alors, elle n'avait jamais payé. Les chefs ont trouvé cette visite légèrement incongrue, et lui ont dit que l'impôt était au bout de leurs fusils, et aussitôt de se mettre en mesure de repousser les Français. La fusillade s'engage bientôt, et les six compagnies d'élite que le pauvre Sillègue avait gauchement enfournées dans un pays difficile, furent obligées de battre en retraite. Il y a eu cinq officiers blessés, dont deux sont morts, et quarante et quelques soldats mis hors de combat. Voilà où nous conduit l'ineptie des hommes qui sont appelés à nous commander. Puisque le nôtre avait l'intention d'exiger quelque chose de ces tribus qu'il ne connaissait pas, il fallait aller chez elles avec des forces imposantes qui permissent de s'établir sur les lieux pour n'en sortir qu'après avoir obtenu ce qu'on désirait. S'avancer sans but arrêté et se retirer sans résultat, c'est un pas d'écolier et un échec. On ne fait jamais de sottises pareilles impunément, dans ce pays. — Toutes ces vieilles défroques de l'empire sentent le moisi; il faut en faire des musées d'antiquailles.

Adieu, mon cher de Leuglay; amitiés pour toujours.

4 octobre 1842.

Mon cher de Leuglay, après avoir navigué jusqu'à Constantine, je viens seulement d'être fixé sur le point que je dois occuper. C'est à Philippeville que, pour le quart d'heure, j'établis mon domicile. Déjà, le 1ᵉʳ bataillon du 61ᵉ y est arrivé; j'attends ici le passage du 2ᵉ bataillon qui doit avoir lieu le 16. Je serai donc à Philippeville le 18 ou le 20 . . . .

Je jouis, si toutefois cela peut-être une jouissance, depuis mon départ d'Oran, d'une inaction indécente. Cette vie d'oisiveté m'accable. Il me tarde bien qu'elle cesse; je n'y tiendrais pas. — Je pense que bientôt je vais rentrer dans ma sphère d'activité habituelle. Il est question d'une expédition pour le mois d'octobre; j'en ferai probablement partie.

Et vous, que devenez-vous? Adieu, mon cher de Leuglay; recevez l'assurance de mon sincère attachement.

A M. Élizé de Montagnac.

Philippeville, 22 novembre 1842.

Je te l'ai déjà dit, mon cher ami, tu es comme le bon Dieu. Tu fais le bien sans laisser voir la main bienfaitrice qui le répand. Reçois encore aujourd'hui l'expression de toute ma reconnaissance.

Je suis entouré de gens qui passent leur vie à me rendre des services, et moi, pauvre animal, je ne puis leur être bon à rien. Ceci n'est pas le moindre de mes soucis.

Nous continuons à être ici dans l'inaction la plus complète. Mais je suppose qu'un de ces jours nous allons être bouleversés de fond en comble. Le général Négrier, que vos puants avocats et le ministre de la guerre lui-même ont si largement abreuvé de mystifications et d'injures, quitte la province le 20 décembre, et on le remplace, dans son commandement, par le général Baraguey d'Hilliers, que le général Bugeaud, dès son arrivée en Afrique, avait renvoyé en France à cause de son étourderie et de son imprévoyance. Ce nouveau venu qui ne connaît pas le pays et ignore complétement l'état de la province se permet de trouver ridicule tout ce qui s'est fait et se fait ici... Il n'a pas même le tact de se taire en public. Dans un dîner qu'il a donné dernièrement, il s'est prononcé très-haut; il a développé ses théories, avec un aplomb invraisemblable, devant une foule de niais qui avaient la complaisance de l'écouter et d'opiner du bonnet à chaque parole qui sortait de sa bouche. Il a débuté par déclarer qu'il ne concevait pas qu'on conservât Constantine, *ville tout à fait insignifiante, véritable tombeau,* et a terminé son oraison funèbre sur l'Afrique et cette province en disant avec l'impudence d'un montreur de marionnettes : « Je ne tarderai pas à avoir le commandement de la province. Dès que je l'aurai, je viendrai à Philippeville, et je vous ferai voir comment *on retourne une omelette!* » — Je crains fort que le pauvre homme ne la jette dans les cendres, ou ne fasse pour le moins des œufs brouillés.

Voilà le cuisinier! Voilà les recettes qu'il confie à qui veut l'entendre!

Nous autres qui ne demandons que plaies et bosses, nous serions enchantés que la guerre recommençât, si nous devions être commandés par un général capable de nous conduire; mais je tremble de voir les hostilités recommencer dans cette province avec celui qui vient y commander. Nous pourrions bien n'avoir que des désastres.

Tous ces fameux généraux qui étaient au plus capitaines sous l'Empire, et qui, depuis vingt-cinq ans, ne se sont occupés que de niaiseries, font fi de la guerre de ce pays. Ils n'ont d'autre réponse à vous lancer, lorsqu'il est question de nos affaires d'Afrique, que ceci : « Nous étions à Wagram, et nous avons eu vingt-cinq mille hommes sur le carreau. Comment avec des soldats disciplinés, avec des masses compactes, avec notre artillerie, notre cavalerie, ne viendrions-nous pas à bout de quelques milliers de pouilleux qui s'attaquent à nous? — Nous vous montrerons comment on traite ces misérables... »

Les circonstances se sont présentées où ils ont dû faire ressortir leur talent, et ils ont été fort embarrassés, tous ces foudres de guerre!

Entourés, instantanément, d'un immense essaim de guêpes, qui les enveloppe de tous les côtés, ils se sont demandé comment ils pourraient faire pour se débarrasser de ces abominables insectes qui sont partout et nulle part, qui sont insaisissables en un mot, et pourtant qui nous piquent jusqu'au sang.

Qu'est-ce que cela? des hommes qui tombent! Comment! ces scélérats d'insectes tuent, tout comme à Wagram! — Que faire de ces morts, de ces blessés? Abandonner les uns, — sauver les autres.

Où est donc le convoi? où va-t-il passer? Comment! pas un chemin, pas même un sentier! et la cavalerie, comment l'employer?... et l'artillerie? Mais c'est une trahison ! on ne fait pas la guerre dans un pays semblable... (Il faut reconnaître qu'il ne ressemble pas du tout à un terrain de manœuvre.) — Tout est bientôt pêle-mêle. — Chacun crie. — Tout le monde commande. — Personne n'obéit. — Les guêpes continuent à se répandre, tuent tout ce qu'elles rencontrent, coupent, taillent... le foudre de guerre n'y voit plus, il se jette çà et là tête baissée, et ne rencontre partout que difficultés.

« On n'a jamais fait la guerre ainsi ! — C'est un guet-apens !... » Débâcle complète. Les guêpes vous poursuivent, vous harcèlent jusque dans votre camp. — Elles se retirent enfin, emportant des têtes, des armes, glorieux trophées qui, rapportés dans leur ruche, y produisent un effet moral plus puissant que les vingt-cinq mille hommes de Wagram n'en ont produit sur les Autrichiens.

Toutes ces fameuses reliques de l'Empire arrivent ici avec des idées préconçues, des systèmes qu'ils se sont forgés dans leurs cabinets, avec quelques farceurs d'officiers d'état-major ; ensuite et surtout ils apportent une haine implacable contre tous ces jeunes généraux qui ont grandi depuis quelques années, et sont autant de soleils dont l'éclat les fatigue.

Il est facile de concevoir que ces anciens héros, tourmentés par leur jalousie, ne consentiront jamais à suivre la voie tracée par les Lamoricière, les Changarnier, les Bedeau, etc. Est-ce que ces *sommités impériales* peuvent décemment se laisser remorquer par des *polissons* (historique!), des polissons semblables qui ne songeaient même pas à naître lorsque nous avions déjà gagné cent batailles?

Voilà le tableau de ce qui se passe en Afrique, et voilà les nullités puissantes que le ministère jette dans les jambes de notre gouverneur Bugeaud, à qui il semblerait qu'on veuille reprocher d'avoir trop bien fait depuis deux ans, et à qui l'on crée, tous les jours, des difficultés inextricables, soit en désorganisant son armée, soit en l'abreuvant de mystifications de tous genres. Ça fait vraiment mal au cœur.

Avec cela, ce qu'il y a de fâcheux dans cette province, c'est que l'on y trouve une véritable armée de Darius : des convois, des tentes, etc. Tous les officiers ont leur lit, voire même leur pot de chambre, et se croiraient perdus s'ils restaient deux jours sans boire de vin. Ils ne comprennent pas qu'on puisse s'imposer la moindre privation. Les soldats ne voyagent jamais sans être accablés de leurs lourdes couvertures qui pèsent 3 ou 4 kilos; enfin on ne s'imagine pas encore, dans cette province, qu'on puisse coucher à la belle étoile. — Ça fait pitié! — Quand je leur raconte la façon d'opérer du général de Lamoricière, quand je leur affirme que, pendant dix mois, nous avons vécu d'eau et de farine fabriquée par nous, tous ces honnêtes militaires me regardent d'un air ébaubi et ont l'air de se demander si je me moque d'eux. Lorsque j'ai parlé de nos marches forcées, de nos courses, de nos razzias, lorsque je leur ai dit que nous suivions toujours la cavalerie partout et que nous arrivions, très-souvent,

en même temps qu'elle au but, chacun se demandait :
« Quel est donc ce charlatan? » J'ai été gâté, vois-tu,
moi. Il me faut d'autres soldats que tous ces mioches-
là. J'ai toujours une comparaison qui les tue. Pourtant le 61ᵉ est un bon régiment, peut-être le meilleur
de la province. Mais quand je le compare aux *flibustiers* de mon bataillon d'élite, il m'échappe un soupir
qui sonne creux comme la cloche de Notre-Dame!
J'aurai au moins, dans ma vie militaire, un souvenir
qu'aucun autre ne pourra effacer : c'est d'avoir commandé, une fois, des soldats comme je n'en verrai
probablement jamais, et d'avoir pu apprécier la dose
d'énergie, de courage, de résignation qu'on peut trouver chez de pareils hommes, lorsqu'ils ont été faits au
danger, trempés au feu, et rompus à toutes les privations.

Voilà le 1ᵉʳ de ligne qui rentre en France; il a largement acquitté sa tâche. — C'est un bon régiment.
Tu verras que notre fameux *Lapin* de Mazagran a fini
par être expulsé de l'armée, à la suite de tous ses
méfaits. Il y a longtemps qu'on aurait dû lui rendre
cette justice. — Toutes les presses vont sans doute
gémir sous le poids d'une pareille atrocité, et tous les
journaux nous étourdir de leurs doléances : « Il n'y a
qu'un héros dans l'armée française, et on le chasse! Où
est donc réfugié l'honneur national? Où retrouver les
belles traditions militaires, si l'on éloigne *les hommes
honorables* appelés à les protéger? *O Lepus! Requies-
cat in pace!* »

Au moment où je termine mon *Requiem*, j'entends

gratter à ma porte (car je te prie de croire qu'aujourd'hui j'ai une porte, même deux portes). — Entrez!

M. Rémy, jeune sous-lieutenant sortant de l'École, marqué de feu à l'endroit du chef, ou, si tu le veux, *coiffé en écureuil,* m'apporte une lettre de notre brave oncle. Soyez le bienvenu, monsieur Rémy.

Je vois avec plaisir que toi et les tiens, et toute notre famille, vont bien. Embrasse pour moi Clémence, les deux moutards, et ne m'oublie pas auprès de nos bons parents.

Adieu, mon bon ami; je n'ai pas besoin de te faire de nouvelles protestations d'amitié; tu sais assez à quoi t'en tenir.

A M. de Leuglay.

Philippeville, 14 décembre 1842.

Mon cher de Leuglay, voilà déjà longtemps que nous ne nous sommes dit un petit bonjour... — Que devenez-vous dans votre brillante capitale de toutes les Algéries? Quoique quelques feuilles publiques nous donnent à peu près le résumé de ce qui se passe dans ces parages, je suis bien aise de savoir ce qui s'y fait, par vous, plutôt que par d'autres.

Il paraît que notre infatigable gouverneur est parti pour une expédition très-importante. Nous attendons avec impatience les détails des succès qu'il aura obtenus. — Il faut convenir que si, en 1837, le père Bugeaud a commis une erreur, il a su la racheter par des travaux immenses que, depuis douze ans, personne n'avait osé aborder. La France, il faut l'espérer, saura lui tenir compte de ce qu'il a fait et des conséquences qui en résulteront.

Dieu veuille que l'on sache choisir, pour le remplacer, un homme digne de lui et de la haute mission qu'il léguera à ses successeurs. Il est grandement question du général d'Hautpoul qui commande en ce moment à Marseille. Hélas! c'est, selon moi, le dernier qu'il faudrait envoyer en Afrique. Si ses actes *se rapportent à son langage*, il ne peut que détruire tout ce qu'a fait le général Bugeaud. D'après ce que je lui ai entendu dire à lui-même, en 1841, c'est un des pires ennemis de l'occupation française, à moins qu'il n'ait changé depuis. Dans tous les cas, il a trop d'orgueil pour consentir à suivre la voie que son prédécesseur a tracée, et Dieu sait quelles seraient, aujourd'hui, les conséquences d'un changement de système. On craint, paraît-il, que le général de Lamoricière ne fasse trop bien. On le met de côté! Il est cependant le seul capable de diriger, d'une main ferme et habile, nos affaires d'Afrique qui sont maintenant en si bon chemin. En revanche, à mon avis, les affaires de notre province de Constantine se traînent bien cahin-caha. Les rouages de la machine sont, je crois, mal engrenés, et, depuis surtout que le général Négrier est parti, il faut s'attendre à des à-coup dans le mouvement.

Le successeur du général Négrier peut avoir de l'esprit; on lui en prête même beaucoup, mais, avec tout cela, il manque de jugement. C'est un brouillon qui a la prétention de tout faire mieux que les autres. Je crains donc qu'au lieu de donner une impulsion salutaire, il ne bouleverse tout.

Du reste, le général Bugeaud avait déjà obtenu la rentrée du général Baraguey d'Hilliers en France, et, s'il l'avait trouvé utile, il l'aurait gardé.

Je doute qu'il fasse mieux dans cette province que dans celle d'Alger. — Il est une chose pénible à remarquer : depuis que nous occupons l'Afrique, dès qu'on s'est aperçu que le char portant les destinées du pays était dans une bonne voie, une main infernale est venue y jeter des obstacles pour l'en détourner.

Il y a réellement des moments où l'on serait disposé à douter du bien.

Puisqu'il est question *du bien,* mon cher de Leuglay, je vous dirai que je suis *au plus mal* avec le lieutenant-colonel qui commande, provisoirement, le régiment, en l'absence du colonel, toujours à Guelma. — Il n'y a pas de calomnies qu'il n'invente pour essayer de me noircir auprès du général Levasseur. — Il met en jeu tout son répertoire de vexations pour me tourmenter dans le service. Mais il est comme le serpent avec la lime; il se cassera les dents. — *Tout cela pourrait fort bien très-mal finir.*

Adieu, mon cher de Leuglay; croyez à toute mon amitié.

A. M. Bernard de Montagnac.

Philippeville, 14 décembre 1842.

Mon brave oncle, il y a bien longtemps que je n'ai reçu de vos nouvelles. — Je gémis pour vous de vous savoir enfoncé dans les frimas. — Toutes les personnes qui viennent de France nous disent que l'hiver y est très-rigoureux. Je sens combien ce froid, ces pluies, ces neiges, vous sont contraires. Pourquoi la vie est-elle traversée par tant de vicissitudes pénibles?

Nous sommes toujours ici dans l'inaction la plus complète. Vie de France absolument, et par-dessus le marché, de la pluie et de la boue. Pendant que nous nous fourbissons l'abdomen, le père Bugeaud s'en va toujours chevauchant, la dague au poing, et veut absolument en finir cette année avec Abd-el-Kader; mais je crains bien que ce polisson-là ne lui joue, comme aux autres, un pied de cochon. Bien fin celui qui saura lui mettre un grain de sel sur la queue, à cet oiseau.

Le papa Bugeaud n'est pas encore de retour à Alger. Nous ne savons donc rien de sa dernière expédition, qui devait être très-importante, car il voulait pénétrer dans un pays où nous n'étions jamais allés, et où Abd-el-Kader se réfugie toutes les fois qu'il est seringué d'un côté ou de l'autre.

Vous avez dû voir dans les journaux la rentrée en France de mon ancien 1er de ligne, les adieux du papa Bugeaud à ce régiment, et une foule d'autres choses qui le concernent. — Il mérite bien tous ces éloges. C'est un bon régiment où il règne un excellent esprit.

Le 61ᵉ rentrera probablement l'année prochaine, après les opérations qui doivent se dérouler dans cette province, et dont nous n'avons, du reste, aucune donnée.

Le but d'une de ces premières expéditions serait, dit-on, de s'emparer de Callo, petit port à peu de distance de Philippeville.

Le général Négrier quitte la province et doit arriver à Philippeville le 22. — Je ne sais trop comment le général Baraguey d'Hilliers, qui le remplace, mènera cette barque-ci.

L'Afrique est un véritable kaléidoscope, où se remuent des hommes de toutes les formes, de toutes les tailles, de tous les caractères. Si au moins il n'y avait que des changements de figures, on se contenterait de rire de pitié à toutes ces parades; mais c'est qu'avec ces nouvelles images de Dieu, qui viennent se poser en puissances, se dressent aussi de nouveaux systèmes qui renversent ceux existants. C'est par suite de ces bascules continuelles que, depuis douze ans, tout danse sans cesse dans les espaces imaginaires, et qu'on n'a rien pu réaliser dans ce pays. — Dieu veuille pourtant que notre nouveau chef (on ne peut plus inhabile à conduire des troupes dans cette sorte de guerre) ne nous jette pas encore dans un chaos inextricable!

Adieu, mon cher oncle; je vous embrasse avec toute l'affection dont je suis capable, et vous prie d'exprimer à toute notre bonne famille l'attachement que je lui ai voué.

Philippeville, 6 janvier 1843.

Mon bon oncle, s'il n'y avait pas eu quelques anicroches dans nos affaires, je serais probablement bien près de vous revoir. — Comme il n'y faut pas songer pour le moment, je ne veux pas laisser la quarante-troisième du dix-neuvième s'entamer sans venir vous embrasser. Ainsi, mon cher oncle, embrassons-nous donc, et vivons encore longtemps l'un et l'autre, pour nous aimer. Que Dieu vous conserve à nous! c'est mon souhait le plus ardent. Exprimez à votre entourage les vœux que je forme pour tous les êtres qui composent notre arche sainte.

J'espère que mon désir d'aller bientôt augmenter votre petit cercle finira par se réaliser; mais quand bien même mon congé m'arriverait aujourd'hui, il me serait impossible de m'embarquer par le temps qu'il fait. — Depuis que j'habite les ports de mer, je n'ai rien vu de pareil aux tempêtes qui règnent ici depuis quelque temps. Cette nuit, trois bâtiments marchands, mouillés dans le port de Stora, ont été engloutis, quatre matelots ont péri. — Il y a eu des coups de vent effrayants. — Plusieurs de nos blockhaus ont été décoiffés, plusieurs baraques en planches renversées.

Cette partie de la côte d'Afrique, exposée aux vents d'ouest, essuie souvent des ouragans épouvantables. — Nous avons, en ce moment, des pluies torrentielles. — Je ne sais si dans les autres provinces d'Afrique il fait aussi mauvais, mais je sais que je n'ai jamais vu pleuvoir comme cela.

Le général Négrier est parti. Il est probable qu'il ne reviendra pas. — Il a reçu de tous les corps de la division des démonstrations bien franches d'estime et d'attachement.

Partout où il est passé, on lui a offert des banquets où on lui a témoigné le regret de le voir s'éloigner. Au banquet que nous lui avons donné à Philippeville, j'ai été témoin d'une circonstance assez touchante et qui prouve le prestige que le général Négrier exerçait sur les Arabes. — Un chef indigène des environs, malade depuis longtemps, avait témoigné le désir d'assister à ce banquet, et on l'avait placé de manière qu'il pût voir le général. — Ce malheureux-là souffrait beaucoup, et à chaque instant on voyait sa figure se décomposer. — On lui fit comprendre qu'il n'était pas tenu de rester, et que, puisqu'il était malade, il pourrait se retirer. — « Non, dit-il, avec des larmes plein les yeux, non, laissez-moi, je veux le regarder jusqu'à la fin. »

Jamais attachement, dévouement, amour, n'ont été exprimés d'une manière plus touchante. Le pauvre vieux cœur du général ne put pas y résister; il remercia, par un geste plein de bienveillance, ce pauvre Arabe, et je vis de grosses larmes humecter ses paupières. — J'étais à la droite du général, et aucun détail de cette scène ne m'a échappé. C'est dans de pareils moments qu'on s'estime heureux d'avoir un cœur.

Adieu, mon cher oncle; ce cœur-là saura encore longtemps vous aimer.

Philippeville, 26 janvier 1842.

Vous le savez, mon cher oncle, l'homme propose, Dieu dispose. Je n'ai plus aucune nouvelle de ce fameux congé. Du reste, il m'arriverait aujourd'hui, qu'il arriverait trop tard pour que j'en pusse profiter. Voilà les expéditions qui vont recommencer; vous avouerez que ce ne serait pas le moment de décamper. Pour que j'en pusse profiter, il aurait fallu qu'il arrivât dans le courant de novembre. J'aurais eu devant moi décembre, janvier, février et mars, et je serais revenu pour le début des expéditions du printemps.

S'il m'arrivait maintenant, je ne pourrais être à Toulon que dans la première quinzaine de mars, et à Sedan dans les premiers jours d'avril. A peine arrivé, il me faudrait repartir ou solliciter une prolongation qui me ferait passer tranquillement chez vous tout le temps des opérations prochaines. Me voyez-vous me dorlotant au coin de votre feu, pendant que mon régiment, où je ne suis pas encore connu, *trimerait* en campagne? Il faut me résigner à rester à mon poste de guerre, jusqu'à ce que la 61e demi-brigade ait vu, comme la unième, de quoi je suis capable. Quand j'aurai prouvé à mes nouveaux camarades que je ne suis pas tout à fait dépourvu de cœur au ventre, alors je demanderai un congé de six mois, et j'irai bien vite vous embrasser.

Le 61ᵉ va rentrer dans le courant de l'année; il faut que j'assiste aux dernières phases de sa vie d'Afrique. Je souhaite qu'elles soient aussi brillantes que celles qui ont honoré mon ancien 1ᵉʳ de ligne.

Vous autres vieux troupiers (car j'ai l'honneur d'en compter encore quelques-uns dans notre brave famille), vous comprenez les raisons que je vous donne, n'est-ce pas, mon cher oncle? Il ne faut pas que mes charitables camarades puissent me chanter aux oreilles ce précepte des commandements de Dieu: « Tes père et mère honoreras, afin de vivre longuement. » Ce précepte sublime, je serai toujours le premier à le mettre en pratique, mais lorsque mes devoirs militaires me le permettront.

Me voyez-vous d'ici, mon cher oncle, au coin de votre feu, me chauffant les os des jambes et lisant un journal dans lequel je trouve : « Le 61ᵉ vient de nous donner une preuve des services que l'on peut attendre des vieux régiments d'Afrique. Il s'est couvert de gloire... etc. » Est-ce qu'il me serait possible de lire ces pages avec impassibilité? Être le c.. sur une chaise tandis que mes collègues seraient en selle et le sabre au poing? Mais j'en crèverais de honte!

Je n'oserais plus me montrer dans les rues de Sedan. Il me semblerait toujours avoir écrit sur l'épine dorsale : *Lâche! triple lâche!* Pour jouir d'un bonheur, il faut avoir la conscience tranquille, et le charme d'être avec vous serait empoisonné par cette pensée que je ne suis pas à mon poste.

Ne trouvez pas mauvais, mon cher oncle, que je ne vous aie pas mis au courant d'un acte de ma vie que le monde qualifiera comme bon lui semblera; cela m'est égal.

C'est qu'avant de vous en parler, je voulais d'abord savoir si le principal personnage de mon épopée était digne d'être connu de vous.

Malheureusement, je ne sais pas par moi-même à quel degré je puis le placer dans mon estime, car il avait six mois quand je l'ai quitté, et, depuis cette époque, je n'ai pu le voir. Il a eu seize ans le 15 janvier. On me dit sur son compte des choses assez favorables, mais je voudrais voir pour y croire complétement.

Dans tous les cas, il sera, comme moi, *soldat*, attendu qu'il sera toujours honorable et glorieux d'affronter le trépas pour son pays.

Il faut, plus que jamais, des hommes de cœur dans l'armée, à une époque où de misérables sophistes tremblent devant l'esprit militaire et font tous leurs efforts pour le tuer.

J'aime à croire, pour lui et pour les autres, que mon conscrit aura du cœur. D'ailleurs, je me charge de lui en donner. Le cœur est une plante qui a besoin d'être arrosée pour pousser. Je prendrai soin de la cultiver.

Il faut qu'à notre vieille souche guerrière viennent encore s'apprendre quelques brillantes épées, et j'espère que la sienne sera digne de prendre rang parmi les nôtres.

Voyez-vous, mon cher oncle, plus j'avance dans la carrière, plus je sens l'esprit militaire me monter au nez. Que ne puis-je inculquer mes idées à ceux que je commande!

Notre pauvre bonne tante Thérèse sera donc toujours un peu souffrante? Engagez-la à se soigner et embrassez-la bien pour moi. Exprimez aussi à nos autres parents tout ce que l'amitié vous suggérera de plus tendre.

Adieu, mon cher oncle; recevez encore une fois les nouvelles protestations d'un attachement qui ne saurait plus grandir.

P. S. — Je ne veux pas fermer ma lettre sans vous donner une idée de la façon dont les choses se passent dans ce pays.

Un certain fournisseur de grains, en France, ne sachant quel parti tirer de quatre mille quintaux de blé avarié, a trouvé le moyen de les repasser à je ne sais quel flibustier gouvernemental, qui, à son tour, les repasse à l'administration des vivres de la province de Constantine, où les contributions perçues sur les Arabes et les récoltes faites par les différents corps ont accumulé beaucoup plus de blé qu'il n'en faut pour la consommation de l'armée. Encore un pot-de-vin?... Et lorsque ceux qui s'échinent à faire quelque chose de bien dans ce pays, viendront dire que l'Afrique peut se suffire à elle-même, on trouvera quelque coquin qui hurlera du haut d'une tribune : « Ce n'est pas vrai, puisqu'on a encore envoyé dernièrement quatre mille quintaux de blé pour la province de Constantine. »

A M. Élizé de Montagnac.

Philippeville, 4 février 1842.

Mon cher ami, demain, pour la première fois depuis que je suis dans la province de Constantine, je vais me mettre en mouvement pour une expédition commandée par le général Baraguey d'Hilliers. On se propose d'envahir le pays des Zerdezas, qui n'a pas fait encore sa soumission, et où le général Négrier a été assez mal reçu l'année dernière.

Une colonne part de Bone, une de Constantine, une de Philippeville; de sorte que nous allons attaquer ces tribus par trois lignes concentriques. Je ne pense pas qu'elles osent bouger quand elles verront ce déploiement de forces.

Je suis bien aise de marcher avec mon nouveau régiment (qui, du reste, entre nous, est fort peu militaire). Je vais trouver une fameuse différence avec mon pauvre bataillon de *flambards!*... Hélas! comme toute cette boutique est conduite dans la province de Constantine! Ça fait pitié. Quand on parle d'une marche forcée, on jette les hauts cris. Il faut faire bien régulièrement des haltes, de grandes haltes; il faut que tout le monde ait toutes ses aises... et puis... on attrape l'ennemi si l'on peut. Ah! les pauvres enfants! Ça ne me va guère, cette douce manière de guerroyer avec nos bons ennemis les Arabes. Enfin, il faut voir un peu de tout, mais je tâcherai de ne pas désapprendre.

Adieu, mon brave ami; embrasse pour moi Clémence et toute sa petite famille; je ne te parle pas de notre vieille amitié, qui restera toujours la même.

Philippeville, 15 mars 1843.

Mon cher ami, j'arrive d'une expédition qui dure depuis le 13 février; en voici à peu près le résumé. Tu verras qu'elle m'a servi à me faire connaître de mon régiment et des autorités militaires qui dirigent la province.

Il y a, au centre de cette province, une tribu appelée les Zerdezas, qui, depuis l'occupation du pays, nous avait toujours été hostile, attaquait nos camps, nos convois, pillait, volait, sans qu'il fût venu à la tête de qui que ce soit de les châtier.

Arrive le père Baraguey d'Hilliers, qui, du jour au lendemain, veut faire changer cet incroyable état de choses. Il se propose de pénétrer dans le pays par trois colonnes : l'une partant de Philippeville, l'autre de Constantine et l'autre de Bone. Le 5 février, les trois colonnes ont ordre de se mettre en mouvement; mais le temps est tellement épouvantable qu'elles sont forcées de rétrograder et de reprendre leurs cantonnements. Le 13, elles repartent; le beau temps nous protége, et nous voilà au milieu des Zerdezas qui fuient dans toutes les directions, abandonnant leurs troupeaux que nous enlevons. Dans la nuit du 15 au 16, des renseignements arrivent au colonel Barthélemy qui commande notre colonne, composée des trois bataillons du 61°, du 3° bataillon d'infanterie légère d'Afrique, et de l'escadron des spahis de Philippeville, commandé par M. Joachim Ambert; on lui apprend qu'à six lieues du camp où nous sommes, se trouvent toutes les populations et une grande quantité de bétail. En ma qualité d'ancien *chapardeur* de la province d'Oran, le père Barthélemy, que notre oncle connaît fort bien, me donne la mission d'aller les attaquer, et de tâcher d'enlever les troupeaux. Il met sous mes ordres les spahis de Philippeville, commandés par M. Ambert. J'organise mon bataillon, sans sacs, comme je le faisais avec le général Lamoricière, et je file, à marche forcée, dans la direction indiquée. Je pars à sept heures du matin; après quatre heures de marche, j'arrive sur la queue de la tribu en fuite; beaucoup de troupeaux sont abandonnés, avec une grande quantité de butin. Je lance les spahis à la poursuite des habitants qui ont près d'une lieue d'avance sur eux, dans des terrains très-difficiles. Je ramasse huit à neuf cents têtes de bétail que je fais pousser en avant, jusqu'à ce que j'aie trouvé un endroit convenable pour les réunir. Après une heure de marche pénible, j'arrive sur un emplacement découvert, et je laisse là, avec une compagnie, mon troupeau qui s'était grossi de deux ou trois cents têtes. Mes hommes, peu faits aux courses de longue haleine, sont fatigués; je veux leur donner quelques minutes de repos, avant de poursuivre; mais j'entends bientôt, dans le lointain, une fusillade. — Je n'en puis douter, ce sont les spahis de M. Ambert qui ont atteint les populations et sont engagés avec elles. Je pars aussitôt, au grand pas de course, à la tête de la compagnie de voltigeurs du bataillon, dans la direction du feu. Après une demi-heure de marche, j'arrive sur la crête d'une montagne d'où je vois, sur le versant opposé, les spahis assaillis vigoureusement par les Kabyles. Ceux-ci, s'étant aperçus du petit nombre des spahis, essayent de tirer parti de l'avantage que leur donne le terrain sur nos cavaliers embarrassés au milieu des rochers et des broussailles épaisses. Deux voltigeurs ont pu suivre mon cheval au galop, les autres sont à quatre ou cinq cents pas; je descends promptement vers le commandant Ambert.

L'apparition subite des *lascars* (fantassins) fit aussitôt prendre la fuite aux nombreux Kabyles qui attaquaient les spahis. Dès que j'eus pu rallier quelques voltigeurs, j'essaye de les poursuivre dans les rochers, dans les broussailles; mais le terrain devient toujours de plus en plus difficile, ils ont de l'avance sur moi, mes hommes sont harassés; je renonce à les atteindre, je les vois fuir dans toutes les directions, me laissant seulement leurs troupeaux. Je rassemblai là, à peu près, douze à treize cents têtes de bétail; il était quatre heures du soir, j'étais à plus de six lieues de mon camp, j'avais à conduire, dans des terrains épouvantables, ces treize cents bêtes de toute espèce, auxquelles il fallait joindre les douze cents que j'avais laissées en arrière, ce qui me faisait environ deux mille cinq cents têtes de bétail à amener au camp. Il fallait donc me décider à marcher toute la nuit, avec ces animaux fort embarrassants. Après avoir cheminé trois heures, j'aperçois le camp du général Baraguey d'Hilliers, qui était venu s'établir sur le pays où j'avais manœuvré le matin. Ce fut pour moi une heureuse rencontre; je priai le général de vouloir bien se charger de mon troupeau que j'allais perdre probablement pendant la nuit; il le prit, et me permit ainsi de marcher plus franchement. A dix heures du soir, j'étais à mon camp; nous avions marché depuis sept heures du matin sans arrêter.

Cette razzia, et la poursuite qu'avaient reçue les populations, les décidèrent à demander l'aman. Le lendemain, notre camp se rapprocha de celui du général Baraguey d'Hilliers, qui nous rendit nos troupeaux. Nous restâmes jusqu'au 22 dans le pays, afin de terminer toutes les négociations. — Il est probable que nous serons obligés d'y revenir avant peu, car nous avons, comme toujours, agi très-mollement. — Je ne sais réellement pas ce qui arrête nos généraux dans leurs dispositions énergiques; ils ne font jamais les choses qu'à demi, lorsqu'ils ont tous les moyens possibles d'en finir. Le 23, notre colonne rentrait à Philippeville pour y prendre des vivres, et, le 25, nous nous dirigions vers l'est, dans les montagnes d'Edough, où nous allions châtier les tribus qui, sous l'influence de Si-Zerdout, nous étaient restées hostiles. Le 1ᵉʳ et le 2 mars, je fus chargé de faire trois razzias qui me réussirent parfaitement; je pris à peu près cinq à six mille têtes de bétail.

Le 3, le colonel Barthélemy me fait appeler à six heures du matin : « Le refuge de Si-Zerdout est connu, « vous allez l'enlever, — me dit-il; combien voulez-« vous d'hommes pour ce coup de main? — Don-« nez-moi, — lui répondis-je, — deux compagnies de « grenadiers et deux de voltigeurs; avec cela et l'appui « de la Providence, nous ferons de la besogne. »

Le secrétaire de Si-Zerdout était arrivé au camp dès l'aube. Il se chargeait de nous conduire à l'endroit où se trouvait son maître et que lui seul connaissait. Me voilà donc guidé par cet ignoble brigand. Au bout de deux heures de marche, le traître me dit : « Il y a « là, derrière cette montagne, un ravin très-profond « couvert de buissons, de broussailles impénétrables; « — dans cette direction (qu'il m'indiquait du doigt) « est Si-Zerdout; il est caché dans un fond garni de « fourrés très-épais. »

D'après ces renseignements, il ne me restait plus qu'à entourer mon homme, comme un renard, par un cercle de soldats qui irait toujours se resserrant, vers le point où il était réfugié. Je fis donc prendre le haut du ravin par deux compagnies de grenadiers qui devaient se mettre à cheval sur le ravin et se déployer de manière à garder les deux versants par un arc de cercle; je fis faire la même manœuvre aux deux compagnies de voltigeurs, et ces quatre compagnies d'élite, ainsi déployées, devaient former, en se dirigeant l'une vers l'autre, et en se resserrant, un cordon d'où il était impossible que notre ennemi s'échappât, s'il était réellement au point que m'avait indiqué le guide. Je fis, en outre, déployer, sur les deux flancs du ravin, les spahis à cheval en arrière des fantassins, pour pouvoir saisir tout ce qui s'échapperait; enfin, tous ces ordres donnés, toutes ces dispositions prises, il me semblait, comme il te le semblera à toi, que tout cela allait marcher comme sur des roulettes. Tu vois clairement les grenadiers descendant le ravin, en décrivant un arc de cercle, et les voltigeurs le montant, en en décrivant un autre; tu crois que cette petite manœuvre bien simple fut exécutée? eh bien! pas du tout!

Heureusement, en matière militaire, comme en toute autre chose, je ne m'en rapporte guère qu'à ce que je vois. J'ai la conviction (conviction que l'expérience accroît tous les jours) que les trois quarts des hommes, prétendus militaires, n'ont pas l'instinct du métier et, par conséquent, ne comprennent pas les choses les plus simples de la guerre. Avec cette conviction intime, je me multiplie, je suis partout et je vois tout. Je me mis donc bientôt en mouvement, pour veiller à l'exécution des ordres que j'avais donnés; je franchis avec mon pauvre petit cheval les rochers, les broussailles; — je manquai de me tuer deux ou trois fois, mon cheval ayant roulé sur moi; — enfin j'arrive, et que vois-je?... Les deux compagnies de grenadiers qui, au lieu de descendre le ravin doucement en se resserrant, en fouillant partout, l'avaient descendu comme des corneilles qui abattent des noix, et, ayant rencontré les voltigeurs qui remontaient, se dirigeaient, comme eux, en remontant aussi !... Si j'avais pu attraper un fusil, dans ce moment-là, je tuais l'officier qui venait de me faire une pareille brioche !... Le haut du ravin n'était donc pas gardé, et Si-Zerdout pouvait fuir tout à son aise. Quoique le coup me parût à peu près manqué, je fis aussitôt prendre le pas de course aux deux compagnies de grenadiers, en leur ordonnant de couper le ravin à deux cents pas de là; il était temps : au moment où les premiers grenadiers arrivèrent, ils aperçurent quelque chose qui se glissait dans le fond du ravin, sous les broussailles; c'était Si-Zerdout. Il fut fusillé; sa femme et quatre enfants furent pris à hauteur de l'endroit où j'avais fait rebrousser chemin aux grenadiers.

Si-Zerdout était dans la province de Constantine ce qu'est Abd-el-Kader dans les provinces d'Oran et d'Alger; la prise de cet homme est donc de la plus haute importance pour les affaires de ce pays. C'est lui qui, en 1842, avait attaqué le camp d'El-Arouch, à huit lieues d'ici. Il avait fait accroire à ses populations qu'aussitôt qu'il se présenterait devant le camp, les Français seraient changés en statues de sel. En effet, il s'approcha avec une branche à la main jusqu'à trente pas du fossé de la redoute; on lui tua son cheval, les troupes sortirent, et l'on culbuta tous ses gens, qui furent fort étonnés de nous trouver en selle et non en sel. C'est lui qui, au mois d'août 1842, a attaqué Bougie; c'est lui enfin qui soulevait tout le pays.

Je lui fis couper la tête et le poignet gauche, et j'arrivai au camp avec sa tête piquée au bout d'une baïonnette et son poignet accroché à la baguette d'un fusil. On les envoya au général Baraguey d'Hilliers qui campait près de là, et qui fut enchanté, comme tu le penses. Il vint nous voir le lendemain à notre camp, me fit un très-beau compliment, me dit qu'il allait rendre compte au ministre de la guerre, et ordonna au colonel de me proposer pour lieutenant-colonel. Le mémoire de proposition est parti. — Je l'ai vu. — Me voilà arrivé dans la province de Constantine comme dans celle d'Oran; on a confiance en moi, et je pense que s'il y a encore quelques bons coups à faire, on m'en chargera.

Voilà, mon cher ami, les faits tels qu'ils se sont passés; il n'y a pas un mot à y ajouter ni à y retrancher.

Si-Zerdout a été tué à cent cinquante pas de l'endroit où étaient sa femme et ses quatre enfants. Sa femme, qui peut avoir vingt-cinq à vingt-huit ans, a dû être jolie, mais on voit qu'elle a souffert. Il y a une petite fille charmante d'une dizaine d'années; il y a aussi trois autres mioches, très-gentils. Il était donc en fuite lorsqu'il fut aperçu par quatre grenadiers qui le tuèrent aussitôt. Une balle lui avait traversé le corps, diagonalement, depuis le côté gauche de la poitrine, et lui sortait par le haut de la cuisse, un peu au-dessous de la hanche; il en avait une autre qui passait dans le haut de l'omoplate, du côté gauche, et sortait un peu au-dessous du cœur.

La mort de cet homme influent frappa de stupeur

tous les spahis qui étaient là, à ce point que je ne pus en trouver un de bonne volonté pour prêter son cheval, lorsqu'il s'agit de le transporter du fond du ravin, où il avait été tué, jusque sur le haut du versant, où je voulais lui faire couper la tête, en présence de tout le bataillon et des spahis réunis. Je dus jeter par terre un de ces animaux-là, et lui prendre son cheval de force. Il pleurait comme un imbécile.

Ce fut une bien autre histoire pour faire couper la tête. Je tenais beaucoup à ce que l'opération fût exécutée par les spahis nouvellement organisés, afin de les compromettre complétement vis-à-vis des autres Arabes du pays. Je ne pus trouver personne parmi les indigènes; enfin, pendant que je me démenais, pour les forcer à juguler cet honnête M. Zerdout, je vis venir à moi un jeune Turc qui sert dans les spahis, et qui parle français. Ce jeune garçon, de seize à dix-sept ans, qui est depuis longtemps avec nous, professe pour les Arabes la haine qu'avaient ses pères, anciens dominateurs du pays, et il a tranché la question à merveille. Le poignet a été coupé par un clairon de voltigeurs.

La main était mutilée par suite d'anciennes blessures : le pouce manquait et les muscles des autres doigts se trouvaient contractés.

La décapitation de ce Si-Zerdout qui, chez les Arabes, passait pour faire des miracles, les a tous jetés dans la consternation. Le petit Turc qui lui a coupé la tête est menacé par ses camarades d'être tué. Il est à craindre qu'on ne lui joue quelque mauvais tour.

On ne se fait pas d'idée de l'effet que produit sur les Arabes une décollation de la main des chrétiens : ils se figurent qu'un Arabe, qu'un musulman, décapité par les chrétiens, ne peut aller au ciel; aussi une tête coupée produit-elle une terreur plus forte que la mort de cinquante individus. Il y a déjà pas mal de temps que j'ai compris cela, et je t'assure qu'il ne m'en sort guère d'entre les griffes qui n'aient subi la douce opération. Qui veut la fin veut les moyens, quoi qu'en disent nos philanthropes. Tous les bons militaires que j'ai l'honneur de commander sont prévenus par moi-même que s'il leur arrive de m'amener un Arabe vivant, ils recevront une volée de coups de plat de sabre. Ils savent, du reste, que je ne me gêne pas pour leur allonger sur les côtes quelques frictions avec une grande latte de dragon que j'ai toujours au côté dans les expéditions, et que j'ai trouvée autrefois chez un armurier d'Oran. Quant à l'opération de la décollation, cela se passe *coram populo*.

Voilà, mon brave ami, comme il faut faire la guerre aux Arabes. Tuer tous les hommes jusqu'à l'âge de quinze ans, prendre toutes les femmes et les enfants, en charger des bâtiments, les envoyer aux îles Marquises ou ailleurs; en un mot, anéantir tout ce qui ne rampera pas à nos pieds comme des chiens.

Si-Zerdout était un homme de trente-six ans environ, d'une constitution vigoureuse, d'une figure distinguée, le nez un peu aquilin, de beaux yeux, la barbe rare et noire; il avait cinq pieds quatre ou cinq pouces.

En 1842, il avait assassiné M. Allaume, lieutenant

de spahis, que le général Lafontaine avait envoyé, de Bone, avec vingt-cinq cavaliers, dans le pays que nous venons de parcourir, pour percevoir l'impôt sur la tribu de Salah. — Si-Zerdout l'aborda, lui tira un coup de pistolet qui le manqua; mais M. Allaume, bientôt entouré par de nombreux cavaliers, abandonné par les spahis qui se sauvèrent, fut massacré. — Si-Zerdout lui prit ses pistolets, son fusil à deux coups, son cheval et tout ce qu'il avait. Lorsqu'il fut tué, il tenait à la main les pistolets de l'officier. Le fusil à deux coups a été trouvé dans l'endroit où il s'était caché; le bois en avait été cassé et raccommodé avec des ficelles et des bandes de fer-blanc. J'en suis aujourd'hui le possesseur.

Les pistolets doivent être rendus à la famille de M. Allaume. Dans le repaire de Si-Zerdout, on a trouvé de la poudre en assez grande quantité, des capsules, un cachet, une lorgnette, une petite caisse où il y avait des papiers, beaucoup de livres, quelques tapis, et huit cents francs qui furent donnés au guide, sans compter ce qu'il a reçu pour sa trahison.

Entre nous soit dit, on lui a compté six mille francs!

Voilà beaucoup de papier noirci, et beaucoup de faits divers dont tu peux amuser le public de notre famille. Un de ces jours, peut-être aurai-je encore quelque décollation à t'apprendre.

Nous sommes rentrés à Philippeville le 8 du courant, après avoir essuyé des temps épouvantables. Pendant quatre jours, nous avons reçu la pluie et la neige sur le dos, sans discontinuer, et le 6, nous avons été bloqués par les eaux : des torrents, des débordements de tous les côtés; enfin, le 7, les eaux baissèrent un peu, et nous pûmes passer. Ce jour-là, nous avons traversé dix torrents ou rivières, ayant toujours de l'eau jusqu'au ventre.

Voilà, à peu près, où nous en sommes : le général Baraguey d'Hilliers a remué vigoureusement toutes ces tribus qui, depuis la prise de Constantine, avaient acquis le droit d'insolence. Elles n'ont pas su défendre leurs troupeaux seulement! Nous avons encore un pâté à entamer, entre Philippeville et Callo, où le père Brice s'est fait frotter dans le temps; je suis bien convaincu que, du moment où nous paraîtrons, ils se sauveront comme des renards.

Nous ne tarderons probablement pas à les poursuivre. Le Baraguey n'est pas longtemps tranquille sur sa chaise; il gagne à être connu, et je suis un peu revenu de mes préventions.

Je vais toujours très-bien; pourtant, je t'assure que j'ai trimé.

Adieu, embrasse pour moi tous nos bons parents et crois-moi, pour la vie, ton meilleur ami.

Philippeville, 2 avril 1843.

A M. Bernard de Montagnac.

Mon cher oncle, je reçois votre bonne lettre, et à chaque ligne je trouve la preuve de votre touchante sollicitude. Merci de vos excellents conseils; je tâcherai d'en profiter. Mais, mon cher oncle, vous avez une sacrée nature à convertir, et Dieu lui-même aurait de la peine, je le crois, à opérer cette métamorphose.

Voilà les deux préceptes sur lesquels je m'étaye pour marcher dans la vie :

1° Ne jamais faire à personne ce qu'on ne voudrait pas qui nous fût fait, et faire aux autres ce que nous voudrions qu'on nous fît.

2° Faire ce qu'on doit, advienne que pourra.

Tels sont, mon cher oncle, mes principes. Ce ne sont pas ceux d'une mauvaise tête, d'un insubordonné. Ce sont ceux d'un homme qui a acquis une certaine expérience des gens et des choses, qui en acquiert tous les jours, et qui, grâce à cette expérience, a fini par mépriser ses semblables de tout son cœur.

Grâce à cette expérience aussi, j'ai compris que, pour imposer, à ses chefs, le respect de sa dignité, il fallait les empêcher de vous mettre le pied sur la tête, en leur montrant une fermeté inébranlable basée sur une conduite exempte de tout reproche et sur un zèle infatigable; et que, pour dominer ses subalternes, il fallait les rétribuer selon leurs œuvres, avec la justice la plus indépendante, la plus impartiale, et les briser sous une verge de fer, lorsqu'ils s'écartent de la ligne de leurs devoirs.

Si, avec une pareille règle de conduite, on est franc, brave et honnête, ce qui ne peut guère être autrement, vos chefs vous regrettent, lorsque vous vous éloignez d'eux, et, quand, après *vingt et un ans de service dans un corps*, vous dites adieu à ces subalternes que vous avez dominés, vous éprouvez la satisfaction de voir quelques larmes sillonner leurs joues.

L'homme faible, spéculateur, l'homme à concessions intéressées, rampant sans cesse devant l'autorité, injuste envers les inférieurs, sera au contraire bafoué lorsqu'il quittera les lieux où il a fricassé toute sa vie dans un intérêt personnel. Chacun lui jettera une pierre, si ce n'est de la boue, parce que chacun aura compris qu'il n'était qu'un égoïste, incapable de soutenir le faible contre le fort, et toujours prêt à sacrifier les droits, l'existence, l'avenir de tous ceux qui lui étaient confiés, pour satisfaire sa propre ambition, sa propre cupidité.

Ne vaut-il pas mieux être le *butor* que je suis qu'un reptile comme celui que je viens de vous décrire?

On me dira qu'avec cette roideur dont je me pique, je suis exposé à être toute ma vie la dupe des reptiles. Mais je ne joue pas avec eux et, par conséquent, ne puis être dupé par eux. Si j'entre dans un tripot où des chevaliers d'industrie exploitent le tapis vert, est-ce que, moi qui les regarde filouter, je dois être classé au nombre de leurs dupes? A ces filous, comme à tous les intrigants, j'abandonne, de grand cœur, les paillons dorés qu'ils ramassent dans la fange, pour aller respirer l'air pur dont je remplirai mes poumons jusqu'à la fin de ma vie.

J'ai encore une grande satisfaction parmi beaucoup d'autres, c'est que, j'en suis bien convaincu, avec des principes semblables, *votre vilain bougre de neveu* ne sera jamais renié par vous.

J'avais, comme je vous l'ai écrit, adressé une plainte au ministre de la guerre pour détruire les fâcheuses suppositions que cet animal de de Bar avait fait planer sur nos autorités des Ardennes; je vous transmets tout le dossier, renvoyé par le gouverneur, avec une lettre du général Baraguey d'Hilliers que vous interpréterez comme bon vous semblera [1] :

« Colonel, M. le gouverneur général me charge de vous faire le renvoi des pièces ci-incluses. Il apprécie les bons services du chef de bataillon de Montagnac et le motif honorable qui porte cet officier supérieur à continuer, sans interruption, ses services en Afrique; mais le gouverneur pense qu'il n'y a aucune utilité à transmettre le dossier au ministre. Un semblable envoi

---

[1] A la fin de 1842, les parents de Lucien de Montagnac avaient fait pour lui, sans l'en prévenir, une demande de congé, et avaient, à l'appui de cette demande, fourni des certificats des autorités civiles et militaires du département des Ardennes, attestant que des affaires urgentes l'appelaient dans sa famille, où il n'était pas retourné depuis six ans.

Le 15 décembre 1842, le commandant de Montagnac fut prévenu, sans autre explication, qu'un congé de trois mois lui était accordé pour se rendre à Sedan. — Il écrivit sur-le-champ au général de Bar, commandant par intérim le territoire d'Alger, pour le prier de lui faire savoir d'où lui venait ce congé qu'il n'avait pas sollicité.

Le général lui répondit, avec une logique incomparable, que « *les affaires urgentes invoquées par sa famille pour lui faire* « *obtenir un congé, n'étant pas connues de lui, n'existaient évi-* « *demment pas, et que les certificats fournis à l'appui ne pou-* « *vaient être que des certificats de complaisance* ». — En conséquence, il lui retirait son congé, lui infligeait quinze jours d'arrêts de rigueur, et, ce qui était plus grave aux yeux du commandant de Montagnac, dénonçait au ministre de la guerre « *l'abus* « *fait par les autorités des Ardennes de certificats d'urgence* « *qui ne certifiaient rien du tout* ».

Le commandant de Montagnac n'était pas d'humeur à laisser

dénoterait chez le commandant de Montagnac une susceptibilité que ceux qui lui sont affectionnés doivent chercher à atténuer, sinon à faire disparaître.

« C'est dans cette intention que M. le gouverneur général me prie de mettre toute cette affaire au néant.

« Vous voudrez bien transmettre cette décision à M. le colonel du 61e de ligne.

« Recevez, etc.

« Le général commandant supérieur par intérim de la province de Constantine,

« BARAGUEY D'HILLIERS.

« *A Monsieur le colonel commandant le cercle de Philippeville.* »

Quant à moi, j'y vois que le gouverneur a compris passer, sans mot dire, de pareilles imputations qui lui paraissaient injurieuses pour *ses vieux parents* et pour les autorités de son pays.

Il s'en plaignit vertement, dans une lettre adressée au gouverneur général, par l'intermédiaire de son colonel, et qu'il terminait ainsi :

« Quoique je sois bien convaincu, aujourd'hui, de l'urgente
« utilité de ma présence dans ma famille; quoique j'aie à m'oc-
« cuper du sort d'un fils que j'ai quitté à l'âge de six mois, et qui
« a atteint sa seizième année sans que j'aie pu le revoir; quoique
« je sois en Afrique depuis six ans, sans en être sorti cinq
« minutes, je n'ai jamais compris que les devoirs de famille
« passent avant les devoirs sacrés de mon état, et je ne puis
« accepter un congé, au moment où j'ai de nouvelles preuves à
« faire dans un régiment où j'arrive depuis peu.

« Veuillez donc, mon colonel, être assez bon pour appuyer
« cette lettre auprès de M. le gouverneur général, afin qu'il
« puisse donner à M. le ministre de la guerre les moyens de
« détruire les suppositions fâcheuses qui pèsent sur M. le géné-
« ral d'André, commandant le département, sur le sous-préfet,
« sur le maire de Sedan et sur mes parents. »

la grossièreté de de Bar, qu'il ne veut pas lui faire donner sur le bec par le ministère, et qu'il essaye de me dorer *c'te pilule* pour me la faire avaler tout doucettement.

Le père Bugeaud me passe donc la pilule avec d'aimables petits assaisonnements. Je vous la repasse à mon tour. Faites-en des choux, des raves ou des navets. — Vous verrez qu'au fond ces braves gens-là ne m'en veulent pas encore beaucoup. Je désirerais seulement que le poids de cette tuile n'eût heurté que ma tête. Elle est assez solide pour en supporter le choc et a reçu bien d'autres *torgnioles* dont je ne vous ai pas rendu compte. Mais je suis réellement désespéré qu'elle ait ricoché jusqu'aux personnes qui avaient bien voulu s'intéresser à moi.

Je vois avec plaisir, mon cher oncle, que vous vous portez bien; Dieu veuille que cela dure encore longtemps. — Embrassez pour moi tous nos bons parents. Faites-moi toujours, mon cher oncle, de bons sermons bien longs et bien drus; je tâcherai d'en profiter, et vous aimerai toujours comme par le passé.

Je vous envoie une lettre que je viens de recevoir du général Pélissier, et qui, vous le verrez, est fort aimable.

« Atgrole, 30 mars 1843.

« Je ne sais par quelle fatalité, mon cher commandant, votre lettre du 16 mars m'est revenue récemment par le courrier de l'ouest. Je l'ai lue avec grand intérêt, et j'ai bien reconnu là votre sagacité et votre incessante activité. J'aurais montré cette lettre au gouverneur général, s'il n'était absent depuis quelques jours. Il sera bientôt de retour; — il est allé à Mostaganem causer avec le général Lamoricière pour son établissement de Tiaret, dans le sud-est de Takadempt, qui doit être fondé incessamment, pendant que, de notre côté, nous nous établirons à Tenez et à El-Esnam, à peu près à la même latitude que ce port, dans la vallée et sur la rive gauche du Chélif. Selon toute apparence, nous serons à l'ouvrage dans la dernière décade d'avril.

« Je désire vivement que quelque bon coup, comme celui que vous venez de faire, double bientôt vos épaulettes, d'abord à corps d'argent; le surplus ne se fera pas attendre.

« Tout à vous.

« A. Pélissier. »

A mademoiselle Célestine de Montagnac.

Camp de Fessa, 2 mai 1843.

Ma bonne petite sœur, je ne veux pas laisser échapper l'occasion qui se présente, sans te dire quelques mots de tendresse. Depuis le 7 avril que je suis en expédition, c'est la première fois que je trouve un moyen de te donner signe de vie.

La première chose que je veux que tu saches, parce qu'elle est, je le sais, pour toi la plus importante, c'est que je me porte très-bien. Je mène ici la vie que je menais dans la province d'Oran, et je ne m'en trouve pas plus mal.

Il s'est encore présenté quelques circonstances dont j'ai profité avec avantage. — Tout cela ne me nuit pas dans l'esprit de mes nouveaux chefs et de mes nouveaux subalternes. — En somme, je crois avoir assez bien débuté dans mon régiment.

Nous battons la campagne, nous tuons, nous brûlons, nous coupons, nous taillons, pour le mieux dans le meilleur des mondes.

Je ne sais quand cela finira. En tout cas, tranquillise-toi, ne te fais pas des monstres de tout ce qui se passe dans les parages où je me trouve. — Et toi, ma bonne petite sœur, comment vas-tu? J'ai probablement quelques lettres de toi dans une boîte quelconque; mais rien ne nous arrive dans ces diables de montagnes où nous nous promenons, le fusil sur l'épaule. — J'espère qu'en rentrant à Philippeville, je trouverai ces bonnes petites pages qui feront un peu diversion à la sauvagerie féroce dont je suis obligé de me tremper pour ces affaires de guerre.

Comment se portent nos oncles, notre tante, frère, sœur, etc.? J'espère que tout le cortége de rhumes, de catarrhes, de bronchites, etc., aura changé de direction avec le printemps. Donne-moi là-dessus de longs détails.

Exprime bien à tous nos bons parents tous mes sentiments d'affection. Je pense que vous avez dû recevoir les lettres que je vous ai écrites, aux uns et aux autres, dans les premiers jours d'avril. Lorsque je serai rentré à Philippeville, je t'écrirai bien *longuement*.

Adieu, ma bonne petite sœur; je t'aime et t'aimerai toujours.

A M. Élizé de Montagnac.

Camp de Fessa, 2 mai 1843.

Mon cher ami, si depuis longtemps tu n'as rien reçu de moi, c'est que, depuis le 7 avril, je suis en campagne, et je n'ai pu trouver une occasion pour te faire passer quelques lignes. — Enfin, aujourd'hui, il s'en présente une, j'en profite, car je ne sais combien de temps peut se prolonger encore notre séjour dans les montagnes.

Le 7, trois colonnes se mirent en marche pour pénétrer dans ce pâté de montagnes qui se trouve entre Gigelly et Philippeville : une colonne partie de Constantine, une du camp d'El-Arouch, et une de Philippeville. — Cette dernière, dont je fais partie, se compose de trois bataillons du 61ᵉ, d'une section d'artillerie de montagne et de quelques spahis.

Le 7, arrivés à dix lieues de Philippeville, nous nous apercevons que le col par où nous devons passer est occupé par sept ou huit cents Kabyles. Mon bataillon, qui ce jour-là se trouve en tête de colonne, est chargé d'enlever toutes les positions garnies d'Arabes. — Cela ne fit pas un pli. — Je tins alors la position, depuis dix heures et demie du matin jusqu'à trois heures du soir, les débusquant, toujours en avançant, et protégeant le flanc droit de la colonne et du convoi.

Enfin, à trois heures, le feu des Arabes était éteint, et pas un ne pensait à me suivre.

Je pris alors l'arrière-garde, et j'arrivai à onze heures du soir au bivouac, où la fusillade était assez vivement engagée entre nos avant-postes et les Kabyles qui les attaquaient.

A mon arrivée, le père Barthélemy, qui commande la colonne, et qui était déjà installé depuis sept heures du soir, vint au-devant de moi, me fit une foule de compliments sur la manière dont j'avais manœuvré avec mon bataillon, et m'invita à manger quelque chose. — Ce compliment en valait bien un autre, car je n'avais rien pris depuis la veille à cinq heures du soir.

Sa tente était placée sur le point le plus élevé du camp, et les balles nous sifflaient de tous les côtés aux oreilles. — Plusieurs hommes, des chevaux, des mulets, entre autres une mule au colonel Barthélemy, étaient blessés. — Comme je trouvais fort stupide de nous laisser canarder ainsi, sans prendre des dispositions offensives, j'engageai le colonel à faire cesser cette outrecuidance de la part des Arabes, en leur lançant quelques compagnies aux trousses.

Trois compagnies furent bientôt mises en mouvement, et les Kabyles furent très-étonnés de voir nos baïonnettes relever le pan de leurs burnous. On en tua une dizaine, tous prirent la fuite, et nous pûmes dîner et dormir tranquilles. Cette journée nous a coûté quelques hommes tués et quelques blessés.

Nous nous sommes établis au centre du pays, et nous avons rayonné dans tous les sens avec des bataillons *sans sacs* (système Lamoricière), brûlant, tuant, saccageant tout. Les Kabyles, qui jusqu'alors avaient été fort tranquilles et avaient eu plusieurs avantages sur le général Négrier, sur le colonel Brice et autres, furent terrifiés de notre façon d'agir, et ne tardèrent pas à en passer par toutes les conditions que nous leur avons imposées.

Quelques tribus pourtant résistent encore, mais nous les traquons de tous les côtés, pour leur prendre leurs femmes, leurs enfants, leurs bestiaux, et je pense qu'elles ne pourront tenir longtemps à un pareil régime.

Le 27, le premier bataillon du régiment, qui, le matin, était allé pousser une pointe à trois lieues du camp, dans un pays hostile, fut attaqué par huit ou neuf cents Kabyles, dans des terrains très-difficiles. Il s'en tira très-bien et fit assez de mal à l'ennemi. Nous avons eu, de notre côté, une vingtaine d'hommes mis hors de combat.

Le 29, je fus chargé de pénétrer dans les mêmes contrées où devaient être des populations nombreuses avec des troupeaux. Après avoir traversé quelques chaînes assez escarpées, j'arrivai au pied de pitons très-élevés qu'il fallait franchir, pour passer sur le versant opposé où nous devions trouver ces populations. Les crêtes étaient garnies de Kabyles. Je les débusquai promptement, et, continuant à les suivre au grand pas de course, j'arrivai, presque en même temps qu'eux, sur leurs *gourbis* (baraques), où étaient femmes, enfants, bestiaux. Nos soldats tombèrent sur ces repaires comme s'ils tombaient du ciel. Je me demande encore comment nous avons pu franchir des obstacles pareils. Enfin, la mort, le feu, achevèrent de mettre le désordre dans ces populations, et je leur pris deux mille cinq cents têtes de bétail. Le père Barthélemy, qui avait voulu suivre mon bataillon, ne revient pas encore de la rapidité foudroyante avec laquelle ce coup de main fut accompli. Il n'avait jamais vu cela. Il ne savait en quels termes m'exprimer sa joie. J'étais à quatre lieues du bivouac; ramener mes troupeaux à travers des terrains déchirés, boisés, et faire face aux Kabyles qui, revenus de leur stupeur, cherchaient à se réunir, n'était pas chose commode. J'avais à peine trois cents hommes. Malgré toutes les difficultés, ma retraite s'opéra en bon ordre. Les Kabyles ne purent mordre sur aucun point, et, à sept heures du soir, j'entrais au bivouac, sans avoir perdu six chèvres ou moutons. J'avais seulement quelques hommes hors de combat.

Le colonel Barthélemy ne sait quels termes élogieux employer pour me colorer aux yeux du général Baraguey d'Hilliers.

Le général opère, avec neuf bataillons, entre Collo et Gigelly. Les résultats qu'il obtient ne sont pas aussi satisfaisants que les nôtres, soit qu'il manœuvre mal, soit qu'il se trouve en présence de tribus plus guerrières. Dans une récente affaire, il a eu quatre-vingts hommes hors de combat. Il se serait laissé surprendre, dit-on, dans une gorge, et les Arabes profitèrent du désordre qui régna un instant parmi les colonnes et le convoi. Un officier et six hommes furent enlevés par eux.

Nous ne savons pas quel sera le terme de cette campagne. Je crains que le général Baraguey d'Hilliers ne veuille trop embrasser à la fois. Il n'achève rien. Il sera obligé de recommencer.

Je vais toujours bien, mais mon pauvre petit cheval, le seul que j'aie avec moi, puisque j'ai dû laisser l'autre à Philippeville à cause du farcin, est malade. La première journée du 7, où il a eu tant à faire, l'a mis sur les dents. Heureusement que notre colonne et celle du général se sont rencontrées, et que le colonel du 3e chasseurs m'a prêté un cheval de troupe, sans quoi je serais à pied.

De tous les chevaux que j'ai pris dans les razzias, pas un seul n'aurait pu me servir. Comme par un fait exprès, tous étaient ou blessés ou des rosses.

Comment va notre famille? Comment se porte-t-on chez toi? Embrasse pour moi Clémence et tes moutards, et tous nos bons parents.

Adieu, mon cher ami; je t'en écrirai plus long quand je serai un peu abrité du soleil; en attendant, crois toujours à ma bien franche et bien solide amitié.

A M. Bernard de Montagnac.

Philippeville, 18 mai 1843.

Mon cher oncle, j'ai reçu, en rentrant de Philippeville le 15, votre lettre du 27 avril; je vous remercie, mon bon oncle, de m'entretenir aussi exactement de votre correspondance.

Depuis le 7 avril, j'étais en expédition, et je repars le 20, c'est-à-dire après-demain, pour une autre expédition qui va se faire dans l'est de la province, au delà de Bone.

Le général Baraguey d'Hilliers m'a donné le commandement de six compagnies d'élite du 61ᵉ, avec lesquelles je ferai, je l'espère, de la bonne besogne, si les circonstances me le permettent.

Dans la dernière expédition, j'ai eu quelques petites affaires assez avantageuses. D'autres prendront peut-être la peine de parler de moi. — Quant à moi, cela me déplaît. — Je me tais.

En attendant, le père Bugeaud a fait du mémoire de proposition pour le grade de lieutenant-colonel dont j'avais été l'objet, ce qu'il a fait de tous ceux qui lui ont été adressés par le général de Lamoricière. Il l'a *annulé*. Ce n'est pas une recommandation pour lui d'avoir servi sous les ordres du général de Lamoricière.

Mais je ne suis pas de ces rosses à qui il faut des picotins d'avoine pour trotter. J'ai une tout autre ambition que les industriels militaires qui font de notre bel état un comptoir où ils vendent leurs services. Mon ambition, à moi, est de remplir, jusqu'à mon dernier souffle, la mission que j'ai acceptée, et si, aujourd'hui, par suite d'un bouleversement quelconque, les épaulettes de chef de bataillon me tombaient des épaules, je saisirais avec bonheur le mousquet, et je prouverais que l'honneur militaire n'est pas un vain mot.

Il y a, en ce moment, un mouvement de réaction contre l'armée d'Afrique, c'est-à-dire que le père Soult ne veut faire que le moins possible de nominations dans cette armée, à laquelle on dispute une malheureuse croix que l'on accroche si facilement à tous les bonnets de coton de nos marchands de pain d'épice, et qu'on jette à la face de tous nos muscadins de l'armée de France, qui ne rougissent pas de se coller sur la poitrine ce signe de l'honneur, de la bravoure, sans avoir jamais entendu siffler une balle, sans avoir jamais vu fumer un bivouac.

Qu'ils viennent donc, ces faux militaires, ces polichinelles à ressorts, affronter, pendant quelques années, les dangers de tous genres de cette guerre rude et difficile; alors ils auront peut-être quelque droit de s'arracher les récompenses. Qu'ils viennent surtout, ces jolis pigeons, pour apprendre à faire la guerre. Ils nous diront ensuite si nous n'avons pas là une bonne école, pour arriver à se bien battre en Europe.

Je ne cesserai de soutenir que tout homme doué de ces facultés si rares qui constituent le vrai militaire, acquerra dans ce pays une expérience immense : une habitude parfaite de lire le terrain; une prévoyance de toutes choses, car dans ce pays où il n'y a rien, il faut tout prévoir; une rapidité d'exécution foudroyante, sans laquelle on n'a aucun succès à la guerre; une entente profonde de la conduite, du maniement des hommes; l'intelligence complète de tous les mouvements tactiques qui, exécutés sur une petite échelle, nous apprendraient à les exécuter, plus tard, sur un théâtre plus vaste; la connaissance de mille ruses de guerre que l'on ne peut acquérir que dans ce pays, où chaque buisson, chaque gourbi, cachant un ennemi, représente une petite forteresse, pour s'emparer de laquelle il faut manœuvrer; où l'ennemi, en grand nombre, surgit de partout, au moment où l'on y pense le moins, et est partout introuvable lorsqu'on le cherche...

Croyez-vous qu'un officier qui aurait bien la pratique de cette guerre africaine ne ferait pas un fameux officier en Europe?

Quant aux soldats, rompus aux fatigues et aux privations les plus exorbitantes, ils deviennent à cette école des hommes *incomparables*. Pour qu'ils puissent remplir la tâche à laquelle ils sont destinés, il leur faut une bravoure, un courage individuel, un sentiment de leur force qui ne sont pas nécessaires en Europe, où, groupés par masses, ils sont encadrés dans d'autres masses.

Ici, quinze ou vingt soldats déployés dans un bois, parmi des rochers, sur un terrain quelconque, sont appelés souvent à tenir en échec quatre ou cinq cents Arabes; s'ils ne possédaient, à un suprême degré, le sentiment de leur devoir et la confiance en leur valeur, pourraient-ils tenir ferme contre un ennemi qui, par ses cris, ses mouvements, sa fusillade, essaye de les épouvanter?

Croyez-vous, mon cher oncle, que de pareils corps, dans une guerre d'Europe, comme celles que vous avez faites, ne seraient pas des troupes infernales?

Le duc d'Orléans, qui était bon juge, disait: « Si nous avions une guerre en Europe, je formerais mon avant-garde de quelques régiments tirés d'Afrique. »

L'armée d'Afrique, voyez-vous, est l'école où doivent venir se former tous les officiers, sous-officiers et soldats qui ont du cœur et une étincelle de feu sacré. — La guerre de ce pays ne s'apprend nulle part, il faut la faire et la faire longtemps. Pour la bien faire comme chef de bataillon, comme colonel, comme général, il faut l'avoir faite comme *capitaine*.

La meilleure preuve que la guerre de ce pays est difficile et demande une grande pratique, c'est que tous vos officiers supérieurs venus de France et appelés, du jour au lendemain, à diriger les troupes, n'ont eu que des échecs ou, tout au moins, des insuccès. — Je pourrais les citer tous les uns après les autres. — Avant de déprécier notre armée d'Afrique et ce qu'elle fait tous les jours, qu'on vienne donc la voir à l'œuvre et partager ses travaux.

Je vais toujours bien; les douleurs ne m'assiègent pas encore, quoique, depuis trois ans, ma vie se soit écoulée au bivouac par toutes les saisons, par toutes les intempéries. — Je vous réponds qu'il faut être trempé un peu dur pour mener ce train-là, sans discontinuer, et je remercie, chaque jour, le Ciel de la santé de fer qu'il m'a donnée.

Ne vous tourmentez pas trop, mon cher oncle, de ne pas entendre les journaux parler de moi. Je ne tiens pas le moins du monde à ce que mon nom figure dans leurs colonnes, au milieu de tous les mensonges dont elles fourmillent. Je suis au-dessus de ces sortes de niaiseries, et laisse aux comédiens les applaudissements de la foule. Quoique nous jouions tous un rôle quelconque sur cette terre, je ne tiens pas, pour mon compte, à l'approbation du public; quant à son improbation, je *m'en f*.... Je trouve toute ma récompense dans l'accomplissement de mes devoirs et la satisfaction de ma conscience.

Je ne vous dis rien de la dernière expédition que nous venons de faire. Les rapports, officiels ou non, vous diront suffisamment de choses, quelques-unes vraies, la plupart fausses. — Mais c'est égal, comme il a été convenu, admis en principe d'ajouter foi à tout ce qui paraît dans une feuille publique, ce serait gêner les gens qui lisent et les embarrasser dans leur classification des faits, que de leur donner d'autres renseignements, d'autant que ces documents, puisés, sans doute, à une source très-pure, très-exacte, ne pourraient inspirer aucune confiance, n'émanant pas des bureaux du général ou de son état-major, seuls autorisés à revêtir les plus grossières bourdes du caractère officiel.

Je viens d'éprouver, ces jours derniers, une très-grande satisfaction : depuis bientôt six ans que le 61e est en Afrique, une seule décoration de la Légion d'honneur a été accordée à la classe malheureuse et toujours oubliée des sous-officiers, caporaux et soldats du régiment. Cette croix vient d'être donnée à un nommé Delvincourt, de Sedan, caporal de voltigeurs au régiment. Ce jeune homme avait été désigné, le 26 août 1842, comme s'étant parfaitement conduit dans une affaire où six compagnies d'élite du 61ᵉ furent fortement engagées et eurent six officiers mis hors de combat, dont un tué, et cinquante à soixante sous-officiers ou soldats tués ou blessés.

Ce caporal avait eu le bras abîmé d'une balle et restera probablement estropié toute sa vie. Enfin, le ministre de la guerre, après nous avoir disputé cette décoration, depuis le mois d'août 1842, a fini par l'accorder.

C'est la *seule* que l'on voie sur une capote grise, dans notre régiment, et j'ai été doublement heureux que cette récompense unique tombât sur un de mes compatriotes.

Vos envieux de France oseront-ils dire que l'armée d'Afrique accapare tout, quand un malheureux régiment qui, depuis dix ans, trime dans ce pays, au milieu des dangers et des privations, n'a qu'un caporal décoré de la Légion d'honneur, après avoir été mutilé par le feu de l'ennemi, tandis qu'eux, ces beaux messieurs, attrapent, à tous les camps de plaisance et à toutes les revues de parade, des boisseaux de décorations, sans qu'elles puissent rappeler à leurs tympans le plus léger bruissement de la plus légère des balles?

Allons, mon cher oncle, assez bavardé sur tout cela; embrassez pour moi notre excellente famille, et croyez toujours à mon attachement sans bornes.

A M. Élizé de Montagnac.

Camp d'Oued-al-Hamar, à cinquante lieues de Philippeville,
10 ou 12 juin 1843.

Mon cher ami, je t'écris de la main gauche : j'ai le bras droit cassé à un centimètre et demi au-dessus du poignet. Les deux os sont fracturés. C'est le 25 mai que cela m'est arrivé, en chargeant à la tête d'un escadron de spahis que je faisais soutenir par deux compagnies de mon bataillon. Cet escadron n'allait pas à ma guise. Je mis le sabre à la main et poussai la charge à fond sur deux ou trois cents cavaliers.

Je ne perdais pas de l'œil un chef assez brillant qui caracolait en avant des autres, et qui m'avait lâché son coup de fusil. Ce farceur-là, qui avait assez d'avance sur moi, semblait vouloir me narguer ; il se fiait à son cheval, mais ses précautions pour battre en retraite étaient mal prises, et, lorsqu'il voulut fuir, il se trouva acculé à un ravin très-boisé, à travers lequel il était impossible de se frayer un passage. Je l'abordai alors par un coup de sabre qui lui arriva au-dessus de l'oreille gauche. A ce coup, appliqué de toutes mes forces, il se laissa glisser de cheval, et me fit perdre ainsi le point d'appui que j'avais pris un instant sur sa tête.

L'impulsion donnée à mon bras pour frapper m'avait fait porter tout le poids du corps sur l'étrier droit.
— Les semelles de mes bottes, mouillées, toute la

matinée, par la rosée des blés, étaient très-glissantes, de sorte que je fus tout étonné de me trouver à terre, en même temps que ce grand diable d'Arabe que j'avais sabré.

Je tombai sur le poignet, et lorsque je voulus relever mon sabre pour achever mon homme, ma main faisait avec mon bras un angle à quarante-cinq degrés.

On me pansa, on me mit un bandage inamovible, et me voilà, guerroyant comme par le passé à la tête de mon bataillon. — J'ai tenu à ne pas le quitter un instant. On voulait m'évacuer; mais, selon moi, un chef de troupe ne doit abandonner la partie que *mort*.

Je vais bien; mon bras se ressoude — ou ne se ressoude pas, — je l'ignore. — Dieu m'aidera peut-être. — Nous sommes encore, au moins, pour un mois dehors.

Adieu, mon brave ami; embrasse bien, pour moi, Clémence, les moutards et toute notre excellente famille. *Surtout* ne vous inquiétez, ni les uns ni les autres, de ma *ridicule blessure*.

Ton meilleur ami.

Bivouac de Aïn-Barda, à cinquante-six lieues de Philippeville,
7 juillet 1843.

Mon cher ami, je t'écris toujours de la main gauche, mon bras étant encore emboîté dans le premier appareil qui a été placé. — Je ne sais quand je pourrai te faire passer cette lettre; nous n'avons que très-peu de communications avec les points principaux.

Le seul courrier que j'aie reçu, depuis le 20 mai que nous avons quitté Philippeville, m'est parvenu le 4 juillet. Il m'a apporté trois lettres de Célestine et la nouvelle de son mariage auquel je ne m'attendais pas. — Que Dieu la protége! Elle ne sera jamais aussi heureuse que je le souhaite.

Quelle cabriole pour une femme que le mariage! Qu'il lui faut d'amour ou de résignation pour entreprendre une pareille course au clocher! Si les filles me consultaient pour faire ce terrible saut, il y en a terriblement qui resteraient de ce côté-ci du fossé. — Il faut pourtant qu'une femme se marie. C'est de toute nécessité et même de toute moralité; mais quand on songe au nombre des victimes qui meurent sous le couteau du mariage, il y a de quoi faire frémir les plus courageuses.

Comme je ne sais pas si Célestine est encore à Sedan, je t'envoie, ci-jointe, une lettre pour elle.

Je voudrais pouvoir te conter les résultats de nos opérations depuis le 20 mai, mais ce récit serait un peu long pour un manchot.

Sache seulement que nous sommes allés jusqu'à la frontière du royaume de Tunis, en traversant le riche pays des Hannenchas, où personne n'avait encore pénétré. — Ces populations se trouvaient placées sous la direction d'un chef nommé El-Hassen-Aoui, homme influent par sa naissance, par ses richesses et par son caractère. A notre entrée dans le pays, il a essayé quelque résistance; mais il a reconnu que c'était inutile, et s'est retiré, avec toutes ses tribus, dans le royaume de Tunis. Nous nous sommes installés alors au centre de ses riches moissons. Peu disposées à perdre de pareilles récoltes, les populations ont demandé à rentrer sur leur territoire; on leur a accordé l'*aman*, et elles ont payé l'impôt sans difficulté.

Hassen-Aoui est resté dans le royaume de Tunis, nous abandonnant ses riches propriétés. — Il fallait un chef à ces tribus. C'était la question la plus délicate à traiter : c'est celle qui a été le plus négligée. Notre général Baraguey d'Hilliers, toujours pressé d'inonder la France de ses bulletins, et ambitieux de prouver qu'il a fait plus et mieux que ses prédécesseurs, s'est dépêché d'exhumer, des catacombes de cette province, une vieille souche pourrie, qui y avait régné sous les Turcs, et qui, à la suite d'une foule de cruautés, avait fini par être renversée et remplacée par Hassen-Aoui lui-même.

Le général a détaché de ce tronc usé un rameau encore vert, et l'a imposé aux malheureuses tribus des Hannenchas, qui sont désolées d'un pareil choix. On laisse donc Hassen-Aoui avec tout son prestige, dont il ne manquera pas d'user aussitôt qu'il la trouvera belle, et l'on abandonne ce riche pays à un chef que les habitants repoussent de toutes leurs forces. Au lieu de cela, on pouvait, avec un peu d'habileté et de patience, s'attacher Hassen-Aoui, qui, à différentes époques, avait témoigné le désir de se rapprocher de nous.

Aujourd'hui qu'il voit que les choses ont changé d'aspect, et qu'il n'y a plus de résistance possible, il a renouvelé ses propositions et a été évincé, sous ce mesquin prétexte qu'il nous avait trompés! Mais quel est donc le chef arabe qui ne nous a pas trompés? — Au moins celui-ci nous a trompés de bonne guerre, tandis que celui que nous prenons aujourd'hui, *après nous avoir juré fidélité,* a été cause qu'un bataillon du 26ᵉ, commandé par M. Janet, a été frotté dans ce même pays en 1839.

En nous attachant Hassen-Aoui, nous évitions de jeter le désordre et l'inquiétude dans des populations à qui la perte de leur chef enlève toute garantie d'avenir, et nous avions une force imposante qui dominait le pays et nous dispensait d'y jeter des troupes, aussi longtemps qu'il tiendrait ses promesses.

Tandis qu'aujourd'hui, pour protéger notre nouvel élu, pour maintenir les tribus et pour empêcher les exactions d'une famille qui ne manquera pas de saisir tous les prétextes d'user de représailles contre plusieurs des grands propriétaires placés sous son autorité, il nous faudra entretenir un camp permanent; il nous faudra encore enlever à nos postes principaux des troupes qui y sont utiles, et former, sans doute, dans ces contrées, un nouvel établissement, nouvelle source de dépense.

Nous ne cessons de commettre de ces maladresses, causes des trois quarts des bouleversements qui agitent l'Afrique.

Tu sais que nous avons manœuvré sur trois colonnes, l'une partie de Constantine sous les ordres du général, qui a pris la direction du sud-sud-ouest; l'autre partie de Philippeville, à laquelle j'appartiens, sous les ordres de notre colonel Herbillon, qui s'est dirigée vers le sud-est, et une troisième sortie de Bone, sous la conduite de M. Sénile, colonel de la légion étrangère, qui a opéré dans l'est.

Je ne te parle ici que de notre mission qui était de soumettre le pays d'Hassen-Aoui. Ce vaste territoire s'étend jusqu'aux frontières de la Tunisie, que nous nous sommes contentés d'observer sans les franchir.

Le colonel Sénile n'a pas fait de même, ce qui est cause d'un conflit assez fâcheux entre nous et le bey de Tunis. — Les journaux ont déjà dû s'emparer de l'affaire; ils ne manqueront pas de déblatérer contre cette violation de territoire.

Voilà ce qui s'est passé : Le commandant de la troisième colonne poursuivait des populations qui s'enfuirent sur le territoire tunisien. Peu instruit des délimitations des deux pays, le colonel arriva dans la plaine de Darcla, appartenant à la Tunisie; sa cavalerie se répandit dans tous les sens, et les pacifiques Tunisiens, comme les autres, furent victimés : butin enlevé, moissons incendiées, etc... D'où, plainte portée au bey de Tunis. Nous ignorons les conséquences de cette fugue intempestive du père Sénile, mais je crois que tout cela va faire crier bien haut nos bons amis les Anglais.

En résumé, pour moi, la province de Constantine, que j'ai parcourue dans tous les sens, est la plus riche des trois et la plus facile à organiser. Les habitants sont cultivateurs, tiennent au sol et ne demandent que la paix, pour pouvoir se livrer avec sécurité à leurs travaux et à leur commerce. Cette belle province est couverte de traces de la domination romaine : partout des ruines très-considérables.

Tu dois t'apercevoir que j'écris avec beaucoup de peine. En effet, cela me fatigue un peu.

Je ne sais trop ce que devient mon bras; il me fait peu souffrir, mais je n'ose pas faire lever l'appareil avant d'être rentré à Philippeville, dans la crainte d'accidents.

Adieu, mon bon ami; crois toujours à ma vieille amitié.

A M. Bernard de Montagnac.

Philippeville, 4 août 1843.

Enfin, mon cher oncle, je vous écris de la main droite, car, quoi que vous en disiez, mes dernières lettres étaient bien écrites de la main gauche. Depuis environ trois semaines, le bandage est enlevé, et je puis aujourd'hui tenir, avec beaucoup de difficulté, ma plume entre le pouce et les deux premiers doigts.

Les os du bras ont assez bien repris leur place, mais il y a eu un tel désordre dans les muscles et dans les nerfs du poignet, que tout cela est enflé, roide, difforme, et n'a pas la moindre force. Le temps et la nature feront le reste, je l'espère.

Je ne puis même pas écrire longtemps sans souffrir, mais il me reste toujours la ressource de la main gauche, quand je suis fatigué.

Ah! vous ne voulez pas croire, mon cher oncle, que je vous ai écrit de la main gauche!

Je ne vous dirai pas, comme les charlatans : « Je ne mens jamais, je n'ai jamais menti. » Celui qui dit cela ment, attendu que l'homme est né menteur et voleur; qu'il est de son instinct de mentir, comme il est de l'instinct du renard de se creuser un terrier, pour cacher les poules dérobées au poulailler voisin.

Le mensonge est le terrier où l'homme cache ses turpitudes. Selon moi, il ment toute sa vie, et s'il vole moins, c'est que le vol est puni par la loi, tandis que le mensonge ne l'est pas.

Je vous dirai donc seulement : *J'essaye de ne pas mentir*, et, vraiment, je crois mentir moins que la plupart de mes semblables.

Ainsi croyez-moi donc un peu. Non, je n'ai pas eu recours à un secrétaire pour écrire mes lettres, et cela pour plusieurs raisons : d'abord, je ne connais personne en qui j'aie assez de confiance pour le mettre dans le secret d'une lettre.

Ensuite, il ne m'est pas venu à l'idée de recourir à cet expédient, dans la crainte de vous inquiéter trop, convaincu que vous connaissez assez les chances de mon état pour ne pas vous attendre, tous les jours, à apprendre, ou ma mort, ou mon avancement.

(Fatigué de vous écrire de la main droite, je continue de la main gauche.) — Je vous envoie la copie de deux lettres, l'une du général Baraguey d'Hilliers, l'autre du colonel Foy, aide de camp de M. le ministre de la guerre.

Lettre du général Baraguey d'Hilliers.

Constantine, 6 juillet 1843.

Monsieur le commandant, j'ai rendu compte à M. le ministre de la guerre du fâcheux accident qui vous est survenu au commencement de notre dernière expédition. M. le maréchal, dans sa réponse, m'écrit cette phrase : « Je regrette que le brave commandant de Montagnac ait eu un poignet cassé dans un des combats qui ont été livrés. Témoignez-lui, je vous en prie, ma satisfaction pour l'exemple qu'il a donné en ne voulant pas quitter le commandement de sa troupe, malgré la gravité de sa blessure. Je désire qu'il soit promptement rétabli. »

Je vous transmets cette expression de la satisfaction du maréchal, avec d'autant plus de plaisir et d'empressement, Monsieur le commandant, qu'elle est celle d'un homme parfaitement digne de juger et d'apprécier votre bonne manière de servir.

Recevez, Monsieur le commandant, l'assurance de mes sentiments distingués.

BARAGUEY D'HILLIERS.

Lettre du colonel Arthur Foy.

Constantine, 14 juillet 1843.

Monsieur le commandant, je m'empresse de mettre sous vos yeux la phrase ci-jointe, insérée dans une lettre que je reçois de M. le maréchal ministre de la guerre, en réponse au rapport que j'ai eu l'honneur d'adresser à Son Excellence, le 30 mai dernier :

« Je regrette que, dans les faibles engagements qui ont eu lieu, le commandant de Montagnac, du 61e, ait reçu une blessure grave au poignet.

« J'espère qu'il se rétablira promptement, et que le bel exemple qu'il a donné, de conserver le commandement malgré cet accident, portera ses fruits parmi la troupe. Témoignez de ma part à cet officier supérieur l'intérêt que je lui porte. »

Agréez, je vous prie, Monsieur le commandant, avec mes vœux pour le prompt rétablissement de votre blessure, l'assurance de mes sentiments les plus distingués.

Arthur Foy.

Je suis rentré — (je reprends de la main droite) — à Philippeville, avec les six compagnies d'élite du 61e, le 29 juillet.

J'ai toujours le même guignon du côté de mes chevaux, ce qui me fatigue au suprême degré et me bouleverse le caractère.

Mon pauvre petit cheval, le seul que j'eusse conservé à peu près intact, vient de se déclarer farcineux en arrivant ici. Me voilà complétement démonté, je ne sais réellement que faire.

C'est que nous autres malheureux officiers d'infanterie, nous perdrions cent chevaux, dans l'espace de huit jours, qu'on ne nous indemniserait pas de deux liards, à moins qu'ils n'aient été tués d'une balle sur le champ de bataille.

On sait pourtant très-bien que nos chevaux souffrent beaucoup plus que ceux de la cavalerie, car nous sommes obligés de suivre nos fantassins partout, quelles que soient les difficultés de terrain, tandis que la cavalerie ne s'engage que dans les pays où il lui est possible de manœuvrer. Nos écuries sont toujours détestables. C'est tout au plus si l'on nous fait la grâce de nous en accorder. Et, pour compenser toutes ces misères, nous n'avons même pas le droit de choisir un cheval de la remonte; il nous est seulement permis, à nous autres officiers supérieurs, de glaner une rosse dans ce que la remonte refuse, ou bien nous sommes à la merci du maquignonnage de quelques officiers de cavalerie et d'industriels véreux.

Voilà cinq chevaux que je perds depuis le mois de septembre 1841. C'est à ne pas y tenir; aussi n'ai-je jamais été aussi rafalé, aussi misérablement gueux que depuis ma nomination de chef de bataillon.

Joignez à toutes ces dépenses celles des harnachements, que les expéditions incessantes mettent bien vite hors d'usage. Ma selle neuve, dont je me suis servi continuellement depuis le mois de février 1843 jusqu'au 15 mai, cette jolie selle qui me paraissait si bien confectionnée, si solide, est aujourd'hui fripée; je ne puis plus m'en servir. L'arçon manquait de nerf et s'est affaibli au point qu'il porte sur l'échine et blesse mes chevaux.

En France, cette selle m'aurait duré six ans; en

Afrique, elle m'a servi trois mois. Il me semble que la haine que j'avais vouée aux chevaux était une appréhension des soucis que devaient me causer ces bougres d'animaux.

Adieu, mon cher oncle; croyez toujours à mon inaltérable attachement.

A M. de Leuglay.

Philippeville, 12 janvier 1843.

Je vous remercie, mon cher de Leuglay, des détails que vous me donnez sur les opérations du gouverneur et de notre général Lamoricière. Il paraît qu'en effet les résultats ont été immenses. Ces messieurs ont bien couronné l'année 1842.

J'ai appris dernièrement que le général de Lamoricière était nommé lieutenant général. Je m'en suis réjoui de vrai cœur. J'apprendrai aussi avec bien du plaisir l'avénement de notre père Bugeaud au maréchalat. Il a certes assez fait pour mériter cette dignité, quoi qu'en disent les vieux jaloux de l'Empire, qui moisissent entre leur perruque de chiendent et leurs bottes de carton; ridicules monuments qui, traînés péniblement sur cette terre d'Afrique, se sont bientôt laissé ébranler par le plus léger choc de difficultés. La France a assez fait pour leur vieille gloire. Qu'on leur réserve aujourd'hui une bonne place au musée des Invalides, et qu'il n'en soit plus question.

Nous sommes toujours là, en attendant les événements. Je ne sais encore dans quel sens ils se dérouleront. — Les sillons se creusent, les grains se sèment, les Arabes approvisionnent nos marchés, et la sécurité est parfaite partout.

Nous avons ici un exemple bien frappant de l'influence que peut exercer sur les Arabes un homme juste, intègre, ferme et intelligent. Depuis un an, on cherche à organiser, à Philippeville, un escadron de spahis. Un certain capitaine de cavalerie bat le rappel, pendant huit mois, pour réunir tout au plus une vingtaine de malheureux. Depuis quatre mois, ce capitaine a été remplacé par un autre, M. Joachim Ambert, qui, dans ce laps de temps, a formé un escadron de cent quatre-vingts hommes et chevaux, et réuni les éléments nécessaires pour former un second escadron, aussitôt qu'il sera autorisé à le faire. Il avait été cependant décidé qu'on renoncerait à l'organisation de cet escadron, sous prétexte que le pays ne fournissait ni cavaliers ni chevaux.

On vient enfin de voir — clair comme le jour — que ce n'étaient pas les éléments qui manquaient à l'organisateur, mais l'organisateur qui manquait aux éléments.

Voilà la pierre d'achoppement de toutes nos nouvelles organisations et surtout de l'organisation des corps indigènes; c'est la difficulté de trouver, pour les diriger, des hommes justes, consciencieux et surtout *probes*. Malheureusement, on jette trop souvent dans ces corps les rebuts de l'armée. Les hommes sont difficiles à trouver, mon cher de Leuglay, et la lanterne du fameux Cynique ne nous aiderait pas plus à les découvrir aujourd'hui qu'au siècle où il vivait. — Aussi, quand on en rencontre, on s'y cramponne. Donnez-moi donc une bonne poignée de main, mon cher de Leuglay, et croyez à tout mon attachement.

Philippeville, 24 janvier 1843.

Mon cher de Leuglay, je viens d'apprendre que notre gouverneur battait encore la campagne, pour protéger les tribus de l'Ouarensenis, châtiées par Abd-el-Kader, à cause des dernières soumissions qu'elles nous avaient faites. Je crois qu'il n'y a réellement qu'un moyen d'en finir avec ce diable d'Abd-el-Kader, c'est de mettre sa tête à prix. — Quand on la coterait à cent mille francs, ce serait encore une économie, et l'on ne manquerait pas de trouver un Arabe dont la conscience s'élargirait devant cette somme.

Je suis de plus en plus convaincu que, dans nos principales villes d'Afrique, il y a des agents de l'Angleterre et d'autres puissances qui alimentent la guerre. Ne pouvant nous la faire ostensiblement elles-mêmes, elles nous la font ainsi. — Je suis bien persuadé qu'Abd-el-Kader ne pourrait continuer à tenir, s'il était réduit à ses seules ressources.

Après cela, avec nos manies de niaise philanthropie, nous sommes trop bonasses dans nos actes d'énergie. Nous arrivons au milieu d'immenses tribus qui, intimidées par notre présence, font toutes les promesses de soumission imaginables. Nous nous payons, comme de coutume, en monnaie de singe. Nous n'exigeons même pas un otage, pas un cheval, pas une bourrique.

Qui veut la fin veut les moyens. — Selon moi, toutes les populations qui n'acceptent pas nos conditions doivent être rasées, tout doit être pris, saccagé, sans distinction d'âge ni de sexe; l'herbe ne doit plus pousser où l'armée française a mis le pied.

Si vos tendres cœurs saignent d'anéantir tout ce qui résiste, entassez hommes, femmes et enfants sur des bâtiments de l'État, et expédiez-moi tout cela aux îles Marquises ou ailleurs. Tuez ou exportez ainsi quelques tribus, et je vous réponds que les autres se défendront contre ce fantôme qui les terrifie.

Chaque fois qu'un chef de tribu a trahi ou n'a pas agi avec vigueur, tous les hommes de la tribu doivent être tués, le reste exporté.

Les tribus doivent nourrir l'armée lorsqu'elle voyage, et, si les vivres n'arrivent pas à point donné, razzia pour la première fois, mort et exportation en cas de récidive.

Si je me laissais aller à ma verve d'extermination, je vous en remplirais quatre pages. Lorsque les peuplades venues d'Arabie inondèrent l'Afrique, elles ne soumirent les Berbères qu'en employant les moyens que je prône. — Agissons donc de même, si nous voulons en finir.

Mais que diraient nos philanthropes? ces braves gens qui passent leur vie à rechercher les moyens d'améliorer le sort des assassins, des galériens, de toutes les canailles, en un mot!

Toujours seul, mon cher de Leuglay, comme l'ours blanc des pôles arctique et antarctique, je rêve beaucoup : de véritables rêves d'ours.

Entre mes quatre murs blanchâtres, je dresse d'horribles plans de campagne. — Je parcours l'Afrique du nord au sud, de l'est à l'ouest, et, comme un illuminé ou un possédé, je finis par me figurer qu'à moi seul appartient la puissance d'en terminer avec tout ce qu'il y a d'Arabes en Afrique.

Le rêve auquel je reviens tous les jours est celui-ci : L'Afrique nous appartient aujourd'hui, nous pouvons la sillonner en tous sens. — Mais toutes les populations, soumises en apparence, ont besoin d'être maintenues, dans le cas où elles auraient la velléité de bouger; d'être protégées, dans le cas où elles sont fidèles, et d'être châtiées, si elles se révoltent ou ne veulent pas accepter nos conditions.

Il faudrait un corps spécial pour atteindre ces différents buts, un corps de dix-huit cents à deux mille hommes faits, de volontaires, de jeunes gens aventureux, n'ayant d'autre pensée, d'autre avenir en partage que la mort, ayant un costume fantastique en rapport avec leur mission [1].

---

[1] Le colonel de Montagnac avait dessiné avec soin cet uniforme. Il se composait d'une veste et d'un gilet ressemblant un peu à ceux des spahis; d'une culotte courte, avec des guêtres en treillis de toile, montant au-dessus du genou; d'un petit shako en feutre clair, de forme très-légère, dans le genre du *ross* des Espagnols, mais avec une seconde visière derrière,

Ce corps, destiné à tenir continuellement la campagne, ne rentrerait dans la ville que deux fois par an, pour y prendre les choses de première nécessité, vivant par conséquent sur les tribus, battant, tuant les uns, protégeant les autres, se portant dans toutes directions où il y a un ennemi à combattre... Ce serait un *corps franc* commandé par un homme à qui on laisserait toute latitude. Cet homme?... ce serait... *Moi*. Eh bien! dans deux ans, je vous promets qu'il ne resterait pas un Arabe ayant la plus légère velléité de lever le nez, à cent lieues à la ronde.

Que le gouvernement ait assez de confiance en moi pour me confier ce corps tel que je le comprends, tel que j'en ai établi les bases, et il verra s'il n'y a pas, pour lui, économie d'hommes et d'argent, si la plus parfaite sécurité ne régnera pas partout, et si les troupes qu'on est obligé de lancer dans toutes les directions (en pure perte souvent) ne rendraient pas plus de services en protégeant, dans les zones déjà complétement pacifiées, les individus qui viendraient s'y établir pour coloniser le pays.

Je vous indiquerai, petit à petit, mon plan, et vous me donnerez votre opinion.

Adieu, mon cher ami. En fait de corps franc, j'aime les choses franches; c'est pour cela que j'aime votre amitié. Croyez bien à la mienne.

pour protéger la nuque. Cartouchière, sabre et baïonnette à la ceinture. Comme couleur, à peu près celle des zouaves du général de Charette.

A madame Élizé de Montagnac.

Philippeville, 15 août 1843.

Ma bonne chère sœur, aujourd'hui que mes trois premiers doigts me permettent de faire glisser une plume sur le papier, je viens vous remercier de l'intérêt que vous avez bien voulu prendre à ma sotte blessure.

Je suis fâché que cet accident vous ait causé tant d'émotion. J'en ai été probablement beaucoup moins inquiet que vous, tant je me suis façonné à la pensée de recevoir, un jour ou l'autre, quelque *torgniole*. — Attendez-vous donc à apprendre, à tout instant, la nouvelle d'un accroc à ma casaque humaine, et ne vous en épouvantez pas.

Quand on est militaire et qu'on fait la guerre, on n'est pas destiné à vivre longtemps. Lorsque je récapitule les nombreuses circonstances où la mort m'a sifflé aux oreilles, je m'étonne de pouvoir vous écrire aujourd'hui. Il faut évidemment que la Providence se soit intéressée à ma peau.

Quoique ma plume suive plus facilement le cours de mes pensées, ne croyez pas, pour cela, que mes articulations jouent un grand rôle dans ce mécanisme. J'ai toujours le poignet très-enflé et les doigts bien roides. — La force ne revient pas, et encore moins la souplesse. — C'est bien bête, une patte cassée, ma pauvre Clémence, et il ne manquait plus que cela pour donner à cette partie, déjà assez disgraciée, de mon individu, un surcroît d'agrément.

Vos moutards vont toujours bien, n'est-ce pas? Engagez donc votre bon petit bonhomme d'Élizé à m'écrire de temps en temps; quand sa sœur Jeanne saura tenir une plume, j'espère bien qu'elle m'écrira aussi. — Je serai heureux de fondre mon pauvre vieux cœur de soldat dans celui de ces bons petits enfants, qui comme vous, ma bonne Clémence, qui comme mon brave et honnête frère seront toujours mes bons anges sur la terre. Ce que je vous dis là, ma bien chère amie, je vous le dis du fond du cœur.

Comment se portent ma petite Eugénie, notre tante Thérèse, nos oncles? donnez-moi des nouvelles de toute cette sainte famille. N'en n'oubliez aucun membre.

Embrassez votre mari bien fort pour moi, et recevez, ma chère Clémence, l'expression franche de tout l'attachement que je vous ai voué.

A M. Élizé de Montagnac.

Camp d'Aïn-Mougal, 24 octobre 1843.

Mon cher ami, voilà bien longtemps que je n'ai reçu de tes nouvelles.

J'ai eu hier une lettre de mon oncle m'annonçant que tout le monde se porte bien. Je suis donc tranquille.

Depuis un mois, j'occupe un camp à deux lieues et demie de Philippeville, au milieu des montagnes de

Collo. Je travaille à une route qui doit relier Collo à Philippeville. C'est un assez beau travail.

Le 8, j'ai fait une marche de nuit pour aller châtier, à quatre ou cinq lieues de mon camp, des tribus rebelles. J'ai eu un engagement qui m'a coûté quelques hommes tués ou blessés. On a été assez satisfait de mon mouvement.

Je me porte bien; mon bras est toujours roide, et je ne puis me servir que de mes doigts pour écrire.

Il paraît que toutes les branches possibles de notre lignée se sont réunies dernièrement à Sedan : branche transrhénane, branche lorraine, branche parisienne... quelle nichée !

Quand aurai-je ce plaisir-là, moi?

Mes guignons en chevaux se poursuivent avec une opiniâtreté décourageante. J'avais attrapé à grand'-peine, dans les dernières expéditions que je fis l'été dernier, une fort jolie jument grise, très-distinguée, de sept ans, sur laquelle je fondais une foule d'espérances. Voilà qu'une belle nuit, les Arabes me la volent avec une couverture et un tapis de selle, sous le nez de mes deux cochons de soldats qui ronflaient, comme des serpents de cathédrale, auprès de cette bête.

Tout cela s'est passé au milieu d'une ville entourée d'un mur d'enceinte et où fourmillent postes et sentinelles!

J'ai abîmé mes deux brigands de soldats, mais tout cela ne m'a pas rendu ma jolie petite jument. Il y a une fatalité infernale qui ne veut pas que je puisse posséder quelque chose de propre en fait de chevaux. Il faut donc m'abonner à enfourcher, jusqu'au bout, mes deux *kidars* (rosses, en arabe). Quand ils ne pourront plus me porter, je monterai sur un âne comme Notre-Seigneur Jésus-Christ, puisqu'il m'est impossible de garder un cheval. Ça a vraiment l'air d'une plaisanterie. Pourtant j'ai tort de me plaindre, car notre pauvre oncle Chardron[1] en a perdu sept en l'espace de dix ans.

Adieu, mon bon ami; lorsque toi ou ta femme aurez le temps, écrivez-moi, vous me ferez toujours bien plaisir; je n'ai d'autres satisfactions que de recevoir des nouvelles de ceux que j'aime.

A M. Bernard de Montagnac.

Camp d'Aïn-Mougal, 13 novembre 1843.

Mon cher oncle, voilà longtemps que je ne vous ai rien dit, et j'éprouve le besoin de renouer avec vous le fil de notre petite correspondance.

Vous venez d'avoir un coup de feu terrible à essuyer: parents de tous les pays, neveux et nièces, tous bien vivants. C'est ainsi que les années se comptent, mon pauvre oncle, par les *morveux* et les *morveuses* que vous avez vus naître et qui travaillent à en faire naître d'autres. F... calendrier, voyez-vous, que des neveux et des nièces! Les uns disent : Nous sommes nés à telle

---

[1] Le commandant Chardron, chevalier de Saint-Louis, officier de la Légion d'honneur.

époque, nous commençons à devenir vieux; les autres, à telle autre. Tous ces imbéciles-là ne voient pas qu'au moment où ils faisaient leur première grimace au soleil, les pauvres parents y réchauffaient déjà leurs douleurs. Que le diable emporte neveux et nièces, n'est-ce pas, mon cher oncle?

En attendant que les circonstances me permettent d'aller compter les miens, je compte mes pas sur un petit plateau, dans les montagnes, à deux lieues de Philippeville, entouré de quatre cent quarante-cinq machines humaines qui piochent, à tour de bras, broussailles et montagnes, pour établir une communication facile entre Philippeville et Collo, deux points du littéral que quinze lieues de terrain séparent.

Je me porte toujours bien. Je *craque* à la tâche. — Ça me va. — Rien de nouveau à l'endroit du poignet. Toujours même roideur, même empêchement, même difformité. Deux doigts et le pouce pour griffonner, une main gauche, assez gauche, un cœur pour aimer mes bons vieux parents, voilà tout... et... deux rosses. Beau f... chef de bataillon, ma foi! Une vraie ruine.

On a dû vous dire, mon cher oncle, que j'avais encore été proposé pour lieutenant-colonel à l'inspection dernière. Je ne sais si le Comité d'infanterie accueillera cette proposition. J'ai appris, il y a quelques jours, que je venais d'être proposé, de nouveau, pour l'affaire du 9 novembre dont j'ai parlé à Élizé. C'est mon colonel qui m'annonce cela. Si cela continue, mon nom aura servi à t... le d... à tous les états-majors d'Alger. C'est assez régalant.

Vous ne tarderez probablement pas à revoir le papa d'André, il doit être près de rentrer à Paris, s'il n'y est déjà. Cette inspection lui vaudra peut-être quelque chose. Tant mieux, c'est un brave et digne homme.

Il avait avec lui un M. D..., de Mézières, qui paraissait enchanté de son voyage. Heureuses natures que celles de ces touristes. Avec une tête de moineau et un bec de plume d'oie, ils vous alignent des articles à faire frissonner un lézard, — et toutes les grenouilles humaines de croire! O béates créatures, croyez donc et croassez!

Élizé vous aura sans doute raconté une nouvelle déception à l'endroit d'une jolie petite jument que j'enfourchais déjà dans l'avenir, sous les harnais des plus belles espérances, comme diraient ou ne diraient pas nos poëtes. La pauvre petite bête est partie muscade; je doute qu'elle revienne cannelle. Dans tous les cas, avant que les Arabes m'aient repris ce que je leur ai rasé, ils ont encore diablement de chevaux, de bourriques, de chameaux, de femmes, d'hommes, et d'autres bêtes à m'attraper! — nous sommes encore loin de compte.

Nous attendons, ces jours-ci, le duc d'Aumale. Il doit être, en ce moment, à Alger. Tant mieux, car cette province de Constantine mérite qu'on s'occupe d'elle.

Le nommé X... que vous m'avez recommandé est parti avec un congé de convalescence de trois mois. C'est un vilain soldat sous tous les rapports. Si vous le voyez là-bas, n'écoutez pas ses racontars. Il est menteur, patelin, paresseux, *pouffiasse* et tout ce qui s'ensuit. Des troupiers comme ceux-là, j'en ai plein les reins.

J'ai parlé au papa d'André de X... de Z... Il paraît qu'on est très-peu content de lui dans son régiment. J'en reviens toujours à ma recette primitive : Qu'une balle de Bédouin lui crève le caisson, c'est ce qui peut arriver de plus heureux pour ses parents et de plus honorable pour lui.

Je connais le lapin, mon cher oncle. Il est vicieux, ce gamin-là. Il n'a pas d'amour-propre, pas de sentiments élevés.

Je sens que mon poignet commence à s'engourdir; il fait froid sous une toile, au mois de novembre, dans les montagnes, à onze heures du soir. Adieu donc, mon cher oncle; embrassez pour moi toute notre bonne famille, petits et grands, et croyez toujours à mon attachement bien franc et bien sincère.

A M. Élizé de Montagnac.

Philippeville, 5 décembre 1843.

Mon cher ami, tu as dû recevoir ma dernière lettre que j'ai abandonnée, le mois passé, aux flots, aux vents, à toutes les intempéries de l'atmosphère. J'en ai confié une aussi, aux éléments, pour mon oncle; je pense que ces infortunées voyageuses vous seront parvenues.

Comment vas-tu? J'ai reçu ta dernière lettre et celle de Clémence. Je vous remercie tous les deux; envoyez-m'en de temps à autre. Cela me fait du bien. Que devenez-vous au milieu de votre boueux hiver? Ici, il pleut à verse, depuis la fin d'octobre. Dans cette cité, bâtie sur les deux versants escarpés d'un ravin, on ne voit que torrents. Il n'y aurait pas grand mal à cela, si les eaux nettoyaient cette puante ville, véritable écurie d'Augias. Il est fâcheux qu'elles n'entraînent pas toutes les immondices humaines qui y grouillent. Mais elles auraient trop à faire; ce serait un des travaux d'Hercule, et non le moindre.

Le duc d'Aumale est arrivé ici, le 1ᵉʳ décembre; Son Altesse Royale y est restée le 2 et le 3, puis elle est partie pour Constantine, par un temps épouvantable.

Le prince a été pour moi de la plus grande bienveillance. Dans un dîner qu'il donna, il m'avait placé à sa droite, et ne cessa de s'entretenir avec moi. J'en étais confus. Il m'a rappelé des particularités de ma vie d'Afrique que j'étais bien loin de supposer qu'il pût connaître; entre autres une scène que j'eus, en 1840, dans la province d'Alger, avec mon chef de bataillon auquel je reprochais d'avoir été un c... (capon).

Elle est réellement *fort bien*, notre jeune Altesse. Il y a en elle un jugement très-droit, très-ferme, et un esprit sérieux étonnant pour son âge. Non-seulement c'est un prince charmant, des plus aimables, plein de franchise et d'entrain, mais c'est *un homme*.

La belle province de Constantine a bien besoin d'un prince comme celui-là, pour la relever. C'est celle qui offre le plus de ressources et, par conséquent, le plus d'avenir.

Je vais toujours bien, mais mon bras est dans le même état, il me fait quelquefois souffrir.

Mon meilleur petit cheval est malade. Il a la ganache remplie de glandes qui se sont engorgées et indurées. Je crains bien que ce ne soient les premiers symptômes de la morve! Ces gueux de chevaux me font blanchir comme un vieux sansonnet. Ils sont pourtant parfaitement soignés, mais la fatalité me poursuit.

Je t'ai quitté un instant pour aller voir ce qui se passait à mon écurie, craignant que mon gredin de soldat, à qui j'avais payé le mois hier, ne fut soûl. En effet, j'ai trouvé mon cochon dans l'état susdit. Mon poignet en désarroi m'a empêché de lui administrer une volée de manche à balai, comme j'en avais l'excellente habitude, lorsque je jouissais de mes deux mains; mais je l'ai collé en prison. Ces gredins-là devraient pourtant bien se défier de moi, car je les trousse d'une vigoureuse façon lorsque je les trouve en défaut. Mais le vice l'emporte toujours!

J'aurais dû servir chez les Turcs : avec l'étonnante disposition que j'ai à tanner la peau humaine, j'aurais eu des chances pour devenir un personnage remarquable dans ce pays, où les instruments contondants et tranchants jouent un grand rôle comme moyens de persuasion.

Tu me demandes des nouvelles de Remy? C'est un bon petit garçon qui a du cœur, qui fera bien, s'il veut être un peu plus actif, un peu plus nerveux. Car, dans notre état, il faut du nerf. Quelque temps après son arrivée au régiment, je lui ai appliqué une légère décoction de huit jours d'arrêts, pour s'être présenté dans un café, où se trouvaient les officiers supérieurs du régiment et d'autres, autrement qu'en tenue : un simple avis en passant. Il m'en aura plus de reconnaissance que si je lui avais fait un compliment.

Aujourd'hui, je me trouvais avec un bon vieux colonel du 22ᵉ, excellent homme, paternel au suprême degré, ne comprenant pas qu'on coupât des têtes à quelques-uns pour faire emboîter le pas aux autres; je lui disais que, dans les affaires de ce monde, la vie de dix mille hommes ne devait pas peser un cheveu, et que tout chef qui s'arrêtait à de pareilles considérations méritait d'être mangé par les siens. Mon vieux colonel fit un bond en arrière, comme si un chien dogue lui eût mordu la fesse. Pauvres braves gens! qu'ils connaissent peu le cœur humain! Ils ne sont pas faits pour être conducteurs de bandes, encore moins corsaires, sublime métier!

En attendant que j'aie le bonheur de devenir l'un ou l'autre, embrasse bien tendrement, pour moi, Clémence et tes moutards.

Voilà 1844 qui va s'élever au-dessus de notre horizon pour nous inviter à faire un nouveau pas vers la tombe. Que le diable l'emporte!

Encore une pierre de plus dans notre *hotte*, et qu'il faut porter sans rémission.

Puissiez-vous, tous tant que vous êtes, trouver au fond de cette *hotte* toutes les compensations imaginables au poids qui vous pèse sur les épaules!

Ces compensations, que je vous souhaite de tout mon cœur, me feraient paraître la mienne plus légère.

Tâchons de sourire, malgré les plis que le temps vient nous mettre au coin de l'œil, et espérons nous retrouver tous sur cette terre, pour descendre ensemble le 45ᵉ échelon de notre siècle.

Mes tendresses à toute notre famille : oncles, tantes, sœurs, etc.

Ton ami.

A M. Bernard de Montagnac.

Camp d'Oued-el-Hamar, 24 décembre 1843.

Oued-el-Hamar veut dire en arabe *rivière de l'âne*. La vie que je mène, à ce camp, a quelque analogie avec sa dénomination, j'y fais un vrai métier à tourner en bourrique. Du matin au soir, je casse des pierres sur une grande route; mes troupiers appellent cela *casser du sucre*.

Nos plaisirs, vous le voyez, sont assez variés en Afrique : casser des têtes de Bédouins, casser des pierres et réciproquement.

Nous sommes à six lieues de Philippeville et vivons sous la tente. Lorsqu'il fait beau, ça ne va pas trop mal; mais lorsqu'il pleut ou qu'il vente, ça n'est pas drôle.

Cette vie-là, à laquelle je suis fait depuis longtemps, n'a rien de rude pour moi; mais mon gueux de poignet me fait mal par le froid, et il fait froid aussi, en Afrique, pendant l'hiver. Je me porte bien, du reste.

Merci, mon cher oncle, de tout l'intérêt que vous prenez à moi. Ne vous tourmentez pas de mon avenir, ni les uns ni les autres. Je sais me contenter de ce que je possède. Jamais je n'ai eu l'ambition des grades. J'ai celle d'accomplir ma mission, de remplir noblement ma tâche, et c'est là, je le crois, la seule ambition honorable.

Ce sera la source de toutes mes satisfactions, à la fin de ma vie, de devoir peu aux hommes et beaucoup à moi-même.

Je sais gré au père Bugeaud de l'opinion qu'il a de moi. C'est un titre que j'aime à compter au nombre des récompenses qui me sont dévolues de loin en loin.

C*** a quitté le régiment pour passer à la position de retraite. Quand nous étions ensemble au 1ᵉʳ de ligne, je n'avais pas pour lui des sentiments d'affection bien prononcés. Il était alors du nombre de certains capitaines qui cherchaient à m'entraver dans mes fonctions de major. Moins ancien qu'eux, sous les ordres d'un colonel incapable, je devais seul faire face à tous, comme un sanglier. Les prérogatives de mon semblant de grade les gênaient, et ma fermeté inébranlable les dépitait. On criait en dessous, on faisait de petites coteries, et le père C*** n'était pas étranger à tout cela. Enfin je l'ai revu au 61ᵉ, il m'a fait accueil, il a même eu à mon égard des procédés dont je lui ai tenu compte, et nous nous sommes séparés bons camarades.

Je ne fais de sottises à personne, mais je ne tolère pas qu'on m'en fasse, et si je n'oublie jamais le mal qu'on m'a fait, je suis toujours reconnaissant des bons procédés qu'on a eus à mon égard.

Plus je vais, plus je me cramponne à cette conviction : qu'un bonasse mérite d'être mangé, comme une couenne de fromage par les rats. Je ne serai donc jamais un bonasse jusqu'à ce que Notre-Seigneur Jésus-Christ vienne, en personne, m'enseigner comment on peut tendre une joue, après avoir reçu une claque sur l'autre!

Le petit sergent Roblot dont vous me parlez est un bon soldat, plein de cœur. Il a été quelque temps dans mon bataillon, il est rempli de courage. Je l'ai vu, dans des expéditions que nous avons faites ensemble, bien souffrant; — jamais il n'a abandonné son poste. Il se porte bien maintenant.

Delvincourt est dans mon bataillon. Il est sergent. J'en suis très-content. Le pauvre diable souffre toujours de son bras. Il y a dans le régiment quelques Ardennais qui marchent bien.

Le petit Brincourt est arrivé avant-hier à Philippeville, mais je ne le reverrai que quand mon bataillon rentrera, vers la fin de janvier. S'il a du nerf, il sera bien avec moi. Si c'est une poule mouillée, il peut aller se faire f...

Vous me demandez, mon cher oncle, si je m'occupe toujours de peinture? Il y a plusieurs années que je n'ai pas touché une brosse. Je n'en ai pas eu le temps, et aujourd'hui, je ne le puis plus. Il m'est impossible de tourner mon poignet.

Adieu, mon cher oncle; recevez mes meilleurs souhaits pour la nouvelle année qui va s'ouvrir, vous et tous nos bons parents, qui ne seront jamais assez heureux, à mon gré.

Embrassez pour moi petite Ninie et toute notre sainte famille, et croyez à mon attachement, que rien n'altérera jamais.

A M. Élizé de Montagnac.

Camp d'Oued-el-Hamar, 1ᵉʳ janvier 1844.

Mon chèr ami, salut à cette nouvelle année qui nous creuse une ride de plus au front, et salut à notre vieille amitié fraternelle qui, je l'espère, se maintiendra fraîche et pure *in sæcula sæculorum*.

Que Dieu te protége, toi et les tiens. Tels sont mes vœux les plus chers. Embrasse pour moi ta bonne Clémence, qu'elle soit heureuse, que sa vie se passe douce au sein de sa famille bénie, et j'en remercierai le ciel avec ferveur. Que tes deux petits enfants ressemblent à leur père et à leur mère, c'est le plus grand bonheur que je puisse leur souhaiter.

J'ai reçu la lettre que tu as remise au jeune Brincourt et celle de ton petit Élizé. Merci de tant de plaisir à la fois. Comble-moi souvent comme cela, je souffrirai moins d'être loin de vous.

Sais-tu que ton brave petit garçon n'écrit pas mal pour son âge? Je ne m'explique pas comment on fabrique les enfants au siècle où nous vivons : ils sont bons à faire des ambassadeurs à une époque où nous autres étions tout au plus bons à répondre *Ora pro nobis*, à la messe du curé de Pouru-aux-Bois.

Je vais lui répondre, bien entendu, à ce bon petit homme. Force-le à me gribouiller souvent du papier, cela lui développera l'imagination, et à moi, cela me fera plaisir. C'est si pur, ce qui émane du cœur d'un enfant! Ça fait du bien à respirer; cette franche naïveté a quelque chose du velouté d'une fleur qui vient de s'épanouir. Qu'il m'écrive donc souvent, je lui répondrai, sois-en sûr, et je ne lui donnerai pas de mauvais conseils, crois-le bien.

Je ne sais quand je pourrai faire la connaissance de ces bons petits enfants. Il est possible pourtant que je sois forcé d'aller aux eaux la saison prochaine, car mon poignet ne remarchera pas sans cela.

Tu me demandes si je chasse toujours. J'ai essayé dernièrement, mais j'ai eu beaucoup de peine à tenir mon fusil, et je suis très-gêné par ma patte. Je n'ai pas chassé depuis 1839, ou très-peu. J'ai tiré quelques coups de fusil, par-ci par-là, dans mes courses, et voilà tout. Depuis le mois d'août 1841, il ne me reste plus de chien. On m'a volé une petite chienne qui venait de Flore. En somme, la chasse est finie pour moi.

J'apprends avec peine que notre tante Thérèse est souffrante. L'hiver est une bien mauvaise saison pour elle.

Adieu, mon brave ami; ne m'oublie auprès de personne et sois toujours bien convaincu de mon solide attachement.

A M. Élizé de Montagnac fils.

1ᵉʳ janvier 1844.

Mon bon petit ami, combien je te sais gré de ta bonne amitié! Sais-tu que c'est très-beau d'aimer quelqu'un sans le connaître? Le cœur et l'imagination doivent faire un fameux tour de force. Enfin, mon brave petit garçon, continue à grandir dans ces mêmes dispositions à mon égard, j'espère que tu ne te repentiras pas de m'avoir aimé sans me connaître, lorsque plus tard les circonstances me permettront de te voir.

Je te fais mon compliment sur la manière dont tu commences à écrire. Écris beaucoup, et surtout à moi. Ton style et ta main se formeront.

Travaille, mon garçon, travaille de toutes tes forces, pour contenter ton père et ta mère et tes maîtres, et devenir un jour un homme remarquable.

Les enfants doivent toujours faire honneur à leurs parents, et, pour cela, tu n'as qu'à suivre l'exemple que te donnent les tiens et écouter leurs bons conseils.

Il n'est jamais nécessaire de dire à quelqu'un qu'on l'aime; il suffit de le lui prouver par des actions, et c'est en t'acquittant de tes devoirs de religion et d'étude que tu montreras à tes bons parents combien tu leur es attaché.

Adieu, mon bon petit garçon; aime tes parents et prouve-le-leur à chaque instant de la vie; adore Dieu et respecte les pauvres.

Je t'embrasse et t'aime bien, quoique je ne te connaisse pas; mais tu es le fils de mon frère, et c'est à cette source que je puiserai toujours toute mon affection pour toi.

A M. Élizé de Montagnac.

Philippeville, 15 janvier 1844.

Mon brave ami, combien ta bonne grande lettre m'a fait plaisir! Écris-m'en donc comme cela, le plus que tu pourras.

Je me dis bien souvent que tu étais plutôt fait pour être militaire qu'industriel, et je suis chaque jour plus convaincu que tu aurais exécuté des cabrioles beaucoup plus distinguées que les miennes, dans la carrière des armes, si les circonstances t'avaient permis d'y danser. La question que tu traites avec tant de justesse me prouve encore que sous ta casaque de garde national, il y a des sentiments militaires bien purs et bien élevés. Comment en serait-il autrement? Quand nous avons ouvert les yeux, la première chose que nous avons vue, pendue dans la chambre de notre père, c'est un sabre. Dans celle de notre oncle, encore un sabre, et, pendant que notre père et notre oncle se reposaient de leurs fatigues et de leurs blessures, leurs frères, leurs beaux-frères étaient sous les drapeaux de la grande armée. Et quelle joie pour nous quand nous les voyions revenir, de loin en loin, avec leurs uniformes brillants! Nous n'avions pas assez de nos yeux pour les regarder, de nos oreilles pour les écouter.

Nous traînions leurs sabres, leurs épées, nous coiffions leurs casques, nous attrapions leurs uniformes. Que nous étions heureux de nous en affubler! Tout, autour de nous, respirait un air militaire: militaire notre grand-père, militaires notre arrière-grand-père, nos grands-oncles et ainsi de suite, jusque dans la nuit des temps.

Comment veux-tu qu'au milieu de cette atmosphère, nos caractères ne soient pas trempés, aussi, militairement? Oui, mon brave garçon, tu devais avoir la flamberge au côté, et tu n'aurais certes pas été un des plus mauvais de l'armée. C'est égal, quoique tu ne portes pas l'habit de soldat, tu es militaire de corps et d'âme, car qui dit militaire dit *grand, loyal, généreux*, et ces vertus-là sont haut placées chez toi.

Ah! mon pauvre ami, l'esprit militaire dont tu parles, qui fait trembler ces vampires d'avocats sous leurs bonnets carrés, les épiciers sous leurs bonnets de coton, les journalistes sous leurs bonnets de papier, est bien bas aujourd'hui, car c'est à qui le sapera, et, malgré l'énergie de quelques officiers, trop rares malheureusement, il ne tardera pas à disparaître. Rien n'est possible avec une armée flottante comme la nôtre, où de pauvres imbéciles, déjà imbus de principes subversifs, ne restent que le temps d'user une capote et deux pantalons. A-t-on le temps de leur inculquer les plus simples traditions de notre ordre militaire? — Si vous leur parlez gloire, si vous essayez de faire résonner à leurs oreilles quelques sublimes principes d'honneur, ils vous répondent stupidement : « C'est pas la peine, je vais m'en aller. »

En Afrique, où nous conservons nos hommes plus longtemps, nous retrouvons quelquefois de hautes vertus militaires chez ces gens-là; car jamais guerre n'a exigé plus de résignation, plus de courage (et par courage, je n'entends pas bravoure). Mais encore faut-il qu'ils soient commandés par des hommes de fer et de feu, sans quoi ils tomberaient à plat. Une fois remontés, ils sont admirables; aussi, comme tu le dis fort bien, l'Afrique est aujourd'hui le seul théâtre où l'esprit militaire se maintienne un peu vivant, et où les officiers de cœur apprennent à conduire cette barque militaire, si susceptible de sombrer, lorsque le gouvernail n'est pas tenu d'une main ferme.

Quoique l'Afrique soit un tournebroche où les intrigants de toute sorte sont à la roue et les braves gens à cuire, le soldat y est à une fameuse école. Pour mon compte, s'il me fallait retourner dans un régiment de France, pour y conduire mes hommes p.., je tomberais de terriblement haut.

On fera bien de me laisser en Afrique, où je me sens capable de rendre encore quelques services.

Je ne suis pas un spéculateur; je n'embêterai jamais personne pour avoir des grades, on me trouvera toujours prêt à affronter toutes les difficultés, quelles qu'elles soient, et à me faire tuer quand on voudra.

Va, mon bon ami, conserve toujours tes bons principes à l'égard de l'armée. Ce sont des sentiments patriotiques dont tout homme de bon sens doit être pénétré, car qui veut une armée puissante veut l'honneur et la conservation de son pays, et la France, plus que toute autre nation, doit faire tous les sacrifices imaginables pour avoir une organisation militaire inattaquable. Hélas! nous n'en avons pas! Nous n'en avons pas et nous n'en aurons plus! C'est triste à penser, mais c'est comme cela! Voilà où nous conduit notre raison constitutionnelle dont nous nous sommes engoués. Espèce d'habit d'Arlequin dont les Anglais nous ont affublés, pour pouvoir nous couvrir de boue à leur aise. C'est le plus beau coup d'épée qu'ils nous aient appliqué. Ils savaient bien, les brigands, qu'en vomissant sur nous le régime parlementaire ou l'hydre de l'*avocasserie,* ils nous perdaient. Ils ont coupé les serres de nos aigles et les ergots de notre coq ressuscité! *Sic voluere fata.*

Embrasse pour moi ton petit garçon et ta petite Jeanne, et ne m'oublie pas auprès de Clémence. Embrasse pour moi tous mes autres parents, oncles, tante, sœurs, etc.

Adieu, mon brave frère; crois-moi toujours ton meilleur ami.

A M. Bernard de Montagnac.

Philippeville, 3 février 1844.

Il paraît, mes bons parents, que l'hiver vous gèle un peu les doigts, car il y a bien longtemps que je n'ai eu de vos nouvelles. Voilà trois ou quatre courriers qui arrivent sans rien pour moi. Cela me fait de la peine. Si vous pouviez vous faire une idée de la vie que je mène depuis sept ans, vous comprendriez quelle valeur a pour moi une lettre d'un parent ou d'un ami.

Je suis, comme vous le voyez, rentré à Philippeville, où je m'ennuie de l'inaction dans laquelle je vis, quoique, pour me distraire, on m'ait donné la direction théorique et pratique des sous-officiers, caporaux et autres bêtes de ce genre! Si je ne veux pas crever d'un port d'armes rentré, il est temps que je me mette chef de brigands. C'est un assaisonnement que j'aimerais assez aux derniers jours de ma vie militaire. J'ai bien souvent rêvé cette existence-là! En attendant, imbécile, lève le nez, tends le jarret, ouvre la pointe du pied droit, ferme celle du pied gauche et appuie sur la crosse...

Que devenez-vous, mon cher oncle, dans vos frimas de l'Ardenne? Comment allez-vous? Comment se porte toute la famille? Il me tarde de savoir tout cela.

J'ai vu le petit Brincourt. Il est très-bien, ce petit jeune homme. Il a du cœur au métier, de l'intelligence, de la vivacité dans le caractère; je suis convaincu qu'il montrera de l'énergie dans les circonstances difficiles, et je ne doute pas qu'ils ne réussisse dans quelque temps d'ici [1].

Il est sous ma coupe à l'instruction, et il fait son affaire avec beaucoup de zèle. Nous en avons quelques-uns, de ces petits jeunes gens de l'École, qui sont, ma foi, très-bien. Il y a au moins des sentiments élevés chez ces hommes-là ; ils comprennent que le mot « honneur » n'est pas une vaine expression. L'armée a grand besoin d'officiers pareils pour ne pas tomber tout à fait dans la crotte où l'on essaye de la traîner tous les jours.

A propos de crotte, le père Soult vient de rendre une circulaire qui chiffonne joliment certains idiots disposés à s'encrotter. Cette circulaire a trait au mariage des officiers.

---

[1] Le colonel de Montagnac, qui se connaissait en hommes, ne s'était pas trompé sur le compte de son jeune compatriote, dont la carrière fut extrêmement brillante. Sous-lieutenant le 1er octobre 1843, — général de division le 11 octobre 1873, — grand-croix de la Légion d'honneur en janvier 1883, le général Brincourt compte vingt et une campagnes : Afrique, Paris, 1848, Crimée, Italie, Mexique, armée du Rhin.

Blessé d'un coup de feu en juin 1848, de onze coups de baïonnette, d'un coup de feu et d'un coup d'épée à travers le corps le 23 mars 1855, d'un coup de biscaïen le 7 juin 1855, et d'un éclat de bombe le lendemain, en Crimée, d'un coup de feu à Solférino, cité deux fois à l'ordre du jour de l'armée au Mexique, ses états de service sont des plus beaux qu'on puisse voir.

Ce passé plein d'honneur et de gloire n'a pas trouvé grâce devant le ministre Thibaudin, qui, pour donner satisfaction à je ne sais quels sentiments de basse rancune politique, n'a pas hésité à sacrifier le général et à le dépouiller de son commandement.

Habitués à vivre, en France surtout, dans un état d'oisiveté presque continuel, beaucoup d'officiers ne trouvaient rien de mieux, pour passer leur temps, que de s'affubler de quelques peaux de chien, sources de misère et de déconsidération. Arrêter cette manie du mariage était, selon moi, de toute nécessité et de toute moralité.

On ne saurait trop multiplier les difficultés du mariage dans l'armée, car un officier marié n'est plus un militaire, surtout lorsque le vent de la misère pénètre sans cesse à travers son pourpoint râpé. — Sur mille officiers mariés, il y en a neuf cent quatre-vingt-dix qui ne sont plus bons à rien. La vie militaire doit être une vie d'abnégation illimitée, et, pour que l'abnégation soit complète, il faut que l'homme soit sans cesse le maître de disposer de toutes les facultés morales et physiques dont la nature l'a pourvu. Or, le mariage absorbe une partie de ces facultés ; donc un homme marié, ne pouvant plus faire abnégation de son existence, n'est plus un militaire.

Un homme qui se marie peut épouser un trésor moralement et pécuniairement, comme il peut attraper un cauchemar. Dans le premier cas les vapeurs du bonheur l'enivrent et l'épuisent ; dans le second, les étreintes du cauchemar le fatiguent et le tuent.

Depuis sept ans que je tourne à la broche d'Afrique, j'ai pu juger des officiers mariés : ce sont des *rosses*, et voilà tout !

En augmentant les difficultés du mariage, vous aurez moins de ces mendiants et de ces mendiantes qui, dans la misère la plus cruelle après la mort du père et du mari, tombent à la charge de l'État.

Toutes ces considérations prouvent le bienfait de la circulaire du père Soult. Si l'on avait laissé aller les choses, nos régiments n'auraient bientôt plus été que des cages à poules !

Dans une de mes dernières lettres, je vous disais que j'espérais faire partie d'une expédition dirigée par le prince (duc d'Aumale) contre Biscarah. Je suis désappointé. D'abord le régiment ne fournit personne, et ensuite le prince n'adoptant pas le système de faire marcher les compagnies d'élite réunies, si un bataillon devait marcher, ce ne serait pas le mien. Je vous avoue que c'est une grosse déception pour moi. J'aurais été très-heureux de faire campagne sous les ordres du duc d'Aumale, en qui j'ai confiance.

Je crois que, cette année-ci, je serai condamné à aller guérir ma patte.

Adieu, mon cher oncle ; mes tendresses à toute la famille ; portez-vous toujours bien et croyez à mon attachement sans bornes.

Philippeville, 12 mars 1844.

Mon cher oncle, c'est aujourd'hui 12 mars que m'est parvenue votre bonne grande lettre du 26 février. Je commençais à désespérer de recevoir de vos nouvelles et me montais déjà la tête à chercher quels pouvaient être les motifs de votre long silence, quand m'est arrivée cette fiche de consolation si attendue.

Je me réjouis de ce que l'hiver ne vous a pas trop tourmenté. Je redoute toujours cette gueuse de saison pour vous tous, mes pauvres vieux parents. Vous n'avez pas souffert, donc je suis tranquille. Quant à moi, mon état est toujours le même. Je ne sais si je pourrai aller aux eaux cette année; j'appréhende de quitter l'Afrique, car, vous le savez, en ce monde, qui quitte sa place la perd, et, si j'ai le malheur de manquer le coche, je suis rasé comme un ponton.

Voyez-vous, mon cher oncle, il faut que je me fasse administrer encore quatre ou cinq balles par la figure, pour attraper quelque petit avancement.

Je vous ai déjà dit que le père Bugeaud ne me connaissait pas, et j'en suis de plus en plus convaincu. Il dit de moi des choses flatteuses, mais ce sont les mêmes banalités qui sortent de la bouche de tous ceux qui, haut placés, veulent toujours avoir l'air d'étendre leurs ailes protectrices sur les pauvres petits dont ils couvent l'avenir. — Ce qu'il y a de pis, c'est que le père Bugeaud se figure qu'il m'a nommé officier de la Légion d'honneur et le répète à tout le monde, comme il l'a écrit à notre oncle Chardron. — Cette conviction de sa part est très-fâcheuse pour moi, car, du moment où il a rêvé que j'avais reçu cette récompense, il ne peut me proposer pour une autre, et je suis là, entre deux selles... par terre. — Après tout, que le diable les entortille, tous tant qu'ils sont; je n'ai pas besoin de leur protection, qu'ils s'aillent faire f...

En attendant qu'ils y aillent, me voici aujourd'hui

colonel. Je commande le 61ᵉ de ligne depuis un mois. Qu'ils viennent voir si, tout chef de bataillon que je suis, je ne sais pas remuer trois mille hommes militairement et administrativement. — On leur en f..., des troupiers de mon espèce!

Le colonel a été appelé à commander une colonne sous les ordres du prince. Il est probable que je serai encore quelque temps chef de corps. — Je vous dirai que cela me chausse assez. Quoique je sache obéir, je préfère encore commander. Et puis, cette haute responsabilité dont un chef de corps est chargé a quelque chose d'attrayant pour moi. — Que de bien l'on peut faire, quand on est colonel, colonel honnête homme! — Quelle belle mission, et combien peu la comprennent!

J'y atteindrai peut-être à un âge où je ne serai plus bon à grand'chose. Dans six ans, j'aurai droit à ma retraite; il sera peut-être grandement temps, alors, d'aller me coucher sous le dôme des Invalides, ce que je ferai probablement, pour n'avoir pas le souci de la vie et pour pouvoir sourire quelquefois à certains rêves militaires. — On n'est ainsi à charge à personne, et lorsqu'on vous porte en terre, on a la satisfaction de sentir son âme s'envoler dans cet encens dont on s'est enivré toute la vie : *la poudre*. — Je ne suis jamais passé devant l'hôtel des Invalides, cette grande institution du grand Roi, sans éprouver une vive émotion et sans être saisi de vénération pour les vieux débris de nos armées qui s'y reposent de leurs glorieuses fatigues.

Quelque chose me disait que c'est là où je dois mourir, si je ne me fais pas casser la tête sur un champ de bataille, ce qui est encore, pour un soldat, la façon la plus propre de quitter ce bas monde.

Je ne puis donc me prononcer sur mon voyage aux eaux. Les circonstances décideront. Après cela, si je n'y vais pas, j'en serai quitte pour rester estropié toute ma vie. — Belle affaire !

Vous avez donc vu le général d'André depuis qu'il est rentré d'Afrique. Je suis très-sensible à l'affection qu'il veut bien me porter. Dites-le-lui, quand vous le verrez, et présentez mes respects à madame d'André, ainsi qu'à madame de Lascours.

Vous m'avez souvent demandé si je parlais l'arabe, et je ne vous ai jamais répondu. C'est très-mal à moi, je l'avoue ; mais quand je ne sais pas *bien* une chose, je n'aime pas me vanter de la savoir. — Je puis, sans prétention, aujourd'hui, vous dire que je *baragouine*, lis et écris passablement l'arabe.

(Ici deux lignes d'arabe.) — Si vous avez quelqu'un qui comprenne l'arabe à Sedan, faites-vous traduire ces deux lignes.

Quant à la question de peinture, je croyais vous avoir dit, mon cher oncle, que je ne m'en occupais plus depuis 1840. — Tout dort, je ne sais qui pourra me réveiller de l'engourdissement dans lequel je suis tombé à l'endroit de l'art.

Je crois que j'avais donné tout ce que je pouvais donner, et les travaux que je cherchais à achever ne me satisfaisant jamais, n'étaient pour moi que des sources de déception. J'ai envoyé la boutique à tous les diables.

J'ai en effet un nommé Lallement au régiment.

C'est un caporal de grenadiers, brave garçon; une des premières places de sergent sera pour lui. Delvincourt ira probablement aux eaux cette année-ci. Je vais le faire porter sur le travail de la première saison.

Nous avons inauguré le 29 février un monument que nous avions élevé à la mémoire des officiers, sous-officiers et soldats morts en Afrique. Cette cérémonie a été d'une haute solennité.

J'avais placé pour encadrer le drapeau qui se trouvait, à l'église, en arrière du catafalque, quatre sous-officiers blessés, dont Delvincourt. A la sortie de l'église, les trois bataillons, qui attendaient dans la rue, se sont mis en mouvement, en colonne, l'arme sous le bras gauche, pour se rendre au cimetière. Le drapeau, gardé par les quatre sous-officiers, suivait la croix, entre le premier bataillon et le second. — Arrivés au cimetière, les trois bataillons se formèrent en carré autour du monument, les quatre sous-officiers et le drapeau au centre. Le prêtre les bénit, ainsi que le monument. — Ensuite, le colonel Barthélemy prit la parole; il rappela les services du 61e en Afrique, rendit hommage à la mémoire de ceux pour qui nous nous réunissions en ce jour, et termina en priant les habitants de vouloir bien se charger, après notre départ, de ce dépôt sacré confié à leur patriotisme. — Je lui répondis par quelques mots [1].

---

[1] « Lucien de Montagnac, rapporte un témoin oculaire, prononça, dans cette circonstance, quelques paroles qui furent vivement senties des troupes, et, s'adressant aux trois cent cinquante hommes désignés pour partir le lendemain : — Le 3e bataillon

Cette cérémonie, à laquelle assistaient presque tous les habitants et toutes les troupes, a produit ici une impression forte et saine.

La présence autour du drapeau de quatre sous-officiers blessés dans ce pays, et dont deux avaient encore le bras en écharpe, grandissait encore l'intérêt de la solennité. Delvincourt n'oubliera pas cette journée, je vous le garantis.

Le petit Brincourt va toujours bien. Je l'ai engagé à piocher l'arabe. Il le pioche. Je pense qu'avec de la volonté, il arrivera à savoir cette langue, qui, du reste, est d'une difficulté à faire reculer les plus courageux. Mais c'est une langue très-intéressante, et plus on la travaille, plus on s'y attache. Il faut qu'ils s'y mettent, tous ces jeunes gens qui ont de l'avenir.

Je vois avec plaisir que la famille se porte bien. Veuillez exprimer à tous ces bons parents mes sentiments d'affection, et écrivez-moi bien longuement. Adieu, mon cher oncle; croyez toujours à mon attachement de quarante et un ans bientôt.

A M. Élizé de Montagnac.

Philippeville, 23 mars 1844.

Mon cher frère, je ne veux pas laisser partir ce courrier sans lui confier quelques mots d'amitié pour

---

est appelé à marcher, dit-il, il va faire une expédition, avec deux fils du Roi, les ducs d'Aumale et de Montpensier; qu'il se souvienne que c'est sur lui que repose l'honneur du 61ᵉ. »

toi. Quoique j'écrive aux autres et que les pensées que je leur adresse en bloc s'étendent à vous tous, braves et dignes parents, je veux encore multiplier mon bonheur en les découpant et en les distribuant à chacun de vous. J'ai écrit à mes deux oncles; à ton tour maintenant. Avant tout, je te remercie de ta bonne grande lettre qui m'a fait oublier les soucis de ne rien recevoir de toi depuis si longtemps.

Ton protégé Remy va bien; c'est un brave jeune homme, plein de cœur, et qui réussira. Depuis deux mois, je commande le 61e de ligne; il s'est trouvé dernièrement une place de sous-lieutenant de voltigeurs, je l'ai présenté, pour cet emploi, à S. A. R. Mgr le duc d'Aumale, et sa nomination serait déjà revenue, si le prince n'était absent de Constantine.

Remy a été souffrant. Je l'ai engagé à se soigner, mais le bougre n'entend pas de cette oreille-là; il veut toujours être à son poste, ce sont des sentiments très-louables. Ce garçon mérite d'être connu; il y a du fond chez lui, et beaucoup.

Il est plutôt disposé à me fuir, quand il me rencontre, qu'à m'aborder. Mais, mon Dieu, ils en sont tous là. Un chef est pour eux un cauchemar. Moi-même, j'ai toujours été comme cela, et serai toujours de même. Aussi suis-je fort loin de blâmer cette conduite à mon égard.

Le petit Brincourt va bien aussi. C'est un excellent petit jeune homme. Il ne peut manquer de bien faire. Je lui ai donné hier une permission de dix jours pour qu'il aille se promener à Constantine. Il est parti, à cheval, sur une espèce de criquet à trois pattes, et par une pluie battante qui, aujourd'hui, lui fouette encore les flancs d'une façon plus vigoureuse. Il trouvera heureusement sur la route quelques gîtes où s'abriter.

De Leuglay doit partir, le 30 mai, d'Alger, pour se rendre à Sedan. Fais-lui fête, à ce brave garçon.

Je pensais pouvoir faire comme lui et aller vous embrasser. Mais il n'y a pas moyen cette année. Je ne puis risquer de quitter la partie, dans la position où je suis, sans m'exposer à me trouver le c... par terre.

Si je manquais une occasion, quels que soient mes antécédents et mes services passés, on dirait toujours : « Il n'était pas là, tant pis pour lui. » Donc je reste. J'en serai quitte pour être estropié toute ma vie; je m'en f...! Pour le peu de temps que j'ai à vivre, une patte de plus ou de moins ne signifie pas grand'chose.

Ainsi, mon pauvre ami, quand pourrai-je te voir? Qui le sait? Je ne puis quitter ce pays sans risquer de perdre le fruit de toutes les peines que je me suis données.

Que veux-tu? la gloire est une maîtresse exigeante et jalouse; quand on court après, il ne faut pas s'arrêter en chemin !

A propos de gloire, nos jeunes princes cueillent des lauriers dans les oasis du désert.

Le 4 mars, ils sont entrés dans Biscarah. Le trajet de soixante lieues, entre Constantine et Biscarah, s'est fait sans brûler une amorce. Les troupes qui formaient la garnison de Biscarah se composaient de réguliers d'Abd-el-Kader que l'émir avait jetés là, comme des sentinelles au milieu du désert, pour crier : « Halte-là ! on ne passe pas ! »

On est donc enchanté de la conquête de ce point. On donne des armes aux indigènes, on organise des milices de toutes les couleurs, on laisse à Biscarah deux compagnies turques chargées d'installer et de défendre la place, et l'on reprend triomphalement la route de Constantine. Mais voilà que ces coquins de réguliers, qui se sont aperçus que nous étions *ben tranquilles là d'dans*, comme dit le troupier, se sont avisés d'aller attaquer le camp de Bathna, point intermédiaire entre Constantine et Biscarah. On dit qu'ils s'y sont pris un peu brutalement, pourtant ils ont été repoussés avec perte. — Et d'une.

Il paraît, malgré tout, que ce jeu-là les a amusés et qu'ils y ont pris goût. Le 15 mars, ils vont se poster sur le passage des princes, dans des positions formidables, et, au moment où l'on s'y attendait le moins, ils se mettent à canarder Nos Altesses Royales. Il a fallu les débusquer des positions qu'ils occupaient. Les deux princes ont mis pied à terre et flamberge au vent. Ils ont chargé brillamment, à la tête des compagnies de voltigeurs et autres, lancées contre l'ennemi.

La résistance a été vigoureuse, un capitaine du bataillon turc a été tué. L'aide de camp du duc d'Aumale, M. Jamin, a été blessé, et il y a eu une cinquantaine d'hommes mis hors de combat.

Le duc d'Aumale, qui croyait être à Constantine pour le 28, est rentré dans les montagnes, avec quinze jours de vivres, pour pourchasser ces insolents qui, depuis douze ans, sont disposés à se f... de nous.

A propos de Biscarah, j'oubliais de te dire que, le 8 mars, la température y était celle du mois d'août en France. Les blés étaient presque mûrs. Les princes ont rencontré des oasis de palmiers magnifiques et des villages considérables bâtis en terre. Du reste, dans quelque temps, les descriptions ne te manqueront pas.

Adieu, mon bon ami; exprime à toute notre bonne famille ce que l'affection te suggérera de plus tendre, et crois toujours bien fermement à mon affection sans bornes.

Philippeville, 5 avril 1844.

Mon brave ami, tu viens toujours, comme le bon Dieu, avec quelque bienfait à répandre ou avec quelque chose d'heureux à annoncer. Ta lettre et celle de de Leuglay, arrivées ensemble, m'ont appris cette fameuse nouvelle : ma nomination de lieutenant-colonel au 15e léger. — Quelle sublime surprise!

Mais ce bel avancement n'est rien à mes yeux auprès du bonheur que je ressens de vous savoir heureux à cause de moi. O braves parents, c'est alors qu'on comprend le prix de posséder une famille! Ce ne sera pas, je l'espère, la dernière satisfaction que je vous causerai.

Embrassons-nous donc, mon brave frère. Embrasse pour moi tous nos bons parents qui se réjouissent de si bon cœur de l'avancement qui m'arrive.

Je pense pouvoir partir d'ici le 15 ou le 25 au plus

tard, et être à Sedan vers la fin du mois. Je vous verrai donc enfin, excellentes gens!

J'ai écrit par ce même courrier au maréchal Soult pour le remercier. J'ai aussi écrit au général Bugeaud et au général Baraguey d'Hilliers, enfin à toutes les personnes qui ont bien voulu me témoigner quelque intérêt.

Adieu, mon brave ami; embrasse pour moi Clémence et tes enfants. Ne m'oublie auprès de personne. Adieu, amitiés pour toujours.

A. M. Bernard de Montagnac.

Philippeville, 5 avril 1844.

Mon brave oncle, que je vous embrasse de tout mon cœur. Vous êtes heureux, et moi aussi. Ce qui augmente encore à mes yeux le prix de l'avancement que je viens de recevoir, c'est que je pourrai vous voir bientôt. J'espère qu'à la fin de mai je me procurerai cette grande joie.

Enfin, voilà donc encore un de vos vœux réalisé! Que je suis heureux de pouvoir vous procurer cette nouvelle satisfaction! Dieu vous en réserve d'autres, allez, mon cher oncle! Mon avenir s'embellit. Les chances de fortune vont par conséquent en augmentant. Soyez bien convaincu que je ne négligerai aucune occasion d'ajouter quelques pages honorables au livre d'or de notre famille.

Je reste en Afrique. J'en suis heureux. J'ai encore

quelques années devant moi. J'en profiterai, et je tâcherai de les remplir noblement.

Comment allez-vous? Comment se porte toute notre famille? Embrassez pour moi tous ces bons parents.

A bientôt, mon cher oncle, et vous verrez si je vous aime toujours.

Encore deux petites lettres qui vous intéresseront et qui pourront prendre place dans vos archives :

A. M. le lieutenant-colonel de Montagnac.

Constantine, 4 avril 1844.

Mon cher colonel, quelque regret que j'éprouve à vous voir quitter la division que je commande, je ne puis m'empêcher de vous féliciter sur un avancement dont tous ceux qui vous connaissent se réjouiront certainement.

Veuillez agréer l'assurance de ma considération très-distinguée.

Le lieutenant général,

H. d'Orléans.

A. M. le lieutenant-colonel de Montagnac.

Alger, 10 avril 1844.

Monsieur le colonel, j'ai reçu la lettre que vous m'avez fait l'honneur de m'écrire le 5 de ce mois. Je vous remercie des sentiments qu'elle renferme. En réclamant pour vous un grade auquel vous appelaient vos services et la *voix publique*, j'ai agi bien plus dans l'intérêt de l'armée et de la cause que nous défendons que dans le vôtre.

Toutefois, je suis fort heureux de vous redire combien je vous ai apprécié.

Non moins que vous, je désire nous voir encore réunis dans les mêmes camps. Ce serait d'ailleurs une occasion nouvelle de vous réitérer l'expression de sincère estime dont je suis heureux de vous offrir ici l'assurance.

Baraguey d'Hilliers.

A M. Élizé de Montagnac.

Lyon, 1er mai 1844.

Mon cher ami, je suis arrivé ici le 30; demain, je pars pour Mâcon, où je vais faire connaissance avec mon *bambin* que je n'ai pas vu depuis l'âge de six mois, et je serai à Sedan le 14.

Le voyage de Toulon à Lyon m'a horriblement fatigué. Je suis arrivé moulu, rompu, abîmé. — Toutes les expéditions, toutes les misères des camps ne m'ont jamais autant éprouvé. Il y a neuf ans que je ne m'étais emboîté dans la caisse d'une voiture, et ma longue carcasse habituée au grand air, au mouvement, s'est trouvée brisée entre les cloisons cahotées de nos horribles carrioles.

Enfin, j'aurai bientôt oublié, au milieu de vous, les ennuis du voyage.

Adieu, mon brave ami, et à bientôt.

A Madame Élizé de Montagnac.

La Fère, 23 juin 1844.

Ma bonne Clémence, voilà déjà quatre jours que je vous ai quittés, et c'est à peine si je suis remis des cruelles émotions qui m'ont déchiré si horriblement le cœur, dans cette triste journée du 20!

J'étais brisé, abîmé, je n'ai rien pu vous dire, le sang m'étouffait, et, pourtant, ma bonne sœur, combien de sentiments se pressaient dans ma tête! combien j'aurais été soulagé de pouvoir vous les exprimer! Mais cela m'était impossible, tant je me trouvais anéanti! Quelle affreuse chose que les adieux! Les moments qui précèdent une exécution mortelle ne doivent pas être plus déchirants.

J'ai passé bien peu de temps avec vous, ma bonne sœur, et ces courts instants, qui fuyaient si rapidement, ont été bien employés, puisque j'ai pu vous connaître et vous aimer. J'emporte donc une affection de plus. Encore une douce compensation à l'absence; je n'en ai pas trop pour vivre. Oui, ma bonne Clémence, j'ai appris à vous aimer, car l'affection que je vous portais, avant de vous connaître, n'était pas celle que vous méritiez. Croyez donc, chère sœur, à cet attachement qui ne fera que grandir avec le temps. Que de soins délicats, que d'attentions fines vous avez eus pour moi pendant que je suis resté auprès de vous! Comment vous en témoigner toute ma reconnaissance? Je n'ai malheureusement qu'un pauvre cœur pour répondre à tant de bontés.

Je suis arrivé à La Fère le 21 à midi et demi. J'ai revu ma chère Célestine, qui m'attendait à la gare avec son mari. Vous comprendrez les douces émotions qui ont suivi cette réunion, après huit années d'absence!

Hélas! il faudra encore que je quitte cette bonne sœur. Il faudra encore que je sente se rouvrir ces affreux déchirements qui m'ont fait si souvent saigner le cœur!

Eh, mon Dieu! que me restera-t-il bientôt de ces excellents parents, de ces amis? Personne, je me retrouverai encore une fois tout *seul*. C'est cruel, allez!

Adieu, adieu; embrassez pour moi vos petits enfants et croyez toujours à mon attachement. Embrassez pour moi notre petite Ninie, et ayez soin de cette bonne petite sœur. Je vous la recommande. Embrassez pour moi notre tante, nos oncles; soyez enfin l'interprète de mes sentiments affectueux auprès de toutes les personnes qui composent notre petit cercle de famille.

Adieu, ma bonne sœur.

A M. Élizé de Montagnac.

Bourbonne, 1er juillet 1844.

Mon brave ami, je suis ici depuis le 30 à minuit. Je me suis occupé de faire régulariser ma position aux eaux de Bourbonne, où j'aurais dû arriver le 22 mai, pour commencer mon traitement. Mais j'étais trop pressé d'aller vous embrasser et de me retrouver au milieu de vous. Aurais-je dû y perdre mes chaussettes, mes culottes et ma veste, qu'il m'eût été impossible de faire autrement. Le bonheur que j'ai goûté au milieu de vous me tenait lieu de tout. Je n'avais plus besoin de rien.

Je suis donc à Bourbonne, espèce de piscine où toutes les misères humaines viennent chercher quelque soulagement. Triste séjour où tout boite, même les maisons. Je ne m'y arrêterai pas longtemps[1]. J'espère que le 4, au plus tard, je filerai sur Châlons; je n'attends que ma feuille de route. Je m'arrêterai un jour à Mâcon, un jour à Lyon, puis je mets le cap sur Oran et ne jette plus l'ancre nulle part.

Tu dois être maintenant de retour au milieu des tiens, des nôtres; que j'envie ton bonheur, va, mon brave garçon, et qu'il m'est douloureux de sentir que chaque pas que je fais m'éloigne de vous!

Mon Dieu! pourquoi faut-il qu'à côté d'un peu de bonheur qui nous est dévolu, de loin en loin, sur cette terre, il y ait autant de chagrins? Bientôt la mer nous séparera encore une fois. Dieu sait quand et si je vous reverrai tous!

---

[1] Les bruits de guerre avec le Maroc avaient décidé le colonel de Montagnac à rejoindre immédiatement son poste, sans profiter de la fin de son congé. Il partit donc, malgré l'avis des médecins, et lorsque le maréchal Soult le vit, à son passage à Paris, il lui dit : « Votre détermination ne m'étonne nullement. Les bruits de guerre m'avaient fait penser à vous, et je m'attendais à vous voir, parce que je vous connais. »

Une seule consolation me reste, consolation bien douce, celle de me savoir aimé par vous, mes excellents parents. Conservez-moi donc toujours ce trésor qui surpasse à mes yeux toutes les fortunes du monde et m'aide seul à vivre loin de vous.

Mon pauvre cœur vous le rend bien, va! et lorsqu'il ne vous aimera plus, ce pauvre vieux cœur, c'est qu'il aura cessé de battre. Car pour moi, aimer, c'est vivre.

Tu as été voir Charles à Versailles, dis-moi comment il est installé dans sa nouvelle pension. En voilà encore un qui t'aimera, je l'espère, mon brave ami; t'aimer à deux n'est pas encore assez pour ce que tu mérites. Embrasse Clémence pour moi. Embrasse-la bien tendrement, ainsi que tes enfants.

Comment va notre famille? Exprime bien à toutes ces saintes gens, que je ne puis qu'aimer et pas davantage, tous mes sentiments d'affection.

Adieu, mon brave Élizé; amitié pour toujours.

A M. Bernard de Montagnac.

Bourbonne, le 1er juillet 1844.

Mon cher oncle, je n'ai plus aujourd'hui qu'un chiffon de papier pour causer avec vous. Me voilà encore revenu à ces froids entretiens. Mon Dieu, que c'est triste d'être séparé de tout ce qu'on aime ici-bas! C'est pourtant l'existence que je traîne depuis bientôt trente ans. Je devrais y être fait, mais non, plus j'avance dans la vie, plus ce vide me paraît profond.

Et cela se conçoit : plus on vieillit, plus on sent vieillir ceux qu'on aime, et plus on sent le besoin de se rapprocher d'eux. Il faut encore en prendre mon parti et m'en aller bien loin, bien loin, chercher quelques rudes émotions pour dévider, le moins tristement possible, le fil de mon existence. Mais quelles fichues compensations !

En vous quittant, mon cher oncle, j'avais le cœur bien gros, et je sentais le mouvement de la voiture qui m'emportait loin de vous, me le briser cruellement. Enfin j'ai trouvé, à La Fère, une bonne petite sœur. J'ai été soulagé un instant, mais il a fallu la quitter aussi. Nouveau crève-cœur !

De là, je suis allé à Paris. J'ai vu le duc de Nemours, qui m'a accueilli d'une façon charmante et m'a témoigné la plus grande bienveillance. J'ai vu aussi le maréchal Soult, qui, dans son laconisme, m'a dit des choses assez flatteuses.

J'ai conduit Charles à Versailles. Le voilà casé. Nous verrons ce qu'il deviendra.

Arrivé à Bourbonne, je me suis occupé tout de suite de faire établir l'acte de décès de notre grand-père. Vous le recevrez, au premier jour, dûment légalisé. En attendant, en voici la teneur :

« Messire François-Joseph de Montagnac, écuyer, ancien capitaine au régiment de Limousin (infanterie), chevalier de l'ordre militaire de Saint-Louis, seigneur de Lamoncelle, colonel de la milice bourgeoise de la généralité de Sedan, âgé de quarante-huit ans, époux de madame Luce-Louise de Casamajor de Montclarel, est mort aux eaux de Bourbonne le 28 juillet 1787 et a été inhumé le surlendemain, en présence de messire Charles-Louis-Nicolas, comte de Montagnac, capitaine au régiment d'infanterie de la Reine, et de Philippe Gonthierres.

« Signé au registre : Comte DE MONTAGNAC, GONTHIERRES et ACCARICA, curé. »

J'ai vu ici le pauvre père Bourmont (le maréchal), qui est tout à fait réduit à l'état de momie. Il ne se traîne qu'à l'aide de deux personnes qui le soutiennent. On le bloque à table dans un grand fauteuil, on lui passe la serviette au cou, et il mange comme une machine à broyer, beaucoup et longtemps. Il ne parle plus. Il a une paupière qui lui descend jusqu'au milieu de la joue; enfin il fait peine à voir. Son fils aîné est avec lui. Il le soigne avec la plus touchante sollicitude.

On n'est entouré ici que de gens de cet acabit. Partout des infirmités qui font frémir à envisager. Pauvre espèce humaine!

Embrassez bien pour moi notre bonne tante Thérèse; je n'ai pas osé aller lui dire adieu chez elle, le jour de mon départ, tant j'avais le cœur navré. J'ai craint de lui faire aussi trop de peine. Je l'avais embrassée, le matin, chez Clémence. Cette séparation m'a fait bien du mal. Embrassez pour moi Eugénie et notre oncle Eugène. Exprimez à toutes les personnes que nous aimons mes sentiments d'affection. Adieu, mon cher oncle; croyez toujours à mon attachement de quarante ans.

Lyon, 13 juillet 1844.

Mon cher oncle, avant de quitter Lyon, ma dernière station de France, je viens saluer encore mes pénates d'Ardennes où vivent mes souvenirs, mes affections et les beaux jours sitôt passés !

J'ai écrit à Charles une lettre dont peut-être il vous parlera. Je lui trace une règle de conduite sans doute un peu sévère : il est bon qu'il sache quels sont mes principes, et qu'il soit bien convaincu que je l'ai disséqué à fond. Je lui déroule assez crûment ses défauts et lui conseille, ou plutôt lui *ordonne* de s'en corriger. Il faut exiger beaucoup des enfants pour obtenir peu. Les parents sont toujours victimes de leur *bonasserie,* et les enfants victimes de la faiblesse de leurs parents. Il n'est pas mauvais que le cœur d'un enfant se gonfle quelquefois de larmes aux semonces d'un père. Les larmes ne sont jamais défendues aux hommes. Heureux ceux qui pleurent!

J'ai ordonné à Charles d'écrire toutes les semaines à quelqu'un de la famille. Vous me direz s'il exécute ponctuellement ma volonté à ce sujet. J'y tiens beaucoup. Son cœur et son style se formeront ainsi, et je veux qu'il témoigne sa reconnaissance et son affection aux personnes qui lui donnent des preuves d'attachement. Il ne doit m'écrire qu'après avoir écrit à ceux qui se sont occupés de lui. C'est tout ce que je lui demande pour le moment. J'entends qu'il suive invariablement mes ordres. L'obéissance est la science la plus difficile à acquérir. Il faut commencer jeune.

Il a écrit, ces jours-ci, à de Veyle et se plaint de l'immoralité, de l'indiscipline qui règnent dans sa pension. Tant mieux! Je ne lui en saurai que plus de gré, s'il sort pur de tous ces entraînements. Il n'y a aucun mérite à être vertueux quand on vit dans un portemanteau. Il est assez grand garçon pour naviguer sans se crotter dans les bourbiers de la vie. — Je lui donnerai plus tard le moyen d'appliquer quelques bons coups d'épée ou de pistolet aux farceurs qui l'auront *turlupiné*. Je sais déjà qu'il ne faudra pas lui faire signe deux fois. — Je lui pardonnerai tout, excepté d'être un c..., ou un mendiant comme certains plats-pieds que nous connaissons.

Adieu, mon cher oncle; je vous embrasse de tout mon cœur. Gardez-moi toujours l'attachement que vous m'avez voué, et ne doutez pas de la sincérité du mien.

CINQUIÈME PARTIE
PROVINCE D'ORAN
1844-1845

A M. Élizé de Montagnac.

Oran, 2 août 1844.

Mon cher ami, je suis arrivé à Oran, hier soir, après une traversée très-heureuse : c'est la seule fois que j'aie pu conserver toutes mes facultés... et le reste.

Ma première pensée, en arrivant ici, a été pour la famille ; j'y donne libre cours et t'envoie quelques lignes de tendresse, seul bonheur dont je puisse jouir aujourd'hui, — comme autrefois. Écrivez-moi souvent pour me faire oublier, de temps en temps, que je suis à quatre cents lieues de vous.

Depuis que tu es rentré à Sedan, tu as dû recevoir quelque lettre de Charles. Comment se trouve-t-il dans son école ?

D'après ce qu'il a confié à Eugénie, il paraît que la pensée qu'il n'est pas enfant légitime est, depuis longtemps, la source de tous ses chagrins. Toutes ces jérémiades-là sont assez ridicules et me blessent vivement, — je me propose de le lui faire sentir. — Je conçois que s'il s'était réveillé au coin d'une borne, n'ayant d'autre nom que celui dont on l'aurait étiqueté dans une maison de charité, il eût à gémir de sa position dans le monde. Mais si toutes les conditions sacramentelles et sociales ne se sont pas réunies sur son berceau, il a trouvé, depuis, des garanties d'avenir et d'existence que beaucoup d'enfants légitimes auraient eu de la peine à réaliser. Ses plaintes seraient donc un blâme jeté sur ma conduite passée et sur celle de sa mère, *dont il doit, avant tout, respecter la mémoire.* Elles seraient, de sa part, une preuve d'égoïsme, puisque ne voyant que lui, dans cette circonstance, il oublierait la sollicitude dont il a été l'objet depuis le jour où il est né. Pour moi, elles seraient une source de désaffection.

Je suis encore plus sensible que lui à l'endroit de ce qui paraît le faire souffrir. Car les chagrins que j'ai dévorés, depuis sa naissance, sont un peu plus cuisants que ceux qu'il se forge aujourd'hui, et qui dérivent d'un sentiment tout à fait personnel. Je suis très-peu disposé à souffrir toutes ces grimaces-là. Je ne lui demande pas d'affection. Cela lui est peut-être impossible, après tout! Mais qu'il se garde bien de toucher à une corde trop délicate...

J'ai retrouvé ma ville d'Oran assez embellie, et les hôtels encore plus mal tenus que par le passé. Je ne sais pourquoi. —' J'attends une occasion pour aller rejoindre mon régiment. Ce sera probablement dans une huitaine de jours.

On ignore ce qui se passe sur la frontière du Maroc. Le maréchal correspond directement avec le ministre de la guerre. C'est donc par les journaux de France que nous apprendrons quelque chose.

Je vais toujours bien. Je viens d'acheter un cheval; il n'est pas merveilleux, mais il me portera jusqu'à ma destination. Il me faut encore un mulet, et ce n'est pas chose facile à trouver.

Comment te portes-tu? Comment va Clémence? Comment vont tes enfants? Embrasse pour moi toute la famille. Adieu, mon brave ami; crois toujours à mon attachement le plus vrai et le plus sincère.

A Madame Élizé de Montagnac.

Tlemcen, 13 août 1844.

Ma chère Clémence, je suis arrivé hier à Tlemcen, après six jours de bivouac, et je me suis aperçu que je m'étais un peu amolli dans les délices de la douce existence que j'ai menée auprès de vous.

Dans ce court trajet, j'ai eu le nez et les oreilles rôtis par le soleil, ce qui ne m'était pas arrivé depuis de longues années.

Du reste, je vais aussi bien que possible. Je partirai probablement de Tlemcen pour Lala-Maghrnia, où se trouve mon régiment, vers le 20. Je suis arrivé à Tlemcen avec un régiment de hussards venu de France récemment. On ne saurait croire ce que ce pauvre régiment a souffert du voyage entre Oran et Tlemcen. Les chevaux surtout, habitués à la vie la plus calme, à de bonnes écuries, à une excellente nourriture, ont paru bien désappointés de se trouver, tout à coup, transplantés sous un soleil de plomb et réduits à la portion congrue. Pauvres bêtes! Arrivées, à midi, à Tlemcen, elles sont reparties le soir, à onze heures, pour Lala-Maghrnia. Le gouverneur concentre là toutes les troupes. Nous ne savons rien de ce qui s'y passe; pourtant nous sommes en première ligne pour apprendre quelque chose. Mais rien ne fermente.

Je suis bien ennuyé de m'arrêter partout et de reculer sans cesse mon arrivée au régiment. Me voilà encore forcé d'attendre ici le départ du convoi. Tout cela m'assomme! Il est impossible de faire autrement.

J'ai appris avec bien de la peine la démission de votre beau-frère [1]. C'était, selon moi, ce qu'il fallait le plus redouter. Ce jeune homme brise cruellement une carrière où il avait de l'avenir. Quelle fâcheuse pensée il a eue là! et quel est le mauvais génie qui la lui a soufflée? Malheureusement, il ne sera pas seul victime de cette détermination. Quand on est jeune, la fortune ne compense jamais le vide que l'oisiveté laisse dans le cœur et dans la tête. Plus on a de feu dans l'âme, plus on a besoin d'occupation d'esprit.

Me voilà encore une fois bien éloigné de vous, ma chère Clémence, et seul avec moi-même! Il y a bien-

---

[1] Le baron A. Ameil, officier d'infanterie.

tôt deux mois que je vous ai quittée. Les années vont, de nouveau, se dérouler, longues et tristes, à travers les noirs soucis de l'absence.

Je devrais pourtant y être habitué; mais non, plus je vais, et plus je sens combien cette existence est creuse!

Comment va toute notre famille? Exprimez bien à tous ces bons parents mes sentiments d'affection.

J'ai reçu une lettre de Charles. Celle que je lui avais écrite, il y a quelque temps, paraît l'avoir bouleversé un peu. Il n'y a pas grand mal à cela, il ne faut pas que les enfants s'accoutument à s'endormir dans leurs défauts, et lorsqu'on voit qu'ils ne font aucun effort pour sortir de la détestable enveloppe dont ils s'entourent, il faut la briser sans pitié. Il doit en résulter, évidemment, une secousse douloureuse. Mais il serait assez bizarre que les parents, après s'être sacrifiés toute leur vie pour leurs enfants, fussent les seuls à souffrir, tandis que ceux-ci se complairaient dans la satisfaction de leur égoïsme et de leurs mauvais penchants. Je n'aurai jamais cette faiblesse et cette stupidité.

Sa lettre, que je vous envoie, prouve qu'il a senti assez vivement la mienne. C'est déjà une satisfaction pour moi, mais il m'en faut d'autres.

Le chagrin est la source des belles actions. Je le mènerai souvent boire à cette source, s'il m'y oblige. Dites-moi s'il a écrit à la famille et s'il continue cette correspondance. J'y tiens plus qu'à toute chose.

Je viens d'apprendre qu'il y a une occasion demain pour Lalla-Maghrnia; je pense en profiter. Le pauvre petit mulet que je me suis procuré précipitamment, à mon passage à Oran, a été horriblement blessé dans le trajet d'Oran ici. Je ne sais s'il sera capable de porter mes trois livres de riz, mes deux livres de sucre et de café, et mes quatre oignons. C'est égal, il faut partir.

Adieu, ma bonne Clémence; je vous aime toujours bien tendrement; c'est maintenant une douce habitude avec laquelle je m'endors et je me réveille. Embrassez, pour moi, mon brave frère que j'aime tant! Adieu, ma bonne sœur, je vous embrasse.

A M. Bernard de Montagnac.

Camp de Lala-Maghrnia, 16 août 1844.

Mon cher oncle, parti de Tlemcen le 14, à trois heures de relevée, avec le général Coste qui va prendre le commandement de la cavalerie du maréchal, je suis arrivé à Lalla-Maghrnia hier 15, à sept heures du matin. Il y a quinze lieues de Tlemcen. En arrivant, nous avons appris que le gouverneur et son armée étaient partis, le 12, pour Lalla-Maghrnia, et qu'après une marche de nuit, il s'était trouvé, le 13 au matin, en présence des troupes marocaines. L'attaque a été entamée immédiatement, sur tous les points, par les Marocains, forts, dit le maréchal, d'environ vingt-cinq mille hommes; l'engagement a été vif; nous avons tué aux Marocains huit cents hommes, pris onze pièces de canon, douze drapeaux, mille cinq cents tentes, dont celle du fils de l'Empereur, beaucoup de chevaux, et un butin très-considérable. Ce que je vous dis là est tiré de la lettre que le gouverneur a écrite au commandant du camp de Lalla-Maghrnia, c'est donc officiel. D'autres détails suivront, et vous les connaîtrez peut-être avant moi par la voie des journaux!

Je suis arrivé, vous le voyez, comme le marquis de C. V..., trente-six heures après la bataille

Je suis, dans ce moment, bivouaqué à deux portées de fusil de la redoute de Lalla-Maghrnia; il fait chaud, et les mouches qui me dévorent font tout leur possible pour m'empêcher d'écrire; mais elles n'y parviendront pas, je les défie bien de m'enlever ce bonheur-là, le seul que je possède aujourd'hui. Lalla-Maghrnia est une immense redoute dans laquelle on a entassé force vivres, des baraques, des tentes et une caserne, seul établissement en pierres qui s'y trouve encore. Abrité des vents du nord par un contre-fort assez élevé, ce poste n'a pour respirer que le souffle qui vient du sud; jugez s'il doit faire chaud! Pas un arbre! Un ruisseau d'assez bonne eau passe au pied du fort, et quelques sources alimentent les troupes campées ici. C'est le plus abominable séjour que je connaisse, surtout en cette saison; on y enfonce dans la poussière jusqu'au jarret; je n'ai jamais vu tant de poussière que là. Ce poste commande une immense plaine assez fertile, la plaine des Angads.

Ma cavalerie se compose, dans ce moment, d'un cheval et d'une petite mule. Le cheval que j'ai acheté est hongre, chose très-rare chez les chevaux arabes. C'est un cheval de taille, très-vigoureux et distingué.

J'avais d'abord porté sur son compte un jugement

défavorable; mais j'en suis tout à fait revenu, il m'a prouvé, dans le petit voyage que je viens de faire avec lui, de quoi il est capable.

Je vais toujours aussi bien que possible; me voilà remis *à ma vie de campagne;* la transition ne m'a pas paru trop dure. Je couche maintenant par terre, sans regretter les trop bons lits de Clémence, et je repose assez agréablement, quand les puces me le permettent. Je me suis remis à l'eau, comme par le passé, et n'ai pas eu de peine à oublier le vin que j'ai bu à Sedan, malgré ses excellentes qualités.

Et vous, mon cher oncle, comment allez-vous? Comment se portent tous nos parents?

Je vous tiendrai au courant de tout ce qui se passera dans les parages où je me trouverai. Je ne sais pas encore quand je pourrai rejoindre l'armée du gouverneur; le général Coste, qui est retenu ici, comme moi, a écrit, hier au soir, au maréchal, pour savoir quelles sont ses intentions à notre égard. Nous attendons.

Adieu, mon cher oncle; je vous embrasse de tout mon cœur; ne doutez jamais un instant de l'affection solide que je vous ai vouée.

A M. Élizé de Montagnac.

Camp de Lalla-Maghrnia, 26 août 1844.

Mon cher ami, le gouverneur vient de pousser une reconnaissance à cinq journées de Lalla-Maghrnia. Nous n'avons cessé de suivre, presque toujours, une plaine immense qui s'étend à l'infini. Cette plaine est fertile, mais dépouillée d'arbres. De loin en loin quelques oasis. La difficulté de trouver de l'eau a seule empêché le gouverneur de pénétrer plus avant dans l'intérieur du pays, et d'agrandir encore le cercle de la reconnaissance qu'il avait entreprise.

Nous rétrogradons, l'armée va se réunir à Djemmaa-Ghazaouet, espèce de plage par où le gouverneur s'est approvisionné pendant le cours de ses expéditions. Nous attendrons là le résultat des négociations entamées, et nous serons prêts à faire face à l'armée marocaine, s'il lui plaisait encore de se faire battre.

Les différents corps de la division iront, à tour de rôle, se revêtir à Tlemcen; ils en ont besoin. Les maladies commencent à se déclarer dans l'armée, nos hommes sont fatigués, beaucoup tombent d'épuisement, il leur faut du repos. L'air de la mer qu'ils vont respirer les retrempera.

Le 22, des envoyés du fils du vieux Muley ont apporté une lettre au gouverneur, en réponse à celle qu'il lui avait écrite après la bataille. Ce jeune homme est insolent : il nous accuse de l'avoir attaqué en traîtres, tandis qu'il venait avec des intentions pacifiques et le désir du bien. Il ne se rappelle pas, ce pauvre guerrier, que sa correspondance, restée entre nos mains, prouve le contraire; il ne veut pas se souvenir que les seuls à taxer de félonie sont les Marocains : ce sont eux qui ont rompu l'entrevue ménagée le 15, et nous ont attaqués. Le pauvre petit Muley est vexé qu'on ne lui ait pas permis de prendre son café qu'on avait trouvé versé, chaud et bon, et il ne nous pardonne pas de lui avoir enlevé sa belle tente qui est quelque chose de fabuleux en fait de luxe.

L'invincible Abd-el-Haman a beau faire, son prestige est tombé, et le sanctuaire de l'islamisme est profané. Le règne des musulmans est fini, c'est assez pour eux d'avoir envahi le monde; leur bannière glorieuse peut leur servir de linceul.

Je vais toujours bien, je mange du riz, bois de l'eau, savoure le café et couche dans la poussière. Au moment où je t'écris, mon lit se compose de branches de laurier-rose; c'est poétique, mais un peu plus dur que tes bons lits dont les moelleux matelas n'ont pas été appréciés par moi.

Mon cheval et mon mulet vont bien; mon petit bagage chemine cahin-caha, et, dans ma position insignifiante de lieutenant-colonel, je file modestement sur le flanc du régiment, ne me mêlant que très-peu aux affaires de mon nouveau corps. Je me tiens à l'écart tant que je peux, quoique mon colonel ait pour moi beaucoup de prévenances.

Et toi, comment vas-tu? Et vous, ma bonne Clémence, que devenez-vous? Et vous, mes petits enfants? Toujours bien polissons? Je vous embrasse tous, braves et dignes gens; pensez à moi.

Je ne laisse pas échapper les occasions de vous écrire; je regrette seulement qu'elles ne se présentent pas plus souvent, car c'est le seul bonheur qui me reste.

Adieu, mon brave ami; crois toujours à l'affection que je suis si heureux de te conserver.

A M. Bernard de Montagnac.

Djemmaa-Ghazaouet, le 6 septembre 1844.

Mon cher oncle, après avoir poussé une pointe dans l'intérieur du Maroc, le maréchal est venu, avec toute son armée, s'établir à Djemmaa-Ghazaouet. Nous y sommes depuis le 2 septembre. Il a été décidé que l'on s'installerait sur ce point; j'ai été choisi pour créer le nouvel établissement, et j'ai planté, le 4 de ce mois, ma tente sur cette vaste plage qui prendra tous les jours plus d'importance. La baie a environ neuf cents mètres d'étendue, de l'est à l'ouest; bornée à l'est par un immense rocher sur lequel les volcans se sont plu à vomir leur lave aride, à l'ouest par un autre rocher beaucoup moins élevé, qui se relie à un contre-fort peu escarpé, et au midi par une vallée de sable marin qui va toujours en se rétrécissant vers le sud; au milieu de ce sable : de beaux jardins, espèces d'oasis assez fertiles, des arbres fruitiers, beaucoup de vignes surtout, et beaucoup de figuiers. Par la vallée débouchent quelques torrents, dont les lits sont à sec pendant l'été, mais qui en hiver doivent être très-gros.

Le rocher qui borne la plage, à l'est, est couronné d'une espèce de village construit en lave, où existe une population de trois à quatre cents âmes, d'assez belle race. Les hommes y sont vêtus beaucoup plus proprement que ne le sont ordinairement les Arabes, et les femmes ont dans leur mise plus de coquetterie que les autres. Elles arrangent assez bien leurs beaux cheveux; on retrouve chez elles les types espagnol et italien.

Ce ramassis de masures informes est un nid de forbans qui fournissaient d'audacieux pirates, et qui se sont enrichis en écumant la Méditerranée. Ils ont dû aussi dans leurs expéditions enlever quelques femmes, surtout des Espagnoles et des Italiennes : de là cette différence dans le type et cette recherche dans la mise qu'on ne remarque pas chez les autres femmes arabes.

Djemmaa-Ghazaouet doit donc être le point de ravitaillement de l'armée appelée à opérer dans le Maroc, et commander toute la contrée qui, jusqu'ici, s'était toujours maintenue indépendante; nous serons reliés à Tlemcen par Nédroma, qui n'est qu'à deux lieues d'ici. J'ai maintenant à ma disposition le ciel, la terre et l'eau; Dieu n'avait pas tous ces éléments lorsqu'il a créé le monde; aussi l'homme, avec ces ressources, peut bien enfanter quelque chose; j'en viendrai à bout, je l'espère. Aujourd'hui l'armée entoure la place; j'ai des bras pour pousser mes travaux, et j'en profite; depuis le 4 que je suis ici, j'ai fait beaucoup de choses. Les arrivages sont très-considérables en approvisionnements de tous genres : j'ai déjà des vivres pour quinze mille hommes, pendant trois mois; du fourrage pour deux mille chevaux, pendant deux mois; un matériel d'ambulance très-considérable; des objets de campement, etc. Il faut mettre tout cela en ordre sur cette plage où il n'y a pas encore une seule baraque debout, les matériaux n'étant pas arrivés. Après cela, il faut se fortifier, il faut niveler, il faut piocher; et, toute la journée, cinq cents travailleurs sont à l'ouvrage, depuis cinq heures du matin jusqu'à six heures du soir.

Je crois que dans deux mois nous serons bien organisés; nous pouvons nous approvisionner par mer de toutes les denrées nécessaires, et l'Espagne nous enverra ses produits. Les Arabes nous amènent des bestiaux, des poules, des œufs, des fruits, surtout beaucoup de figues et de raisins excellents. Ils nous apportent aussi de l'orge et de la paille en grande quantité.

M. le maréchal m'a fait le plus bel accueil, ainsi que le général Lamoricière, lorsque je les ai rejoints. Vous voyez qu'ils ne m'ont pas laissé chômer. Je suis très-heureux du choix qu'ils ont fait de moi pour ce nouveau commandement. Je ne me dissimule pas toutes les difficultés dont il est hérissé; mais j'aime cette vie; j'ai de l'énergie à dépenser, il faut que j'en trouve l'emploi; pour l'homme qui n'a pas du sang de navet dans les veines, les difficultés sont autant de maîtresses qu'il doit vaincre afin de les caresser, plus tard, avec bonheur. Je sens que j'ai besoin de faire mon sillon comme un bœuf, l'inaction m'endort et me tue. Enfin me voilà mon maître, et le maître des autres; je régnerai, je vous en réponds, et je gouvernerai; vivent les gouvernements absolus!

J'ai non-seulement cette installation à créer, mais j'ai tout ce pays difficile, sans cesse remué par les Marocains et Abd-el-Kader, à contenir, à administrer, à dominer. Lorsque l'armée aura quitté ces parages, et ce n'est pas le moindre de mes soucis, je n'aurai ici que quatre cent cinquante ou cinq cents hommes de garnison ; mais, Dieu aidant, je ferai face à tout. En un mot, je tâcherai de répondre à la confiance que le général Lamoricière et le maréchal m'ont témoignée.

Je vais toujours bien ; seulement le 4, le jour où je suis venu m'installer ici, je courais avec le général Lamoricière, à cheval, au milieu des montagnes et des rochers, afin de reconnaître la position que nous avions à fortifier ; sur un rocher glissant comme du verre, mon cheval s'est abattu des quatre pattes et m'est tombé sur la jambe ; je croyais avoir la jambe cassée ; j'en ai été quitte pour le gros orteil du pied gauche un peu froissé ; cela n'aura pas de suite. Et vous, mon cher oncle, comment allez-vous ? Comment se portent tous nos bons parents ? Faites-leur bien, à tous, mes amitiés. J'ai reçu ces jours-ci des lettres d'Eugénie, de Célestine, de Charles ; toutes ces bonnes choses-là me font du bien.

Adieu donc, mon cher oncle ; croyez toujours bien fermement à mon attachement solide.

A Madame Durand de Villers [1].

Djemma-Ghazaouet, 6 septembre 1844.

Ma bonne petite sœur, tous les jours je remettais au lendemain le plaisir de t'écrire ; mais les circonstances

---

[1] Née Célestine de Montagnac.

m'ont tellement entortillé jusqu'à ce jour, que je n'ai pu que penser à toi. Cette douce et délicieuse pensée ne me quitte pas, sois-en bien sûre, c'est toujours toi que je vois la première toutes les fois que je rentre dans mon âme pour y visiter mes souvenirs. Ma petite sœur, j'ai reçu les lettres que tu m'as adressées à Bourbonne et ailleurs; c'est avec bien de la peine, c'est après bien des pérégrinations que ces pauvres petites missives m'ont rejoint; enfin elles me sont arrivées; avec quelle joie je les ai accueillies!

Depuis que je t'ai quittée, j'ai été bousculé dans des diligences, j'ai roulé dans des wagons, j'ai vomi dans des bateaux à vapeur, j'ai été rerôti par le soleil d'Afrique, et, après bien des vicissitudes, je suis arrivé à mon régiment le 20 août, c'est-à-dire six jours après la bataille de l'Isly, où le père Bugeaud a administré une frottée mirobolante aux impudents Marocains qui voulaient nous avaler comme des huîtres. Il serait difficile de déconfiturer une masse d'hommes, comme celle qui s'est présentée à lui, avec plus de promptitude et plus de précision : quinze cents tentes prises, dont celle du petit Muley, d'une richesse fabuleuse, sept cents chevaux ou mulets, onze pièces de canon, vingt drapeaux, un butin extraordinaire, de l'argent; enfin, une déroute complète. Les Marocains ont eu, pour se retirer, quinze lieues de pays à parcourir, sans trouver une goutte d'eau; ils ont perdu presque tous leurs blessés. Nous avons poussé une pointe dans l'intérieur du Maroc, à cinq journées de Lalla-Maghrnia (notre poste avancé). Le gouverneur, empêché d'aller plus loin par le manque d'eau, est revenu à Lalla-Maghrnia avec l'armée, et de là à Djemmaa-Ghazaouet où nous sommes toujours. C'est en cet endroit que j'ai planté ma tente, probablement pour quelques années, puisque j'en suis le commandant supérieur.

Me voilà donc appelé à créer une ville et un port de mer. Je suis depuis le 3 investi de mon commandement, et déjà nous avons fait de la besogne.

Sous le rapport politique et militaire, Djemmaa-Ghazaouet est une position importante, parce qu'elle commande un pays qui, sous une apparence de neutralité, a toujours servi le Maroc et Abd-el-Kader. Relié à Lalla-Maghrnia et à Tlemcen, il resserre entre ces trois points le territoire des Angads.

Sous le rapport commercial, aujourd'hui que Tanger et Mogador n'existent plus, ce poste est appelé à un grand avenir. Il nous servira de débouché pour toutes les marchandises que nous voudrons jeter dans l'intérieur du pays et dans le Maroc.

Par exemple, la rade, ouverte à tous les vents, ne sera pas tenable dans la mauvaise saison, mais il nous sera facile de nous approvisionner par Tlemcen, au lieu de le faire par Oran.

En voilà assez sur tout cela. J'ai appris avec peine que ton mari avait eu la fièvre; embrasse-le pour moi, et exprime-lui bien tout ce que je lui ai voué d'affection. Comment va mon petit Léon[1]? Tu ne m'en dis rien;

---

[1] Lucien-Paul-Léon Durand de Villers, sorti le premier de l'École d'application, capitaine du génie à vingt-cinq ans, tué le 14 mai 1871, à vingt-sept ans, dans la tranchée devant Paris,

parle-m'en donc toutes les fois que tu m'écriras. Je me porte toujours bien, à part ma main qui est roide; tout cela se passera ou ne se passera pas, ça m'est égal.

Adieu, ma bonne Célestine; laisse-moi toujours te dire combien je t'aime, c'est un bonheur dont je ne me lasserai jamais.

A M. Élizé de Montagnac.

Djemmaa-Ghazaouet, 11 septembre 1844.

Mon cher ami, je n'aime pas laisser les jours s'écouler sans venir à toi et renouer ces bonnes causeries que mon amitié trouve toujours trop courtes. Malgré le mouvement qui règne autour de moi, les pétards qui font sauter le rocher, les bâtiments à vapeur qui saluent la rade, les huit cents travailleurs qui, comme des fourmis, vont, viennent, se croisent; malgré le travail incessant qui m'occupe, mes pensées sont toujours fixées vers le même point, c'est-à-dire vers vous, mes bons parents, et vous dire ma tendresse, vous exprimer tout ce que j'ai dans le cœur d'affectueux pour vous, c'est le seul bonheur dont je jouisse aujourd'hui. Je ne trouve, dans l'activité effrayante qui bouleverse mon existence actuelle, rien qui puisse compenser le plaisir de laisser mon imagination errer au milieu de vous.

après avoir fait très-brillamment la campagne d'Allemagne, le jour même où il était nommé chevalier de la Légion d'honneur.

Et vous, ma chère Clémence, que devenez-vous? Et les enfants, comment vont-ils?

Je t'embrasse, je vous embrasse, je les embrasse.

Les nouvelles fonctions que j'occupe ont quelque chose de fantastique : fondateur d'une ville! Cette mission m'arrange parfaitement. J'ai toujours aimé avoir mes coudées franches; je serai, ici, le premier dans mon village; mieux vaut cela que d'être le second dans Rome.

J'avais déjà commencé à comprendre la position insignifiante que j'occupais, dans le régiment, comme lieutenant-colonel, et suis bien aise d'en être débarrassé. J'avais compris aussi que mon colonel était un homme assez ombrageux, grand bavard, parlant toujours de lui, grossier avec les officiers, ce qui ne m'allait guère. Malgré toutes les difficultés *exorbitantes* qui me sortent ici de chaque grain de sable, je suis donc très-content d'y être casé.

J'ai pour capitaine du génie chargé des travaux de fortifications et autres, un M. C... Le temps m'a manqué jusqu'ici pour le juger à fond; mais mon intuition du cœur humain me fait craindre que nous ne nous accordions pas longtemps ensemble. Il est souvent difficile de s'entendre avec les officiers du génie. Leur esprit de caste est terrible. Enfin, nous verrons! Il faudrait qu'il fût un bien grand j. f. pour ne pas s'entendre avec moi, car je crois que je m'accorderai toujours avec un honnête homme.

J'ai dans mon personnel des hommes assez énergiques; malheureusement, ma garnison ne sera composée que de conscrits nouvellement arrivés du dépôt, et j'aurai environ trois cents hommes, tout au plus, qui ne sauront ni manier la pioche, ni manier le fusil, et qui feront dans leurs culottes quand ils verront un Bédouin à quatre mille mètres. C'est assez vexant; lancé au milieu d'un pays difficile, à l'entrée du Maroc, etc., etc. Nous tâcherons de leur faire pousser du cœur au ventre; je me charge de leur remuer la bile en conséquence.

Ce qu'il y a de consolant pour moi, ici, c'est que, j'ai tout lieu de le croire, l'état sanitaire s'y maintiendra bon. L'air y est très-pur, — ce qui n'a cependant pas empêché la peste de décimer la population en 1818, — mais cette peste avait été apportée par des navires que les flibustiers avaient capturés, et nous, nous ne jouerons pas au même jeu qu'eux.

Il faut que maintenant toutes mes facultés fonctionnent; elles ont besoin d'être tendues fortement. Dieu m'aidera, je l'espère; j'ai confiance en lui.

Il est arrivé aujourd'hui des cavaliers marocains qui parlent de paix, mais les espions disent que, de toute part, on se réunit pour marcher encore contre nous.

Toutes les croisades marocaines contribueront à détruire partout, dans ces contrées, le prestige dont était entouré l'islamisme, et à apprendre aux musulmans à se faire frotter par les chrétiens. Ils finiront peut-être par s'y accoutumer.

Adieu, mon brave ami; embrasse pour moi nos bons parents. Adieu, et amitié pour toujours.

A M. Bernard de Montagnac.

Djemmaa-Ghazaouet, 29 septembre 1844.

Mon oncle, j'ai reçu votre bonne grande lettre. Je l'attendais avec impatience, comme toutes les pensées qui me viennent de notre excellente famille. Je n'ai réellement pas d'autre bonheur que celui-là.

Dans la position où je me trouve, n'ayant à traiter que des questions arides, ardues, hérissées de difficultés, j'ai besoin d'entendre les expressions de votre bonne et franche amitié pour me dérider un peu et me reposer des luttes continuelles que je suis obligé de soutenir contre tous les hommes qui m'entourent, et contre les éléments, qui ne sont pas les moindres ennemis que j'aie à combattre dans la nouvelle création à laquelle je suis attaché.

Malheureusement, nos pauvres lettres font des circuits de l'autre monde avant d'arriver à leur adresse, et le temps coule bien languissamment pour les uns et pour les autres.

Votre bonne lettre m'a désopilé la rate, mon cher oncle; l'histoire de mon cheval hongre et l'arrestation de votre camarade du 6ᵉ chasseurs m'ont fait rire aux larmes.

Tâchez donc de m'expédier quelques historiettes de ce genre; je n'ai que cela pour m'égayer.

Quoique entouré d'une foule d'individus, je vis seul (et par conséquent mon repas est tôt fait). Je suis donc toujours seul, et c'est du fond de ma solitude que partent les sentences qui font gémir les uns et sourire les autres. Outre nos affaires d'installation militaire, j'ai encore à traiter les affaires arabes du pays que je commande; c'est ce qu'il y a de plus délicat et de plus difficile.

La constitution de ce pays est très-intéressante à étudier, et l'indépendance qui règne chez les populations kabyles complique beaucoup leur organisation. Ils sont très-intelligents, très-fermes dans leurs déterminations, très-rusés, se tuent entre eux pour le moindre différend, détestent cordialement tout ce qui est *Roumi,* aiment beaucoup leur argent et ne reconnaissent notre puissance que parce que nous sommes matériellement les plus forts.

Pour assembler tous ces éléments hétérogènes, pour calmer tous ces gens inquiets, pour leur offrir des intérêts moraux et matériels qui compensent tous ceux que nous venons froisser, vous comprendrez qu'il faut une bien grande patience, un tact bien fin et une fermeté bien énergique, soutenue avec persévérance. Je tâcherai de m'en tirer. Mais il y a à faire.

Je vois avec bonheur que vous allez bien et que toute la sainte famille fait comme vous. Continuez donc, tous tant que vous êtes, et j'en bénirai la Providence.

Quant à moi, je me porte bien, mon poignet est toujours dans le même état. Je n'ai, ma foi, pas le temps de le soigner. Que le diable l'emporte!

Notre division active, que l'on avait conservée réunie jusqu'à ce jour, commence à se démembrer. Les bataillons venus de la province d'Alger se rembarquent.

Nous ne savons pas encore quelle est la quantité de troupes que l'on gardera ici pour observer le Maroc et commander le pays. La garnison de mon poste n'est pas même encore déterminée. J'ai un misérable effectif de deux cent soixante hommes, formé de pièces et de morceaux : des *mioches,* arrivés de France depuis quelques jours. C'est fort désagréable. Ces m... malheureux-là ne sont bons qu'à f... dans tous les coins de mon établissement. Je leur flanque de grands coups de pied dans les fesses quand je les rencontre, et ils vont f... ailleurs. Ils deviendront bons comme les autres pourtant, tous ces m... malheureux; mais il faut les secouer. On peut tout attendre, voyez-vous, de ces pauvres petits enfants de la France, à la condition de les mener d'une main de fer et de se montrer invariablement avec eux aussi juste qu'énergique. Mais, en attendant, un de nos Kabyles jouerait à la balle avec dix crapauds pareils!

Adieu, mon cher oncle; embrassez pour moi bonne petite Ninie, et croyez à mon attachement bien durable et bien sincère.

A M. Élizé de Montagnac.

Djemmaa-Ghazaouet, 3 octobre 1844.

Mon cher ami, quoique j'aie le feu au derrière et partout, je trouve pourtant une minute pour te dire deux mots. Il faut que je me dépêche, car je sens l'avalanche d'affaires qui va s'ébouler, et si une fois je suis pris dessous, je ne pourrai plus remuer ni pieds ni pattes.

Enfin je m'en tirerai peut-être, et j'y aurai gagné une dose d'expérience de plus des hommes et des choses. Cet acquis a bien sa valeur.

Je vais toujours bien ; je ne décolère pas, du matin jusqu'au soir. J'ai un capitaine du génie, le même qui a, je crois, embêté dans le temps notre beau-frère Durand de Villers, et qui m'embête beaucoup aussi. Mais, *avec moi*, il sera le dindon de la farce, et gare...! Oh! mon pauvre garçon, que ceux qui veulent mener les hommes paternellement sont bêtes!...

Comment se porte-t-on chez toi? Embrasse pour moi toute ta petite paroisse. Remplis le même devoir à l'égard de notre bonne famille.

J'ai écrit ces jours-ci à mon oncle.

Je suis content de Charles. Si j'en crois ce qu'il me dit, il a beaucoup travaillé et beaucoup appris. Continue, mon brave ami, à t'occuper de cet enfant-là, c'est la corde la plus sensible de mon être. Je ne puis te l'exprimer comme je le sens. Les souvenirs qui se rattachent à ce pauvre enfant sont si touchants que la main qui le protégera sera toujours pour moi la main de Dieu. Il m'en a coûté, va! de lui dire des choses dures.

Nous sommes toujours ici. La division diminue : trois régiments sont repartis pour Alger. J'ai sur Abd-el-Kader des renseignements que je te communiquerai plus tard. Les affaires arabes dont je m'occupe aujourd'hui me donnent la clef de bien des détails curieux.

La pluie s'est fait sentir. Ma création a été inondée. Maintenant les eaux ont repris leur cours, et nous sommes à sec.

On m'apprend, à l'instant, qu'un malheureux soldat vient d'avoir la cuisse fracassée par un éclat de mine. C'est le troisième accident de ce genre : un tué (écrasé par un bloc de pierre), un autre qui a eu la cuisse cassée, par suite d'un éboulement, et celui-ci abîmé, sans compter quatre autres contus. C'est terrible, tout cela !

Adieu, mon brave ami; crois toujours à l'attachement que je t'ai voué.

A M. de Leuglay.

Djemmaa-Ghazaouet, 5 octobre 1844.

Mon cher de Leuglay, j'ai reçu votre lettre et vous remercie de la peine que vous vous êtes donnée. Puisque l'ouvrage qui réunit tous les actes du gouvernement de l'Algérie depuis 1830 est d'un prix si exorbitant, j'y renonce, à moins que, comme vous me le dites, vous ne puissiez vous le procurer de rencontre.

Quant au *Manuel du génie,* s'il ne contient que des formules, n'en parlons plus; il n'y aurait que *l'ordonnance du 10 mai* que je vous prie de m'envoyer, si toutefois vous la trouvez.

Je ne vous conseille pas de venir encore me voir à Djemmaa, tout y est sens dessus dessous. On pioche, on remue les terres de tous côtés; il n'y a pas moyen de s'y retourner.

Le pays est soumis dans un rayon de sept lieues. Il paraît assez tranquille. Abd-el-Kader est à trente lieues d'ici, sur la frontière du Maroc. Il a encore avec lui trois cents fantassins et deux cents cavaliers, mais la maladie décime son camp et sa daïra. Il a reçu du muley Abd-el-Rahmann l'ordre d'interner sur un point du Maroc. Il a répondu qu'il le ferait après le *Ramadan*. Mais ce ne sont pas ses intentions. Il compte repasser dans le désert, chez *Amian,* ou s'établir chez les Beni-Snassen, tribus limitrophes du Maroc qui ne veulent pas de lui.

Il est arrivé deux cents chevaux de l'empereur du Maroc à Oudjdah, pour faire la police dans ce pays.

Adieu, mon cher de Leuglay; tout à vous.

Djemmaa-Ghazaouet, 19 novembre 1844.

Mon cher de Leuglay, je vous remercie de votre exactitude... Djemmaa-Ghazaouet sort de son chaos tous les jours. Avec le temps, avec beaucoup de temps, nous aurons une installation solide, agréable et surtout utile. La question militaire y gagnera, le commerce en profitera, et nos affaires politiques trouveront dans l'occupation de ce poste un appui pour l'avenir.

Le lieutenant général rentre d'une expédition qui durait depuis le 11. Il s'était jeté, du côté de l'ouest, dans des contrées jusqu'alors insoumises. Il est revenu avec la soumission de toutes ces populations, et après avoir saisi la meilleure partie des tribus qui formaient la daïra d'Abd-el-Kader : les Ouled-Mellouk, les Zemmaras, les Achach, les Djouidas, les Ouled-Mansour.

Il a pris de plus quatre cavaliers de l'empereur du Maroc occupés à lever l'*achour* sur notre territoire.

Je suis aujourd'hui dans un coup de feu du diable. Mon pauvre camp est sens dessus dessous. Bouleversement général, par suite de l'arrivée de la colonne qui se rue dans tous les établissements civils, pour s'ingurgiter du vin et tout ce qui peut être absorbé par des estomacs vides depuis plusieurs jours, et altérés de tout ce qui peut brûler le gosier et le palais.

Adieu, mon cher de Leuglay ; croyez à l'attachement bien sincère que je ne cesserai de vous garder.

A M. *Élizé de Montagnac*.

Djemmaa-Ghazaouet, 18 novembre 1844.

Mon brave ami, Dieu sait combien je suis heureux quand je puis me sauver un instant pour courir à vous. Bonjour donc, mon cher frère ; embrasse-moi, embrasse ta femme pour moi, tes petits enfants, mes oncles, ma tante, ma sœur, tout ce que nous aimons, en un mot.

Ta femme m'a écrit. Vos bonnes lettres me font du bien. Je regrette de ne pas les voir plus souvent débarquer sur ma plage.

Je compte mes lettres comme un autre compterait

ses écus. C'est mon existence à moi, comme les écus peuvent constituer celle d'autres hommes.

J'ai reçu, ces jours-ci, une lettre de Charles. Il me parle d'une affaire qu'il a eue avec un de ses camarades, à qui il aurait administré un coup de bouteille par la figure, après en avoir reçu un soufflet. Condamné à la salle de police, mon polisson refusa formellement de s'y rendre. M. B*** aurait bien pu le fourrer à la porte ; mais chez les marchands de soupe comme le susdit, la discipline passe après les quinze cents francs de pension qu'ils sont très-aises de palper.

Tu dois penser que je lave un peu vigoureusement le bonnet au nommé Charles. Ce bougre-là a une tête du diable. J'ai du reste été très-heureux d'apprendre qu'il était passé en première division. Le voilà en bon chemin.

Comment vas-tu ? Comment allez-vous ? Répondez vite, braves et honnêtes parents, et « *vos voix du cœur arriveront jusqu'à moi* ». C'est ainsi que Notre-Seigneur Jésus-Christ parlait à ses disciples. J'ai besoin de les entendre, ces paroles sincères ; elles me dédommagent de l'éloignement cruel où je me trouve de tout ce que j'aime. Attrape-moi, une à une, toutes les pièces du petit échiquier sur lequel se croisent nos sentiments les plus chers, et exprime-leur, mieux que je ne le ferais bien certainement moi-même, tout ce que l'affection peut concevoir de plus solide et de plus élevé.

Je vais bien ; mon poignet est toujours dans le même état. J'attrape des poux de temps à autre. Je pioche, je me remue, je *bisque*, je jure, je tempête, je ris — pas souvent, par exemple, — je mange — pas trop, — je bois — très-peu, — je dors — pas mal; je fais trimer les uns, je rosse les autres : j'ai fait appliquer, ces jours-ci, cent coups de bâton à quatre Arabes, en plein marché, moyen infaillible pour réduire son monde à l'obéissance.

Mon installation se développe. L'occupation de Djemmaa-Ghazaouet est décidément arrêtée; les travaux définitifs vont bientôt commencer. On a même de vastes projets sur ce point. Le pays y prête beaucoup. Mes légumes poussent, mon orge verdit, mes petits poulets trottent, la maman glousse, mon cheval tousse et p..., ma mule en fait autant; voilà encore mon écurie convertie en infirmerie. Que le diable emporte les chevaux et toutes les bêtes!

Abd-el-Kader est aujourd'hui à Sebera, près de la Moulouïa, dans l'ouest, à deux jours d'ici; demain il sera à deux cents lieues de là et ainsi de suite, selon les nouvelles qui changent à chaque instant.

Tous les jours, j'ai quatre ou cinq espions qui circulent, et, le croirais-tu? je ne puis pas trouver deux renseignements qui se ressemblent sur la situation de l'émir! C'est une chose très-bizarre.

Le pays est tranquille. J'ai su, par mes espions, que des bâtiments anglais étaient venus dans des ports du pays qu'occupe Abd-el-Kader, sans doute pour lui apporter des munitions.

Le fait est que ce diable d'Abd-el-Kader a encore avec lui six cents cavaliers environ et quatre cents fantassins. Tout cela bien monté, bien armé. Il fabrique de la poudre.

Quelle énergie chez cet homme! Tous ceux qui l'ont suivi dans les moments les plus critiques et qui se sont rendus à nous, à force de misères, ne songent qu'à aller le rejoindre. C'est là leur unique pensée. Adieu, mon brave et digne frère; embrasse pour moi notre Clémence et tes moutards, qui m'aimeront plus tard, s'ils le peuvent.

Embrasse-moi, mon bon vieux frère, et crois toujours à ma vieille amitié.

A Madame Élizé de Montagnac.

Djemmaa-Ghazaouet, 1er novembre 1844.

Ma bonne Clémence, il me reste quelques moments de répit dans la tâche tant soit peu rude que j'ai à remplir ici, et j'en profite pour venir me mettre à côté de vous et causer avec cette expansion à laquelle nous nous sommes livrés quelquefois ensemble, pendant les jours de bonheur qui ont fui si rapidement, au milieu de ma chère famille.

Le *Labrador*, cette belle frégate à vapeur, cette masse imposante qui se meut par une force de quatre cent cinquante chevaux, est en rade; elle vient ici prendre des troupes qu'elle doit transporter à Alger. Elle voudra bien aussi se charger de mes pensées, petit fardeau bien insignifiant pour elle, mais impatiemment attendu par ceux que l'absence inquiète.

J'ai reçu votre bonne lettre, ma chère Clémence, il y a déjà quelque temps. Si j'ai tardé jusqu'ici à y répondre, ne m'en veuillez pas, et aimez-moi toujours; cela vous sera moins pénible, et à moi aussi.

Je vous remercie de tous les témoignages d'affection que vous m'exprimez. Quoique depuis longtemps ce ne soit plus nouveau pour moi, j'aime toujours à m'entendre répéter ces expressions si pleines de franchise et d'amitié; ne changez donc jamais de langage, et vous me ferez oublier, de loin en loin, qu'il y a autour de moi un vide que je ne puis combler. Oh! oui, allez, ma bonne sœur, un vide qui me rendrait stupide ou fou, si je n'avais pas des occupations, et si je ne savais pas m'en créer toute la vie. Cette existence, je la mènerai encore longtemps, car je ne puis, dans la position où je me trouve aujourd'hui, et dans celles qui se présenteront pour moi plus tard, me former une société des hommes qui m'entourent : chefs, égaux et subalternes. — Me marier, me dites-vous, est pour moi une nécessité d'existence? Oui, si j'étais dans la sphère calme et pacifique des officiers de France, et si je pouvais jamais accepter ce rôle de pantins militaires que jouent les pauvres bonshommes affublés du titre de soldats du Roi ou du Pape, ce qui est à peu près la même chose, par le temps qui court, et pour le service qu'ils font. Mais que voulez-vous que je fasse d'une femme, moi, destiné, tant que ma boîte osseuse renfermera pour 0 fr. 25 centimes de cervelle, et tant que les ficelles qui agitent sans relâche ma nerveuse charpente ne seront pas brisées, à mener sans cesse la vie de forban? — La laisser, cette créature à laquelle je me serais attaché, végéter, s'étioler dans un coin de la France, et m'exposer à souffrir de son absence mille soucis plus cuisants les uns que les autres? — La conduire sur cette terre d'Afrique où, moi, comme homme, je me fatigue, et où, elle, comme femme, mourrait?... M'exposer, après cela, à *crever* de chagrin! — Non, non, ma bonne Clémence, si je me mariais, c'est que j'aurais aimé, et aimé avec un cœur qui est bien frais encore, celle qui consentirait à s'accrocher à moi, et je voudrais pouvoir faire, pour elle, tous les sacrifices humainement possibles!... Je ne le puis, parce que je suis soldat; va donc, pauvre flibustier, et meurs garçon! — Plus tard? — Encore moins. — Il ne faut jamais se marier vieux, voyez-vous, ma bonne sœur; lorsqu'on est vieux, on sent le vieux chien, et il ne faut pas que le mariage soit un échange de mauvaises odeurs; sans quoi, il ne tarde pas à être un échange de mauvais procédés, et, par contre-coup, une déconfiture générale de tous les sentiments passés, présents et futurs.

Je saurai peut-être faire le bien, quand je serai vieux, si Dieu veut me le permettre. Cette satisfaction vaut bien un mariage, — et des moutards qui ne m'aimeraient peut-être pas.

Pardonnez-moi, ma bonne Clémence, cette tirade philosophique; vous en prendrez et en laisserez ce que vous voudrez.

Comment allez-vous? que deviennent mes bons parents? les enfants? enfin, toute la sainte famille?

Embrassez pour moi tout ce monde-là, sans en excepter un seul. Embrassez votre digne mari : vous êtes joliment accouplés tous les deux; à la bonne heure au moins, — vive le mariage quand il est comme cela !

Je me porte toujours bien, mon poignet ne va pas plus mal, mais ne va pas mieux; je pioche, je me fâche, je tempête, et mes affaires marchent; — plus je vais, plus je m'aperçois que les hommes sont des rosses qu'il faut fouetter.

Enfin, tout cela finira avec le reste du monde ou avant, et toutes les peines que j'ai prises viendront s'éteindre dans un vieux paletot, entre un vieux foulard et une vieille paire de pantoufles usées, en face d'un malheureux tison charbonné. Quand on secouera toute cette guenille, on ne trouvera qu'une pensée qui aura nourri le pauvre homme, pendant ses jours de misère et de grandeur; on y lira un amour sans bornes pour ses parents et pour quelques amis. Dans cette pensée qui tombera de la défroque du beau-frère, vous aurez votre bonne part ! Quant à mon tiroir, il sera vide, je l'espère, de tout ce qui pourra sentir le cuivre, l'argent ou l'or.

En attendant que cette pensée tombe de la guenille, recevez-la toujours, bien fraîche, bien vive, bien pleine d'attachement et de dévouement.

A M. Bernard de Montagnac.

Djemmaa-Ghazaouet, 6 novembre 1844.

Mon cher oncle, je ne sais quand cette pauvre lettre vous arrivera. Je vous l'écris, quelles que soient les éventualités de retard auxquelles elle peut être exposée. Le plaisir de causer avec vous est le seul que j'aie aujourd'hui. Je dis que je ne sais réellement pas quand je pourrai vous faire filer ce petit bout de papier, car, depuis longtemps, les bateaux fuient nos parages, nous ne recevons rien, et par conséquent nous ne pouvons rien faire partir. Ces retards fâcheux dans nos communications avec Oran rendent assez triste notre séjour ici, où nous n'avons pour toute récréation que le ciel, la terre et l'eau; et ces diables d'éléments, depuis quelques jours, semblent se confondre pour assombrir encore l'horizon de notre bien-être : la pluie tombe, le vent souffle, et l'on patauge dans la boue. Tout cela, pour moi, est insignifiant; lorsque, sur huit ans de sa vie, on en a passé à peu près six au bivouac ou sous la tente, on sait apprécier à sa juste valeur une goutte d'eau et quelques grammes de crotte; mais, en attendant, les travaux ne marchent pas, les mioches que j'ai sous mes ordres, officiers et soldats, sont comme des poules : une fois mouillés, ils baissent la queue et se cachent. Il faut que je passe ma vie à remonter le moral à ces images de Dieu, très-peu disposées à accepter le rôle de grenouilles que je veux leur imposer, en les faisant sauter dans l'eau et dans la boue. D'un autre côté, il leur pèse sur les épaules un service très-pénible, en raison du peu de monde que j'ai avec moi, et de ma position en flèche, dans un pays où il y a tout à redouter de la part des habitants et d'Abd-el-Kader qui se trouve à deux journées d'ici. Tout cela complique beaucoup la question, à l'endroit du pauvre militaire qui préférerait aller voir papa, maman, son village et sa croix de bois, que de risquer à crever, le derrière dans une flaque d'eau, ou d'une balle kabyle.

Mais comme je suis excessivement peu philanthrope à l'égard des paresseux, et comme la crevaison de tous les habitants de la terre ne pèse pas, à mes yeux, dans la balance, un milligramme, lorsqu'il s'agit de l'intérêt général et de l'honneur des armes, je suis inexorable. Grâce à cette fermeté inflexible, de tous les instants, j'obtiens quelques résultats dans ma nouvelle installation, où je suis obligé de faire mon nid, malgré le mauvais vouloir des uns et des autres.

J'ai à lutter contre un capitaine du génie, mais il n'a pas encore eu le dessus et il ne l'aura pas, dussé-je lui brûler la cervelle. On ne se figure pas, quand on ne s'est pas trouvé à la tête d'un commandement pareil au mien, les difficultés que peut vous soulever un officier du génie qui n'est pas militaire, et qui, avec cela, a de la mauvaise volonté. La position que s'est faite le génie, à l'égard des autres armes, est tout à fait indépendante, et par conséquent il n'accepte en aucune façon l'autorité, quel qu'en soit le rang, qui émane d'un officier appartenant à une autre arme. Partant de ce principe, il n'est pas d'entraves qu'il n'apporte au service. Aussi un officier du génie, pour présenter un projet bien dessiné, avec rapport à l'appui, et autres billevesées pareilles, sacrifie-t-il complétement la question militaire. C'est là le cas de mon génie infernal, de qui je ne puis obtenir qu'en bataillant qu'il m'exécute le plus petit ouvrage pour nous mettre à couvert contre l'ennemi; on ne se fait pas d'idée des niaises difficultés qu'il soulève. S'il avait eu affaire à un de ces bonasses officiers supérieurs, comme l'armée en est farcie, on serait encore à chercher la trace de la plus petite enceinte provisoire.

Il a planté sur des positions fort importantes deux malheureux blockhaus vermoulus, dans lesquels j'ai trente hommes. Ces blockhaus, établis sur des points très-élevés, ont failli dernièrement être culbutés par le vent (à la lettre). Je lui ai ordonné de les étançonner, pour éviter que nos hommes ne soient pris comme des grillots sous cette masse de bois, et pour nous éviter, à lui et à moi, une mystification; croiriez-vous que cela m'a valu un plaidoyer de dix pages, pour prouver que les blockhaus étaient solides, et qu'il était inutile de les soutenir? Il a fallu le menacer de lui enlever tous ses ouvriers, ses matériaux, ses outils, et lui dire que je me chargerais, à l'avenir, de la direction de tous les travaux, si dans deux heures les blockhaus n'étaient pas étayés ainsi que je l'avais ordonné. La chose a été faite immédiatement. Toute ma vie se passe à me chamailler pour des choses de ce genre, et souvent encore plus simples. Ce bougre-là vient de France, et n'entend rien à son affaire, pour ce qui est des travaux à exécuter dans ce pays, de sorte que tout ce qu'il a fait ici est réellement fait en dépit du bon sens. Voyez-vous, le plus simple maître maçon, le dernier maître charpentier feront mieux que tous ces sacrés tire-lignes qui ne veulent pas se figurer qu'avec leurs beaux plans et leurs teintes conventionnelles, ils n'empêchent pas l'eau de nous inonder et l'ennemi de nous tuer du monde.

Malheureusement, ils savent très-bien qu'ils sont indispensables; car, dans les positions où nous nous trouvons, les seuls matériaux dont on dispose appartiennent au génie, le génie seul peut en diriger l'emploi, les seuls outils sont au génie, les tracés émanent du génie, et quelque absurdes qu'ils soient, vous chef, avec toute votre autorité, vous êtes obligé d'en passer par là. Ces plans, ces tracés ne peuvent être modifiés que par leurs supérieurs directs ou leurs inspecteurs. Vous avez donc les pieds et les mains liés, en présence des difficultés sans nombre qu'ils font surgir, si, comme moi, vous ne brisez pas tout sur votre passage. Ah! quel cauchemar qu'un officier du génie!... N'en parlons plus.

Entre nous soit dit, toutes ces diatribes contre le génie, car vous avez avec vous, dans votre petit cercle, deux braves jeunes gens que je serais désolé de blesser.

Comment allez-vous, mon cher oncle? Comment se porte toute notre bonne famille? Comment va petite

Ninie? Mille choses affectueuses à tout ce monde que j'aime tant.

Je vais toujours parfaitement, je suis sous la tente, bien entendu, et mon capitaine du génie *est dans un joli petit appartement, bien couvert en tuiles*. Tout ceci, pour moi, est la moindre des choses; — j'ai comme principe que le chef d'armée doit être logé le dernier; — mais c'est l'impudence avec laquelle M. C... est allé se construire une maison, au moment où l'on avait besoin de matériaux, qui me vexe, et l'aplomb avec lequel il vient quelquefois me parler de son abnégation. (Il est bien reçu.)

Je suis seul du matin au soir, et, à plus forte raison, *du soir au matin*; car personne ici ne partage ma couche que les puces et les poux, cadeaux des Arabes qui viennent chez moi.

Je fais cultiver : j'ai fait faire deux charrues, je fais labourer, je fais semer de l'orge. Je plante des pommes de terre et je cultive des jardins, afin d'avoir des légumes dans quelque temps d'ici. Voilà le moment où la végétation reprend vigueur dans ce pays; au printemps, j'aurai des jardins superbes. Ça n'est pas pour moi, bien entendu, c'est pour la garnison. Tout cela se fait sur une très-grande échelle, car le terrain est partout excellent. Ce seront des ressources que je serai heureux de trouver plus tard; malheureusement je n'ai pas un centime de fonds pour cela; mais, dans ce monde, il faut savoir tout faire avec rien.

J'ai imposé mes habitants civils en raison du terrain que je leur ai concédé. J'ai fixé le mètre carré à

0 fr. 15 centimes par mois, de sorte que le loyer du terrain occupé par ces marchands me donnera un revenu mensuel de deux cent dix-huit francs environ, sur lequel j'aurai à payer un *cadi* pour rendre la justice aux Arabes (quatre-vingts francs par mois), achat de réverbères, entretien de l'éclairage du fort, et autres détails. J'ai organisé une commission (espèce de conseil municipal) pour la perception et l'administration de ces revenus; j'en suis le président. Tous les mois, cette commission s'assemble pour la vérification de la caisse, pour les délibérations relatives aux dépenses, pour l'enregistrement des recettes, etc., etc.

J'ai déjà quelques sols, mais que je ne puis détourner pour mes cultures, dont les bénéfices reviennent exclusivement à la troupe. Pour ce chapitre, ce n'est qu'une mise de fonds dans laquelle je rentrerai l'année prochaine, suivant le produit des récoltes.

Vous voyez, mon cher oncle, qu'il y a, dans mon affaire, administration civile et militaire, sans compter la direction du pays arabe qui complique les difficultés souvent d'une façon très-sérieuse. Eh bien! croiriez-vous que les vingt-huit sales civils : cantiniers, marchands, épiciers que j'ai ici, me donnent plus de mal à conduire que tous les Arabes des environs et les soldats de ma garnison?

J'ai un commandant de place qui remplit les fonctions de juge de paix, et passe sa journée à régler les différends entre cette ignoble race et à juger leurs puants méfaits!... Quelle horrible engeance que ces gueux d'Afrique qui se jettent, comme des corbeaux, sur les nouveaux points où l'on s'installe! Vous ne pouvez vous figurer ce que c'est que cette tourbe plébéienne qui infecte notre sol africain!...

M. le général Cavaignac, l'ancien colonel des zouaves, commande la subdivision de Tlemcen; je suis donc sous les ordres directs de cet officier général, et j'en suis bien aise; le caractère de cet homme m'a toujours plu beaucoup.

Mon pauvre cheval, le seul que j'aie encore (et je n'en aurai pas d'autres, tant que je serai ici), a failli être estropié ces jours-ci : je l'ai fait ferrer par un massacre, qui l'a brûlé aux quatre pieds. La brûlure avait été si forte, à un des pieds de derrière, qu'il s'est établi une suppuration intérieure. J'ai été obligé de le faire opérer; il va tout à fait bien aujourd'hui.

C'est une très-bonne bête, sur laquelle j'avais porté un jugement injuste. Si ce cheval était entier, il vaudrait très-cher, car il a ce qui manque ordinairement aux chevaux de ce pays, la taille.

Je tâche de résoudre ici la question *antigastronomique* que j'ai toujours rêvée, afin de me débarrasser le plus possible des sujétions que nous impose notre misérable estomac.

Je vis seul (bien entendu); par conséquent, je n'ai pas à subir les exigences des bâfreurs que j'aurais à ma table : je mange régulièrement, tous les jours, le matin, trois œufs; je prends un verre d'eau par là-dessus et une tasse de café : voilà pour le déjeuner.

Le soir, du riz, ou un plat de pommes de terre, un verre d'eau et une tasse de café. Le matin, en me levant, une tasse de café. Voilà mon régime, et je me porte bien. Quelquefois, pour changer, je fais jeter une poule ou un coq dans la marmite de mes ordonnances. Jamais une parcelle d'autre viande ne paraît sur ma table.

J'ai, comme noyau de ma basse-cour, deux poules et deux coqs. Une de ces poules couve douze œufs. Lorsque mon mauvais génie m'aura élevé le misérable appentis en planches qui devra former le *palais* du commandant supérieur, alors je tâcherai d'organiser une basse-cour un peu plus considérable.

La vie que je mène me convient beaucoup, je me plais dans cette existence : je me bats avec le genre humain, c'est ce que j'aime; j'entasse Ossa sur Pélion et réciproquement Pélion sur Ossa. Plus tard, on verra le résultat.

Adieu, mon cher oncle; embrassez pour moi toute notre sainte famille, la tante Thérèse, l'oncle Eugène, les petits, les grands, les gros (il n'y en a pas beaucoup), les courts, etc., etc., et croyez toujours à l'attachement bien solide de votre neveu.

A M. Bernard de Montagnac.

Camp d'Aïn-Zerka, le 6 décembre 1844.

Mes chers parents, j'espère que cette lettre vous arrivera le 1er janvier.

J'entends de loin la cloche du jour de l'an sonner dans votre église. Je vois, d'ici, les honnêtes gens se rendre à cet appel, et venir déposer aux pieds du Seigneur quelques modestes prières en faveur de ceux qu'ils aiment, des absents surtout. Je vous vois tous vous réunir, et vous exprimer, avec une sincérité que peu de familles conservent, cet attachement patriarcal dont j'ai ma part. Moi seul, bien loin, bien loin au delà des mers, je ne puis me joindre à vous! J'entends se perdre les derniers sons de cette cloche qui vous dit : « Encore un anneau de plus à la chaîne de la vie; rivez-le avec force, afin qu'il ne se brise pas; aimez-vous bien, et Dieu vous bénira. » Je me joins donc à vous par la pensée, et vous prie de recevoir l'expression de toute mon affection la plus tendre. Cette ritournelle, qui date de bientôt quarante-deux ans, j'aime à vous la redire. Dieu veuille que ce soit encore pour longtemps! Que de premiers de l'an j'ai passés loin de vous, pourtant!... Il me sera bien dû, à la fin de ma vie, quelque compensation; malheureusement, rien ne pourra me dédommager de tant d'années de séparation!

En attendant que je vienne m'établir au foyer de famille, et réchauffer les quelques misérables années que Dieu m'aura laissées pour vous, permettez-moi de vous embrasser tous, dignes parents; cela fait toujours du bien, même en pensée, quand on sait que l'on s'aime.

C'est donc pour vous tous cette première partie de ma lettre, chers parents. — A vous la suite, mon cher oncle.

J'ai reçu votre lettre; mon Dieu, qu'elle est restée

longtemps en chemin ! Que de pérégrinations subissent ces pauvres missives ! Il faut réellement qu'elles aient un désir bien puissant d'arriver jusqu'à moi, pour venir me dénicher dans les gorges, dans les montagnes, dans les coins reculés où le sort me relègue. Aussi combien je leur sais gré de leur bonne volonté, et quel accueil je leur fais, mon brave oncle!

Je suis heureux de la conduite de Charles à l'égard de notre tante de Golbéry. J'aurais été bien peiné que cet enfant eût conservé quelque rancune de l'étonnement bien pardonnable manifesté, fort naturellement, par notre pauvre tante, et dont moi seul suis coupable. Je suis bien reconnaissant envers la tante de Golbéry des attentions, des soins qu'elle a pour Charles; j'espère qu'elle recevra toujours de lui cet échange de sentiments que l'ingratitude seule pourrait effacer, et j'aime à ne pas le croire ingrat.

Je vois avec plaisir que Charles de Golbéry se fait tuer des chevaux sous lui; c'est une preuve qu'il est là où il y a des balles. Peut-être qu'avec de la patience il arrivera, dans cette armée d'Afrique où l'homme de cœur trouve souvent à se faire jour. J'ai écrit à son colonel, il ne m'a pas encore répondu.

Comme je n'ai pas pu le voir, en passant à Alger, ni lui, ni son colonel, je l'ai recommandé au général X..., qui en a pris note, et qui m'a bien promis de s'en occuper.

Mais le général X..., lorsqu'il vient en Afrique, est tellement pressé d'en finir avec tout le monde, que je doute qu'il y ait réellement pensé. Il est venu ici, à

Djemmaa-Ghazaouet, au mois de septembre, inspecter les régiments de cavalerie qui s'y trouvaient; il est resté quarante-huit heures pour passer l'inspection des deux régiments de chasseurs, et il ne serait pas resté deux minutes de plus pour Notre-Dame del Pilar (que l'on dit d'or massif). C'est tout au plus si j'ai pu le voir au moment de son départ; il s'est sauvé à bord comme s'il avait eu une vieille marmite de fer-blanc pendue à la queue. Le brave général a bivouaqué, pendant quarante-huit heures, dans le camp du général Lamoricière, — quoique je lui eusse fait préparer une petite chambre (la seule qui existât alors dans ma *localité*). — Il le fit par convenance, et pour être plus à portée des régiments qu'il avait à voir.

Dans ce bivouac, où il y avait environ trois ou quatre mille hommes, il y avait aussi trois ou quatre cents coqs ou poules, sans compter les chiens, les ânes, les poux, les puces, etc. Tous ces animaux chantaient, braillaient, piaillaient, piquaient à qui mieux mieux, et le pauvre général ne dormait ni nuit ni jour; il était peu satisfait de cette existence, et aspirait impatiemment au moment de fuir cet épouvantable séjour, où il ne gobait que de la poussière, où il était rôti par le soleil, et avait la tête brisée par le chant des coqs; — les coqs l'assommaient. Pourquoi donc tant de coqs dans un camp? me disait-il. — Ce n'est pas pour les faire chanter, croyez-le bien, c'est pour les manger. Lorsqu'on arrive de campagne, où l'on n'a absorbé que de la poussière, de la mauvaise eau et du mauvais riz, on est heureux de trouver quelques coqs et quelques poules, afin de se refaire un peu l'estomac souvent très-délabré. — Voilà pourquoi le papa X... est tombé au milieu de tant de coqs chantant. Le brave et digne homme n'est pas fait pour l'Afrique, quoiqu'il paraisse désirer y retourner. Il n'y est pas plutôt qu'il voudrait en être à six cents lieues.

Vous voyez en tête de ma lettre Aïn-Zerka ; cela doit vous paraître un peu singulier ; voilà le fait : il y a, à deux lieues de Djemmaa-Ghazaouet, un camp d'environ douze à quinze mille hommes, appelés à faire une route carrossable de Lalla-Maghrnia à Djemmaa-Ghazaouet, et, en même temps, à servir de colonne mobile au besoin. Le colonel qui commande ordinairement cette colonne s'est absenté, et le général m'a donné ce commandement jusqu'au retour du chef. J'ai toujours, malgré cela, le commandement de Djemmaa-Ghazaouet. Ce déplacement complique beaucoup mon affaire ; heureusement, ce ne sera pas long.

Le général Cavaignac est venu, ces jours-ci, visiter le pays. Il est resté deux jours à Djemmaa ; il a trouvé beaucoup de choses à changer à notre installation, quant au projet de fortifications définitives, et il a raison. Ces messieurs du génie qui ont réglé ces travaux définitifs ont fait cela avec une telle légèreté qu'il y a un tissu d'absurdités.

Le général Cavaignac est un homme consciencieux, de beaucoup d'expérience et d'un jugement très-sain ; il a fait, sur tout ce qui se rattache au poste que l'on crée, et sur l'organisation du pays, des observations fort justes; je désirerais, pour mon compte, qu'on les suivît. Si l'on faisait différemment, ce serait un gâchis.

J'ai toujours, par-ci par-là, bien des petits guignons, mon cher oncle; je viens d'en essuyer un assez fâcheux : lorsque je rejoignis à Tlemcen, je pris avec moi un petit portemanteau dans lequel j'avais quelques effets : une capote neuve, un pantalon neuf, des chemises, des chaussettes, mes papiers, des livres assez précieux et une décoration à laquelle je tenais beaucoup. J'avais laissé tout cela à M. Bernard, officier payeur au 15ᵉ léger, lorsque je partis pour rejoindre la colonne du gouverneur. Aussitôt installé, je priai M. Bernard de m'expédier mes effets à Oran, pour qu'on me les fît parvenir ici, et j'ai appris, par le dernier courrier, que mon portemanteau, parti de Tlemcen dans les premiers jours d'octobre, avait été confié à un voiturier qui allait à Oran. On ne retrouve aujourd'hui ni voiturier, ni effets; tout cela est donc perdu!... J'en suis très-contrarié, et me voilà assez mal ficelé pour l'hiver, attendu que dans ma *nouvelle ville* il n'y a, en fait de tailleur et de cordonnier, que des marchands de *gouttes*. J'avais là dedans quelques petites choses auxquelles je tenais beaucoup, tout cela perdu — c'est pénible... enfin, à la grâce de Dieu!

Je vais bien. Nous avons eu un temps épouvantable ces jours-ci. C'est agréable au bivouac! Mon poignet m'a fait mal, le froid ne lui va pas.

Adieu, mon cher oncle; mille et mille choses à toute la famille; croyez toujours à mon attachement bien sincère.

A Madame Durand de Villers.

Djemmaa-Ghazaouet, 19 décembre 1844.

Ma bonne petite sœur, le temps s'écoule, les travaux m'accablent, et je ne puis t'écrire comme je le désirerais; je profite d'un instant de répit que me laissent les affaires dont je suis harcelé, pour venir t'embrasser. Je serais désolé que l'année 1844 se terminât sans que j'aie eu ce bonheur, et commencer l'année 1845 sans que mes pensées aillent à toi serait y entrer sous de trop tristes augures, car ma vie ne s'enchaîne que par les affections que j'entretiens.

Tu sais, bonne petite sœur, quelle place tu occupes sur cette chaîne, et tu sais que je m'y arrête plus souvent qu'à toute autre, pour prier que cet attachement ne s'éteigne jamais. Toutes mes affections sont placées dans mon cœur, comme un chapelet dont chaque grain est un être auquel je dis tous les jours une neuvaine d'amitié. Commençons donc l'année 1845 par cette douce invocation à Dieu et à notre vieil attachement. Nous pouvons dire vieux, ma bonne Célestine, car les années ont laissé une fameuse trace derrière nous. Dieu veuille qu'elle s'allonge encore!

Comment vas-tu, ma chère amie? Comment va ton mari? Comment va ton fils? Parle-moi de cette sainte petite famille que j'aime tant.

Ton mari commence-t-il à y voir clair dans les affaires qui paraissaient tant l'occuper, lorsque je suis passé? Malheureusement, dans ce monde constructeur, on a toujours quelque chose à faire, et lorsque l'on a fini d'un côté, on recommence de l'autre.

Je suis aussi dans les constructions de tout genre; Dieu et ton mari savent ce qu'il y a de terre à remuer dans une cité naissante.

Notre établissement en planches s'élève avec assez d'activité; on aperçoit déjà qu'il y a là-dessous des humains intelligents qui font œuvre de leurs dix doigts. Nos jardins s'étendent, on voit les légumes sortir de terre; dans un mois j'aurai de quoi faire une distribution à toute la garnison. Ce pays est un de ceux d'Afrique qui offrent le plus de ressources, sous le rapport de la fertilité du sol. Il y a de quoi faire des choses charmantes. Malheureusement, ces beaux jardins, ces riches ombrages, deviendront un jour la proie de nos Vandales, de nos épouvantables spéculateurs d'Afrique; et tout cela tombera sous la cupidité de ces horribles vampires qui ne laissent que des cadavres et des ruines partout où ils passent.

Et ces malheureuses populations, aujourd'hui si vivaces, si belles, que deviendront-elles? Elles iront toutes mourir de misère sur le bord d'une fontaine tarie; celles qui échapperont au désastre viendront s'étioler sous les miasmes de notre civilisation infecte, et s'éteindre bientôt. Tel est pourtant le sort réservé à tous ces êtres que les événements ont placés sous notre domination. Là où nous passons, tout tombe.
— Triste pensée pour le philosophe, homme de cœur!

Je suis accablé de besogne; les affaires arabes, surtout, me prennent les trois quarts de mon temps. Je passe ma vie à rendre la justice à ces gens-là, et leurs intérêts se compliquent à l'infini. Il m'arrive surtout des questions de divorce, des plaintes de femmes contre leurs maris, et pas mal d'assassinats. Jusqu'à présent, la loi du talion a toujours régi ces populations, et, tout en réformant ce que cette loi a de barbare, nous sommes obligés de nous rapprocher de leurs habitudes, de leurs mœurs, de tout ce qui a été consacré par l'usage, et a fini par avoir force de loi; cela rend les affaires souvent fort difficiles à traiter.

Les populations que je suis chargé d'administrer, de conduire, de gouverner enfin, ont le sentiment de la justice poussé à un très-haut degré; je le vois par la confiance qu'elles ont dans les décisions que je prends à leur égard. Pour peu qu'il y ait quelque chose qui ne soit pas clair, pour peu que la justice ne soit pas d'aplomb sur ses bases, ils s'en aperçoivent tout de suite, avec une vivacité extraordinaire; aussi ces hommes qui apparaissent, à ceux qui ne les connaissent pas, sous forme de sauvages, seraient-ils très-faciles à conduire, avec une justice invariable et ferme. Je voudrais bien parler un peu mieux leur langue, j'en ferais ce que je voudrais; mais il ne faudrait pas craindre de leur couper la tête *illico*, selon le cas. Quand ils vous savent toujours un sabre au bout du bras pour frapper à l'occasion, ils deviennent souples comme des gants. Lorsque le coup porte juste, ils ne se plaignent jamais; mais frappez bien et frappez fort.

C'est égal, c'est une machine difficile à faire marcher; il faut une patience, une persévérance, une opiniâtreté qui useraient l'homme le plus complet en fait d'organisation morale et physique. C'est bien fatigant; heureusement que j'ai un peu pioché toute ma vie, et que ma tête et tout mon être se font à cette vie qui en tuerait beaucoup d'autres.

Reçois-tu, de temps en temps, des nouvelles de Charles? J'ai appris avec plaisir qu'il était entré en première division; le voilà en bon chemin, Dieu veuille que la porte de l'École s'ouvre pour lui!

Je serais heureux de lui voir porter un sabre avec honneur. Un soldat de plus dans la famille ne sera jamais de trop.

Vos pauvres lettres, que j'ai tant de plaisir à recevoir, m'arrivent de plus en plus lentement; cela rend mon existence bien monotone! Enfin, c'est ainsi que je vis depuis bientôt trente-deux ans, si toutefois cela s'appelle vivre. Heureusement que cette vie d'isolement n'a jamais ébranlé mes affections, et que mon cœur est toujours aussi ferme, malgré les secousses qu'il a éprouvées. Il ne me reste, dans cette solitude où je languis, qu'un seul bonheur : vous aimer, et vous aimer bien tendrement.

Adieu, toi que j'aime tant, bonne petite sœur; adieu, mon brave Gaston que j'aime bien aussi; embrassons-nous tous les trois et aimons-nous longtemps encore.

A M. Élizé de Montagnac.

Djemmaa-Ghazaouet, 20 décembre 1844.

Ne m'accusez pas, bons et dignes parents, si mes lettres ne se succèdent pas aussi souvent que je le voudrais d'abord et que vous le désirez aussi, vous qui m'aimez; mais c'est au plus si j'ai le temps de changer de chemise, tant je suis débordé par la besogne en ce moment. Les affaires arabes me prennent les trois quarts de mon temps, et le dernier quart est accaparé par nos affaires intérieures.

Je vois une petite éclaircie au milieu de cette masse embrouillée qui m'entoure, et j'en profite pour me sauver un instant au milieu de vous; — quand pourrai-je y rester tout à fait? C'est là la seule récompense que je rêve; oh! oui, allez, mes braves gens, une famille, voilà la vie, voilà le bonheur; telle est mon unique pensée, tel est mon seul but.

J'aime l'existence que je mène, elle a pour moi un charme que je ne puis rendre; il me faut du mouvement, il me faut du travail, de l'activité, sans quoi je mourrais, car dans l'inaction, en face de ma solitude, en face du néant qui me montre sans cesse sa figure livide, en face de moi-même, ramené à ma plus simple expression, je deviendrais *fou, enragé ou idiot.* Mais cette vie qui emploie toutes mes facultés, qui les fait vibrer comme les cordes d'un arc, me corrode, je le sens; aussi doit-elle avoir un terme, pour que je puisse un peu réparer les avaries du long voyage que j'aurai entrepris, et jouir, un petit moment, de cette affection de famille, seul vrai remède à tous les maux.

Je ne peux pas vivre longtemps, moi, c'est impossible, je vis trop vite pour cela; il faut donc que je me dépêche de jeter l'ancre au port et de venir déposer au foyer de famille les derniers vœux, les dernières prières du vieux soldat. En attendant, recevez ceux que je fais pour vous cette année. Dieu, je l'espère, les exaucera!...

Encore quelques années, braves parents, et je rallierai notre petit clocher. Vivez tous, vivez longtemps, pour que je puisse encore y prier avec vous. Voilà le fond de mon cœur, allez, chers amis, voilà ma seule fortune : vous aimer, vous aimer comme j'aime Dieu, et je ne rêve d'autre récompense, ici-bas, que de revenir à vous, si la Providence veut bien me le permettre.

Comment allez-vous, mon cher oncle Bernard, mon oncle Eugène, et vous, l'oncle Chardron, tous vieux soldats? — N'est-ce pas qu'il est doux de se retrouver en famille, quand on a carambolé, avec sa carcasse, sur tous les champs de bataille de l'Europe? Oh! oui!... Embrassons-nous!... Et toi, mon brave frère, qui as conservé ton beau cœur, ce cœur qui aurait dû aussi être logé dans la casaque militaire, si les circonstances ne t'avaient forcé à engrener ta vie à une machine à vapeur, et toi, comment vas-tu? Embrasse-moi, mon brave garçon, pour l'année 45 et toutes celles qui suivront. Et vous, ma bonne Clémence, qui excellez à faire le bien sans rien dire; qui savez si bien aimer, embrassez-moi; embrassez pour moi vos petits enfants, et aimez toujours bien mon frère.

Et vous, notre bonne tante Thérèse, qui, dans votre petit coin, dans votre modeste chambrette, priez Dieu et nous aimez tant, recevez l'expression sincère de mon attachement de quarante-deux ans. Embrassons-nous. Et toi, petite Ninie, je ne t'oublie pas, va, tu auras ton tour; je te vois d'ici, à l'écart, tu devines bien, n'est-ce pas, que tu as ta bonne part dans les vœux que je fais pour vous tous? Tu ne te trompes pas, donne-moi ta bonne petite face que j'y applique un bon gros baiser fraternel.

Et vous tous qui formez le petit cercle de famille, venez recevoir aussi l'expression de mes sentiments d'amitié.

Toi, mon brave frère, charge-toi du reste auprès de tes amis qui sont les miens.

Je vais toujours bien : j'ai, dans ce moment, un coin de baraque où je suis un peu plus abrité que sous la tente. Mon installation marche, malgré le mauvais vouloir des gens qui nous gouvernent.

Les affaires politiques sont assez calmes : l'empereur du Maroc a délégué le caïd d'Oudjda pour déterminer la délimitation des deux territoires; je pense que cette opération ne va pas tarder à être exécutée.

Abd-el-Kader est toujours au même point, sur les bords de la Moulouïa, à deux grandes journées d'ici; les rapports qui me viennent sur son compte me disent qu'il est assez malheureux, ce qui ne l'empêche pas de s'organiser. Il recrute quelques soldats, il achète de la poudre. Il a toujours avec lui trois cents chevaux et deux cents fantassins, d'après la moyenne que j'ai prise sur tous les chiffres que l'on me donne de ses troupes.

L'empereur du Maroc l'aurait engagé à laisser cultiver sa daïra; il paraît qu'il ne veut pas, espérant toujours faire un mouvement.

J'ai attrapé ici, il y a deux jours, un homme qui n'est autre chose qu'un espion d'Abd-el-Kader; voilà quarante-huit heures que je laisse ce gueux sans manger, et je ne puis en tirer une parole. — Il sort de chez moi à l'instant; — il n'a plus que le souffle; — il ne veut rien dire : — il crèvera...

J'ai encore ici deux hommes que j'ai arrêtés comme servant Abd-el-Kader; je ne peux obtenir d'eux une parole sensée; ils jouent la folie, et ils souffrent aussi, ceux-là, — ils devraient se lasser; — mais non, ils sont toujours aussi tenaces dans leur détermination à ne pas proférer une parole.

Ces actes d'autorité vous paraissent abjects, à vous, braves gens qui vivez en paix dans votre cité industrielle; mais, dans ces pays-ci, où les serpents rampent sous l'herbe, où les loups-cerviers sont partout sur les sentiers, la mort doit faucher sans relâche. Voilà pourtant comment le cœur le plus sensible peut devenir féroce, lorsqu'il est obligé d'endosser cette immense responsabilité de la tranquillité d'un pays.

Il y a quelques jours encore, à minuit, j'ai fait une descente, à deux lieues et demie d'ici, dans une maison où je voulais arrêter le caïd du pays qui m'entoure. J'ai trouvé seulement les femmes et de pauvres petits enfants ; le coquin était parti, il y avait quelques heures. J'ai emmené tous ces êtres au milieu de la nuit, par la pluie, jusqu'au fort. Le cœur me saignait de voir ces pauvres petites filles, ces femmes, ces malheureux petits enfants tripoter dans la boue, dans les broussailles ; il fallait encore faire taire chez moi tout sentiment d'humanité. Je souffrais, je vous l'assure. A chaque instant, je suis forcé d'user de ces moyens qui brisent toutes les fibres de mon pauvre vieux cœur, pour réprimer certains crimes, pour maintenir ces populations remuantes, et qui ne comprennent encore que cette justice saignante. Ce ne sont que roses auprès de ce que leur faisaient subir leurs anciens chefs, sous le régime des Turcs ou d'Abd-el-Kader.

Je ne suis pas méchant, allez ! mais pour avoir la vie des masses, il faut que quelquefois la mort plane sur certaines têtes. C'est une fausse philanthropie, celle qui épargne les coupables ; et j'ai le bras dur à cet endroit.

Adieu, bons parents, adieu, vous tous mes amis.

Aimez-moi toujours comme par le passé, voilà mon seul bonheur que je cherche à augmenter, en me rapprochant sans cesse de vous par la pensée, et par quelques bonnes petites lettres que je lance, de loin, dans l'immensité qui nous sépare.

A M. de Leuglay.

Djemmaa-Ghazaouet, 31 décembre 1844.

Mon cher de Leuglay, je ne veux pas commencer l'année 45 sans vous envoyer quelques mots d'amitié !... Ma vie s'écoule toujours ici au milieu de la besogne et des responsabilités. Enfin tout marche à peu près... Ce point-ci peut devenir très-important, très-florissant. Mais pour cela il faut vouloir le bien, et le vouloir longtemps; malheureusement, ce n'est pas toujours ce qu'on veut en ce monde.

Nos affaires politiques paraissent assez calmes de ce côté. L'empereur du Maroc a l'air de répandre des paroles de paix. Abd-el-Kader est toujours au même endroit, à *Sebera,* sur la rive gauche de la Moulouïa, tout prêt à faire un mouvement. Ses chevaux sont ferrés, et il a autour de lui un *goum* assez considérable.

Les pays environnants sont tranquilles, personne ne songe à bouger. Mais notre traité est établi sur des bases tellement misérables que, dans ma conviction, le printemps prochain s'annoncera à coups de fusil. Il y a une question de délimitation qui va se résoudre un de ces jours. Le caïd d'Oudjda a été chargé de cette opération avec un délégué du gouvernement français. Je ne sais qui sera choisi pour représenter la France.

Cette affaire pourrait bien soulever quelques discussions de nature à tout brouiller. Qui vivra verra !

Adieu, mon cher de Leuglay ; croyez toujours à mon bien vif attachement.

A M. Bernard de Montagnac.

Djemmaa-Ghazaouet, 8 janvier 1845.

Mon bon oncle, je vous écris le jour de ma fête, cela me portera peut-être bonheur. J'en ai besoin. Je ne trouve rien autour de moi qui me satisfasse. Lutter toute la vie contre les éléments, contre les hommes, contre les choses, n'est pas vivre ! Malgré toute l'énergie dont on se sent farci, il arrive un moment où la lassitude s'empare de votre esprit. On voit tant de vide, au milieu de ce tourbillon qui vous étourdit comme le bruit d'une crécelle, qu'on se met la tête entre les deux mains, qu'on ferme les yeux et qu'on essaye de ne plus penser.

J'étais dans cette situation, lorsqu'un petit charbon, que j'avais entre les pieds pour me réchauffer un peu, petille légèrement et m'envoie une étincelle dans le nez. Il me réveille de ma torpeur ; je l'en remercie, et saute sur ma plume, seule compagne que je possède et que j'aime bien, car elle me sert à causer avec vous. — Je la laisse glisser au gré de mes vieux et bons souvenirs, et c'est vers vous, mon cher oncle, qu'elle se dirige, aujourd'hui 8 janvier, — jour de ma fête ! Hélas ! quelle fête ! Il y a longtemps qu'elle n'en est plus une pour moi; car, depuis bien des années, elle se passe loin de vous!

Hier, c'était le soir — je vous entends d'ici, mon cher oncle, vous avez dit : « Buvons à la santé de Lucien! » — Merci! — Moi qui bois tout seul, je dis la même chose au ciel pour vous. — Puisse-t-il exaucer mes prières bien longtemps encore! Je vous avouerai, mon cher oncle, que je ressens, pour la première fois, depuis bien des années, un ennui dont je ne me croyais pas susceptible. — Rien ne me satisfait, ni les hommes, ni les choses : tout ce qui a été entassé par le génie des uns et des autres, en cet endroit, est mal fait. — Ce léger provisoire que le brave général de Lamoricière a poussé peut-être un peu à outrance, et qui a été mal exécuté, ne tient pas. Tout cela menace ruine. Les eaux nous ont causé de graves avaries. — Tout est ébauché, rien n'est achevé, parce qu'on ne veut rien allouer. — Soucis, soucis!... On me donne un pays à commander, un territoire de cinquante lieues de circonférence, avec quatre pelés et un tondu pour dominer tout cela. C'est tout au plus si je puis garder mon poste. Je suis à six lieues de la frontière du Maroc, à deux jours de marche d'Abd-el-Kader; l'une et l'autre à observer, et je suis obligé, au point de vue militaire, de me croiser les jambes et les bras, et de regarder la mer clapoter... déferler... Soucis, soucis!!!

Abd-el-Kader, qu'un tas de menteurs se plaisent à faire mort, ou sans ressource, est en ce moment très-fort. Il profite de son séjour à Sebera, sur le bord de la Moulouïa, pour s'organiser. Il a aujourd'hui plus de deux mille chevaux et de mille fantassins.

Tous les jours les renseignements m'arrivent et s'accordent à me le montrer utilisant son séjour dans le Maroc pour augmenter ses forces.

L'empereur du Maroc a l'air de le retenir là. La France est satisfaite. (Il lui faut peu de chose.) Abd-el-Kader a l'air d'écouter le muley. Chacun est content, — Abd-el-Kader surtout, qui voit ses troupes se refaire, et qui sent le moment approcher où il pourra tout bouleverser et tout brouiller entre la France et le Maroc.

Voilà ce que vos avocats, vos épiciers de France viennent vous démontrer comme un internement. Oh! tas de marchands de blagues et de mélasse, que ne puis-je vous placer aux premières loges, avec moi, pour recevoir quelques pruneaux par vos faces, pareilles à des culs de chaudrons!

J'attends ce dénoûment avec grande impatience pour me sortir de mon ennui et rire de bon cœur.

Pourvu que le *sanglier* débuche de mon côté! C'est pour le coup qu'il y en aura, des affaires! Laissez le *joli mois de mai* nous apporter des herbes pour nourrir nos bêtes, et vous verrez les cavaliers et leurs longs fusils faire parler la poudre.

Ah! vous voulez interner Abd-el-Kader, pauvres cornichons! — Cet homme que pousse une main puissante: la main de Dieu; cet homme pour qui la terre n'est pas assez large! Interner Abd-el-Kader, comme on internerait un misérable émeutier, un Barbès, un Fieschi, quelques polissons de cette espèce? — Voyez-vous cela! — « Il est enjoint au citoyen Abd-el-Kader, à l'issue de la présente, de se rendre dans le plus bref délai à la citadelle de *Fez,* sous peine d'être appréhendé au corps, selon tous les articles présents, passés et futurs de tous les codes inventés par toutes les f... bêtes qui ont existé, existent et existeront. Faite et close, la présente contrainte, les jour, mois et an que ci-dessus, et signée par nous, Pince-Dru, huissier à verge du parlement français près Sa Majesté très-peu Catholique, Muley, empereur de tous les Marocains tannés, retannés, écrasés, etc. » Voilà pourtant comment on rêve en France, et tout le monde de répéter : Abd-el-Kader est interné! O mon Dieu!... Faudrait d'abord le prendre!

Enfin, portez-vous bien, mon cher oncle, moi aussi, en attendant qu'Abd-el-Kader veuille bien me sauter dessus.

J'ai reçu, il y a deux jours, les trois lettres d'Élizé, de Clémence et de son fils. Remerciez pour moi ces braves gens. Qu'ils m'écrivent souvent, voilà tout ce que je leur demande. Je sais qu'on a froid aux doigts dans les Ardennes, mais il y a de si bon bois pour se chauffer! Puis, lorsqu'on a le cœur chaud, les doigts ne gèlent jamais.

Embrassez bien pour moi tous mes bons parents, et croyez toujours, mon cher oncle, à l'attachement sans bornes que je vous ai voué.

A M. Élizé de Montagnac.

Djemmaa-Ghazaouet, 11 janvier 1845.

Je te remercie, mon brave ami, de ton exactitude à tenir tes promesses. J'ai lu avec bonheur ta bonne lettre du 28 décembre. Combien je te suis reconnaissant de ta sollicitude pour Charles! J'accepte, sans hésiter, tous les détails que tu me donnes sur son compte; je sais que de ta part ils sont vrais, et sans la moindre exagération. Tu ne te figures pas, vois-tu, mon brave frère, toute la joie que j'éprouve lorsque j'entends dire quelque chose d'avantageux sur le compte de cet enfant!... Il faut savoir ce que l'existence de ce pauvre diable m'a coûté de larmes, pour se faire une idée de l'intérêt qu'il m'inspire. Aussi, quand je vois, dignes gens que vous êtes, que vous voulez bien vous occuper de lui, je sens que je n'ai pas assez d'un cœur pour vous tenir compte de tant de bienfaits. Oh! merci, merci!... Je doute que Charles, malgré toute la peine qu'il se donne pour entrer cette année à Saint-Cyr, puisse être reçu; ce serait un effort immense qu'il aurait fait, et je doute que ses facultés puissent le lui permettre; enfin, si ce n'est cette année, ce sera l'année prochaine; — patience.

Dis-moi donc si tu le trouves grandi; est-il propre? a-t-il quelque chose de distingué dans sa tenue militaire? Ne lui passe rien pour cela, je t'en prie : la tenue ne doit jamais souffrir la médiocrité. Toutes les fois que je lui écris, je touche un peu cette corde-là ; je me demande s'il suit mes conseils.

Mon cher ami, je ne sais trop si toutes les lettres que tu m'adresses me parviennent ; je prends celles qui m'arrivent, et je ne puis guère compter celles qui restent en chemin ou dans le bec de ta plume. J'ai reçu, il y a quelque temps, une lettre de Clémence, de ton fils et de toi ; toutes les trois sous la même enveloppe. Ces jours-ci, j'ai reçu une lettre de toi, par laquelle tu me recommandes le jeune Perin ; voilà tout ce que j'ai reçu depuis un mois environ. Je ne sais si celles que j'écris à la famille arrivent aussi à destination : l'éloignement est une bien triste chose ! Quelles conséquences fâcheuses cela a de toutes les manières ! C'est pour ce motif que je suis triste quelquefois ; c'est pour cela que dans mes lettres vous voyez percer quelques idées noires. Mais ne va pas croire qu'il y ait découragement de ma part. Je ne comprends pas le découragement chez l'homme qui accepte une mission élevée ; c'est un signe de faiblesse qui prouve qu'il n'est pas fait pour commander, ni pour recevoir la plus légère responsabilité. Ne crois pas que j'en sois là. Comme tu me le dis : Que faire en son gîte, à moins que l'on ne songe ?... Que de lièvres il y a dans ce monde ! car combien de gens songent ou rêvent, ce qui n'est pas tout à fait la même chose !

Quelqu'un qui ne me connaîtrait pas pourrait souvent, d'après mes lettres, me croire démoralisé ; mais ceux qui me connaissent, ceux qui me suivent dans cette vie d'isolement, savent bien le contraire. Ce que personne ne sait, c'est la manière dont mes sentiments me permettent d'envisager les choses. Ainsi, toi, vois-tu, mon brave garçon, tu ne me connais pas, parce que tu ne peux pas te figurer la vie que je mène. Enfin, ce qui fait que je ne suis pas souvent heureux, ou pour mieux dire ce qui fait que je ne le suis jamais, c'est que je suis dépourvu de certaines facultés qui font que les autres trouvent dans leurs actes des satisfactions éblouissantes.

Les trois quarts des hommes se nourrissent du contentement de leurs œuvres : tout ce qu'ils font leur plaît; chez eux les actions les plus ordinaires sont un aliment à leur satisfaction... Eh bien, moi, je n'ai jamais pu me coucher encore sans avoir une arrière-pensée de tristesse sur tout ce que j'ai fait au monde. Quels que soient mes actes, ils ne m'ont jamais paru complets, et cette lacune me laisse sans cesse dans le cœur un vide dont le fond est toujours noir comme l'âme d'un puits.

Certes, les plus beaux jours de ma vie sont bien ceux que Dieu m'a permis de passer près de vous dernièrement; eh bien!... j'avais sans cesse une pensée accablante : celle d'être obligé de vous quitter!... Toute ma vie a toujours un angle écorniflé, et ça me fait mal. Je n'ai pas assez d'insouciance pour m'étourdir là-dessus; plus je vais, plus le creux sombre qui est à mes côtés me fatigue. Ce n'est pas du nouveau, va, brave frère, ce que je te dis là; voilà vingt-cinq à trente ans que je suis comme cela. J'avais peut-être un peu plus de vacillation dans les idées il y a quinze ans qu'aujourd'hui ; mais j'ai toujours éprouvé quelque chose de triste en me retirant le soir sous le voile du sommeil.

Il me semble que bien des personnes, celles qui pensent au moins, doivent ressentir cette souffrance, lorsque, comme moi, elles sont condamnées à vivre seules et surtout loin d'une petite patrie (la famille) où le temps commence déjà à faire quelques ravages ! Mais ne parlons plus de cela, tiens !...

Seulement, crois bien fermement que jamais je ne me découragerai en ce monde ; aie meilleure opinion de mon caractère.

Tout cela aura une fin, va, mon brave garçon ; c'est toujours là ma fiche de consolation ; et je bénis quelquefois le ciel de n'avoir rien laissé de durable ici-bas, quoique, cependant, je voudrais bien pouvoir vous voir vivre à perpétuité.

Je suis loin d'être content de ma position, qui n'est autre chose, pour le moment, que celle d'une *espèce de cadi* chargé, depuis le matin jusqu'au soir, de régler des affaires arabes, et celle d'une façon de commandant de place, sans émoluments, sans frais de représentation, sans troupes, sans rien de ce qu'il faut pour donner aux choses une couleur avantageuse, et imposer aux populations qui m'entourent.

Le colonel du régiment (15ᵉ léger) est parti en congé de trois mois, je dois le remplacer dans le commandement du régiment ; — on me *fait l'honneur* de me donner ici un bataillon du 15ᵉ, en échange de celui du 32ᵉ que j'avais, afin que je puisse le commander. Les deux autres seront à Lalla-Maghrnia et sur la route d'Oran à Tlemcen. On me donne un territoire à gouverner, et je n'ai pas de quoi aller à une lieue de mon poste, que je puis à peine garder avec ce que j'ai de troupes.

Cette vie-là est aussi stupide que possible, attendu que notre installation provisoire est terminée et qu'il n'y a plus rien d'intéressant à suivre. Tout cela changera, s'il plaît à Dieu.

A force de faire chercher dans Oran, j'ai fini par retrouver dans le coin d'un hangar mon portemanteau qui y reposait depuis trois mois. Mes effets ont été abîmés par les vers. J'ai perdu quelques chemises et quelques chaussettes, qu'y faire? Je suis encore très-heureux d'avoir retrouvé différentes choses, surtout ma croix de la Légion d'honneur que m'a donnée le commandant d'Exéa. Je me porte toujours aussi bien que possible; c'est déjà quelque chose, j'espère que cela durera.

Mes bêtes, mes pauvres bêtes, qui sont toujours à la belle étoile, ne vont pas mal. J'ai fait ces jours-ci une nouvelle emplette : j'ai acheté un cheval, qui est réellement très-distingué, et surtout d'une grande vigueur. Il a de la taille, six ans, et beaucoup de feu. Il m'a coûté 400 francs. Il nous arrive souvent des chevaux du Maroc, très-beaux. Je suis le président d'une remonte, et je t'assure que tous les chevaux que nous achetons ici sont superbes. Si j'avais de l'argent mignon, je me monterais d'une façon distinguée; je ne pourrai jamais être mieux placé pour cela. Ce cheval, que j'ai payé 400 francs ici, je l'aurais payé 900 à Oran, et peut-être n'aurais-je pas pu le trouver. Depuis longtemps j'avais chargé un de mes chefs arabes de m'amener quelque chose de bon; il m'était difficile de mieux tomber. S'il ne lui arrive pas encore quelques guignons, c'est un cheval qui me fera un brillant service. Je te réponds qu'avec celui-là il ne faut pas d'éperons; puis, quelle finesse dans la bouche!...

Je vois avec joie que vous allez tous bien; embrasse pour moi toute notre bonne famille. J'ai écrit à mon oncle ces jours-ci, je pense qu'il aura reçu ma lettre.

Ne t'inquiète pas sur le compte du jeune Perin, j'aurai soin de lui, dis-le bien à sa mère : je suis convaincu qu'il fera son chemin. Je répondrai à Clémence et à ton fils un de ces jours; embrasse tout ce monde-là pour moi.

P. S. — 20 *janvier*. Cette pauvre lettre attend, depuis le 11, une occasion pour s'envoler vers toi, et cette occasion n'arrive pas; je prends donc le parti de briser l'enveloppe que j'avais déjà cachetée, et je reviens causer avec toi.

Le 1er bataillon du 15e léger est arrivé ici le 18. Perin est du nombre; je l'ai tout de suite fait venir chez moi et l'ai employé en qualité de secrétaire. Comme j'ai une besogne assez compliquée, une foule d'écritures à faire, une correspondance très-active, il se formera au travail que je lui donnerai et apprendra beaucoup de choses qui lui ouvriront l'intelligence sur les affaires de son état. Je l'ai aussi nommé secrétaire de la commission chargée de l'administration des revenus de la ville, ce qui lui vaut 10 francs par mois; avec 10 francs que je lui donnerai, cela lui fera 20 francs pour ses menus plaisirs. Il est exempt de tout service. Je vais le nommer caporal aux premières nominations que je ferai pour remplacer nos congédiés.

C'est un gentil garçon, qui a de l'œil et une tête bien taillée pour avoir de l'intelligence. Il a le projet de poursuivre sa carrière militaire, et je suis convaincu qu'il arrivera. Il porte le sac comme un ancien; je crois bien que ce protégé-là me fera honneur : ce sera le premier. Je n'ai jamais eu à soigner que des polissons ou des imbéciles.

Il est, dans le moment où je t'écris, à l'autre bout de ma table, et il pioche à une besogne que je lui ai taillée; il ne se doute guère que je parle de lui. Dis à sa mère qu'elle soit tranquille sur son compte, il se porte bien, et j'en aurai soin, s'il va bien, comme je l'espère. Il débute parfaitement, du reste.

Je commande maintenant le 15ᵉ léger, je n'ai qu'un bataillon avec moi : le 2ᵉ est à Lalla-Maghrnia, à douze lieues d'ici, et le 3ᵉ est à Sebdou, à trente ou quarante lieues. Ce commandement de trois bataillons disséminés sur trois points où je ne puis aborder, rend mes affaires bien difficiles et bien longues, car ce n'est que de loin en loin que je puis avoir quelques rapports avec eux. Enfin !... cela se fera tout de même.

Il vient de m'arriver un bien triste événement : un

sous-lieutenant du 32ᵉ, sorti de l'École militaire depuis peu, était allé, le 16, à la chasse avec son frère, lieutenant au même corps, à une petite distance de Djemmaa-Ghazaouet. A quatre heures du soir, les deux jeunes gens se dirigent vers la place. L'aîné ne s'occupe plus de son jeune frère, que quelques pigeons retiennent en arrière. Il rentre au camp, persuadé que son frère ne tardera pas à le rejoindre; — la nuit arrive, le frère ne reparaît pas. On me prévint de cela, je fais partir tout de suite des détachements pour rechercher ce jeune homme; ils reviennent tous sans lui.

Le 17, à six heures et demie du matin, j'envoie deux compagnies du 32ᵉ dans la direction où on l'avait laissé la veille, et, à un quart de lieue de la ville, on trouve un cadavre sur le bord d'un rocher...

C'est le sous-lieutenant *Duchauchois*. Il a la tête brisée, le cou mutilé et les mains tailladées intérieurement de plusieurs coups de couteau. Il est dépouillé de tous ses vêtements, ses souliers seuls restent, et à côté de lui se trouve le bâton qui l'a frappé, tout couvert de sang. (Ce bâton est dans ce moment à côté de moi.)

Comme j'étais bien aise de voir de quelle façon les braves gens que j'avais envoyés s'acquittaient de leur mission, j'allai sur l'emplacement que je leur avais indiqué, et j'arrivai au moment où l'on enlevait ce malheureux. Je fis aussitôt déployer tout mon monde dans les maquis, afin de retrouver quelques traces, et je fus le premier à tomber sur la piste de l'assassin, que m'indiqua une tache de sang laissée à terre par les effets ensanglantés qu'il y avait déposés. Je suivis cette piste à travers les ravins, pendant une lieue et demie; quand je fus convaincu de la direction qu'il avait prise, je rentrai, je réunis tous les grands des tribus voisines, je leur expliquai ma pensée toute rouge de sang, et ils comprirent qu'il fallait se mettre en mesure de me livrer le coupable, sans quoi leurs têtes et leurs biens me serviraient de compensation. Je crois que je l'aurai; dans tous les cas, j'en aurai d'autres en attendant; car cette circonstance m'a fait réveiller quelques anciens griefs que je laissais reposer pour en avoir plus ample satisfaction. Il va donc m'être livré un de ces jours *six assassins* qui ont tué de nos soldats et de nos officiers, pendant que le général Lamoricière était encore ici. Je te réponds que les conseils de guerre et les avocats n'auront pas à instruire, je leur ferai faire le voyage, sans tant de formalités, et un de ces jours vous allez me voir dénoncé dans les journaux pour *ma barbarie*, pour *ma férocité*. Quelle horreur! tuer d'honnêtes gens qui n'ont été poussés que par leur instinct de nature à assassiner des Français!... Ce butor de militaire qui ne comprend pas *cette circonstance atténuante!* Voyez, France bénévole, ce que c'est que de confier un pays à des soldats! — Quelles atrocités ils commettent! — Va-t'en voir s'ils viennent, Jean !

A M. Bernard de Montagnac.

Djemmaa-Ghazaouet, 12 février 1845.

Mon cher oncle, malgré la tempête qui gronde, la grêle qui fouette contre les misérables châssis qui m'abritent, malgré l'eau qui entre dans ma pauvre baraque luxueusement et orgueilleusement édifiée par un orgueilleux capitaine du génie, je laisse ma pensée suivre mon cœur et voler vers vous; c'est la route qu'elle aime depuis longtemps à suivre, et qu'elle suivra encore longtemps, je l'espère. Ah! mon cher oncle, quelle bourrasque nous essuyons, et cela depuis le 31 janvier! je suis étonné de voir encore nos frêles établissements debout; je finirai par croire qu'ils sont doués d'une certaine solidité; mais gare! voilà seulement que ça commence, et nous avons à passer les mois de mars, d'avril et une partie de mai souvent.

Tout mugit, tout rugit, tous les éléments semblent s'être réunis pour nous donner un concert; le vent, la mer, le tonnerre s'expriment à leur façon; et le pauvre humain trouverait peut-être cette musique sublime, si comme vous, braves et dignes gens, il pouvait, du coin de son feu, écouter toutes ces variations discordantes d'une nature en courroux.

Comme on étudie bien tous les phénomènes de cette bonne nature, lorsque l'on ne subit pas ses intempéries!... Comme c'est beau! que de poésie dans tous ces bouleversements, lorsque l'on a le dos dans un bon fauteuil rembourré, les pieds au feu et le nez dans *Robinson Crusoé!* On entend clapoter les gouttières, on voit les pauvres petits pierrots faire gros dos sous le pli d'une corniche!... On s'apitoie bien un peu sur leur sort : — Pauvres petites bêtes! dit-on ; mais on revient à son *Vendredi* et à son tison qui se dérange, et l'on oublie les pierrots. C'est nous autres, pauvres pierrots, qui n'avons pas une corniche pour nous cacher, c'est nous qui comprenons fort peu le charme de cette grande nature, qui, à certaines époques, fait comme l'homme qui a dormi, bâille à plusieurs reprises, en s'étendant de toute sa force, tousse, mouche, crache, etc., etc., etc. Nous en sentons les rudes éclaboussures, et voilà tout.

Tout à l'heure, je voyais une dizaine de nos pauvres pierrots accrochés après une toile, qui, gonflée par le vent, semblait vouloir leur échapper ; les pauvres diables retenaient leur chétif abri que la nature, à laquelle ils n'ont rien fait de mal, pourtant, voulait leur enlever.

En un instant, quatre autres misérables tentes, qui tenaient encore debout, furent aussi renversées, et tous les pauvres petits bibelots de nos malheureux pierrots de voyager dans l'espace. Allez donc demander à ces braves gens comment ils trouvent les beautés de la nature ! Heureusement qu'après ces tempêtes, nous avons de bien beaux jours, et que nous voyons fleurir nos pois, tandis que vous, pauvres Septentrionaux, vous grattez vos engelures. Ne nous plaignons donc pas.

Je vous écris, mon cher oncle, le plus souvent que je le peux; mais ce n'est pas sans inquiétude que je vois mes pauvres lettres s'éloigner de moi; je tremble toujours qu'elles ne s'arrêtent en quelque coin : c'est si loin !...

Je suis encore plus tourmenté sur le sort de celles qui partent de chez vous; car je tiens bien plus à celles-là qu'aux miennes. Pauvres pensées, que de ricochets ne font-elles par pour arriver à destination !...

Comment allez-vous, mon cher oncle? la dernière lettre que j'ai reçue d'Élizé me donnait de bonnes nouvelles, mais il y a longtemps déjà de cela, et l'hiver est rigoureux ! Tenez, mon cher oncle, voilà de l'anxiété ! Ne pas savoir ce que deviennent de vieux parents... pour un homme de cœur, c'est bien la plus cruelle des condamnations ! Passer plus des deux tiers de sa vie comme cela, c'est trop dur !

Pour chasser les idées noires qui m'assiégent quelquefois, je fais couper des *têtes*, non pas des têtes d'artichauts, mais bien des têtes d'hommes. Dans la dernière lettre que j'écris à Élizé, je lui parle de l'assassinat commis sur la personne d'un sous-lieutenant du 32ᵉ de ligne. Peu de jours après, je savais le nom de l'assassin et le lieu qu'il habitait; le tout était d'aller l'y prendre. Il était à près de six lieues d'ici, dans un pays très-difficile, sous le rapport du terrain et des habitants, et je n'avais que peu d'hommes disponibles. Les difficultés ne m'arrêtent pas un instant, je comprends toute l'importance de cette exécution, pour la sécurité du pays et l'influence qu'elle doit avoir sur l'esprit de ces populations qui me croient dans l'impossibilité de sortir de l'angle de mon rocher.

Le 30 janvier, à sept heures du soir, un *brigand* qui, pour de l'argent, consent à vendre ses frères, me dit : *Il est là*... A onze heures et demie, je file à la tête de deux cent vingt-trois hommes du 15ᵉ léger, je mets le cap sur le village où repose mon coquin avec sa famille; à cinq heures du matin, le village est entouré; quelques coups de fusil nous sont adressés; nous ripostons, nous tuons deux hommes; un instant après, *l'assassin, son père,* l'individu qui a vendu les armes et deux autres, chez qui nous avions retrouvé une partie des effets de l'officier, sont en notre pouvoir.

Le 31 janvier, à deux heures de l'après-midi, j'étais de retour à Djemmaa-Ghazaouet avec mes cinq Kabyles, qui trouvaient si bon le sang des chrétiens.

Le 1ᵉʳ février, à midi, on attachait à un poteau un individu dont l'impassibilité n'annonçait certes pas qu'il allait à la mort. Une seconde plus tard, quatre balles lui entraient dans le cœur, et sa tête était placée au-dessus du poteau.

Cette exécution me vaut des reproches très-violents de la part du brave général Cavaignac, qui trouve que j'ai outre-passé mes pouvoirs (parbleu, je le savais d'avance) et me flanque aux arrêts pour quatre jours : pour une tête d'homme, ce n'est pas la peine d'en parler.

Le général aurait voulu que je livrasse l'assassin à nos tribunaux militaires, pour donner aux populations une idée de notre haute justice! Tout cela est bel et bon, lorsque l'on est fort, bien retranché, comme l'est le général Cavaignac. Avec ses troupes, et dans la ville où il est, on peut faire très-bien de la justice froide; mais quand, comme moi, on n'a qu'une poignée de monde et que l'on est en présence de gens qui, vous sachant faibles, peuvent vous tourmenter tous les jours, il faut des moyens épouvantables pour les frapper de terreur; — voilà les moyens que j'emploie.

Je ne puis pas encore me dépouiller de la conviction que nos lois, nos tribunaux, sont des stupidités pour faire la police de ces pays qui sont avec nous depuis deux jours; plus tard, peut-être arriverai-je à des sentiments plus généreux; jusque-là je tuerai : l'homme dont le cœur ne bat plus ne songe plus à assassiner personne.

Si, depuis cinq mois que je suis ici, je n'ai eu que cet assassinat; si, depuis cinq mois, dans mon poste ouvert de tous les côtés, où l'on peut arriver plus facilement que dans la prairie de *Balan*[1], si, depuis cinq mois, dis-je, on ne m'a pas pris *une poule,* il faut bien l'attribuer *à quelques moyens de rigueur,* que je n'ai pas été raconter, bien entendu, à nos *arabomanes.*

Mais j'aurais été en France, dans la première province venue, avec ce camp tel qu'il est, il n'y a pas de nuit où l'on n'eût crié : A la garde! à l'assassin! au voleur!

Il y a un mois, dix bœufs partent du parc pendant la nuit, personne ne sait ce qu'ils sont devenus : le soir à cinq heures ils m'étaient ramenés.

---

[1] Village situé à la porte de Sedan.

Dernièrement, un cantinier poltron venait d'un camp que nous créons à une lieue d'ici. Chemin faisant, il se retourne, par hasard, et aperçoit, sur ses talons, deux grands coquins de Kabyles qui suivaient la même route que lui; la peur le prend, il se sauve, abandonne son âne, sur lequel il y avait deux tonneaux, une grande marmite en fer-blanc, une tente, du lard, de la morue, etc., etc. Il arrive à moi tout haletant, blême comme un navet, me disant qu'on avait voulu l'assassiner. A force de l'interroger, je finis par connaître la vérité, et je le chasse de ma tente comme un chien.

Quatre jours après, les effets, que j'avais réclamés, m'étaient rapportés. Ces Kabyles sont pourtant de fameux voleurs; ils ne cessent de se piller entre eux. Croyez-vous que ce soit par des moyens de douceur qu'on les a amenés à cette obéissance?

Si vous avez été si souvent dindonisés par les Arabes, c'est que vous avez été de *bons et stupides enfants.*

Ils ne me disent pas à moi: « *Toi bono* », je vous en réponds.

Je m'aperçois que je parle trop longtemps de moi, il ne manquerait plus que j'aille devenir vantard! J'espère bien que cela ne m'arrivera pas!

Il m'est permis de vous dire que je vais toujours bien, sans me vanter, n'est-ce pas? Mon poignet est toujours de même. Dans quelque temps d'ici, les eaux viendront à mon secours; mais je ne veux pas prendre la peine de me soigner. Si je l'ai fait, quand j'étais à Sedan, c'est uniquement pour vous être agréable aux uns et aux autres, braves et dignes parents; vous devez m'en savoir gré, car cela m'a diablement embêté...

J'ai reçu une lettre de Charles qui m'annonce qu'il a eu un *duel* au pistolet avec celui qui lui avait donné, dans le temps, un soufflet : il est tombé à tirer le premier, il a manqué son adversaire. Celui-ci a été assez généreux pour tirer en l'air, et mon bougre me dit avoir été fort désappointé de cela; il voulait recommencer. Je lui dirai que lorsque, dans un duel, l'homme qui a déjà essuyé le feu tire en l'air, c'est un homme généreux; mais si celui avec qui l'on se bat doit tirer le premier, et qu'au lieu de vous ajuster, il tire en l'air, c'est un c... On doit alors exiger qu'il tire, parce que, s'il a tiré en l'air, c'est pour que l'on ne fasse pas feu sur lui. Je suis bien aise qu'il ait réglé ce compte-là comme cela, quoi qu'en disent les Dupin et autres lâches avocats. Qu'il tâche de ne pas se faire tuer, voilà tout [1].

Adieu, mon cher oncle; embrassez pour moi toute notre sainte famille, et croyez à ce vieil attachement qui, je l'espère, ne périra pas.

---

[1] Dans différentes circonstances, Lucien de Montagnac avait fait casser des sous-officiers, et même de simples grenadiers ou voltigeurs qui, après avoir reçu une insulte, ne s'étaient pas battus.

A la suite d'un duel au pistolet qui eut lieu entre deux sous-officiers du 61e, et dans lequel un des deux adversaires fut tué, Lucien de Montagnac fit paraître l'ordre du jour suivant :

« Tout en déplorant la mort du sergent-major D..., enfant du 61e, le commandant du régiment ne peut qu'approuver la conduite du sergent-major J..., parce que toute insulte mérite une réparation par les armes. »

Mon cher oncle, j'allais faire glisser ma lettre dans le trou de la boîte, lorsqu'un courrier m'en apporte une du général Cavaignac. Comme vous avez bien voulu réserver, dans vos archives de famille, une place spéciale pour quelques pièces qui me concernent, je vous adresse copie de celle-ci. Elle vous donnera une idée de la loyauté de notre brave général, dans cette affaire dont je vous parle plus haut, au sujet de l'exécution de l'assassin de l'officier du 32°.

Après les reproches que le général m'avait adressés, il m'avait engagé à lui écrire pour lui *promettre solennellement* de ne plus renouveler de pareils actes; je lui avais répondu, et, comme je croyais m'apercevoir de quelque inquiétude de la part du général Cavaignac, dans différentes recommandations qu'il m'avait faites d'être un peu *moins rude* à l'égard des populations arabes sous mon commandement, je lui disais : « Que « j'étais désespéré d'être sans cesse *son cauchemar*, « mais que je tenterais de modifier ma manière de « faire, etc., etc. »

De là le mot *cauchemar* que vous voyez dans sa lettre.

Je vous en prie, mon cher oncle, que la lettre du général Cavaignac ne sorte pas de notre petit cercle de famille.

« Mon cher Colonel,

« J'ai reçu votre lettre du 8 février. Avant tout, « écartez de vous la pensée que vous puissiez être un « de mes cauchemars, une de mes charges; vous êtes

« au contraire pour moi un motif *de sécurité* et *de*
« *repos d'esprit*. De tous les officiers dont je dispose
« en ce moment, il n'en est aucun auquel je voulusse,
« plutôt qu'à vous, confier le commandement que vous
« exercez; je vous en ai fourni la preuve, en déplaçant
« votre régiment. Que ceci soit bien convenu entre
« nous, car je regretterais vivement que la pensée con-
« traire vînt vous troubler dans l'exercice de votre
« pénible commandement.

« Ne croyez pas que je reste étranger à vos embar-
« ras et qu'il me soit plus facile qu'à vous de faire de
« la *justice froide* (c'était l'expression dont je me ser-
« vais dans ma lettre).

« Ne perdez pas de vue que bientôt doivent avoir
« lieu les conférences pour la fixation de la frontière.
« Vous connaissez les formes hautaines et la duplicité
« des Marocains; il est donc tout naturel de penser
« qu'ils se montreront tout d'abord exigeants, deman-
« dant beaucoup pour obtenir quelque chose. Je ne
« pense pas qu'il ressorte de la conférence rien de
« grave, mais enfin vous devez sentir à quel point il
« importe que le trouble ne vienne pas de notre part;
« que les populations dont nous allons vouloir, à
« juste titre, constater, pour nous, le droit de posses-
« sion ne soient pas, à cette époque, en fuite ou en
« révolte, ne soient pas disposées à commettre des
« désordres, qui nous montreraient aux Marocains
« comme réclamant un droit contesté encore par les
« indigènes.

« Des circonstances de cette nature ne pourraient

« que les pousser à élever des prétentions fâcheuses.
« Il nous importe, je le répète, de maintenir le pays
« dans son état de calme extérieur jusqu'à l'époque à
« laquelle la frontière sera nettement reconnue. C'est
« dans ce but que je n'ai pas voulu, jusqu'à ce jour,
« pousser trop à fond les questions qui se rattachent
« aux Msirdas et aux Athias (deux tribus de mon
« cercle), et ma conduite n'a pas été réglée par la
« crainte de me compromettre vis-à-vis de l'autorité
« supérieure, mais par celle de donner naissance à des
« embarras que je crois mauvais pour notre cause.

« Le pays est occupé depuis hier; il nous faut du
« repos pour asseoir notre domination; le peu d'obéis-
« sance que vous y trouvez vous révolte; songez que
« *vous obtenez déjà plus que n'ont obtenu nos pré-
« décesseurs;* que vous lui demandez ce qu'il n'a
« accordé à personne, et ce que personne n'a été assez
« fort pour obtenir de lui.

« M. le général de Larue ne peut tarder d'arriver
« ici; nous touchons donc à l'époque à laquelle nous
« ne serons plus gênés dans notre action; je vous
« verrai donc prochainement, et nous ferons les choses
« qu'il y aura à faire.

« Tout ce que vous avez fait jusqu'à ce jour est très-
« bien, *sauf un seul fait* qui ne se reproduira plus.

« Agréez, mon cher colonel, l'assurance de mes
« sentiments affectueux.

« *Signé :* Cavaignac. »

A Madame Élizé de Montagnac.

Djemmaa-Ghazaouet, 15 mars 1845.

Ma pauvre Clémence, il est donc dit que le diable s'en mêlera toujours pour vous faire souffrir, et le diable, dans ce cas-ci, c'est l'hiver, — c'est-à-dire le diable pendant six mois.

Vous êtes dans les neiges, mes pauvres enfants, tandis que mes petits pois sont en fleur.

Mais pourtant ne croyez pas que nous soyons exempts des intempéries de la mauvaise saison. Nous avons eu dix-huit jours de pluie, et, dans les hauts plateaux, de la neige comme en France. A Tlemcen, il a neigé très-fort; à Sebdou, un bataillon de mon régiment a été hermétiquement bloqué. Il y avait quatre-vingts centimètres de neige sur la terre. Mais, après les pluies, nous avons les plus beaux jours d'été de nos Ardennes. Tous nos arbres se garnissent de feuilles. Jusqu'au mois de juin, ce sera la plus belle saison de l'année. Je vois avec plaisir que vos moutards vont toujours bien, c'est une grande satisfaction. On se résigne facilement à souffrir soi-même, mais on ne peut voir souffrir ceux qu'on aime. Embrassez pour moi toute cette petite famille.

Je travaille comme un damné, et je ne suis pas satisfait, quoique mes chefs veuillent bien ne pas manquer une occasion de m'adresser des paroles bienveillantes. — Que voulez-vous? je ne puis pas me refaire. — Je n'ai jamais été complétement satisfait, une fois dans ma vie, d'une de mes actions. — Je crèverai comme cela. — Peut-être alors, en voyant mon âme sortir de mon pantalon, aurai-je la consolation de me dire que j'ai fait ce que j'ai pu.

Encore quelques années, ma bonne Clémence, et, lorsque je sentirai que les engrenages de mon tournebroche commencent à se rouiller, j'irai vivre un peu pour moi et cacher ma guenille humaine dans un petit coin. C'est là mon rêve, ma chère sœur; — j'ai beau remonter le passé de ma vie, je retrouve toujours cette pensée en chemin, — toujours elle me sourit.

Voyez-vous, ma chère Clémence, après avoir vécu largement de la vie d'homme, de soldat, je ne comprends pas de félicité plus pure que celle d'aller attendre, à l'ombre d'une modeste baraque, l'invitation de la *Camarde* à la suivre paisiblement dans son tranquille séjour. Faire tout le bien que l'on peut avant de mourir, et quitter la terre en embrassant quelques bons parents qui vous aiment, voilà bien la plus douce compensation à toutes les tribulations dont nous sommes accablés en ce bas monde, et plus je vais, plus ce rêve me sourit.

Je vous adresse, ci-jointe, une lettre de M. le général de Lamoricière que je classe encore au nombre des titres honorables que je possède. Veuillez la donner à mon oncle, qui la mettra dans ses petites archives [1].

---

[1]   Oran, 28 février 1845.
    Mon cher colonel,

J'ai reçu les échantillons de marbre que vous m'avez envoyés par le *Grondeur*. Un jour viendra où l'industrie nous demandera

L'affaire de délimitation n'est pas encore terminée. M. de Larue est à Tlemcen ; il a envoyé M. Roche à Oudjda pour y préparer les affaires. Cet interprète a été parfaitement reçu, on lui a fait cadeau de trois beaux chevaux. M. Roche est retourné à Tlemcen rendre compte de sa mission. Six cents cavaliers marocains sont venus renforcer la garnison d'Oudjda,

la concession de cette carrière dont l'exploitation semble facile. Je doute cependant que vos marbres soient de qualité assez supérieure pour qu'avec le prix de la main-d'œuvre en Afrique, il nous soit possible de faire concurrence à l'Italie.

Le capitaine d'Illiers m'a dit que Djemmaa-Ghazaouet était tenu avec un soin et une propreté remarquables, que tout votre monde paraissait s'y plaire, et que vous aviez su vous parer des grandes pluies, de manière à n'en pas trop souffrir.

Il est fâcheux que tous vos magasins n'aient pu être complétement couverts et terminés. — Les travaux vont reprendre. — Des matériaux vont vous être envoyés par le chef du génie. Dans peu de temps vous serez donc dans un état d'installation aussi avancé au moins que les villes de l'intérieur occupées depuis quatre ou cinq ans. On tâchera aussi de caser vos douaniers et vos canonniers. Je vois avec plaisir que vos colons n'ont pas trop souffert de l'absence de fortes colonnes. Les jardins que vous avez donnés à vos marchands les attacheront à vous. Un jour viendra où ils pourront fournir à votre garnison tous les légumes dont elle aura besoin.

J'ai autorisé le commerce à embarquer vingt tonneaux de marchandises sur la remorque nolisée par l'administration ; vous recevrez des colons et probablement quelques denrées pour vos officiers et vos ordinaires.

Dites à vos officiers de remonte que le dernier convoi de chevaux qu'il nous a envoyé était fort beau. J'ai su que vous en aviez encore plus de vingt qui n'étaient point indignes des autres, et que M. de Corcy tenait ses chevaux avec un soin digne d'éloges. Faites-lui-en mon compliment et recommandez-lui de continuer à ne nous acheter que des animaux de grande taille, étoffés et surtout bien membrés ; on le met en mesure d'acheter des chevaux d'officiers (prix moyen cinq cents francs).

Dites-moi où est Abd-el-Kader, ce qu'il compte faire, et quelles sont ses forces et ses ressources. Ne me donnez pas le détail de pour faire face à Abd-el-Kader, dans le cas où il voudrait bouger. Le général de Larue doit arriver incessamment à Lalla-Maghrnia pour, de là, se rendre à Djemmaa-Ghazaouet, après avoir résolu cette question qui se terminera peut-être pacifiquement, cette année, mais qui pourra fort bien amener quelques complications dans l'avenir.

Le pays est on ne peut plus calme, pour le moment. Les marchés sont très-fréquentés ; les relations, faciles. Cependant Abd-el-Kader est toujours au même endroit, et je ne serais pas surpris que ce bâton vînt, un jour, se fourrer dans les roues de la machine.

Il est à deux grandes journées d'ici, près de la Moulouïa, à un endroit appelé Zaïou, près du pays de Kebdana, à peu de distance de Sebera, où il est resté longtemps.

Il a sept à huit cents cavaliers parfaitement montés et cinq à six cents fantassins. Sa daïra est autour de lui. Il vit sur les pays environnants et ne bougera que lorsqu'il l'aura belle.

Le muley Abd-el-Rahman voudrait bien le voir

---

tous vos interrogatoires. Résumez-moi l'opinion que vous vous êtes faite de tout ce qui vous a été dit.

On vous envoie quarante mille francs en monnaie espagnole. Recevez, mon cher colonel, etc.

De La Moricière.

Il n'y a rien encore de décidé pour Djemmaa-Ghazaouet, mais on est revenu à des sentiments plus humains envers ce poste. Je n'insiste pas aujourd'hui, et je laisse le génie faire en vertu des instructions qu'il reçoit. Le maréchal avait défendu de travailler au casernement. Le ministre a envoyé des fonds au génie. Laissez faire, et continuez à bien employer votre monde. D. L. M.

ailleurs que là. Mais il ne sait comment s'y prendre avec ce serpent qui est plus fin que lui. — Il l'a fait engager, il y a quelque temps, à une fête, par la tribu des Hallafs. Le *chat* s'est douté qu'on voulait lui tendre un piége, et s'y est rendu escorté d'une partie de son monde. Les Hallafs (tribu du Maroc), le voyant arriver en force, se sont sauvés, et les grands du pays ont été assez embarrassés pour faire comprendre à l'émir qu'ils ne pouvaient le recevoir en aussi nombreuse compagnie.

Abd-el-Rahman *le prie* de vouloir bien rester tranquille et de ne pas troubler la paix. Il l'engage à se rendre, avec tout son monde, dans l'intérieur du Maroc, où il lui promet qu'il sera nourri, lui et les siens; mais vous comprenez que Jugurtha craint son Bocchus. — Abd-el-Kader n'est pas encore à fond de cale!

Mes contrées sont toujours parfaitement tranquilles, *pas une poule n'a été volée* par les Arabes depuis que je suis seul ici. Mon exécution a produit un effet immense. — *Au fond*, tous mes chefs en sont bien contents.

J'ai reçu une lettre de Charles ces jours-ci. Il paraît que les mathématiques sont dures à digérer. Enfin, patience!

Comment se porte notre bonne famille? Adieu, ma chère Clémence; embrassez bien pour moi votre mari, vos enfants, petite Ninie, etc., et croyez bien fermement à ma bonne et solide amitié.

A M. Bernard de Montagnac.

Djemmaa-Ghazaouet, 9 avril 1845.

Mon cher oncle, votre lettre du 6 mars m'est arrivée, il y a déjà quelque temps. Aujourd'hui, j'ai un moment à moi; je me hâte d'en profiter pour y répondre. Il ne faut pas perdre les bonnes occasions lorsqu'elles se présentent; je ne sais quand je pourrais les ressaisir. La besogne que j'ai ici peut bien me laisser le temps de penser à vous, mais elle ne me laisse pas trop celui de vous écrire, et je n'accroche pas facilement quelques minutes dont je puisse disposer pour cela.

Voilà donc un hiver à peu près passé, je m'en réjouis pour vous; car, pour moi, je n'ai guère cessé d'avoir le printemps. Sauf quelques pluies et quelques bourrasques, nous avons les beaux jours du mois de mai dans nos Ardennes. Enfin, j'espère que bientôt je ne trouverai plus dans vos lettres la pénible sensation des frimas qui vous glacent. Réellement, à travers tous ces effets de neige et de glace dont vos pages étaient pleines, je grelottais. C'est surtout quand, après vous avoir suivis tous dans vos appartements plus ou moins bien chauffés, j'arrive dans la *cave* où frissonne sans cesse notre pauvre tante Thérèse, que je me sens serré, depuis le bout du nez jusqu'à l'extrémité des fesses, par un froid pénétrant : je vois d'ici les pauvres petits moineaux qui font le gros dos sur les acacias du père B***, j'entends même le malheureux *Fox* de l'oncle Eugène qui grogne parce qu'il a froid, et la vieille mademoiselle F***, qui vient *toussoter* bien aigrement avec la tante. Ces *chorus* de crachotements me font mal à entendre. — Il faut espérer que le solei séchera un peu les poitrines marécageuses. — Dieu le veuille!

Vous allez donc toujours bien, vous, mon cher oncle? Continuez à être longtemps ainsi.

Moi aussi, je ne me porte pas mal, — à part le peu de satisfactions que je goûte ici, — et plus je vais, moins j'en ai.

Il y a quelques jours (le 4), j'aperçois tout à coup, à huit heures du matin, le beaupré d'un bateau à vapeur. Les pavillons qui le décorent m'annoncent qu'il y a à bord un maréchal de France et un lieutenant général: c'est le père *Bugeaud* et le lieutenant général *Lamoricière,* qui viennent me visiter. Ils trouveront certainement la nature sur le fait, car je n'ai pas eu le temps de passer mes sous-pieds pour les recevoir, et mes établissements ne seront décorés d'aucun charlatanisme.

Le père Bugeaud débarque donc, me donne la poignée de main de rigueur, et nous voilà cheminant dans le camp... La prévention est terrible pour les hommes, comme pour les choses sur lesquelles elle pèse; et le papa Bugeaud en a beaucoup contre le malheureux point que l'on occupe malgré lui, et auquel on a donné un développement qu'il trouve exagéré.

Tout lui déplaît donc : il est furieux, il *daube* le général Lamoricière, *daube Pierre, daube Paul*, excepté moi pourtant. Je n'enrage pas moins de voir que les hommes qui devraient le plus s'entendre dans ce monde, *sont ceux qui sont le moins d'accord...* Entre autres apostrophes, appliquées de droite et de gauche, il en a glissé une aux officiers du génie en général, et au général de Lamoricière en particulier (et cela *coram populo*), un peu *vexante* pour ceux qui ont la prétention, plus ou moins justifiée, d'être des guerriers, et de fameux guerriers : « *Vous autres mes-* « *sieurs qui sortez du génie, vous avez le génie des* « *fortifications, mais vous n'avez pas le génie de la* « *guerre...* » C'est, malheureusement, souvent trop vrai, mais ce n'est certes pas le cas pour M. de Lamoricière.

Le *papa* disait cela à propos du système de fortifications adopté ici, et contre lequel il se gendarmait terriblement. Il a tort, selon moi qui ne suis homme de génie d'aucune façon.

En me quittant, après avoir déploré *fort injustement* l'occupation de ce point qui a sauvé son armée de la famine, il m'a dit : « Si je ne trouve pas une « population européenne à jeter ici, j'évacuerai ce « poste ; c'est un boulet qui nous est accroché à la « jambe. » Si le *papa* avait suivi comme moi toutes les affaires de ce pays, il comprendrait un peu mieux l'importance de ce point, sans lequel Lalla-Maghrnia et Tlemcen crèveraient de faim, où Abd-el-Kader viendrait s'établir le jour de notre départ, et d'où il bouleverserait tout le pays jusqu'à Oran. C'est pour le coup que vous vous mettriez encore une fois une fameuse épine dans le talon et un rude boulet à *la gigue*.

Les renseignements que je lui ai donnés auraient dû lui prouver que ce n'était pas le moment d'évacuer ce poste, car les affaires du Maroc sont loin d'être terminées, et Abd-el-Kader est bien fort. Il a pourtant compris qu'il était plus que probable que les Marocains nous trompaient encore une fois; et je puis vous certifier que ce ne sera pas la dernière (entre nous soit dit)... Vous ne vous faites pas une idée des inquiétudes de nos généraux à l'endroit du Maroc. Les recommandations que l'on me fait sont mirobolantes; je crois que, si l'on osait, on me dirait de ne pas aller p.... sur le bord de la mer, de peur de choquer le *muley Abd-el-Rahman*.

Dernièrement, je les ai prévenus que j'avais reçu chez moi deux chefs marocains, qui m'ont donné beaucoup de renseignements fort intéressants; le pauvre père Cavaignac n'en dort plus, il se figure que j'ai tout compromis!... *Honnêtes gens!*

Dans ces deux coquins qui sont venus me visiter, fort civilement, du reste, il y avait un *assassin* de première force, un de ces hommes qui sentent le sang à cent pas. Après nous être croisé les mains, nous être juré protection et attachement, à la vie et à la mort (serment que je n'essayerais pas d'éprouver avec mon brigand), je suis *entré en marché* avec lui pour *une tête* assez importante; — il me l'a promise, je ne sais si je réussirai à l'obtenir.

Si j'avais dit cela au père Cavaignac, il se serait noyé dans sa cuvette.

Le général Cavaignac devrait pourtant être bien tranquille, car je n'ai jamais eu l'intention de rien bouleverser; la manière dont j'ai conduit ma barque jusqu'à ce jour devrait le lui prouver. Si j'aime le mouvement, je n'aime pas à me mêler des choses qui ne me regardent pas.

En résumé, le papa Bugeaud est donc parti d'ici furieux. Quoique cela ne me touche pas beaucoup, et que, pour mon compte particulier, je me f..., comme d'un coq en broche, de l'occupation de ce point ou de son évacuation, cela ne m'a pas laissé beaucoup de satisfaction. Le général Lamoricière, de son côté, n'était pas content d'être daubé, de sorte que tous ces gros messieurs sont partis d'ici avec des figures comme des pistons de seringues. J'aurais autant aimé, dans l'intérêt de tous ceux qui ont commencé quelques établissements et même de la tranquillité du pays, que le *papa* ne se prononçât pas aussi crûment sur l'avenir de ce malheureux poste, toujours suspendu entre un *oui* et un *non*. Je ne sais pas quel aura été le dernier mot de tout cela; en attendant, je les ai envoyés dans le bateau avec onze coups de canon dans le dos.

J'ai toujours ici un bataillon du 15ᵉ léger. Celui qui était à Lalla-Maghrnia vient de s'éloigner; le voilà encore à Tlemcen; il n'y a pas moyen d'en finir avec tous ces déplacements, surtout lorsque l'on ne peut pas communiquer facilement.

A peine le papa Bugeaud était-il à quatre lieues

d'ici, que l'on vient m'annoncer qu'il arrive, par terre, un détachement de cavalerie escortant un *personnage*. Quel est ce personnage? Je me creuse le cerveau, — le diable ne m'aidait pas; enfin, aujourd'hui, je sais qui; mais vous, mon brave oncle, et vous tous qui écoutez mes mesquins bavardages, vous ne le savez pas!

Quel est donc ce personnage? — Je vous le donne en mille, et je veux que l'on me mette en croix si jamais vous devinez. — Il y a vraiment dans la vie des choses bien bizarres, — vous le savez tous, du reste, — et leur bizarrerie prend, à l'infini, le caractère le plus extraordinairement fantastique selon les imaginations et selon les événements.

Le détachement de cavalerie approchait toujours, et je rêvais quelle pouvait être la cause de son arrivée : c'était quelque intendant, quelque gros Riz-pain-sel, quelque colonel d'état-major, quelque faiseur de puits artésiens, quelque colon capitaliste; enfin tout cela ne me satisfaisait guère; il y avait, dans le fait de cette réunion de *hussards* et de *spahis*, quelque chose de fort singulier qui mettait mon imagination à la torture. Ce personnage donc était, pour chacun, une source de conjectures, et personne n'avait le mot de l'énigme. Enfin me voilà à portée du détachement : un petit homme très-maigre, portant de longues moustaches, képi en tête, sabre au c..., etc., etc., saute à bas de cheval, en me voyant venir à lui. Quel peut être ce petit monsieur, qui a l'air si leste, qui n'est pourtant plus jeune? — Cette figure-là ne m'est pas connue en Afrique. — Il est fort difficile de mettre un nom sur la figure d'un homme, d'*un petit* et *grand homme*, que l'on n'a jamais vu, quoique bien souvent on ait ardemment désiré faire sa connaissance. Mais, vous le savez, braves parents, tous les rêves ne se réalisent pas; pourtant, avec le temps, quelques-uns s'accomplissent; et, dans cette circonstance, je trouvais la réalisation d'un de mes grands désirs. C'est très-drôle.

Enfin, il est fort désagréable de chercher si longtemps, n'est-ce pas? Eh bien! ce personnage, c'était... C'était *Horace Vernet!!!* Vous concevez qu'il était bien permis de se creuser ainsi la tête. Horace Vernet à *Djemmaa-el-Ghazaouet*, à *la Réunion des voleurs!* (traduction de *Djemmaa-el-Ghazaouet*).

Heureusement que, depuis quatre jours, j'avais une maison à un étage, et que j'ai pu offrir au grand peintre un appartement avec lit, etc. Quoique le père Bugeaud ne veuille pas de notre Djemmaa, les cuisinières ne sont pas de son avis, et il y a, entre autres, ici, un vrai cordon bleu, qui fut ma providence dans la circonstance actuelle. Nous avons aussi de très-beaux jardins, qui nous donnent d'excellents légumes; nous avons du poisson, des volailles, etc. Je venais tout justement de recevoir, il y a quelque temps, un panier d'excellent champagne et de très-bon vin de Lamalgue.

La cuisinière, le poisson, les légumes, les vins complétèrent bientôt un dîner assez confortable. Huit convives célébrèrent ce joyeux festin, et, nous autres, habitants du désert, de nous extasier sur la charmante surprise du jour. — L'Afrique se reliait à Paris par la présence du grand peintre dans cette chétive cité naissante dont personne ne veut.

Le lendemain matin, un déjeuner de seize couverts acheva de prouver à M. *Horace Vernet* que, si notre camp n'avait pas son Véfour, il n'était pas dépourvu de ressources culinaires, et surtout de lui prouver, je l'espère, qu'il avait, lui, de vives sympathies dans l'armée. Un bateau à vapeur, qui devait le porter à Mogador, chauffait en rade depuis quelques heures, et le commandant était avec nous à table. Le déjeuner fut gai, on fit honneur au champagne, et l'on but à la santé des uns et des autres. (Vieux style.)

On sortit de table : le bataillon du 15ᵉ léger était sous les armes, une compagnie de garde d'honneur au pied du perron. Le bataillon défila devant M. Horace Vernet et alla se placer en bataille à la hauteur de l'embarcadère; M. Horace Vernet nous fit ses adieux, il m'embrassa, me témoigna combien il était touché de cet accueil auquel il était loin de s'attendre, sous le rapport des honneurs militaires, et une barque le porta à bord.

Aussitôt qu'il eut quitté la plage, quatre coups de canon le saluèrent, et, lorsqu'il fut arrivé sur le bateau, la marine répondit par la même salve. Est-ce que ce n'est pas ainsi qu'il faut recevoir un artiste comme Vernet, lui qui a fait revivre, sous son pinceau magique, les fastes de notre gloire militaire? Si j'avais été prévenu de son arrivée, je lui aurais fait une réception autrement distinguée.

Les grands hommes, de quelque bord qu'ils soient,

peuvent venir ici; ils sont sûrs d'être toujours bien reçus, et, quoique nos règlements ne me disent pas comment il faut rendre les honneurs à un artiste, je le sais, moi. L'arrivée d'Horace Vernet ici fera époque dans les annales de notre cité [1].

Seulement nos gouvernementaux devraient bien me donner quelques frais de représentation, car mon saint-frusquin s'écornifle légèrement. Ça coûte cher, de donner des dîners. — Mais bah!

Il faut que ce soit comme cela.

Mieux vaut être pané que *cuistre*.

Il paraît que les Ardennais vont peupler le 15ᵉ léger; tant mieux, pourvu qu'ils soient bons. Perin marche bien, le voilà fourrier; il fera son chemin, s'il veut travailler, et il en a besoin. C'est un garçon qui a le cœur bien placé; je désire que tous les Ardennais que vous m'adresserez aient cette encolure-là, au phy-

---

[1] Arrivé à Alger, Horace Vernet écrivit au colonel de Montagnac cette petite lettre datée du 22 avril :

« Mon colonel, si j'ai perdu la tête en vous quittant, n'en accusez que vous-même. Comme à tant de gens, les honneurs m'ont fait perdre aussi la mémoire d'un service rendu, et je suis parti, comme un étourdi, sans vous remettre les deux cents francs que vous aviez bien voulu me prêter. De retour à Alger, mon premier soin est de réparer ma faute, et vous trouverez, ci-inclus, un mandat qui m'acquittera envers vous. Que ne m'est-il aussi facile d'en faire autant pour l'accueil que j'ai reçu dans votre camp! Mais ce n'est point avec la plume qu'un peintre peut témoigner sa reconnaissance.

« En attendant, mon colonel, veuillez croire à tous les sentiments de gratitude de votre tout dévoué

« Horace VERNET. »

Les événements devaient bientôt, hélas! fournir à Horace Vernet l'occasion de se rappeler sa promesse. Il n'y manqua pas, et voici

sique comme au moral; je vous réponds que je m'occuperais d'eux. Vous pouvez dire aux parents de Perin qu'ils soient tranquilles sur le sort de leur fils.

Nous *verrons* le *Vero ;* le petit porte-burette pourra parfaitement porter les armes, je le jugerai lorsqu'il m'arrivera ; mais avant, il a un séjour de quelques mois à faire au dépôt. Il faudra me dire quand il y sera, je le recommanderai au major qui, dans le temps, s'est déjà occupé de Perin.

Mon petit bataillon du 15ᵉ marche bien. Il jouit ici d'un bien-être qu'il n'avait pas eu depuis longtemps; je l'ai un peu reficelé, il en avait grand besoin. Il n'y a que le 3ᵉ bataillon que je n'ai pas pu encore voir.

Voilà bientôt mon règne fini, car le colonel va rentrer, et je n'en suis pas fâché : tous ces intérim sont stupides. On ne peut pas *être* et *n'être pas;* on ne peut pas être chef et ne pas l'être en même temps, et c'est la position d'un officier qui commande un régiment

---

la lettre qu'il adressa, le 25 octobre 1845, au frère de Lucien de Montagnac :

« Monsieur, tout ce que vous ferez relativement à l'article nécrologique du colonel de Montagnac, sera bien fait, j'en suis persuadé d'avance. Quant à moi, il me reste une tâche à remplir que la reconnaissance pour votre glorieux frère m'indiquerait, si toute ma carrière, vouée à la gloire des armées françaises, ne me faisait un devoir de représenter ceux de ses enfants qui ont le plus contribué à son illustration.

« Vous me dites avoir un portrait? Si vous pouviez me le confier, il viendrait à mon aide, car mon intention est de réunir mes souvenirs sur une toile, afin de les reproduire dans les tableaux que je fais pour Versailles.

« Agréez, Monsieur, l'assurance de mes sentiments dévoués.

« Horace Vernet. »

par intérim. Pour marcher carrément, il faut avoir ses quatre membres libres, et celui qui fait l'intérim ne les a pas.

J'ai déploré, mon cher oncle, la perte de votre pauvre Élisabeth; la manière dont vous m'avez dépeint les derniers moments de cette pauvre femme sur cette terre et la solennité de son enterrement m'ont vivement touché.

Comme je vous le dis plus haut, je vais toujours bien, j'espère que cela continuera, car voilà une saison qui me convient.

J'espère, mon cher oncle, que je vous en donne pour votre argent; c'est un peu trop abuser de la permission; il y a de quoi fatiguer une paire de lunettes à déchiffrer mon verbiage.

Adieu, mon cher oncle; embrassez pour moi tous mes bons parents, et croyez toujours à l'attachement bien ferme que quarante-deux ans vont bientôt cimenter.

Djemmaa-Ghazaouet, 10 mai 1845.

Il me reste un peu de temps à moi; je ne souffre pas, je suis donc libre de toutes façons. A nous deux, mon cher oncle! — Va, ma plume, et va, mon cœur, tout à la fois.

J'ai écrit ces jours-ci à Clémence que j'avais eu quelques douleurs de tête. Je pense bien que vous n'avez pas été vous figurer que j'étais réellement malade. — Non. Ce sont des maux de tête et rien de plus. On souffre beaucoup, trop même, mais on n'en meurt pas. Cette vie de scribe que je mène ici, les mille et une petites contrariétés qui me talonnent, sont un peu cause de ces misères-là.

Ma pauvre tête n'est pas ce que j'ai de meilleur dans ma longue et sèche organisation. Elle m'a souvent causé bien des soucis de tout genre, et, jusqu'à ce qu'elle soit allée s'appuyer au fond d'une tombe, elle me fera encore bien souvent gémir. Heureux ceux qui ont des têtes de veau et des cœurs de salade ! — Ils vivent longtemps, ceux-là, et meurent gras. — Ne pas penser, ne rien sentir, manger beaucoup, dormir longtemps, c'est une bonne vie de crapaud. Elle m'a fait quelquefois envie, lorsque, la tête entre mes dix doigts, je maudissais ma nature nerveuse, penseuse, remuante, inquiète et sensible ; mais, tout bien réfléchi, le crapaud me paraissait, en fin de compte, un être ignoble.

Ma position ne se dessine pas ; elle est toujours aussi précaire. Ce sont des changements continuels ; chaque jour, je m'attends à quelque ordre de déplacement, et tout cela me tourmente.

Voilà le colonel qui commandait à Lalla-Maghrnia passé maréchal de camp, j'étais sous ses ordres. — Qui va le remplacer ? — On parle de réduire le poste de Lalla-Maghrnia, dont l'importance serait moindre à l'avenir. On n'a pas encore dit ce qu'on compte faire de Djemmaa. — Aujourd'hui on veut de ce point, demain on n'en veut plus. — Quel que soit le cœur que vous ayez au ventre, toutes ces oscillations ne laissent pas que de vous dépiter.

Et vous, mon cher oncle, comment allez-vous? Voilà le printemps, — vous devez commencer à le sentir? — Je me rappelle qu'il y a un an bientôt (dans quatre jours), lorsque je suis arrivé à Sedan, il faisait bien beau! — Bien beau, pour moi surtout. Ce doux printemps du cœur, mon Dieu! qu'il a passé vite! Mais je le ferai renaître, allez, mon cher oncle, et l'année prochaine, s'il n'y a pas de mèches qui fument dans la mine, je franchirai de nouveau la distance qui nous sépare pour aller vous embrasser. — C'est un parti bien arrêté, à moins que le Maroc et Abd-el-Kader n'entrent encore en scène. Alors, bien entendu, je ne quitterai pas le théâtre. — Mais tout cela va se dessiner cette année.

Vous savez que le brave homme qu'il faut laisser vivre en paix a bouleversé, par ses insinuations, toute la province d'Oran. Des détachements ont été attaqués, des soldats ont été tués, etc., et pourtant notre tigre est parfaitement tranquille sur les bords de la Moulouïa. Mais dans sa sphère de feu, il forge des brandons qu'il fait lancer au loin, et qui propagent l'incendie partout. — Il est plus maître, dans son coin du Maroc, que le muley lui-même.

Abd-el-Kader, qui vous jouera, sous jambe, tous les avocats de la terre, ne pouvait mieux choisir que le Maroc pour refuge; il comprenait parfaitement ce qu'il faisait, et il acceptera à perpétuité l'internement de nos stupides politiciens. — Dans quel pays pourrait-il trouver plus de ressources en chevaux, en bestiaux, en grains et en approvisionnements de tout genre? A deux pas de nous, sur un territoire qu'il nous est défendu de violer, il nous fait les cornes et la grimace, remonte son armée, se procure des armes, des munitions, fait la police dans notre pays mieux que nous-mêmes, lève des impôts chez nous, à notre nez, à notre barbe, envoie dans l'intérieur des contrées que nous occupons des goums de quatre à cinq cents chevaux pour une razzia. Des contingents nombreux arrivent à son camp, des troupes en partent, d'autres y rentrent. Il règne, comme par le passé, *et gouverne*. Le titre de sultan lui est conservé! Et voilà comment s'exécute le fameux traité! — Tandis que nous autres, *cornichons*, nous sommes là à regarder tout cela sans oser franchir le Rubicon et forcer le muley à prendre un parti.

Ah! nous ne sommes pas au bout, avec vos petits moyens ratatinés, rabougris, mesquins, stupides. Vous vous en ferez tailler des croupières, je vous prédis cela. — Si vous ne prenez pas une prompte détermination, nous aurons, l'année prochaine, le Maroc et Abd-el-Kader sur les bras.

Abd-el-Kader attend le moment opportun. Il le saisira, je vous en réponds. — Dieu sait ce qui se passera alors. — Quant à moi, je ne m'en doute point.

En attendant que tous ces événements politiques se déroulent, trouvons toujours chez nous la paix du cœur et aimons-nous longtemps encore. Adieu, mon cher oncle; exprimez à tous nos bons parents et à toutes les personnes que nous aimons, mes sentiments de bonne et solide affection. Pour votre compte particulier, croyez toujours à mon vieil attachement.

A M. Élizé de Montagnac.

Djemmaa-Ghazaouet, 16 mai 1845.

Mon Dieu! mon pauvre ami, combien je suis désolé que cet animal de Charles [1] te crée autant de souci! Aussi vais-je t'en débarrasser et l'envoyer trimer dans un coin de l'Afrique. Je t'adresse mon consentement pour son engagement dans l'armée. — Je veux qu'il s'engage au 32e de ligne, qui est en Algérie depuis peu.

---

[1] A la suite d'une *révolte*, il venait d'être, avec plusieurs de ses camarades, congédié de l'école préparatoire où il se trouvait. Cet enfantillage fut jugé, de loin, par son père, avec une sévérité peut-être un peu excessive.

Charles de Montagnac s'engagea donc au 32e de ligne. Il prit part à la guerre de Crimée, où il fut blessé et où il reçut la croix du Medjidié, et à la guerre d'Italie.

Capitaine et chevalier de la Légion d'honneur, il appartenait, en 1870, au corps du général Vinoy.

Déjà atteint, à cette époque, de la maladie de la moelle épinière dont il devait mourir peu de temps après, il fit, avec un courage héroïque, la retraite de Mézières.

On sait ce que fut, jusque Laon, cette marche périlleuse dans laquelle on eut sans cesse l'ennemi sur les talons.

Maintenues et encouragées par l'exemple de leurs chefs, les jeunes troupes qui composaient le 13e corps triplèrent les étapes et marchèrent souvent toute la nuit.

Malgré les cruelles souffrances qu'il endurait, malgré les instances des médecins, Charles de Montagnac voulut rester à la tête de sa compagnie.

Plusieurs fois, ses forces le trahirent, et il tomba sur la route. Il se faisait alors relever par ses hommes, et, grâce à de fréquentes piqûres de morphine, grâce à un effort extraordinaire d'énergie et de volonté, il put arriver jusqu'à Paris.

Avant la fin du siége, il dut entrer au Val-de-Grâce, presque complétement paralysé, et mourut à l'hôpital militaire d'Angers, le 10 juin 1875.

— Ce régiment est commandé par un homme d'une fermeté de fer qui le matera ou le fera tuer. C'est ce qu'il me faut.

Je suis désolé de la peine qu'il t'a donnée; maintenant, je m'en charge, mais il n'est pas au bout de ses misères. — Je te réponds qu'il en mangera, de la vache enragée!

Il est probable que, dans un jour ou deux, je quitterai Djemmaa-Ghazaouet, pour aller faire l'intérim à Lalla-Maghrnia, en attendant que le colonel, qui doit remplacer celui du 41ᵉ, soit arrivé.

Tous ces changements, tous ces déplacements détraquent notre pauvre organisation. Dorénavant, la garnison de Djemmaa sera de trois cents recrues venant de France. — Hélas! — Cela fait pitié!

Abd-el-Kader est parti de la Mouloula dans la nuit du 8 au 9. Il a avec lui cinq ou six cents cavaliers parfaitement montés et armés. Il s'est dirigé vers le sud, pour, de là, gagner l'est de la province d'Oran. Il a laissé sa daïra sur les bords de la Mouloula. J'ai appris hier, par mes espions, qu'il avait été faire plusieurs *ghazias* du côté de Mascara, et il est venu couper des têtes aux environs d'Oran. — Tout ce que j'avais prévu est donc arrivé.

Le Maroc l'a laissé se refaire, se remonter, s'organiser, lui a procuré toutes les ressources possibles, et, quand il a été en mesure d'agir, on l'a laissé filer tranquillement.

Tandis que sa daïra reste sous la protection du Maroc, il vient bouleverser nos populations. Quelle loyauté chez nos bons amis les Marocains! Comme nous sommes agréablement dindonnisés! Abd-el-Kader est plus fort que jamais : il a d'excellentes troupes et pas un des impedimenta qui le gênaient jadis dans ses mouvements. Son grand dépôt, ses richesses, toutes ses ressources sont en sûreté dans le Maroc; c'est là qu'il reviendra déposer son butin après ses courses, après ses coups de main; c'est là qu'il viendra se ravitailler, réparer ses armes et remonter ses goums.

Quant à nous, nous nous extasions sur nos succès, nous chantons nos victoires, et nous n'avons pas un chat pour tenter une diversion, en enlevant la daïra d'Abd-el-Kader, pendant qu'il s'enfonce dans l'est.

L'émir a avec lui tous ses khalifas. Son frère El-Hadj-Mustapha commande la daïra; il y est resté avec mille deux cents fantassins réguliers.

Tous ces renseignements sont vrais. Tu peux les croire. — J'ai la satisfaction, si c'en est une, de ne m'être pas trompé encore dans mes conjectures. — Nous ne sommes pas au bout de nos peines.

Disséminés sur tous les points, n'ayant que très-peu de cavalerie, et de mauvaise cavalerie, nous pouvons à peine garder nos lignes de défense, et voilà tout!

Quant à moi, mon rôle ici peut être des plus insignifiants, des plus stupides, comme il peut être des plus importants. Si l'on me laisse avec *trois cents melons*, c'est absurde, et je refuse net de continuer plus longtemps les fonctions de commandant supérieur à Djemmaa-Ghazaouet, en donnant mes motifs.

Si l'on me confie la direction de l'arrondissement de Lalla-Maghrnia, avec six ou huit cents hommes, ma position devient belle. — Avec un pareil effectif, je puis couvrir Djemmaa-Ghazaouet, commander tout le pays, depuis la frontière du Maroc jusqu'à la Tafna, paralyser les insinuations du Maroc, déjouer les projets de l'émir et maintenir toutes les populations inquiètes qui couvrent un cercle de cent cinquante lieues carrées. — J'accepte.

Je suis un peu trop fatigué de jouer le rôle d'huître, dans mon écaille de Djemmaa, il faut que j'en sorte. L'inaction me tue.

Adieu, embrassons-nous, mon brave ami, et embrasse pour moi toute la famille.

A M. Bernard de Montagnac.

Djemmaa-Ghazaouet, 31 mai 1845.

Mon cher oncle, je vous remercie de votre bonne grande lettre. Il m'en faut comme cela pour me *désoucier* un peu.

Je recueille vos pensées, braves et excellentes gens, comme un pauvre ramasse des miettes de pain, et jamais mon cœur n'est satisfait, — je suis insatiable.

Je n'ai pas encore quitté Djemmaa-Ghazaouet; il est pourtant probable que j'irai à Lalla-Maghrnia faire un intérim, mais je doute qu'on me donne le commandement de ce poste. Le général Cavaignac, quoi qu'il en dise, tremblerait que je ne revinsse, à chaque instant, à mon système, qui n'est pas le sien, c'est-à-dire qui n'est pas une modération poussée quelquefois jusqu'à l'absurde.

Je lui ai fait, dernièrement encore, un tour qui l'a bouleversé : un officier de chasseurs, chargé de la remonte, se rend pour acheter des chevaux au marché de Nédromah, petite ville à quatre lieues d'ici où il y a un commerce considérable. Il place son cheval dans une maison qui nous est affectée, toutes les fois que nos affaires nous appellent en cet endroit. Dans une des fontes de sa selle étaient 500 francs. On arrache les couvre-fontes et l'on vole les 500 francs. L'officier rentre, il me rend compte du vol dont il a été victime; — sans perdre une minute, j'écris au caïd et à la djemmaa (conseil municipal) pour les sommer de me rembourser immédiatement la somme volée; — ils me répondent que ce n'est pas eux qui l'ont prise, et qu'ils ne rembourseront rien.

A minuit sonnant, je pars avec deux cent cinquante hommes que je parviens à réunir, et je file sur Nédromah. J'arrive, à la pointe du jour, aux portes de la ville. Chacun se frotte les yeux et paraît très-étonné de me voir là à pareille heure.

Je me forme en colonne serrée en avant de la porte. Tous les citadins sortis de leurs *turnes* sont bientôt sur les remparts, et l'on me détache les membres de la djemmaa avec le caïd.

— Que veux-tu de nous? me demandent-ils.— De l'argent : les 500 francs qui ont été volés, ou je vous *rase*. — Mais cependant, si..., car..., d'autant plus que...

— Assez de conversation; payez, ou je vous rase. — Nous n'avons pas d'argent. — Vous en trouverez.

J'entre aussitôt dans la ville. Je poste quelques hommes sur les remparts, le reste de mon détachement sur la place, et là, je tiens le discours suivant : « Si, dans une demi-heure, je n'ai pas mes 500 francs, j'envahis vos maisons et je vous pille. » Un instant après j'avais la somme. Je sortis aussitôt de la ville, je plaçai mon *extrait* de bataillon au pied du rempart, et les hommes firent le café au nez et à la barbe de ces coquins, qui avaient d'abord voulu se montrer récalcitrants.

Je n'étais pas encore parti de Nédromah, qu'un cavalier de la ville filait, à toute bride, sur la route de Tlemcen, pour aller porter la plainte des habitants contre moi.

Le général Cavaignac est furieux. Il demande un rapport au général Roguet : « Qu'a donc encore fait le colonel de Montagnac? Il est incorrigible. Pourquoi ces moyens violents? Est-ce qu'il n'aurait pas dû, au lieu d'agir ainsi, donner aux habitants de Nédromah le temps de rechercher les coupables, avant d'exiger d'eux le remboursement de la somme volée? Adressez-lui des reproches sévères, etc., etc. »

Mais, mon Dieu ! est-ce que je n'ai pas fait ce que le général désirait? Seulement, je leur ai dit : Payez, coquins, et vous chercherez après. — Ils chercheront bien mieux. En attendant, j'ai eu mon argent, et sans cela, je ne l'aurais pas encore, je ne l'aurais peut-être jamais. Je n'agirai jamais autrement, quoi que disent et fassent tous les prudents et philanthropes comme le général Cavaignac.

Quinze jours après, on m'envoyait ici, pour me punir, deux cents pioupious qui ne savent rien, pas même l'exercice.

Le général peut être tranquille, je ne bougerai pas avec ceux-là. Mais que la Providence veuille bien veiller sur nous pour que nous ne soyons pas attaqués ! Avec des mioches pareils, je ne sais pas comment je ferais mon compte.

Voilà comment les affaires d'Afrique se traitent, et l'on vous dit : « Commandez, gouvernez, prélevez les impôts et faites la police ! » Faire la police *du fond de sa tente !* mais c'est vouloir obtenir ce que vous ne réalisez pas dans les pays les plus civilisés. Car, enfin, lorsqu'il s'agit d'exiger quelque chose des populations, la force publique est souvent obligée de se transporter sur les lieux ; et, ici, on voudrait vous mettre dans l'impossibilité de le faire !

On s'étonnera ensuite de toutes les bascules, de tous les bouleversements qui surviennent à chaque instant ? C'est votre faiblesse qui en est cause !..... Voyez-vous, mon cher oncle, j'en ai plein le... dos, de vos affaires arabes, avec tous ces systèmes de replâtrage. Ça fait pitié ! Aussi, je les enverrai paître un de ces quatre matins.

Comme je l'écrivais à Élizé, nos bons amis les Marocains ont laissé filer Abd-el-Kader, et plusieurs grandes tribus du Maroc lui ont fourni des contingents. — Depuis le départ de l'émir, nos communications ne sont plus sûres; il y a des maraudeurs et même des goums un peu partout.

La plupart des coups qui ont été faits l'ont été par des gens placés sous les ordres du caïd d'Oudjda! — Tout cela reste impuni. — On n'ose pas se plaindre au caïd! — Nous jouons, dans ces parages, un rôle *idiot*. La question de délimitation n'est pas résolue. Les tribus ne savent à qui obéir, et elles commencent toujours par décliner notre autorité. C'est de règle, et nous n'osons leur rien dire, dans la crainte de nous brouiller avec le Maroc.

Nous sommes f... dedans par les Marocains d'une façon mirobolante : pas une condition du traité n'a été exécutée; ils protégent nos ennemis, les voleurs, les maraudeurs, tous les goums des environs qui viennent inonder nos contrées, et l'on trouve que tout est pour le mieux dans le meilleur des mondes.

J'apprends à l'instant, par une lettre de l'officier chargé des affaires arabes à Maghrnia, que le général de Lamoricière aurait battu les troupes d'Abd-el-Kader près de Sidi-bel-Abbès, camp situé au sud-ouest d'Oran.

Mais, malheureusement, tout n'a pas été détruit, car j'apprends aussi, par nos Arabes, qu'en se retirant, Abd-el-Kader a fait une *ghazia* sur les Djaffras, et leur a pris beaucoup de chameaux et de moutons. — Ces troupeaux sont dirigés sur la daïra par le fameux Bou-Hamedi, l'ancien khalifa de la province de Tlemcen. — Nous ne sommes pas près d'avoir fini avec le Maroc et Abd-el-Kader.

En résumé, nos affaires d'Afrique sont loin d'aller

bien. Notre armée est disséminée sur tous les points, et nous ne pouvons faire face partout, avec nos squelettes de régiments. Nos plus forts bataillons n'ont pas quatre cents hommes. — Lorsque nous perdons des effectifs de cinq cents hommes, on nous en envoie deux cents pour les remplacer, et deux cents quoi? deux cents soupes au lait et au fromage, qui ont la morve au nez et la peur dans le ventre!

Un grand gueux de Kabyle me demandait dernièrement ce que ces enfants-là mangeaient en France, pour être si blancs.

Tout cela aura une fin, quand le diable s'en mêlerait. Mais quelle sera-t-elle?

Assez causé de toutes les misères de ce pauvre pays d'Afrique, où tant d'hommes s'épuisent en pure perte, n'est-ce pas, mon cher oncle? — Vous allez toujours bien, à ce qu'il paraît; continuez encore longtemps ainsi. Embrassez pour moi tous nos bons parents, et croyez à mon attachement inaltérable.

A M. Élizé de Montagnac.

Djemmaa-Ghazaouet, 7 juin 1845.

Mon cher ami, j'ai reçu aujourd'hui ta lettre du 16, je me dépêche d'y répondre.

Je n'ai pas bougé de Djemmaa-Ghazaouet. Les ordres que l'on m'avait donnés pour me rendre à Lalla-Maghrnia ont été modifiés en raison des observations que j'avais présentées. Je ne sais plus maintenant ce que l'on fera de moi.

Le pays où je me trouve est un peu inquiet depuis le départ d'Abd-el-Kader ; il n'y a pourtant rien eu de la part des habitants contre nous. Mais nos communications, d'ici à Lalla-Maghrnia, sont coupées par les maraudeurs.

Abd-el-Kader a fait une razzia considérable sur les tribus du désert, entre autres sur les Amianis. Cette razzia a été conduite à la daïra par le fameux Bou-Hamedi.

La majeure partie des chameaux a été vendue sur le marché d'Oudjda. Bou-Hamedi a l'ordre d'acheter des chevaux avec l'argent provenant de la vente des chameaux, et de monter le plus de fantassins possible.

Le général Cavaignac, prévenu du mouvement et de la *ghazia* d'Abd-el-Kader, s'était porté de ce côté, afin d'empêcher la rentrée à la daïra de cette prise ; mais il est arrivé trop tard, comme feu M. le marquis de C. V. Ce bon marquis a et aura longtemps des imitateurs, en Afrique surtout.

Le caïd d'Oudjda est remplacé par un autre. L'ancien caïd ne convenait pas à l'empereur, qui le trouvait trop facile à notre endroit, et il est probable qu'on a désigné pour le remplacer un vieux reste du fanatisme musulman.

La mutation du caïd d'Oudjda sert de thème à l'empereur du Maroc. Il dit à la France : Le caïd Si-Hamida se comportait mal à votre égard, je le change.

Aux siens il dit : Si-Hamida était dévoué aux chrétiens, je le chasse. Voilà le jeu de notre estimable sultan.

En attendant, nous sommes singulièrement roulés par les Marocains.

Voici comment j'envisage la question : Abd-el-Kader nous fatigue, le Maroc nous endort.

J'apprends à l'instant que l'émir a été faire une pointe à quarante lieues de Thiaret, c'est-à-dire à cent cinquante lieues environ de son point de départ, et il rentre en ce moment, se dirigeant parallèlement au Tell. Il rapporte un butin considérable.

Adieu, mon brave ami; je ne puis t'en dire davantage. Je suis entouré de lettres auxquelles il faut que je réponde. Crois toujours à ma vieille affection.

A. M. A. Husson.

Djemmaa-Ghazaouet, 15 juillet 1845.

Mon cher Husson,... tout le monde a le bec en l'air et se demande comment tourneront les affaires du Maroc, les nôtres par conséquent, et la question reste toujours sans réponse. Moi, pauvre sire en politique, je me dis que nos affaires d'Afrique sont plus compliquées que jamais. Le Maroc se moque de nous; ce qui le prouve, c'est le refus de ratification du traité. Aujourd'hui, le muley accepte, parce que nous avons fait des concessions et que nous avons éliminé ce qui pouvait gêner un peu les intérêts des Anglais, c'est-à-dire la question de commerce, et il s'agit d'exécuter le fameux traité rogné, écornifié, rapiécé, replâtré, recousu et toujours *mal foutu.*

Le Maroc, qui, dans toutes ces affaires, a pu constater de notre part une faiblesse des plus stupides, n'exécute rien, se dérobe devant toutes les difficultés, et ne prend aucun parti contre Abd-el-Kader et sa daïra.

Les goums d'Abd-el-Kader vont et viennent dans le pays, arrivent même jusque chez nous, enlever les bestiaux de nos tribus, et nous ne pouvons obtenir la moindre satisfaction de toutes ces exactions. En un mot, le Maroc se montre tacitement hostile, et nous sommes là comme des dindons. — Cet état de choses ne peut durer; notre position est trop fausse. Je crois donc que nos généraux, qui ressentent vivement toutes ces duplicités, sortiront des bornes dans lesquelles on les resserre, et forceront le Maroc à s'expliquer ou *forceront la ligne.*

Malheureusement, Abd-el-Kader est là. Il est partout. Plus rapide que jamais, il nous inquiétera sur nos flancs, bouleversera nos pays soumis, dès l'instant où nous voudrons nous porter en avant et dégarnir les points que nous occupons, pour réunir plus de monde. Abd-el-Kader, qui, depuis le 9 mai, parcourt le désert, a fait beaucoup de *ghazias.* La première, faite à notre nez et à notre barbe, à quarante lieues de Thiaret, lui a procuré un grand nombre de chameaux et de chevaux. Il a ramené aussi beaucoup de bétail et a rapporté beaucoup d'argent. Bou-Hamedi a conduit tout cela à la daïra.

Abd-el-Kader y rentre aujourd'hui. Il traîne avec lui quatre cents chameaux, sept ou huit cents bœufs, qu'il a pris partout où il est passé, du butin, de l'argent, etc... Il sera dans peu de jours à sa daïra, qui se trouve toujours au même endroit, à vingt-cinq lieues d'ici, sur les bords de la *Moulouïa*, entre le pays des Kilaias et celui des Kebdanas. — La puissance de l'émir est loin d'être abattue. Il est plus insaisissable que jamais. Rien ne le gêne plus pour manœuvrer : ses ressources, sa famille, sont en sûreté; il sait très-bien que nous n'irons pas les lui enlever dans le Maroc, et qu'on ne fera aucune tentative tant qu'il y sera. La question d'Afrique s'est bien compliquée, par suite du pitoyable traité que nous avons signé après la bataille d'Isly. Il me tarde de voir comment nous sortirons de ce conflit-là. Je suis toujours ici pour juger des coups.

La vie que je mène est un peu abrutissante. Je reste collé sous bande, sans pouvoir bouger de mon trou, attendu que ce n'est pas avec mes deux cents conscrits que je puis aller visiter mon cercle. — Je fais des affaires arabes, chose assez fastidieuse, quand on en est réduit à les faire du fond de son cabinet. Cette vie-là ne me va pas trop. — Heureusement que tout a une fin.

Il n'est pas question, mon brave garçon, de mon avancement : tu ne me donnes pas le temps de m'asseoir comme lieutenant-colonel, et déjà tu veux me faire sauter après les épaulettes de colonel. — Patience! — Patience! — Le colonel du 41ᵉ est M. de Mac Mahon.

— Il est déjà au régiment depuis quelques jours. — Les rêves d'ambition ne me tourmentent guère, je t'assure. Je tâche de faire ma petite besogne le mieux possible, après quoi, je serai satisfait. — Il y a une chose pour moi qui passe avant toutes les autres, en ce monde, c'est l'estime et l'amitié de quelques braves gens, et la tienne, mon cher Auguste, me sera toujours chère. J'espère que tu ne douteras jamais de la mienne. — Adieu, embrasse pour moi ta femme et ta fille.

A M. Élizé de Montagnac.

Djemmaa-Ghazaouet, 22 juillet 1845.

Mon bon ami, le général de Lamoricière a le projet de venir un de ces jours ici; il est à Tlemcen. — Tous ces traités, *maltraités*, l'ont retenu au rivage, sans quoi il serait déjà venu faire un tour dans mon cercle. — Nos généraux, maréchaux, gouverneur et autres, sont, je le crois, fort embarrassés aujourd'hui de leur Maroc et d'Abd-el-Kader. Jusqu'à ce jour, l'Afrique n'a été qu'une ferme exploitée par chacun dans un intérêt particulier; les uns s'y sont enrichis, les autres engraissés, ceux-ci s'y sont dorés sur toutes les coutures, ceux-là s'y sont empanachés de toutes les couleurs; mais, au milieu de tout cela, pas un système nettement arrêté pour le bien général. — C'est à qui braillera dans les journaux, à qui renversera ce que son voisin veut faire; pas d'ensemble, par conséquent pas de force; une vénalité dans toutes nos opérations, dont nos ennemis s'aperçoivent et profitent, et qui mine la confiance de nos alliés.

Tiraillements partout. — Nos généraux ne s'entendent pas. — Les deux hommes sur qui les yeux de la France sont constamment tournés deviennent des feuilletonistes et traînent dans les journaux des discussions ridicules. Pendant ce temps, Abd-el-Kader vient nous mettre des points et virgules, et le Maroc nous renvoie à la ligne.

Tout cela, je le reconnais, est fort embarrassant pour tout le monde. Je ne sais comment nos replâtreurs en sortiront.

Mon Djemmaa est assez joli; ceux qui y viennent s'y plaisent. On y respire un air pur, on y vit bien, il y a des ressources, c'est à qui voudra venir passer quelque temps ici. — Moi seul m'y déplais. — On m'a envoyé, ces jours-ci, deux escadrons de hussards; ils sont là pour manger du foin, refaire leurs chevaux, et voilà tout.

Enfin il y a quelques trompettes de plus. — Ça fait hurler les chiens.

Je te remercie, mon brave garçon, de ta délicate attention de m'expédier un petit nécessaire de campagne. — Tu peux être convaincu d'avance que je ne m'en servirai pas. — Il ne me faut pas de tout cela en campagne, en Afrique surtout. Le modeste couvert de fer sera longtemps encore le seul service qui ornera ma table. — Toutes ces choses-là se perdent, s'abîment; c'est encore une source de soucis de voir s'éparpiller des souvenirs auxquels on s'est attaché.   Malgré tout, j'attends ce petit bagage avec impatience, et te suis mille et une fois reconnaissant de ton attention. Embrasse Clémence pour moi et remercie-la bien sincèrement.

Maintenant, mon brave ami, tâche de me laisser tranquille; pourquoi veux-tu m'empêcher de me faire plaisir à moi tout seul? Ne sais-tu pas encore que je n'ai pas de plus grand bonheur que de boucher mes vieux trous? Et j'en ai encore à boucher à ton endroit! Est-ce que tu ne te rappelles pas les 400 francs que tu m'as prêtés quand je suis revenu de Fribourg, sans compter les 3 ou 400 autres que tu m'avais prêtés avant? — Est-ce que tu ne te souviens pas des 100 francs que tu m'as prêtés lorsque j'étais à Courbevoie en 1831, etc., et ce que tu m'as donné à mon dernier voyage?

Mon pauvre vieux, il faut que tout cela se règle, et je ne serai satisfait que quand j'aurai écorché toutes ces queues-là. Je sais parfaitement que tu me donnerais tes culottes, ta chemise et tes bottes, et que tu irais tout nu. Je saurai en profiter dans mille et une circonstances, mais laisse-moi au moins le bonheur de te remettre, aux fesses, tes bottes, ta chemise et tes culottes. — Tu as assez de sangsues au derrière, sans que j'aille encore m'y placer. C'est bien la moindre des choses, que je vive avec ce que j'ai.

Je ne sais réellement pas comment les femmes sont faites aujourd'hui; je n'entends parler que de fausses couches. — Je vois nos *rosses de cantinières* pondre cela, au bord d'un fossé, et filer leur nœud après, haut le pied, tandis que nos pauvres petites dames sont obligées d'avoir, pendant neuf mois, les quatre fers en l'air, sur une chaise longue, pour n'enfanter que des souris mortes!... Pourquoi aussi leur sangle-t-on les reins, l'estomac et toute la boutique, quand elles sont demoiselles? Il n'y a plus moyen de loger un *pierrot* là dedans, une fois qu'arrive le moment de croître et de multiplier. Je partage réellement les soucis de M. et de madame X..., quoique les trois quarts du temps ces chiens d'enfants vous causent, de nos jours, plus de chagrin qu'ils ne valent. — Ne pas pouvoir faire des petits est une des conséquences de notre excès de civilisation.

Adieu, mon cher ami; embrasse pour moi tous nos bons parents, petits et grands.

Je t'embrasse.

A M. Bernard de Montagnac.

Djemmaa-Ghazaouet, 24 juillet 1845.

Mon cher oncle, je reçois à l'instant votre lettre, que m'apporte un bateau arrivé cette nuit.

Je vous remercie, mon cher oncle, de votre exactitude; continuez donc, tant que vous le pourrez, à m'entretenir ainsi de vos bonnes lettres, que je ne trouve jamais assez longues, quoi que vous en disiez. — C'est une pâture bientôt dévorée et dont je ne me rassasie pas. Écrivez-m'en tant que vous pourrez, vous seul en souffrirez.

J'ai bien ri de l'apostrophe appliquée par l'honnête

mais insoumis garde national de *Balan,* à son chef.
— Voilà pourtant le degré de civilisation où l'on voudrait amener nos soldats. — Ça viendra. — Il faut espérer qu'à cette époque, je serai relégué dans un petit coin et un peu loin des en.... de ces jeunes troupiers de l'avenir. — Allez donc faire la guerre avec des bougres qui vous en..... ainsi! Charmant, charmant!

Je reste à Djemmaa-Ghazaouet. — Ce poste paraît décidément prendre une certaine importance dans les circonstances actuelles, car on y jette des approvisionnements considérables, surtout en foin. Il est question de concentrer ici beaucoup de cavalerie, pour être en mesure d'opérer sur le Maroc au premier signal. On y fait construire des écuries pour quatre cents chevaux. — Enfin ce poste, dont le gouverneur ne voulait pas, est celui qui l'occupe le plus aujourd'hui; on veut y faire tout à la fois; dans quelques jours d'ici, ce sera un encombrement de tous les diables, à ne pas s'y reconnaître.

Adieu, mon cher oncle; je continue à bien aller; embrassez pour moi toute la famille, et croyez toujours à ma bien vive affection.

Djemmaa-Ghazaouet, 21 août 1845.

Mon cher oncle, il y a longtemps que mon cœur et ma plume ne se sont entendus pour vous dire quelques mots de tendresse. J'ai un peu de répit, j'en profite pour vous exprimer des sentiments dont vous connaissez le passé, le présent, et dont, je l'espère, vous êtes bien convaincu pour l'avenir.

Vous êtes bien bon de trouver mes lettres intéressantes. Écrites sous l'empire des préoccupations qui m'assiégent, — toujours les mêmes — sous l'impression du moment, impression de mauvaise humeur les trois quarts du temps, — il me semble qu'elles doivent être bien décousues, bien uniformes : toujours de l'Afrique et encore de l'Afrique. Vous devez avoir de l'*Afrique assez,* comme dit le troupier né malin. — Enfin ! continuons à fricasser nos museaux, de loin, en attendant que nous puissions nous réunir pour longtemps. — Me réunir à vous, c'est mon plus doux rêve. — Je voudrais bien, l'année prochaine, aller vous embrasser, mais je crains que nos affaires du Maroc, si mal assises, ne se compliquent encore au point de nous tenir sur l'offensive. Il n'en peut être autrement. Il faudra bien sortir, un jour, de l'atonie dans laquelle nous croupissons, depuis la bataille d'Isly.

Si les hostilités recommençaient, je ne sais pas vraiment où nous prendrions des soldats. Nos généraux ont eu le talent de mettre nos troupes sur les dents, en les jetant follement dans le désert, pour y poursuivre une chimère : l'*émir!*

Aujourd'hui, si, sur un effectif de deux mille hommes, on peut en réunir six cents, c'est tout le bout du monde.

Mon poste de Djemmaa est devenu un lieu de convalescence où l'on me jette tous les malades de la subdivision de Tlemcen. Ils s'y rétablissent bientôt, car c'est un des endroits les plus sains de l'Afrique.

Maintenant on y veut faire tout à la fois. Nous sommes dans les constructions, de tous les côtés. Ce qu'on a fait depuis un an est immense. Le général de Lamoricière est passé ici, ces jours derniers ; il a trouvé que nous avions bien travaillé.

J'ai pour le moment une garnison assez solide : un bon bataillon de chasseurs d'Orléans, et deux escadrons de hussards. — Mais c'est bien peu de monde pour la besogne que je puis avoir à faire d'un jour à l'autre, — demain peut-être. — Mon cercle est pourtant très-tranquille, — à la surface du moins, — plus qu'au fond. Les insinuations d'Abd-el-Kader se font un peu sentir, et quelques tribus méritent d'être châtiées.

Malheureusement, on n'en finit pas avec ce stupide traité de délimitations, et l'on n'ose rien entreprendre avant de savoir dans quelles lignes on doit se renfermer.

Abd-el-Kader est rentré à la daïra. Il y a rapporté beaucoup d'argent, beaucoup de troupeaux, du butin en grande quantité. Dans ce moment, il remonte sa cavalerie et se prépare à une nouvelle pointe pour l'automne.

Le Maroc ne prend aucune mesure contre lui; au contraire, on le laisse maître dans le pays qu'il occupe, et, certes, il y est plus maître qu'Abd-el-Rahman lui-même. Dans la course qu'il vient de faire, tout lui a réussi. Cette expédition l'a grandi encore aux yeux des populations de l'Afrique, et nous restons là à le regarder agir, à quinze lieues de notre frontière. — Nous lui courons sus, il est vrai, quand il entre dans le désert, et nous rentrons *esquintés*, tandis que lui est frais et dispos.

Depuis un an, je tourne dans le même cercle et répète la même chose : Le Maroc se moque de nous, et Abd-el-Kader nous fatigue. Voilà la guerre que nous feront ces braves gens jusqu'à ce que nous sachions prendre un parti, et, si nous en prenons un, quel qu'il soit, je crains qu'il ne reste sans résultat, pour avoir été pris trop tard.

Tous les jours, j'ai des preuves que le Maroc se fiche de nous comme de Colin-Tampon. Ces jours derniers, un malheureux pêcheur s'était un peu trop éloigné sur la côte et fut pris par des maraudeurs. Il est, en ce moment, à huit lieues d'Oudjda, sous les yeux du caïd, qui, depuis le traité, joue un si grand rôle dans nos affaires politiques. — Nous lui avons écrit de nous rendre notre homme. — Il ne répond pas. — Je patiente encore quelque temps, afin qu'on puisse juger du mauvais vouloir de ce brigand-là, mais j'aurai mon pêcheur quand je voudrai.

Avant un an, nous aurons franchi la frontière et nous irons respirer l'essence de roses à Fez et à Taza.

Quelle faute on a commise en ne laissant pas le maréchal Bugeaud traiter après la victoire, et en abandonnant la ligne avant d'avoir obtenu l'exécution de toutes les conditions du traité !

Quelle faute aussi d'avoir songé à l'expédition de la Kabylie avant que tout fût terminé avec le Maroc ! Nous ne finissons, aujourd'hui, ni d'un côté ni de l'autre. Ah ! mon pauvre oncle, on fait bien des bévues en ce monde! Tous nos conquérants d'Isly et de Mogador se sont enivrés de leurs exploits et ont été trop pressés d'aller recueillir, en France, les ovations qui leur étaient dues. Sentiment bien humain du reste! Mais, en bonne guerre, la première chose à faire, après la victoire, c'est d'en profiter, et c'est là précisément ce à quoi l'on n'a pas assez songé.

Chacun a pensé à autre chose : qui à accrocher un ruban, qui à se couronner d'un titre, qui à filer aux pieds d'Omphale, qui à raconter ses exploits. Et, pendant ce temps, nos bons amis nos ennemis faisaient la cabriole.

Vos stupides, stupidissimes journaux de France sont bien drôles; ce serait à mourir de rire, de voir comme on y écrit l'histoire d'Afrique, si cela ne faisait pitié!

Les *enfumades* du colonel Pélissier les exaspèrent. Ce sont les *moyens sentimentaux* qu'il faut employer pour leur faire plaisir! *Tas de cochons!* Que je me trouve en pareille circonstance, je leur fournirai de quoi hurler.

Ah! rossailles que vous êtes, et qui vous gobergez tranquillement chez vous, il faut, pour vous plaire, que les pauvres diables qui viennent ici se disloquer la carcasse et verser leur sang, se laissent encore dévorer par des bêtes fauves plutôt que de les détruire! Tout cela pour satisfaire les exigences de votre stupide philanthropie... C'est un peu trop mirobolant! Eh bien, moi, moi qui ne fais pas profession de sentimentalité à rebours, je sacrifierais, sans sourciller, dix mille ennemis pour sauver un de mes hommes.

Je vois avec plaisir, mon brave oncle, que vous allez toujours bien et que nos bons parents se portent à merveille; embrassez, pour moi, tout ce bon monde que j'aime tant, et croyez toujours à ma vieille affection de quarante-deux ans.

A M. Élizé de Montagnac.

Djemmaa-Ghazaouet, 30 août 1845.

Mon brave et digne garçon, je profite, aujourd'hui, de l'occasion de M. Berthe, vétérinaire en premier, qui se rend à Sedan, pour t'expédier quelques mots d'amitié. — M. Berthe va voir sa famille; son père est mort. — Triste voyage. — Je te prie de lui faire accueil. — Il y a déjà longtemps que je le vois dans ce pays-ci; c'est un sujet distingué.

J'ai reçu ta dernière lettre du mois d'août. Je te remercie de me donner quelques-uns de tes instants, malgré les travaux dont tu es accablé. Agis toujours ainsi, mon brave garçon, et tu compenseras un peu le vide dans lequel je me trouve, et auquel je ne puis m'accoutumer. Il me semble qu'à mesure que ma carcasse se démolit, mes sentiments d'affection se rajeunissent et s'avivent.

Ce que tu me dis de Charles, je l'ai déjà compris depuis longtemps, malheureusement. Cette indécision dans les allures, malgré une certaine fermeté de caractère, est le fait d'une nature inquiète et un peu sauvage. C'est l'oscillation de l'ours dans sa cage. Quelques succès dans sa nouvelle carrière parviendront peut-être à fixer le balancier.

Il m'a écrit, il y a quelques jours : son début au régiment a été rude, à ce qu'il paraît. Tant mieux! Je lui ai envoyé une lettre de son colonel qui me promet de s'occuper de lui. C'est la seule consolation que je lui accorde. Je ne changerai pas de détermination. Le passage des corps d'Afrique dans ceux de France n'est pas permis. On ne permute pas. — Le voilà dans les brancards, il tirera la charrette, ou il crèvera. — J'aime les enfants tout juste pour ce qu'ils valent. Je ne prends pas la peine d'aimer ceux qui ne m'aiment pas, ou qui, s'ils m'aiment, ne font aucun effort pour me le prouver.

Charles ne peut être que soldat. S'il a du cœur, — et j'espère que, chez lui, le cœur vaut mieux que la tête, — il arrivera. Sinon, il tirera la bricole, toute sa vie, comme un baudet. Il lui faudra faire bien des preuves pour reprendre la place que je lui avais donnée dans mes affections.

Enfin, mon pauvre vieux, fasse le Ciel que tes enfants ne te causent pas de chagrins, et tu devras t'estimer bien heureux. — Il semble qu'aujourd'hui ces gueux d'enfants respirent dans l'atmosphère quelque chose de subversif de tout sentiment d'abnégation à l'égard de leurs parents!

Je vais toujours bien. — Mon affaire marche à peu près. — Embrasse pour moi tous nos bons et dignes parents.

Quoique les recommandations que je pourrais

adresser en faveur du jeune Rémy soient à peu près insignifiantes, je le recommanderai avec le plus grand plaisir. Rémy est en bon chemin au 61°, c'est un garçon de cœur ! — Lorsque j'ai quitté le régiment, le colonel l'avait sous l'œil. Malheureusement, ce colonel est commandant supérieur à Bathna et s'occupe plus des affaires arabes que de son régiment. Mais le lieutenant-colonel mène la machine; je lui écrirai. — Ce régiment va rentrer en France incessamment; je ne sais quel parti prendra M. Rémy. — Dans tous les cas, partout où il sera, je le suivrai.

Je vais toujours bien; mon affaire marche à peu près. Embrasse pour moi Clémence et ses enfants, et tous nos bons et dignes parents.

Ton vieil ami.

FIN.

TABLE DES MATIÈRES

Pages.

Notice biographique sur Lucien-François de Montagnac (1802-1845). 1

Lettres d'un soldat. 1

Première partie. Province d'Oran (1837-1840). . . 11

Deuxième partie. Province d'Alger (mai-oct. 1840). 93

Troisième partie. Province d'Oran (1840-1842). . . 135

Quatrième partie. Province de Constantine (1842-1844). 269

Cinquième partie. Province d'Oran (1844-1845). . . 381

PARIS. TYPOGRAPHIE E. PLON, NOURRIT ET Cⁱᵉ, RUE GARANCIÈRE, 8.

www.ingramcontent.com/pod-product-compliance
Lightning Source LLC
Chambersburg PA
CBHW051408230426
43669CB00011B/1803